Ralf Dahrendorf

Liberal und unabhängig
Gerd Bucerius und seine Zeit

Ralf Dahrendorf

Liberal und unabhängig
Gerd Bucerius und seine Zeit

Verlag C. H. Beck München

Mit 47 Abbildungen auf Tafeln

Diese Publikation wurde gefördert von der ZEIT-Stiftung
Ebelin und Gerd Bucerius

Die Deutsche Bibliothek – CIP-Einheitsaufnahme
Dahrendorf, Ralf:
Liberal und unabhängig : Gerd Bucerius und seine Zeit / Ralf
Dahrendorf. – 2. Aufl. – München : Beck, 2000
ISBN 3 406 46474 2

ISBN 3 406 46474 2

Zweite Auflage. 2000
© Verlag C. H. Beck oHG, München 2000
Satz: Fotosatz Janß, Pfungstadt
Druck und Bindung: Kösel, Kempten
Gedruckt auf säurefreiem, alterungsbeständigem Papier
(hergestellt aus chlorfrei gebleichtem Zellstoff)
Printed in Germany

www.beck.de

Inhalt

Prolog 7

1. Bürgertum und Wanderlust: 1906–1933

2. In widriger Zeit: 1933–1945

3. Lauter Untergänge, lauter Anfänge: 1945–1949

4. Die Eroberung der «Zeit»: 1949–1957

5. Ein unabhängiger Abgeordneter: 1949–1962

6. Die grosse Zeit: Die 6oer Jahre

7. Ein rechter Liberaler

8. Kontinuitätsfragen: 1970–1995

9. «Vom Willen zur Freiheit besessen»

Prolog

Dies ist die Geschichte eines ungewöhnlichen Mannes. Ständig von Visionen des nahenden Unterganges geplagt, liess er sich durch diese weder ins Bockshorn jagen noch gar lähmen. Vielmehr wendete er seinen Witz und Wagemut daran, Bastionen zu bauen, als Schutzburgen gewiss, vor allem aber als trotzige Zeugen des Glaubens an eine bessere Welt. Der Jüngling träumte sogar von einem «letzten, unendlich fernen Ziel» des «wahren Menschen». Der Mann hiess Gerd Bucerius.

Als der Untergang wirklich wurde – als nämlich Nazi-Deutschland 1945 zusammenbrach –, geriet er beinahe unversehens an öffentliche Ämter und an die Lizenz für eine Wochenzeitung, die zu seinem Lebensinhalt werden sollte und die entstehende Bundesrepublik des westlichen Deutschland lebhaft kommentierend begleitete, ja zuweilen ein bisschen prägte. Bucerius sprudelte von Ideen und wurde nie müde, von diesen zu reden; er verband das kleine und das grosse Gespräch, die Unterhaltung und die Debatte in unnachahmlicher Weise. Frauen mochten ihn, den stets hellwachen Geist mit ganz ungezwungenem Charme, und er erwiderte ihre Zuneigung mit Anhänglichkeit. Männern gegenüber war er befangener, einige bewunderte er fast grenzenlos, anderen misstraute er, auch wenn er sich zu gemeinsamen Unternehmungen mit ihnen zusammentat. Nicht wenige seiner Männerfreundschaften endeten vor Gericht. Bucerius war ein streitbarer Jurist, der nicht nur für seine Mandanten, sondern auch für sich selbst gerne Recht behielt und daher nicht aufhörte, für dieses zu kämpfen. Als Mitglied des Bizonen-Wirtschaftsrates und des Deutschen Bundestages wurde er zum selten erreichten Modell des Abgeordneten: Er blieb unabhängig im besten Sinne, nicht ämterversessen und stets bereit, seine Meinung auch dann zu sagen, wenn die Oberen in Partei und Regierung sie nicht gerne hörten.

Dieser Mann wurde zu einem der grossen Gründer der Nachkriegsjahre. Die ihm wichtigste Gründung hiess und heisst passenderweise «Die Zeit». Er wurde ihr Lizenzträger, Verleger, bald Eigentümer, und er blieb die Unruhe in ihrem filigranen Uhrwerk, solange er lebte. «Die Zeit» war indes bald nur Teil eines grösseren verlegerischen Imperiums, aus dem am Ende zudem eine Stiftung hervorging, die ihrerseits neue Gründungen – Innovationen nannte man diese mittlerweile – beförderte. Bucerius war aber auch ein Gründer des deutschen Nachkriegsgemeinwesens, also jenes neuen Deutschland, das als Bundesrepublik in die Geschichte eingegangen ist. Er vertrat an wichtiger Stelle und in durchaus praktischer Weise ihre Gründungsphilosophie, in der Westorientierung und Marktwirtschaft sich vereinten. Beide blieben in charakteristischer Weise temperiert, die Westorientierung durch den Sinn für die deutsche Nation und die Marktwirtschaft durch ein Element der sozialen Verpflichtung. Bucerius gehörte zu den ziemlich seltenen öffentlichen Figuren, die sich gleichermassen für Konrad Adenauer und für Ludwig Erhard erwärmen konnten. Mehr noch, mit der Zeit fand er den Weg zu den Veränderungen der sechziger Jahre. Er war ein rechter Liberaler, zeitweise sogar ein rechter Sozialliberaler.

Gerd Bucerius wandte sein beträchtliches Talent daran, sein Werk durch oft umständliche rechtliche und geschäftliche Konstruktionen vor neuen Untergängen zu schützen, und gab ihm zugleich seine explosive Mischung von aufsässigem Freiheitssinn und Instinkt für wirtschaftliche Erfordernisse auf den Weg. Nicht dass für ihn das Sein das Bewusstsein bestimmte, ganz gewiss nicht, aber ohne habhaftes Sein ist es doch schwer, das rechte Bewusstsein unter die Leute zu bringen. Bucerius wusste, prosaischer und unmarxistischer gesprochen, dass Geld zwar nicht glücklich macht, aber doch beruhigt. (Seine Frau Ebelin, die inmitten des Reichtums von der Angst vor drohender Armut geplagt war, beruhigte er einmal damit, dass er einen Koffer voller Dollarnoten vor ihr ausschüttete.) Dabei redete Bucerius nicht nur, sondern schrieb auch unaufhörlich, weniger um sich selbst ins rechte Licht zu rücken, was ihm vergleichsweise fern lag, sondern weil die Gedanken sich nicht aufhalten liessen und er zudem die Gabe des immer deutlichen, manchmal drastischen Ausdrucks hatte.

Als er kurz vor dem fünfzigsten Geburtstag der «Zeit» im Alter von 89 Jahren starb, war er ein reicher Mann geworden, der seinen ursprünglichen Einsatz von 7500 Mark vielfach vertausendfacht hatte. Die ursprüngliche Auflage der «Zeit» von 20 000 Exemplaren fand er immerhin mehr als verzwanzigfacht. Und auch die Bundesrepublik Deutschland hatte er blühen und gedeihen sehen, ja mehr, er erlebte noch die deutsche Vereinigung und den Beschluss, die Hauptstadt von Bonn zurück in das von ihm so beharrlich verteidigte Berlin zu verlegen. Am Ende ging jede der beiden Gründungen in einen grösseren

Verbund ein: die alte Bundesrepublik in das vereinigte Deutschland und vielleicht bald in die Europäische Union, die Zeitung in ein weitläufiges, grosszügig geführtes Verlagshaus. Vor Untergängen gesichert? Der Mann, der so selbstverständlich auf eigenen Füssen stand und seine Dinge selbst in die Hand nahm, suchte doch Sicherheit für sein Werk stets im Anschluss an andere.

Erzählt wird diese Geschichte von einem, der Gerd Bucerius' Sohn hätte sein können. Mein Vater war fünf, meine Mutter vier Jahre älter als «Buc». Durch meine Eltern und aus eigener Kenntnis verbinden uns manche Erfahrungen. Bucerius war wie meine Eltern Hanseat, allerdings zugewanderter Hamburger, zeitlebens mit der anderen, ein bisschen westfälischen, ein bisschen preussischen, ein bisschen auch rheinischen Komponente. Ist es erwähnenswert, dass meine Mutter in der Zeit der grossen Inflation als Sekretärin bei Hugo Stinnes arbeitete und dort Bucerius' Vater, den Direktor Dr. Walter Bucerius gesehen haben mag? Oder gar, dass ich, wie Gerd Bucerius, eine bewegte Schullaufbahn mit einer kurzen Schlussphase am Hamburger Heinrich-Hertz-Gymnasium beendete? Mein Vater teilte nach dem Krieg die Erfahrung der Hamburger Bürgerschaft und vor allem des Frankfurter Wirtschaftsrates mit Bucerius, wenn auch aus durchaus unterschiedlicher Perspektive. Ob ich den CDU-Abgeordneten Bucerius gesehen habe, wenn ich meinen sozialdemokratischen Vater auf der 1947/48 noch beschwerlichen Reise im Holzkohlenauto von Hamburg nach Frankfurt begleitete, weiss ich nicht mehr. Als ich ihn später bewusst traf, verbanden uns das Interesse an Berlin, die Liebe zu England, die Lust am Debattieren vieler Fragen der Zeit und natürlich «Die Zeit» als Medium und Anstoss für solche Debatten. Für mich ist daher die Geschichte des ungewöhnlichen Mannes Prisma der ungewöhnlichen Geschichte des nun vergangenen Jahrhunderts und der deutschen Fährnisse und Chancen in ihm. Sie ist zugleich der lebendige Beweis für die Kraft einer liberalen und unabhängigen Haltung angesichts der vielfältigen Versuchungen der Zeit.

1. Bürgertum und Wanderlust: 1906–1933

Staatstreu und bürgerlich

Gerd Bucerius wurde am 19. Mai 1906 in Hamm in Westfalen geboren. Die Eltern, Walter und Maria Bucerius, hatten eine Wohnung im zweiten Stock des Mehrfamilienhauses in der Gr. Weststrasse 8 gemietet. Das Haus überstand alle Stürme der Zeit unversehrt und steht noch heute stuck-solide da. Nur das «Gr.», das Beiwort «Grosse», hat die Weststrasse in diesem Jahrhundert eingebüsst. In ihrer Wohnung brachte Maria Bucerius an jenem Mai-Samstag gegen acht Uhr abends ihr erstes Kind (das einzige, das überleben sollte) Karl Anton Martin Gerhard zur Welt.

An diesem Tag berichtete der «Westfälische Anzeiger», dass der englisch-türkische Grenzstreit auf der Sinai-Halbinsel «beigelegt» sei («auf Grund eines Rechtes, welches heutzutage auf internationalem Gebiet noch allgemeinere Gültigkeit hat als das Völkerrecht, nämlich des Rechtes des Stärkeren»), dass es in der russischen Duma Streit gegeben habe über eine allgemeine Amnestie und dass die italienische Regierung gestürzt sei. Nichts Neues unter der Sonne? Im Reichstag debattierte man Erhöhungen der Verbrauchssteuern für Bier und Zigaretten. In Hamm war eine Entführerin gefasst worden, die bürgerliche Kreise in Angst und Schrecken versetzt hatte. Auf dem Viktoriaplatz kündigte «Deutschlands grösstes kinematographisches Unternehmen» in einem «Riesen-Prachtbau, fürstlich ausgestattet» eine Vorstellung an, die neben «Rotkäppchen, Aschenbrödel, Dornröschen usw.» auch eine Folge über den «Raubmörder Hennig aus Berlin von der Ergreifung bis zu seiner Zelle» für 30 Pfennige auf dem 3. Platz zeigen würde. Ausserdem wurde gemeldet, dass zu den 40 000 Einwohnern der Stadt jedes Jahr einige tausend hinzukämen, so dass Hamm in absehbarer Zeit die magischen 100 000 erreichen würde, die es zur Grossstadt qualifizierten. Tatsächlich wurde die Zahl, unter Mithilfe von Eingemeindungen, in weniger als 20 Jahren erreicht.

Die standesamtliche Anzeige, dass «dem Rechtsanwalt Dr. Walter Bucerius» ein Knabe geboren wurde, erfolgte am Montag dem 21. Mai. Sie rief keine sonderliche Aufregung hervor. Der dreissigjäh-

rige Anwalt und Gerichtsassessor und seine sechs Jahre jüngere Frau
waren in der westfälischen Stadt nicht gerade verwurzelt und verliessen sie, als «Bubi», wie der Knabe Gerd von seiner Mutter zunächst
genannt wurde, noch keine zwei Jahre alt war. So kann es nicht überraschen, dass der 65 Jahre später aus Anlass des runden Geburtstages
des mittlerweile berühmten Verlegers recherchierende Redakteur der
«Westdeutschen Allgemeinen Zeitung» beim Stadtamtmann von
Hamm auf Unglauben stiess: «Bucerius? Hier bei uns geboren? Das
kann nicht stimmen – das wüssten wir längst.» Es stimmte dann doch;
aber weder die 90jährige Eigentümerin des Hauses Weststrasse 8 noch
der 92jährige Anwalt im Nebenhaus konnten sich 1971 erinnern, dass
da je eine Familie Bucerius gewohnt hatte.

Die Familie kam zwar nicht aus Hamm, aber in der Generation der
Eltern immerhin aus der weiteren Umgebung, dem Rheinland und
Oldenburg. Gerd Bucerius deutete später gelegentlich an, dass sie zu-
rückgeht auf den elsässischen Reformator Martin Bucer. Das Gerücht
hatte er wohl von seinem überaus protestantischen Vater gehört. Eine
kleine Sammlung zeitgenössischer Bucer-Stiche und Berichte fand sich
in Bucerius' Papieren. An Seelenverwandtschaft fehlte es in der Tat
nicht. Bucer war ein zugleich aufsässiger und konservativer Mann,
darin Erasmus ähnlich, den er kannte. Seine Ideen schweiften in un-
erforschte Weiten, aber an herkömmlichen Lebensformen hielt er gerne fest. Er wollte das Neue, ohne das Alte preiszugeben. Die Emigration nach Cambridge nahm Bucer die ohnehin schwach entwickelte
Lebenskraft und beschleunigte seinen Tod. Bucer hatte zwei Söhne.
Martin, der Sohn aus zweiter Ehe, starb als Kind; Nathanael aus erster
Ehe war zwar Vater zweier Töchter, hatte aber keinen Sohn, der den
Namen hätte fortführen können. Mehr als Seelenverwandtschaft gab
es also nicht zwischen dem Reformator des 16. und dem reformfreu-
digen Verleger des 20. Jahrhunderts.

Die Blutsverwandtschaft auf der Seite des Vaters kennt allerdings
sechs Generationen zuvor einen Pfarrer, Johann Matthäus, der nach
dem Dreissigjährigen Krieg in Strassberg im Harz, 20 Kilometer süd-
lich von Quedlinburg (also weit entfernt vom elsässischen Strassburg)
amtierte. Er war ein Bucerius, und die Ahnenforschung des Bucerius-
Neffen Wolfgang Voigt legt den Schluss nahe, dass die Familienlinie
zu den Bucker, auch Buecker und Beucker, in Quedlinburg zurück-
führt. Zögernd akzeptierte Gerd Bucerius 1980 diese Version und sogar das von Johann Matthäus um 1690 erfundene Familienwappen
(«ich find's hübsch») mit dem gehörnten Rindskopf. Griechisch *bus*

(Rind) und *keras* (Horn) wurden vom gelehrten Ahnen zu *bucerus* latinisiert, wobei er auf klassische Quellen zurückgehen konnte: Ovid und Lukrez haben Rinderherden als *armenta bucera*, ja *greges buceriae* beschrieben.

Herkunft und Verwandtschaft sind für Gerd Bucerius mehrfach wichtig geworden, obwohl er sich selten und eher ungern mit ihnen befasste. Zuerst interessierten sich, angestossen von der Nazi-Partei, nach 1933 staatliche Stellen für seinen Stammbaum; viel später, als sein Name weithin bekannt geworden war, meldeten sich allerlei Verwandte, und Bucerius half vielen von ihnen. So ist es für diese Geschichte wichtig, den Weg der Bucker wenigstens skizzenhaft nachzuzeichnen.

Dem Pfarrer Johann Matthäus Bucer folgten drei Generationen von Bäckermeistern in Strassberg im Harz. Deren sukzessive Hauskäufe sind belegt und lassen auf einen bescheidenen, aber verlässlichen, ja wachsenden Wohlstand schliessen. Mit dem 1797 in Strassberg geborenen Johann Heinrich Christoph Ludwig Bucerius, dem Urgrossvater von Gerd, begann dann der Weg in die Ferne und Höhe, oder wie man später sagen sollte, die geographische und soziale Mobilität. Johann Heinrich war zunächst Bader, wurde dann Wundarzt bei der Armee und liess sich am Ende als praktischer Arzt im linksrheinischen Jüchen bei Mönchengladbach nieder. Sein Sohn, Friedrich August Bucerius, 1834 in Jüchen geboren, brachte es bei der preussischen Armee zum Oberstabsarzt 1. Klasse und nahm an den Feldzügen gegen Österreich (1866) und Frankreich (1870–71) teil. Als er 1894 in Osnabrück zu Grabe getragen wurde, pries der Pfarrer nicht nur «sein patriotisches, königstreues Herz», sondern auch seine Bürgertugenden. «Jeder hat ihn geehrt und geachtet als einen Braven, der seiner Pflicht gelebt in rastlosem Eifer, in gewissenhafter Treue und unermüdlicher Hingebung.»

Grossvater Friedrich August bestimmte die spätere Familiengeschichte vor allem durch seine Ehe mit der Tochter eines Kollegen. Henriette Elisabeth, geboren 1848, stammte aus der zweiten Ehe des Militärarztes Dr. Jonas Goldschmidt. Dieser hatte sich 1832, wie Heinrich Heine und der Vater von Karl Marx und auch sonst viele Juden in Preussen, taufen lassen und zudem die Tochter einer nichtjüdischen Kaufmannsfamilie, Caroline Müller, geheiratet. Vater Bucerius suchte später in dieser Tatsache, wie auch in des Grossvaters erster Ehe mit der Bremer Kaufmannstochter Grovermann, Schutz; doch war die jüdische Familie Goldschmidt als solche im Oldenburgischen wohlbekannt. 1702 hatte der Vorfahr Meyer Goldschmidt zuerst in

Emden, dann in Oldenburg Niederlassungsrecht und einen Schutz-
brief erhalten, der ihn befähigte, sich als Metzger zu betätigen. Die
Familie blieb mehrere Generationen bei diesem Gewerbe und genoss
beträchtliches Ansehen.

Jonas Goldschmidt selbst war nicht nur praktischer Arzt beim Mi-
litär und im Zivilleben, sondern auch Autor populärer Artikel in der
«Weserzeitung» und der auf diesen beruhenden «Skizzen aus der
Mappe eines Arztes» (1854). Darin ist manches Erbauliche und In-
struktive über allerlei Gebrechen und auch über die rechte Lebensge-
staltung zu lesen. Der Arzt hatte eine besondere Vorliebe für das Platt-
deutsche und für die Leute «auf der Geest». Selbst ihre Unsitten kritisierte er nur mit wohlwollendem Zögern. So haben die Leute eher
Angst forr't grön Tüg, vor Grünzeug und Obst («Vielleicht traut man
dem Obst nicht, seitdem Adam der Apfelbiss so schlecht bekommen
ist»). Dafür mögen sie um so lieber fette Speisen, denn *Aeten und
Drinken holt Liew unn Seel tosamen.* Leider nur stimmt das oft nicht;
Landleute sind in vielem anfälliger als Städter. Das Vielessen schafft
im Gegenteil für die Landleute «so viele Leiden, dass das Gesundheit
Fördernde, was sonst ihre Lebensweise mit sich führen würde, nur zu
reichlich aufgewogen wird». Der Arzt war Ratgeber in allen Lebens-
lagen, und man kann verstehen, dass er viel Zuspruch fand.

Das also war der familiäre Kontext, in den der Knabe Gerd 1906
hineingeboren wurde. Er war deutsch, in gewisser Weise preussisch,
auch wenn es sich damit im deutschen Nordwesten nicht ganz so
einfach verhielt. Auch nach 1871 noch, ja in der Weimarer Republik,
beschrieben die Bucerius ihre Staatsangehörigkeit als «preussisch».
Das verdankten sie allerdings erst dem Wiener Kongress von 1815.
Vorher gab es in dem politischen Flickenteppich der Landschaft ihrer
Herkunft allerlei Grafschaften und Herzogtümer; noch immer hatte
das Grossherzogtum Oldenburg Bestand, und das Königreich (nach
1866 die «Provinz») Hannover reichte bis Osnabrück. Sehr tief sass
ihr Preussentum also nicht, auch wenn drei Generationen Bucerius
ebenso wie der schreibende Dr. Goldschmidt dem preussischen König
als Soldaten gedient hatten. «Preussen sind meine Eltern nie gewesen»,
sagte Gerd Bucerius später, eher «ein Schuss antipreussisch». Doch
verband sie mit Preussen mehr, als sie eingestanden. Strenge und Disziplin, ein beträchtlicher Schuss protestantischer Ethik und vor allem
die Treue zum Staat als der Wirklichkeit der sittlichen Idee.

War das eine Element, das die Familie prägte, Staatstreue, so muss
man das andere als bürgerlich beschreiben. Daraus entstand dann die

charakteristische Legierung der deutschen Gesellschaftsgeschichte: ein bisschen Besitz, ein bisschen Bildung, ein bisschen Dienst am Vaterland, ein bisschen öffentliche Anerkennung, und eine leichte Spur von Unabhängigkeit, jedenfalls von mehr als bloss der Lebensweise auf eingefahrenen Bahnen. In Hans-Ulrich Wehlers «Deutscher Gesellschaftsgeschichte» kann man das Syndrom wiederfinden: die Bourgeoisie, die keine ist; «das angestrengte Bemühen um Staatsnähe, der damit aufs engste zusammenhängende Verzicht auf einen selbstbewussten bürgerlichen Machtanspruch»; die «Zerrissenheit» zwischen Traditionssehnsucht und Modernitätshoffnungen; kurz, das ganze Syndrom von Stärken und Schwächen, das dem preussisch geprägten Deutschland den Weg zur liberalen Demokratie erschwerte.

Kulturkämpfe

Walter Bucerius, der Vater von Gerd, diente wie seine Vorfahren dem Staat in Frieden und Krieg und teilte deren bürgerliche Tugenden und Konflikte; doch war er vor allem ein eigensinniger, zuweilen eigenbrötlerischer Mann, der nicht einfach in landsmannschaftliche oder soziale Kästchen passte. 1876 geboren, war er eines von drei Kindern des Oberstabsarztes Friedrich August Bucerius. Walters ältere Schwester Margarethe («Gretchen») hatte fünf Kinder mit dem Geheimen Regierungsrat Kessler. Der jüngere Bruder Hans war Vater von zwei Töchtern, als er in den ersten Wochen des Krieges von 1914 fiel. Sowohl die Kessler-Kinder als auch die Töchter des Bruders blieben präsente Familie im Hause Bucerius; wenn sie auch meist an entfernten Orten wohnten. Gerd Bucerius hielt den Kontakt mit seinen Vettern und Basen und deren Kindern.

Walter Bucerius entschloss sich früh, mit der medizinischen Familientradition zu brechen und Jurist zu werden. Er studierte in München, Freiburg und Göttingen, wo er mit einer historisch-theoretischen Arbeit über den Begriff der Einrede *(exceptio)* in verschiedenen Rechtstraditionen zum Dr. jur. promovierte. In der Studienzeit schon hatte er bei der Infanterie gedient, wo er rasch zum Leutnant befördert wurde. Als Anwalt wurde er 1904 in Hamm zugelassen. Anwalt, später auch Notar, blieb er zeit seines Lebens; doch war er auch Richter, dann vor allem Verwaltungsbeamter und zeitweise Kaufmann.

Walter Bucerius' Interessen als junger Student in Freiburg gingen über die Grenzen der Rechtswissenschaft hinaus; dennoch fand er

nicht leicht Anschluss und Freunde. Die Studentenverbindung Ale-
mannia versuchte intensiv, aber erfolglos, ihn zu gewinnen; sie brauchte wohl Nachwuchs. Im «Lesezimmer», das ihm die Mutter aus der
Ferne anempfohlen hatte, fühlte er sich nicht wohl, «denn schon nach
zehn Minuten hatte ich weg, dass dasselbe vollständig vom katholischen Geiste regiert wird». Dagegen fand er in der Sozialwissenschaft-
lichen Studentenvereinigung «sehr viel Anregung». Da waren wirklich
«die Klügsten der Klugen unter allen Studenten» versammelt. «Natürlich,» schrieb er der Mutter – der Mutter Goldschmidt wohlgemerkt – am 4. April 1895,

> «waren es zur Hälfte Juden, wie ginge das auch wohl anders an,
> das sind ja fast die einzigen, die selbständige Interessen haben.
> Als das die anderen erfuhren, von denen ich keinen hatte bewe-
> gen können mitzugehen, sagten sie: ‹Die unverschämten Itzige,
> die drängen sich doch auch überall ein, nun würde ich erst recht
> nicht hingehen!›!!! Bedarf keines Kommentars.»

Oder doch. Dem protestantischen Halbpreussen steckte, zum Unterschied von seinen katholischen Kommilitonen aus Baden, der Kultur-
kampf noch in den Knochen. Für ihn drohte der Nation Gefahr nicht
nur von einer imaginären jüdischen Weltverschwörung, wie sie bald in
der plumpen, aber vielgelesenen Fälschung der «Protokolle der Weisen
von Zion» beschworen werden sollte, sondern mindestens so sehr von
den «römischen Papisten». Später ist in Vergessenheit geraten, wie
wirksam solche Empfindungen viele Jahrzehnte lang bleiben sollten.
Noch nach dem Zweiten Weltkrieg erzählte man, dass der temperamentvolle württembergische Protestant und Liberale Reinhold Maier
in Wahlreden im Remstal vom «schwarzen Gewürm» gesprochen habe,
das zertreten werden müsse. Damit meinte er nicht nur die gegnerische
Partei, die CDU, sondern ihre «ultramontanen» Züge, die finsteren
Mächte jenseits der Alpen. «Wir Evangelischen,» erinnerte sich Gerd
Bucerius 1976, «hielten die Katholiken für ultramontan, also nicht so
recht für Deutsche, und preussisch waren sie schon gar nicht.»
    Doch zurück zum Beginn des Jahrhunderts. Bedenkt man die Vor-
urteile des Freiburger Studenten, so traf Walter Bucerius eine erstaunliche persönliche Entscheidung. Nachdem er seine Examina abgelegt
und die Zulassung als Anwalt erreicht hatte, begegnete er der damals
21jährigen Maria Elisabeth Ludowika Rump. Auch sie kam aus einer
Mediziner-Familie; ihr Grossvater war Sanitätsrat gewesen, der 1855
geborene Vater Carl Andreas Anton Rump war noch tätig als Medi-

zinalrat. (Von Bucerius' vier Vornamen kamen also zwei, Karl und Anton, aus dem Rump-Erbe, einer, Martin, kam aus dem der Bucerius; nur Gerhard – später Gerd – war sein eigener, bald schon eigentlicher Name.) Die Rumps lebten in Osnabrück, stammten aber aus Münster in Westfalen und waren katholisch. Am 12. April 1905 heiratete der Gerichtsassessor und Anwalt Walter Bucerius in Hamm Maria Rump. Konnte das gutgehen?

Nur allmählich gewöhnte Maria sich an die Bucerius-Familie. Dass ihr Vater 1911 starb, mag das auf längere Sicht erleichtert haben, doch blieb der Prozess der Gewöhnung schmerzhaft. Fünf Monate vor der Eheschliessung, am 6. November 1904, schrieb Maria einen bitteren Brief an Gretchen, die Schwester ihres künftigen Mannes. Darin spricht sie von den «Opfern», die sie zu bringen habe, und kommt sogleich auf die Frage der Konfession:

> «Als ich Euch in den ersten Tagen, wo Du von den Briefen Deiner Mutter noch unbeeinflusst warst, von meiner Religion und meinem religiösen Empfinden gesprochen habe, hast Du mich wohl verstanden; später als die religiöse Frage zu einem rein äusserlichen konfessionellen Gegensatz zwischen uns wurde, da galt für Dich nur der eine Grundsatz, für den Du mit der ganzen Unduldsamkeit eines protestantischen Katholikenhassers gekämpft hast: Maria muss in jeder Weise nachgeben, koste es, was es wolle. Eine Katholikin, in welche sich Walter ohne Überlegung blindlings verliebt hat,» –

«Stimmt!» schrieb die Empfängerin an dieser Stelle offenbar unwirsch an den Rand des Briefes –

> «passt nicht in den Rahmen der Familie Bucerius, so wiesest Du auch jeden Ausweg, jedes Entgegenkommen, von Eurer Seite selbstverständlich von Dir.»

Marias Bitterkeit wird durch die Ironie der folgenden Sätze nicht gerade gemildert. Wer bin ich schon? fragt sie.

> «In den äusserlichen und innerlichen Zwiespalt mit meinen Eltern werde ich mich allmählich schon finden; was bedeutet es denn für ein junges Mädchen mit seinem Elternhaus zu brechen, wenn es auch mit demselben bis jetzt fest verwachsen war ...»

Der «äusserliche und innerliche Zwiespalt» setzte sich bis zur Hochzeit fort und fand Walter Bucerius wohl eher ratlos. Marias Eltern mussten mehr als schweren Herzens den Versuch aufgeben, das Paar zu einer katholischen Trauung zu bewegen, zogen aber – im Einklang mit ihrer Tochter – einen klaren Grenzstrich vor einer Heirat nach protestantischem Ritus. So blieb es am Ende beim Standesamt.

Maria empfand das als Opfer, wohl auch als Niederlage. Die Spuren vergingen überdies nicht. In seinen späteren Jahren wurde der vor allem innerlich einsame Mann, Walter Bucerius, zunehmend das, was man «pietistisch» genannt hat, ein privat frömmelnder Protestant, der die offizielle Kirche für ihre allzu weltlichen Wege kritisierte. Als Maria 1946 wenige Monate nach ihrem Mann zu Grabe getragen wurde, erwähnte der sehr protestantische Pastor in seiner Grabrede das neben ihrem Sterbebett gefundene Brevier, in dem sie offenbar regelmässig gelesen hatte. «So lebte immer noch etwas von den innerlichen Sitten und Gebräuchen und Gefühlen der ihr von Jugend an vertrauten katholischen Kirche in ihr.»

Und Gerd? Die standesamtliche Eheschliessung der Eltern hat auch symbolische Bedeutung: Wo Konflikte überhand nehmen, bleibt als Ausweg die Abkehr von ihrem Thema, ein scheinbar neutraler dritter Weg. Offenkundig wurde Gerd Bucerius durch seine Familie schon früh mit solchen Widersprüchen konfrontiert: dem herben Protestantismus des Vaters, dem bedrohten Katholizismus der Mutter und dem Judentum der Grossmutter zwischen Triumph und Verfolgung. Lessings «Nathan der Weise» war er nicht. Wer wollte es ihm verübeln, dass er, von ganz privaten Anwandlungen abgesehen, religionslos, oder besser vielleicht Dissident blieb? Ein Dissident, versteht sich, der evangelische Kirchensteuer zahlte.

Man wird die Ehe der Eltern Bucerius nicht glücklich nennen können. Der harte Alltags-Protestantismus von Walter Bucerius verband sich mit dem Bedürfnis, allen Misslichkeiten aus dem Wege zu gehen; so war der Vater oft stark und schwach zugleich. Die Herzenswärme der Mutter blieb andererseits in zu viel Melancholie, ja Angst getaucht, um die häusliche Atmosphäre zu halten. Der Vater machte Karriere; die Mutter war oft krank und verfiel für lange Perioden in tiefe Depression.

Eine freudlose Karriere

Das war, wie das so zu sein pflegt, zwar die tiefere, jedoch nicht die tägliche Realität der Familie Bucerius. Fürs erste verlief die Karriere des Vaters nicht gerade spektakulär, aber immerhin beachtlich. Helmut Stubbe-da Luz hat sie 1988 in einem Porträt gewürdigt, dem er den Titel «Ein Stadtkämmerer mit Prinzipien» gab. Es erschien in einer Reihe über «Liberale Demokraten in kommunaler Verantwortung». Wie liberal – und wie demokratisch – Walter Bucerius war, ist wohl eine Frage der Perspektive. Vor dem Weltkrieg stand er den Nationalliberalen nahe. Gerd Bucerius betonte dabei (in einem späteren Artikel über seinen Vater) vor allem das Nationale. Sein Vater war für ihn im besten Sinne «Patriot». Als er in den Krieg zog, hinterliess er ein Testament mit der Bestimmung: «Ich möchte in der deutschen Erde begraben werden, für die ich gekämpft und geblutet habe.» Nach dem Krieg trat Walter Bucerius der Deutschen Volkspartei (DVP) Gustav Stresemanns bei, den Erben der Nationalliberalen, die sich mit Weimar nie so ganz abgefunden hatten.

Die politische Orientierung schadete indes seiner öffentlichen Laufbahn nicht. An dieser fällt vor allem ein hastiges, unstetes Element auf. Zügig stieg er an die Spitze, um sich alsbald erneut auf die Wanderschaft zu begeben. In Hamm war er 1904 Anwalt geworden, entschied sich dann aber 1906, als Gerichtsassessor in Vormundschaftssachen tätig zu werden. Ein Jahr später wechselte er ins Rheinland, nach Remscheid, zunächst als «juristischer Hilfsarbeiter» bei der Stadt, dann, ab 1908, als Besoldeter Beigeordneter, also hauptamtlicher Stadtrat. Als Dezernent für Schulen, Polizei, Justiz und Steuern lernte er rasch die Geheimnisse der Kommunalverwaltung kennen, die er ebenso rasch, nämlich 1909, einer breiteren Öffentlichkeit in seinem Buch «Die Gemeindebetriebe der Stadt Remscheid» mitteilte.

Walter Bucerius war in Remscheid für zwölf Jahre gewählt. Nach zwei Jahren indes liess er sich zum Beigeordneten der weit grösseren Stadt Essen bestellen. Dort fielen ihm zwei der schwierigsten, vielleicht die zwei schwierigsten Aufgaben zu, nämlich die Finanzverwaltung und die höchst kontroverse Eingemeindung von Ortschaften im Umland der rasch wachsenden Stadt. Die letztere Aufgabe war so wichtig und so delikat, dass die Stadt den Kompaniechef 1915 von der Front zurückholte, damit er den Prozess zu Ende führte. Ansonsten aber diente Walter Bucerius während des ganzen Krieges als Soldat. Zuletzt war er hochdekorierter Bataillonskommandeur. Von einer leichten Verwundung abgesehen, blieb er unversehrt.

Als er 1918 nach Essen zurückkam, war er also gerade für knapp vier Vorkriegsjahre effektiv im Amt gewesen. Jetzt wirkte er unter dem im Frühjahr 1918 gewählten Oberbürgermeister Dr. Hans

Luther, dem späteren Reichskanzler und Reichsbankpräsidenten. Dieser stellte in seinen Memoiren dem Finanzbürgermeister Bucerius ein gutes Zeugnis aus. Die «klar denkende und entschlossene Persönlichkeit» kam mit eigenen Vorschlägen und verfocht diese klug; er akzeptierte aber auch die höhere Autorität seiner Vorgesetzten, in diesem Fall des Oberbürgermeisters. «Es war das die Art von hochgestellten Mitarbeitern, die ich mein Leben lang geliebt habe und zu denen ich wirkliches Vertrauen gewann.»

Vielleicht wollte Walter Bucerius höher hinaus. Jedenfalls folgte er schon 1920 der Einladung der Liberalen, in Hannover für das Amt des Beigeordneten Bürgermeisters zu kandidieren. Mit knapper Mehrheit gewählt, trat er das neue Amt im Januar 1921 an. «Ich hoffte, vor neue Aufgaben gestellt, in meiner Arbeit Trost und Ziel zu finden», schrieb er in einem langen Bekenntnisbrief an seinen Pastor vom Busstag 1938 und fügte lakonisch hinzu: «Vergebens!» «Als ich nach 16monatiger Tätigkeit Hannover verliess, war diese Zeit die verlorenste meines Lebens.»

Der plötzliche Weggang des Bürgermeisters 1922 führte zu heftigen Diskussionen im Stadtparlament (dem «Bürgervorsteherkollegium») von Hannover. Dort hatte er Feinde, vor allem auf der Linken, und Freunde vor allem in der rechten Mitte. Seine Position wurde allerdings dadurch nicht erleichtert, dass er eine Pension verlangte, über die am Ende kontrovers abgestimmt werden musste. Manche lobten seine Leistungen. In die Hannoveraner Zeit fällt seine Publikation über «Neue Ziele der städtischen Finanzwirtschaft» und deren schwierige Anwendung auf die zunehmend bedrohliche Realität. Vor allem linke Stadträte kritisierten seine politischen Überzeugungen, insbesondere in Fragen der Schulpolitik, in denen er einen betont christlichen Standpunkt einnahm. Alle Vermittlungsversuche mit dem hartnäckigen Beigeordneten Bürgermeister scheiterten. Der scharfsinnige sozialdemokratische Abgeordnete Feldmann «bemerkte, dass er sich des Eindrucks nicht erwehren könne, als ob Bürgermeister Dr. Bucerius schon vorher die Absicht gehabt habe, sein Amt niederzulegen». Am 1. Mai 1922 trat Walter Bucerius als Direktor bei der Hugo Stinnes AG für Seeschiffahrt und Überseehandel in Hamburg ein.

Der Exkurs in die Wirtschaft dauerte nicht länger als die politischen Ämter, wenngleich er dem frischgebackenen Kaufmann und seiner Familie sicher durch die Fährnisse der grossen Inflation und überdies zu einigem Vermögen verhalf. Das Stinnes-Imperium glich jenen rasch und mit spekulativem Genie zusammengebastelten Kartenhäusern, die

– wie das Maxwell-Imperium sechzig Jahre später – unverhofft wieder in sich zusammenfallen können. 1924 starb Hugo Stinnes plötzlich; der Konzern löste sich auf. 1926 schied Walter Bucerius aus und liess sich als Anwalt nieder. Das ging nicht in Hamburg (obwohl er 1925 die «Aufnahme in den Hamburger Staatsverband», also Hamburgische Bürgerschaft, beantragt und bekommen hatte), denn er war preussischer Jurist und musste daher vor den Toren der Stadt, im damals noch preussischen Altona seine Kanzlei eröffnen. Die Tätigkeit als Anwalt und Notar blieb für die folgenden zwei Jahrzehnte sein Beruf. Die Politik, die aktive Politik zumindest, rührte er nicht mehr an.

Helmut Stubbe-da Luz glaubt in Walter Bucerius einen «Hugo Stinnes verwandten Menschentyp» zu erkennen, vor allem «in seinem streng ökonomischen Denken und seiner Hartnäckigkeit»; er fühlt sich bestätigt dadurch, dass auch Stinnes der DVP angehörte. Doch ist der Vergleich gewagt. Walter Bucerius fehlte (zum Unterschied von seinem Sohn Gerd) gänzlich der Schwung des Unternehmers. Trotz der häufigen Wechsel seiner Ämter tat er eigentlich nichts Riskantes. Eher zog er sich nach innen zurück. Zunehmend verband er autoritäre Kühle nach aussen mit religiösen Skrupeln nach innen. Auch dies schrieb er in seinem Bekenntnisbrief von 1938: «Das neue Testament und Faust. Ich weiss nach 62 Jahren meines Lebens kein drittes Buch, das ich daneben legen möchte.»

Eine Art Familie

Die Jahre in Hamm und mehr noch die in Remscheid hatten für die junge Familie Bucerius etwas Vorläufiges. Erst mit dem Umzug nach Essen 1910 kam ein dauerhafterer Rhythmus in ihr Leben, mit häuslichen Gesellschaften, Besuchen bei und von Verwandten, gelegentlichen Ferienreisen, Festen, Krankheiten, alltäglichen Freuden und Leiden. Sorgen um die Zukunft tauchten gelegentlich auf, zerstoben aber rasch, denn zumindest was die materielle Lebensgrundlage betraf, war spätestens in Essen alles verlässlich geordnet. Der Vater verdiente 10 000 Mark im Jahr zuzüglich mancher Vergünstigungen; seine Stellung war nie gefährdet; das Haus in der Essener Irmgardstrasse war gross und bequem; an Hausangestellten und sonstigen Bediensteten mangelte es nicht. Die Ängste vor drohender Unbill, die später Gerd Bucerius umtreiben sollten, hatten jedenfalls nicht in wirtschaftlichen Kindheitserfahrungen ihren Ursprung.

Mit dem inneren Rhythmus des Lebens verhielt es sich indes weniger problemlos. Der Vater war fast immer beschäftigt, zu beschäftigt, um Ferien zu machen, sich um den Sohn zu kümmern, seiner Mutter Briefe zu schreiben. Das besorgte daher seine Frau, Maria. Jede Woche, manchmal auch häufiger, schrieb sie ausführlich an «meine liebe Mama», die doch nicht ihre, sondern Walters Mutter war. «Mutter Rump», die eigene also, erscheint nur selten, eher schemenhaft in diesen Briefen, die voller Alltagsinformationen sind über Einkäufe, Reisepläne, Gartenarbeit, Dienstmädchen und «Bubi», «unseren stets fröhlichen Jungen mit seiner wirklich goldenen Heiterkeit». Die Photos aus dieser Zeit zeigen ein rundliches, fast mädchenhaft weiches Kind. Das Kinderhemdchen mit seiner russischen Mustern nachempfundenen Stickerei (irgend jemand hat es, vor Motten geschützt, aufbewahrt) verstärkt noch den Eindruck.

Auch die gelegentliche Eingangsformulierung in Marias Briefen, sie schreibe, weil «Walter und ich uns gerade gezankt haben», oder sie hätten sich «soeben gezankt», und nun müsse sie die «Liebe anfeuern», stört das Bild der Idylle nicht, das die umfangreiche Korrespondenz durchzieht. Andere Töne tauchen erst auf, als Maria 1910 ein Kind verliert und danach in tiefe Depression versinkt. Es war nicht die einzige Fehlgeburt. «Meine Eltern», schrieb Gerd Bucerius 1990 an einen Korrespondenten, der ihm einen Brief der Mutter aus dem Jahr 1910 zugeschickt hatte, «hatten wahrscheinlich einen unverträglichen Rhesusfaktor. Da leidet das erste Kind nicht – das war ich; das zweite stirbt nach wenigen Tagen, das dritte wird tot geboren. In jenem Brief aus dem Jahr 1910 berichtet meine Mutter wohl von dem dritten Kind.» War es doch eher das zweite? Jedenfalls fügte der Sohn hinzu: «Ich habe immer gewusst, dass meine Mutter mehr Kinder haben wollte.» Das galt nicht minder für den Vater, der es gerne seiner Schwester Gretchen mit ihren fünf Kindern gleichgetan hätte.

So blieben nur andre, misslichere Wege zu dem ersehnten Ziel. 1914 kam die damals einjährige Gisela (später Gisela Schmitt-Lichtenberger) ins Haus. 1913 unehelich in Heidelberg geboren, war sie von den Behörden zur Adoption freigegeben worden. Sie wurde zwar als «Schwester» von Gerd grossgezogen, aber von dem peniblen Vater nicht adoptiert, sondern mit 21 Jahren darüber informiert, dass sie keine Bucerius sei. Ihre Ehen brachten ihr wenig Glück; aber Gerd Bucerius' fürsorgliches Interesse erlaubte ihr ein auskömmliches Leben über seinen Tod hinaus. Sie starb 1998.

Als der Bruder Hans 1914 fiel, wurde Walter Bucerius zum Vormund der Töchter Irmgard und Ellinor bestellt. Nachdem auch deren Mutter 1918 gestorben war, versuchte er die beiden regelrecht zu entführen. Er meldete sie in Bremen ab, wo sie bei ihrer Grossmutter lebten, und holte sie nach Essen. Doch die Mutter hatte – und das war bekannt – anderes geplant: Pflegevater sollte jedenfalls nicht der Vormund werden. Besorgt um das drohende öffentliche Aufsehen, liess Vater Bucerius die beiden Mädchen wieder nach Bremen ziehen.

Später, schon in Hamburg, kam dann noch die 1923 geborene Christa hinzu, ein Waisenkind. Maria brachte sie ins Haus, und da sie polnische Ahnen hatte, unternahm der Vater gründliche Nachforschungen. Da gab es doch nicht etwa jüdische Vorfahren? Die lebenslustige, etwas leichtsinnige Christa war eine muntere Hausgenossin. Mit ihrem zweiten Mann, Claus Castan, wanderte sie 1954 nach Australien aus, wo sie 1988 verstarb.

Ein Photo aus den frühen 30er Jahren zeigt eine ganz und gar konventionelle Familie. Es sind genau genommen zwei Photos, eines von Gisela geknipst und daher ohne sie im Bild, das andere ohne Gerd und daher von ihm gemacht. Der steife Papa mit preussischem Mittelscheitel im kurzen Haar, trotz der Waldumgebung geschniegelt mit Vatermörder und Weste, blickt geradewegs in die Kamera. Die stabil wirkende und doch so labile Mutter trägt zum Sommerkleid den weissen Schlapphut der Zeit. Gisela legt zögernd den Arm um die «väterlichen» Schultern; die kleine Christa lächelt fröhlich. Gerd im Hintergrund ist schon der junge Gerichtsassessor. Tausende Familien haben so ausgesehen.

So können Photos aber auch täuschen. Die künstliche Familie, in der Gerd aufwuchs, war eine unstete, kühle Umwelt. Früh schon lernte Gerd schreiben, wenn wohl auch der Vater dem Viereinhalbjährigen bei der Postkarte an die «liebe Oma» die Hand geführt hat: «Vaters Leben ist schwer, Bubis Leben ist nicht schwer.» Einmal seufzt die Mutter in ihrem Sonntagsbrief an die «liebe Mama»: «Dem ganzen Schulbetrieb setzt er stillen, aber hartnäckigen Widerstand entgegen.» Als der Vater 1914 eingezogen wird, schickt er seinem Sohn aus dem besetzten Belgien Feldpostkarten: «Dein Zeugnis ist ja ganz gut, sorg' nur, dass es nicht schlechter und im Deutschen besser wird.» Die Karte ist übrigens ein merkwürdiges Dokument; schon der nächste Satz kommt zur dem Vater offenbar wichtigen, für den Sohn schwerlich erziehlichen Sache:

«Das Bild auf der anderen Seite stellt den Einschlag einer Granate dar. Du siehst die Granate und Erdstücke über baumhoch fortfliegen.»

Ein anderes Mal zeigt die Feldpostkarte die friedlichen Strandvillen in den Dünen von Westende-Bains, und der Vater schreibt dazu:

«Die Häuser, die Du auf der anderen Seite siehst, sind fast alle zerschossen.»

Mutter und Sohn schickten hingegen Karten aus dem damals ganz und gar kriegsfernen Freiburg, wo sie die Ferien verbrachten. «Es grüsst: ‹Dein Gerd›.» «Bubi» war der Zehnjährige nun jedenfalls nicht mehr.

Intelligent und aufsässig

Viel wissen wir nicht über die Schulzeit von Gerd Bucerius. Nach dem Besuch der Volksschule kam er 1915, neun Jahre alt, auf das Essener Realgymnasium. Die weitere schulische Karriere folgte den Stationen der väterlichen Berufe. 1921 wechselte er auf die Leibnizschule in Hannover. Die letzten anderthalb Jahre bis zum Abitur verbrachte er dann am Heinrich-Hertz-Realgymnasium in Hamburg. Das Gymnasium begann gerade, neben dem Elite-Institut des Johanneum, einen Platz unter Hamburgs grossen Schulen zu finden. Sonderlich wohlgefühlt hat sich Bucerius wohl an keiner dieser Einrichtungen. Jedenfalls schrieb er viele Jahre später (am 12. April 1979) an den Feuilletonredakteur Fritz J. Raddatz: «Nichts habe ich so gehasst wie stinkende Schulklassen, spiessige Lehrer und oft noch spiessigere Mitschüler. Also war ich auf der Schule faul, frech und verlogen. Gearbeitet, dann aber hart, habe ich erst auf der Universität, als ich mir die Konkurrenz aussuchen konnte.»

Schon der Schüler zeigte journalistische Neigungen. Im ersten Heft der von ihm mitbegründeten kurzlebigen Zeitschrift «Die Fanfare» erschien 1923 ein mit «Gerd Bucerius» gezeichneter kleiner Aufsatz zum Thema «Preussentum und Sozialismus». Der Aufsatz zeigt nicht gerade den Duktus eines 16jährigen: «Der 11. November 1918 war die Verallgemeinerung des Prinzips, das man 1917 den Fähigkeiten und dem Verantwortungsbewusstsein einer Regierung, eines kämpfenden Heeres entgegensetzte.» Einer detaillierten Auseinandersetzung mit Marx und Bebel folgt die Schlussfolgerung: «Wir waren Preussen, wir waren Sozialisten; wir wollen es bleiben um unseres Volkes Willen.» Bucerius hatte einen «kurzen Abriss des Inhalts» von Oswald Spenglers Schrift «Preussentum und Sozialismus» gegeben. Vielleicht erlebte der jugendliche Enthusiast auch eine preussisch-sozialistische Episode, «ganz im Bann der visionären und sprachlichen Macht Oswald Spenglers» (um mit Karsten Schmidt zu sprechen).

Am 12. September 1924 ging Gerd Bucerius vom Heinrich-Hertz-Realgymnasium ab, laut Reifezeugnis, «um Volkswirtschaft zu studieren». Die Abiturnoten kann man je nachdem enttäuschend oder auch absurd nennen. Uneingeschränkt «gut» war der 19jährige danach nur in den Fächern Naturgeschichte, Physik, darstellende Geometrie und, immerhin, Geschichte. Für ein «genügend» reichte es in Erdkunde, Mathematik, Chemie, Turnen, Französisch und, trotz einer «nicht genügenden» Prüfungsarbeit, Englisch. Auch im Deutschen wurde eine Prüfungsarbeit mit «nicht genügend» bewertet, doch konnte er das durch andere Leistungen wettmachen, was ihm im Lateinischen nicht gelang. Er hätte also offenkundig Naturwissenschaftler werden sollen. Oder war es die Schule, die irrte? Wurden die Noten, zumal in Deutsch, nicht so sehr für Bildung und Sprachfertigkeit als vielmehr für genehme, und in Bucerius' Fall nicht genehme, Meinungen gegeben?

Der «nicht genügende» deutsche Abituraufsatz zu dem vielversprechenden Thema «Aus welchen Quellen schöpfe ich Lebensfreude?» ist jedenfalls ein lesenswertes Dokument. Mit Recht hat Birgit Lahann ihn 1982 in ihre Sammlung von Aufsätzen Prominenter mit dem Untertitel «Von Duckmäusern und Rebellen» aufgenommen. Ein Duckmäuser war Bucerius jedenfalls nicht. Noch im Alter plagte ihn die Erinnerung daran, dass die Mutter ihn gezwungen hatte, in kurzen Hosen zur Prüfung zu gehen. Im Ruhrgebiet war das so üblich; warum sollte es in Hamburg anders sein? Der Mutter gehorchte er, den Lehrern nicht. «Ich war faul und frech», erinnerte er sich nicht ohne das ihm eigene schelmische Lächeln. Sein Aufsatz war zwei im Gymnasialkanon schwerlich auffindbaren Autoren gewidmet, Carl Sternheim und Otto Flake. Der Widmung fügte er noch das seltsame Motto hinzu: «Der Menschheit alles geben wollen, und als Grössenwahnsinniger behandelt zu werden.» Das war eine leicht misslungene Variation des vorher zitierten Wortes von Friedrich Hebbel: «Die Erde beben fühlen und als Trunkener behandelt zu werden.»

Auf wenigen Blättern – neun Halbseiten in seiner grossen, gut lesbaren Schrift – bringt der 19jährige Bucerius es fertig, allerlei Tabus seiner hanseatisch-steifen und durchaus konventionellen Umwelt zu verletzen. Das geschieht in Form eines Lobliedes auf den «wahren Menschen», dem Lebensfreude bedeutet, «der Menschheit das Glück zu bringen», «Diener der Menschheit zu sein, um sie zu leiten, einem letzten, unendlich fernen Ziele näher zu bringen».

Dem jungen Autor macht es indes mindestens so viel Freude, sich über diejenigen zu mokieren, die solch hehren Zielen im Wege stehen. Das Kaiserreich, das Reich der Heuchelei und Kriecherei, ist ja nun «zum Heile der europäischen Kulturmenschheit» krachend zusammengebrochen, damit eine falsche Vorstellung von Politik, Kultur, Religion und auch von den «Durchschnittsehen der bürgerlichen Convenienz»:

«Tags Zank und Streit, des Nachts treibt die gemeinsame Geschlechtsnot die Gatten zusammen.»

Aber Feinde des wahren Menschenglücks gibt es noch immer, die Lehrer zum Beispiel, die den jungen Menschen im Sinne einer «Mechanisierung des Geistes» traktieren:

«Cicero, den grössten Schwätzer der Weltgeschichte lernt er kennen und weiss nicht, wie eine römische Basilika aussieht.»

Was der junge Mann wohl meint? Ist sein Latein vielleicht wirklich «nicht genügend»? Wo er selbst seinen geistigen Ort sucht, macht er klar, als er den ansonsten gepriesenen Kämpfer für eine friedliche und gerechte Welt in einem Moment der Schwäche ertappt:

«Wenn er ermüdet, wird er im Kunstwerk Kraft zu neuem Beginnen finden. Schiller wird ihm das Pathos, Büchner den gerechten Zorn, Zola den Willen zur Gerechtigkeit geben. Heinrich Mann wird ihm seine spitze Feder leihen, Werfel wird ihn das alle Menschen umfassende Mitleid lehren!»

Man könnte meinen, dass dieser Absatz allein die Abwegigkeit des Urteils «nicht genügend» erweist. Oder hat er im Gegenteil den ungerechten Zorn des Lehrers erst geweckt?

Der Abitur-Aufsatz ist gewiss kein Meisterstück. Pathos und Polemik verbinden sich in ihm auf eher missliche Weise. Das gilt noch ausgeprägter für den einige Wochen vorher, am 26. Mai 1924, verfassten, zweieinhalb Schreibhefte langen Hausaufsatz über «Hamburgs Bedeutung für Deutschland». Vom ersten Satz an («Es wird darauf aufmerksam gemacht, dass Vorreden dazu da sind, nicht gelesen zu

werden …») ist er durchschossen von «albernen versteckten Anzapfungen des zu Ihrer Beurteilung und damit zum Lesen Ihrer Arbeiten
verurteilten Lehrers», wie dieser nicht ganz unzutreffend bemerkt.
Die «Anzapfungen» sind nicht einmal alle «versteckt».

> «Die Knechtschaft ist für die menschliche Seele nun einmal ein
> verheerender Zustand; aber die Schule soll diese seelische Träg-
> heit bekämpfen und nicht, wie in Hamburg, aus ihr zugunsten
> der Bequemlichkeit der Lehrerschaft Vorteile ziehen.»

Der Hauptteil des Hamburg-Aufsatzes des 19jährigen Bucerius enthält indes zwei wichtige und vielsagende Analysen. Die eine ist eine
sachliche, intelligente Prüfung des Für und Wider einer Hafenstadt als
Umschlagplatz oder aber als Stätte der Weiterverarbeitung importier-
ter Produkte. Mit Recht schreibt der Lehrer: «Ihre Ausführungen
über die wirtschaftliche Bedeutung Hamburgs sind *sehr gut*.» Die andere Analyse gilt der Presse und enthält vor allem eine deftige, klar
argumentierende Kritik des «Fremdenblattes» und dessen, was man in
Analogie zur späteren Rede von der «Springer-Presse» die «Broschek-
Presse» nennen kann.

Ausgangspunkt ist für Bucerius die Unterstellung, das Flaggschiff
der Broschek-Presse, das «Fremdenblatt», wolle durch Annoncen
«grosse Reichtümer» ansammeln:

> «Dieses Prinzip wurde massgebend; die Zeitung war nicht länger
> mehr Vorkämpferin für die geistigen Interessen in Politik, Kunst
> und Wissenschaft. Es handelte sich nicht mehr darum, für eine
> grosse Idee zu kämpfen und das Publikum zu ihr hinaufzuzie-
> hen, sondern umgekehrt hiess es jetzt, solchen Meinungen zu
> huldigen, welche der grössten Zahl von Abonnenten angenehm
> waren.»

Das ist gleichermassen demoralisierend für Leser und für Journalisten.

> «Ein Mensch, der sich heute Herrn Broschek verdingt, verkauft
> seine Seele, wird zum Verräter an seiner Überzeugung (soweit
> Broschek Leute mit einer eigenen Ansicht überhaupt mit einem
> Amte beehrt), muss es werden, wenn er auch nur eine Woche
> lang in der Atmosphäre der Lüge, der kriecherischen Heuchelei
> weilt!»

Schulaufsätze sind lässliche Sünden. Wer wollte schon später an ihnen
gemessen werden! Aber Gerd Bucerius brauchte sich da nicht zu ge-

nieren. Die Neigung zur lebhaften Kritik an seiner Umwelt, dabei zu starken, gelegentlich unbeherrschten Formulierungen verliess ihn auch später nicht. Der Deutschlehrer, der in seinem ratlosen Entsetzen den Aufsatz sogar an den Schulrat zur weiteren Behandlung schickte, war nur der erste in einer langen Reihe von Autoritäten, die von Bucerius mit derbem Spott bedacht wurden. Den meisten fehlte dabei allerdings die Fähigkeit von Konrad Adenauer, solche Sticheleien herunterzuspielen: «So wichtich is der Herr Bucerjus doch jar nicht» (was wiederum der Herr Bucerius selber seinen Lesern erzählt, womit er, wie so oft, zuletzt lacht).

Die beiden überlieferten Schulaufsätze lohnen die Lektüre auch heute. Sie zeigen eine seltene Fähigkeit, komplizierte, vor allem wirtschaftliche Zusammenhänge zu durchschauen. Sie zeigen auch einen klaren Sinn für moralische Prinzipien. Die Kritik der Broschek-Presse beruht auf Grundsätzen, die zwei Jahrzehnte später den Gründer der «Zeit» inspirieren und ihn danach durch das halbe Jahrhundert seiner Tätigkeit als Verleger leiten sollten.

Wanderjahre

Gerd Bucerius wurde 1924 vom Heinrich-Hertz-Realgymnasium trotz allem «mit den besten Wünschen für seine Zukunft» entlassen, um, wie er angegeben hatte, Volkswirtschaft zu studieren. Das tat er indes nicht. Vielmehr folgte er den Spuren des Vaters, indem er nämlich an der Universität Freiburg im Breisgau das Studium der Rechtswissenschaft aufnahm. Es begannen acht Wanderjahre, vier als Student in Freiburg, Berlin, Hamburg und wieder Berlin, weitere vier als Referendar in Altona, in Berlin und in Kiel. Sie waren gute Jahre für den jungen Mann, während um ihn herum die grosse Peripetie der Weimarer Republik ihren Verlauf nahm.

Wie sehr Bucerius die «Revolution» von 1918 als hoffnungsvollen Einschnitt empfand, geht aus seinen Schulaufsätzen hervor. Nostalgie für die gute alte Kaiserzeit hat ihn nie geplagt. Er blickte überhaupt nicht oft zurück, sondern war immer auf dem Weg zu neuen Ufern. Als sein eigenes Urteil sich zu bilden begann, war er zwar ein Mann der Weimarer Republik, sicher ein Demokrat, aber doch ein leicht enttäuschter Weimarer Demokrat. Zu vieles hatte sich wieder in alte Formen gesetzt; einmal mehr regierte die «bürgerliche Convenienz». Fühlte der junge Mann sich in Turbulenzen wohler als in ruhiger

Luft? Oder war sein Verständnis der Zeit immer auch eine Reaktion auf den Vater, der zwischen Stresemann und Stinnes demokratische Anwandlungen durchaus im Zaum halten konnte? Die Jahre nach 1924 waren ja die Zeit der zumindest scheinbaren Konsolidierung der Weimarer Republik. Wirtschaftlich ging es nach der traumatischen Erfahrung der Hyperinflation seit der Stabilisierung der «Rentenmark» 1923 bergauf. Die Produktion stieg, vor allem die Exporte boomten, der Staatshaushalt erlaubte sogar die Einführung der allerdings dringend nötigen Arbeitslosenversicherung. Die kulturelle Blüte der Jahre konnte auch an einem Studenten im entlegenen Freiburg nicht vorbeigehen, zumal dieser bald in Berlin sein Studium fortsetzen sollte. Politisch setzten die «staatstragenden Parteien» sich durch. Der im Dezember 1924 gewählte Reichstag bestätigte die im Mai gebildete Regierung aus den Parteien der «Weimarer Mitte». Sie sollte fast eine volle verfassungsmässige Legislaturperiode dauern und schien sogar die Wahlen im Mai 1928 unter neuer Führung noch zu überstehen. «Die allgemeine politische Aufgeregtheit der letzten Jahre flaute ab, eine vergleichsweise nüchterne Alltagspolitik trat an ihre Stelle.» Hagen Schulze, der dies über die Jahre nach 1924 schrieb, fügt hinzu: «Die Deutschen begannen, sich an die Republik zu gewöhnen.»

Aber doch nur ein bisschen. Es war (in den Worten von Anthony Nicholls) eben nur der «Anschein der Stabilität». 1925 starb Reichspräsident Ebert; bei der Volkswahl seines Nachfolgers obsiegte nicht der Kandidat der Koalitionsparteien, sondern der greise Generalfeldmarschall Hindenburg. Der Staatshaushalt, ein untrüglicher Massstab der Wirtschaftstätigkeit vor der Erfindung der volkswirtschaftlichen Gesamtrechnung, rutschte ins Defizit. Damit wurden die Lasten der Reparationen trotz aller Restrukturierungsversuche schwerer. Die Arbeitslosenzahl schwankte, blieb aber hoch und erreichte im Februar 1929 zweieinhalb Millionen. Die bürgerlichen Parteien rückten nach rechts. Prälat Kaas übernahm die Zentrumspartei; nach Stresemanns Tod 1929 zerfielen die ohnehin schon gespaltenen Liberalen in allerlei Grüppchen, bis sie fast ganz von der Bildfläche verschwanden. Statt dessen stiegen die Stimmen für extreme Parteien zur Rechten wie zur Linken. Am 27. März 1930 fiel die Reichsregierung unter dem Sozialdemokraten Müller, und es begann die drei Jahre dauernde Agonie der Weimarer Republik.

Das war der Hintergrund für die Ausbildung eines Juristen. Gerd Bucerius schrieb sich im Wintersemester 1924/25 an der Rechts- und

Staatswissenschaftlichen Fakultät der Universität Freiburg ein. In den zwei Freiburger Semestern hörte er die üblichen juristischen Vorlesungen zum römischen und bürgerlichen, Straf- und Staatsrecht, schweifte aber auch in entferntere Bereiche aus. Zur «Einführung in das nationalökonomische Denken» kamen ein «Politisches Colloquium», ein Kurs über gerichtliche Psychiatrie und die «englische Handelskorrespondenz». In der Tat brachte er in den Jahren 1925 und 1926 jeweils drei Monate in England zu und knüpfte damit eine Beziehung, die später entscheidend werden und ihm bis ans Ende seines Lebens wichtig bleiben sollte. In Berlin und Hamburg setzte er das Studium mit zunehmender Konzentration auf juristische Lehrveranstaltungen fort.

Das Gesuch um Zulassung zum Ersten Juristischen Staatsexamen reichte Bucerius im Oktober 1927 in Berlin ein. Er strebte den Vorbereitungsdienst an, «um mich für den Staatsdienst vorzubereiten». Die Referendarzeit begann mit einer längeren Periode in Altona, wo der Vater seine Kanzlei hatte. Von März 1928 bis September 1929 lernte Gerd Bucerius dort Amts- und Landgericht, Arbeitsgericht und Gerichtsgefängnis kennen. Die Zeugnisse seiner Vorgesetzten bescheinigten ihm gute Rechtskenntnisse, klare Ausdrucksweise und angenehmes Verhalten, «Geschicklichkeit wie Genauigkeit und lobenswerten Eifer». Nur selten klingen in den akribisch geführten Akten andere Töne an. Im Sommer 1929 zwang ihn eine nachhaltige Bronchitis zum Pausieren. «Desgleichen bestanden Anzeichen nervöser Erschöpfung, die z. T. besonders im Winter zu erheblichen Steigerungen geführt haben.» So der Amtsarzt. Im gleichen Jahr 1929 gab sich der Landgerichtsrat Dr. Zielke mehr Mühe als üblich mit seiner Bewertung des Referendars. Er lobte die «ausserordentlichen Geistesgaben» von Bucerius, den «durchdringenden Verstand», die «reiche und rege Phantasie», das spezifische wie allgemeine «Wissen». Indes, so brillant er Rechtsfälle anpackt, ist doch zu beobachten, dass er «nicht immer ganz Herr bleibt über die Fülle der sich ihm aufdrängenden Associationen der Gedanken». Seine Gutachten und Urteilsentwürfe befriedigen «selten restlos», weil er «auf die Ausarbeitung seiner an sich meist vortrefflichen Gedanken nicht die erforderliche Sorgfalt verwendet». So bleiben seine Gedanken «im Entwurf stecken», «skizzenhaft». «Offenbar erlahmt bei ihm das Interesse, sobald im Geiste die Lösung gefunden ist.» Ändert er das nicht, dann wird ihm – so meinte Dr. Zielke – der seiner Begabung entsprechende Erfolg versagt bleiben.

Der «fast gute» Referendar hatte indes höherfliegende Pläne. Nach einer Zeit als «Generalsubstitut» in der väterlichen Kanzlei in Altona ging er im Mai 1930 nach Berlin und arbeitete sechs Monate lang bei Rechtsanwalt Alfred Carlebach, der seine Sozietät mit Erich Koch-Weser, dem liberalen Reichsminister in mehreren Kabinetten und langjährigen Reichstagsabgeordneten der Demokraten (DDP), teilte. (Beide mussten später emigrieren; Carlebach ging nach England, Koch-Weser nach Brasilien.) «Hervorzuheben sind sein praktischer Blick und die kaufmännische Schulung», bemerkte Dr. Carlebach, bevor Bucerius für die letzte Phase seines Referendariats an das Oberlandesgericht Kiel ging. Am 25. März 1932 bestand er in Kiel die Grosse Staatsprüfung mit «gut» und wurde zum Gerichtsassessor ernannt. Nach kurzen Perioden an den Gerichten in Preetz, Rantzau und Kiel wurde Bucerius am 14. September 1932 zum Hilfsrichter in Flensburg bestellt.

Eine folgenschwere Entscheidung

Der junge Jurist war also auf den normalen Weg gebracht. Die Reise konnte gewiss in allerlei Richtungen führen, zum leitenden Richter vor allem in Wirtschaftssachen zum Beispiel, oder zum hohen Ministerialbeamten, gewiss auch zum erfolgreichen Anwalt. Indes, Bucerius wäre nicht Bucerius gewesen, wenn die Aussicht einer geradlinigen Karriere ihn verlockt hätte, und wichtiger noch, die Zeitumstände erlaubten sie ihm nicht, jedenfalls nicht nach seiner Entscheidung, Gretel Goldschmidt zu heiraten.

In den Berliner Monaten im Sommer 1930 bei Rechtsanwalt Carlebach war Bucerius' Wohnadresse «Charlottenburg 11, Mommsenstr. 7, b/Goldschmidt». Lina Goldschmidts Mann, der Textilkaufmann Jakob Isidor Goldschmidt, war im November 1929 als 50jähriger nach einem Schlaganfall gestorben. Um ihr Einkommen aufzubessern, vermietete die Witwe ein Zimmer. Die gerade 20jährige Tochter Gretel lebte bei ihr. Sie hatte am Dorotheen-Lyzeum 1928 das Abitur gemacht, dann ein Jahr in einem Mädchenpensionat in Lausanne verbracht und anschliessend in Berlin Rackows Kaufmännische Schule besucht. Jetzt arbeitete sie, wohl eher aushilfsweise, im Büro von Bekannten. Gerd Bucerius traf sie also, als er am 1. Juli 1930 nach Berlin kam.

Die Familie der Mutter, die eine geborene Freund war, kam aus Ost-Westfalen; die Goldschmidts stammten aus dem Kurhessischen. (Sie waren übrigens nicht mit der Familie von Bucerius' Grossmutter Goldschmidt verwandt.) Gretel war nach dem Umzug der Eltern am

14. Juni 1910 in Berlin geboren. Sie war eine kleine, attraktive, überaus weibliche Person, munter und oft lustig. Noch viele Jahrzehnte später charakterisierte ihr in England aufgewachsener Neffe Robert Arnheim sie mit einem Wort, für das es im Englischen kein Äquivalent gebe: Lebenskunst. Sie verstand es, auch unter widrigen Umständen ihrem Leben Gehalt zu geben. Als lebensfroh wird sie sogar von denen geschildert, die sie erst nach dem Krieg kennengelernt haben.

Gerd Bucerius verliebte sich in die vier Jahre jüngere Gretel, und die beiden liessen einander nicht mehr los. Es traf ihn hart, dass er nach den sechs Monaten bei den Anwälten Carlebach und Koch-Weser in Berlin wieder in den Landgerichtsbezirk Kiel zurück musste, um dort seine Referendarzeit zu vollenden. Einmal tat er das in preussischen Diensten Unerhörte und beantragte «gehorsamst» für eine Berlin-Reise Urlaub, der vom Amtsgerichtsdirektor und vom Landgerichtspräsidenten in Kiel genehmigt werden musste:

«Meine Braut ist seit Dienstag an einer eitrigen Angina erkrankt. Nach einer telephonischen Mitteilung hat sich ihr Zutand verschlimmert und sie im Fieber nach mir verlangt; der Arzt hat deshalb meine Anwesenheit für wünschenswert erklärt.»

War es Angina? In diese Zeit, das Frühjahr 1932, fällt nämlich ein Besuch der Mutter von Gerd, Maria Bucerius, bei Gretel Goldschmidt. Im Auftrag des Vaters versuchte sie eindringlich, das Mädchen vom Gedanken der Eheschliessung mit ihrem Sohn abzubringen. Der Versuch misslang. Gerd Bucerius wird sich eher in seinen Absichten bestätigt gesehen haben; aber auch seine Braut widerstand. Was steckte hinter der Intervention der Eltern? Die Vermutung liegt nahe, dass der Vater mit Mühe den «Makel» der eigenen Herkunft in Nebel gehüllt hatte und nun, zu einer Zeit des wachsenden Antisemitismus, diesen Versuch durch eine neuerliche jüdische Familienbindung gefährdet sah. Wie dem auch sei, er weigerte sich, die Braut und später die Schwiegertochter auch nur ein einziges Mal zu sehen, verhängte Hausverbot über sie und betrat selbst ihr Haus nie.

So war die Eheschliessung des Gerichtsassessors Karl Anton Martin Gerhard Bucerius mit der Berufslosen Gretel Goldschmidt am 11. Oktober 1932 im Flensburger Standesamt nicht gerade ein rauschendes Fest. Als Trauzeugen dienten zwei Kollegen und Altersgenossen von Gerd, der Gerichtsassessor Krohn und der Gerichtsreferendar Mittelstädt. Bis zur Machtergreifung Hitlers am 30. Januar 1933 blieben noch 111 Tage.

2. In widriger Zeit: 1933–1945

Zeichen des Unheils

Als Adolf Hitler am 30. Januar 1933 zum Reichskanzler ernannt wurde, glaubten viele, der Spuk könne nicht lange dauern. Zu absurd schien ihnen der Mann und seine «Bewegung». Ausserdem gab es da noch die bürgerlichen, ja aristokratischen Minister, Vizekanzler von Papen, Aussenminister von Neurath, Finanzminister Schwerin von Krosigk. Und es gab den zwar greisen, aber doch seinem Verfassungseid treuen Präsidenten, den preussisch-deutschen Feldmarschall Hindenburg, der den «österreichischen Gefreiten» schon in seine Schranken weisen würde. Die Geschichte, wir wissen es, nahm einen anderen Verlauf. Während Hitler das Braunhemd einstweilen mit dem in Deutschland ironischerweise «Stresemann» genannten Tagesfrack vertauschte, gab es im Land mehr und mehr Begeisterte. Noch existierte die Umfrageforschung nicht; aber man geht sicher nicht fehl in der Annahme, dass aus den 44 Prozent der Nationalsozialistischen Deutschen Arbeiterpartei bei den (selbst schon nicht mehr freien) Märzwahlen bis zum Sommer 1933 mehr als 50 Prozent und bald eine noch grössere Mehrheit zu Anhängern des neuen Regimes geworden war. Viele begrüssten die neue Zeit, die Klarheit, Ehrlichkeit, Würde und natürlich «Arbeit und Brot» versprach; darunter auch einige deutsche Juden.

Diese hatten indes wenig Grund zur Begeisterung. Die Geschichte von Bucerius Vater und Sohn, und mehr noch die der Frau von Gerd, Gretel, geb. Goldschmidt, zeigt am Beispiel den Weg von kleinen Sticheleien zur Gefährdung zuerst der bürgerlichen Existenz, dann von Leib und Leben.

Anfang Januar 1933 lief Gerd Bucerius' Anstellung als Hilfsrichter in Flensburg aus. Das idyllisch anmutende Leben des jungen Paares, das in seiner Wohnung in der Friesischen Strasse 41 noch ganz konventionell Weihnachten begangen hatte – er, jedenfalls auf dem überlieferten Photo, aufmerksam Akten studierend, sie züchtig bei fraulichen Näharbeiten –, nahm ein rasches Ende. Ganz so idyllisch war es ohnehin wohl nicht, zumal sich in der Familie das Gerücht hielt, dass

Gretel Bucerius in den Monaten nach der Hochzeit eine Fehlgeburt hatte. Auch Bucerius selbst hat das gelegentlich angedeutet, wenngleich Belege nicht zu finden sind. Noch vor der Machtergreifung Hitlers zog das Ehepaar Bucerius nach Hamburg, zunächst in eine kleine Wohnung in der Moorweidenstrasse, bald dann in das eigene Haus in der Preusserstrasse 3 in Othmarschen, in dem Gerd bis 1950 seinen Wohnsitz haben sollte.

Sein Wunsch, in den Staatsdienst zu gehen, fiel dem neuen Regime bereits nach wenigen Wochen zum Opfer. Am 7. April trat das «Gesetz zur Wiederherstellung des Berufsbeamtentums» in Kraft. Der Name zeigte schwarze Phantasie von orwellschen Dimensionen. Tatsächlich zerstörte das Gesetz das politisch neutrale Berufsbeamtentum durch die Ermutigung von Parteilichkeit und den Ausschluss aller «Nichtarier», einschliesslich der mit solchen Versippten oder Verschwägerten. Die «Mischehe» mit einer Jüdin galt als besonders verwerflich. Gleichzeitig wurde ein Gesetz über die Zulassung zur Rechtsanwaltschaft erlassen, das alle praktizierenden Anwälte zwang, einen sogenannten «Ariernachweis» zu erbringen. Damit gerieten die Anwälte Bucerius frühzeitig in das Netz des neuen Staates.

Ein überlieferter Brief des Vaters Bucerius an seine Nichte Irmgard vom 2. Mai 1933 deutet die Folgen an. Die besonders eifrige preussische Justizverwaltung habe ihm, dem Anwalt im preussischen Altona, «einige Unannehmlichkeiten verursacht». Vielleicht könne die Nichte ihm helfen, Genaueres über die erste Ehe des Grossvaters Goldschmidt herauszufinden. Wollte er sich durch die öffentlichen Verdienste der in Frage stehenden Bremer Familie Grovermann salvieren? Der Brief endet ziemlich abrupt mit dem vielsagenden Satz: «Ich bin des Lebenskampfes sehr müde und finde mich nicht mehr in der jetzigen Zeit zurecht.»

Dabei sollte der Kampf erst beginnen. Walter Bucerius weigerte sich, den Nachweis seiner «arischen Abstammung» zu erbringen, und verwies darauf, dass er «Frontkämpfer» sei. (Nicht: gewesen sei – denn den Status des Frontkämpfers behielt man ein Leben lang.) In einer Hinsicht indes half ihm weder dieser Status noch die Erklärung eines Funktionärs des NS-Juristenbundes, es seien «bislang Versuche des Dr. Bucerius, die [ihm anvertrauten] Referendare irgendwie im staatsfeindlichen Sinne zu beeinflussen, in keiner Weise wahrgenommen worden». So im August 1933. Nach umfänglicher Korrespondenz unter Richtern und der Intervention des Bezirksobmannes des NS-Juristenbundes, der es «untragbar» fand, dass ein Anwalt Referen-

dare ausbildet, «dessen nichtarische Abstammung allgemein als fest-
stehend gilt», wurde Dr. Walter Bucerius im Oktober 1933 dieses
Recht entzogen. Immerhin blieb er praktizierender Anwalt und Notar in der Kanzlei, die er in der Bahnhofstrasse 30 in Altona zusammen mit Dr. Karl
Samwer führte. In diese Kanzlei trat im Frühjahr 1933 auch Gerd
Bucerius ein. In den folgenden Jahren vertrat er in zahlreichen Fällen
als Juniorpartner Mandanten, darunter auch einige Juden, die dem
Anwalt für seinen Einsatz dankbar blieben. Manche waren indes weder Juden noch dankbar, und wenn sie gar, wie ein Herr Henry Müller
im September 1935, ihre Felle davonschwimmen sahen, konnte es für
die Anwälte Bucerius heikel werden.

Herr Müller war drauf und dran, im Zuge einer Testamentsvollstreckung eine Räumungsklage zu verlieren, als ihm der «rettende»
Gedanke kam, beim Landgericht die «arische Abstammung» der
«Rechtsanwälte Dr. Bucerius I und Bucerius II» anzuzweifeln. Er
habe gehört, dass auch «Bucerius II», Gerd also, «nicht als Vollarier
anzusehen sei, da er eine Jüdin geheiratet habe». Der Landgerichts-
präsident nahm das sehr ernst – da die rechtsuchenden «Volksgenos-
sen ein berechtigtes Interesse daran» hätten zu wissen, ob ein Anwalt
«arischer Abstammung ist oder nicht» – und schrieb am 19. September 1935 an den Oberlandesgerichtspräsidenten in Kiel mit der Bitte
um Weisung. Tatsächlich wurde Herrn Müller die erbetene Auskunft
am Ende erteilt; doch musste er sich zugleich damit abfinden, dass Dr.
Samwer, seines Zeichens «Vollarier», federführender Anwalt in seiner
Sache gewesen war.

Die erste Aufgabe, die Gerd Bucerius in Hamburg anpackte, war
die Komplettierung seiner Promotion zum Dr. jur. Auch hier fehlten
nicht die Zeichen der Zeit. Im der Dissertation beigefügten Lebenslauf
hiess es noch: «Die vorliegende Arbeit verdankt ihre Entstehung einer
Anregung des Herrn Professor Dr. Mendelssohn Bartholdy. Ihm bin
ich für viele Belehrungen und Anregungen, die ich insbes. in seinen
Übungskursen empfangen habe, zu tiefem Danke verpflichtet.» Im
Ende 1934 gedruckten Exemplar der Doktorarbeit fehlt dieser Satz;
der bedeutende Rechtsgelehrte Mendelssohn Bartholdy war «aus der
Fakultät ausgeschieden» und auf dem Weg, zur Unperson zu werden.
Er verliess Deutschland und ging nach Oxford, wo er 1936 starb.
Auch die Ersatzreferentin für die Dissertation, Mendelssohn Bar-
tholdys Schülerin Fräulein Dr. Magdalene Schoch, sollte bald in die
USA emigrieren.

Der lange Titel der Doktorarbeit bezeichnete ein zugleich technisches und aktuelles Thema: «Der Zeitpunkt des Eigentumsverlustes an beschlagnahmten und liquidierten Gütern rechtsvergleichend dargestellt am englischen, amerikanischen und deutschen Beschlagnahmerecht des Weltkrieges». Wenn im Zuge von Kriegshandlungen oder auch von Friedensschlüssen wie dem Versailler Vertrag feindliches Eigentum «liquidiert», also enteignet wird – von wann an gilt dann der Eigentumsverlust? Nicht (so argumentierte Bucerius in der konzisen Arbeit mit dem seinerzeit durchaus üblichen Umfang von 59 Druckseiten) im Zeitpunkt des internationalen Vertrages, sondern je nach den Regeln des einschlägigen nationalen Rechts. Das Thema war auch im Zusammenhang der Anrechnung enteigneten Eigentums auf Reparationszahlungen von Belang. In seinem eindringlichen Porträt des Juristen Bucerius würdigt Karsten Schmidt «das kleine Werk» noch 1999, «weil es eine Brücke zwischen politischen und juristischen Fragen schlägt und sich wohltuend von den – damals noch mehr als heute – bisweilen recht biederen Dissertationen juristischer Nichtwissenschaftler abhebt».

Am 18. Juli 1934 legte Bucerius die mündliche Doktorprüfung ab. Nachdem er Ende des Jahres die Druckfassung der Arbeit eingereicht hatte, wurde das Verfahren am 7. März 1935 mit der Note «gut» abgeschlossen. Nun war also auch der Rechtsanwalt «Bucerius II» ein Dr. Bucerius.

Ruhe vor dem Sturm

An Arbeit fehlte es dem jungen Anwalt also nicht in den ersten Jahren der Nazi-Herrschaft. Doch hatte er dabei Stütze und Hilfe. Seine Frau Gretel – oft auch, wie schon in ihrer Familie, Detta genannt – brachte zwanzig Jahre später ihre Erinnerung an diese Zeit zu Papier:

«Wir bezogen damals eine Villa in Gross Flottbeck [sic]. Meine Schwiegereltern, die von Anfang an gegen die Ehe waren, habe ich nie gesehen. Es war mir auch unmöglich, irgendwelchen Kontakt in Hamburg zu bekommen. Ich lebte daher ein sehr einsames, zurückgezogenes Leben. Ich half meinem Mann bei seinen Schriftsätzen mit Stenografie und Schreibmaschinenarbeiten, hatte aber nie irgendwelche körperliche Arbeit geleistet, da wir in der kl. Wohnung noch ein Dienstmädchen hatten.»

Das klingt ein bisschen trauriger als die Wirklichkeit gewesen war. Es stammt nämlich aus einem Wiedergutmachungsantrag nach dem Krieg, der die Behörden beeindrucken sollte. Man geht wohl nicht fehl in der Annahme, dass der Rechtsanwalt Gerd Bucerius der Antragstellerin dabei mit Rat und Tat zur Seite stand.

Richtig ist allerdings, dass Gretel die Schwiegereltern, insbesondere den Vater, nie zu Gesicht bekam und die Anwaltspraxis in der Altonaer Bahnhofstrasse nicht betreten durfte. (Die Mutter hatte sie immerhin gesehen, als diese ihr im Jahr zuvor die Ehe mit ihrem Sohn Gerd auszureden versuchte.) Der Vater wollte offenbar keine weiteren Schwierigkeiten, und seine Selbstverteidigung bestand darin, dass er vor ihnen die Augen verschloss, wie ein Kind, das sich die Hände vor das Gesicht hält und triumphierend verkündet: «Jetzt kannst du mich nicht mehr sehen!»

Tatsächlich geriet Deutschland in diesen Jahren in einen merkwürdigen Zwischenzustand, eine Art *drôle de paix*, was vielen, die die Geschichte des Nazi-Regimes nur aus der Perspektive von Krieg und Holocaust sehen, schwer verständlich erscheint. Nachdem zunehmend deutlich wurde, dass «der Spuk» nicht so rasch vorbeigehen würde, begann nämlich eine Zeit der Konsolidierung, oder besser, der Ruhe vor dem Sturm. Spätestens nach dem sogenannten Röhm-Putsch vom Juni 1934, also der Säuberung der Nazipartei von ihren rauhbeinigen Strassenkämpfern unter dem SA-Führer Röhm, und beinahe bis hin zur Reichskristallnacht im November 1938 verhielt sich das Regime eher autoritär als totalitär. Wer ruhig blieb und keine aktive Opposition betrieb, wurde auch in Ruhe gelassen. Das galt sogar für Juden, wenn sie nicht in öffentlich sichtbarer Funktion tätig waren. Die Notwendigkeit, das so verderbliche Doppelregime von Partei und Staat zu stabilisieren, mag eine Rolle gespielt haben. Auch warf das Spektakel der Olympischen Spiele 1936 in Berlin lange Schatten; im Verhältnis zum Ausland war Respektabilität gefragt. So blieben viele der an solchen Vorgängen nicht Beteiligten unbehelligt, vor allem in den grossen Städten, in denen durchgängige Kontrolle ohnehin schwerer zu bewerkstelligen war.

Unter diesen Umständen ist es nicht übertrieben zu sagen, dass das junge Paar Bucerius in dieser Zeit seine glücklichen Jahre erlebte. Das Haus in der Preusserstrasse war mit seinen drei schmalen Stockwerken zwar nicht grandios, aber komfortabel. Dettas Hinweis (im Wiedergutmachungsantrag), sie habe «nie irgendwelche körperliche Arbeit geleistet», sollte begründen, warum ihr späteres Schicksal sie so hart getrof-

fen hatte; man kann ihn auch umkehren und als Beleg für das unbe-
schwerte, durch Dienstboten erleichterte Leben in Othmarschen verstehen. Im Haus gab es immer etwas zu tun: Möbel wurden gekauft,
Vorhänge genäht, die Veranda wurde ausgebaut, der Garten gepflegt.
Am 12. Oktober 1933 kam, freudig vermerkt, ein kleiner Bewohner
der Preusserstrasse 3 hinzu, der Terrier «Lasso». An Kindes Statt?
Auch sonst fehlte es nicht an Besuchern im Haus des jungen Paares.
Vor allem reisten Detta und Gerd Bucerius viel. Manchmal war er
allein unterwegs, dann schrieb er der offenkundig geliebten Frau Postkarten: «Dearest, – schade, dass Du nicht hier sein kannst. Always
your Gerd.» (Nicht nur an diesem 1. November 1934 praktizierte er
gern sein Englisch.) Häufig waren die beiden jedoch zusammen unterwegs, fuhren an die nahe Ostsee, nach Grömitz (April 1933), nach
Travemünde (Juni 1933), nach Timmendorf (Juli 1934) oder auch zu
Bekannten und Verwandten – Dettas Verwandten – nach Bad Salz-
uflen, mehrfach nach Berlin, nach Bad Pyrmont (1934) zu einem re-
gelrechten Goldschmidt-Familientreffen.

Erstaunlicher angesichts der Umstände der Zeit sind die zahlrei-
chen Auslandsreisen, zumal der Rechtsanwalt Bucerius dafür jedes-
mal bewirtschaftete Devisen beantragen musste. Im Juli/August 1933
fand man das junge Paar in Trouville an der Normandie-Küste, im
Dezember 1933 dann zum ersten Mal in Klosters in der Bündner
Schweiz. Bucerius liebte die Berge; seit 1929 schon war er zahlendes
Mitglied des Alpenvereins und blieb es bis zu seinem Tode. Nach
Klosters kehrte das Paar in den folgenden Jahren zu Weihnachten und
Neujahr stets für mehrere Wochen zurück, so im Dezember/Januar
1934/35 und wieder 1935/36. Da wird am Parsenn Ski gelaufen, auch
Schlittschuh auf dem Eisplatz in Klosters, und immer sind Freunde
dabei. Die Silvesterparty 1934 dauerte bis halb sechs Uhr früh. Auf
der Rückseite des Photos der feucht-fröhlichen Gesellschaft sind die
Namen der Beteiligten verzeichnet, darunter der Tanzlehrer Stiefler,
die beiden Herren Schlatter und Dr. Mainzer, die auch in anderen
Jahren mit von der Partie waren, dann Dr. Peter Bernoulli, Dr. Loe-
wenfeld, Pauly Bau-Debacker und andere. Auch 1937 geht es wieder
in die Schweiz, dieses Mal nach Ascona.

So «einsam und zurückgezogen» war Dettas Leben also nicht; nur
die Familie Bucerius fehlte unter den zahlreichen Bekannten. Die Arbeiten für ihren Mann tat sie gern, zumal sie dadurch an seinen Interessen teilhatte. Gerd und Detta waren ein glückliches Paar. Doch der
Schatten der Eltern lastete. Gerd sah den Vater vermutlich fast täglich

im Büro. 1936 hatten die Eltern ein Landhaus, das «Haus in der Sonne» in Wohltorf, gekauft. Die Mutter sprach viel von der «Freude»,
die das Haus ihr bringen sollte und doch nicht brachte. Ihre Gesundheit brach immer wieder zusammen; für Monate entschwand sie in
südlichere Breiten. Der Sohn kam, wenn er sie besuchte, allein. 1937
notierte die Mutter: «Gerd hat als Ostergabe einen kleinen Hund mit-
gebracht, der Christas Entzücken ist.» Ein Jahr später macht sie sich
Sorgen um ihres Mannes «seelisches Gleichgewicht», «das ihm durch
die Schwierigkeit der Zeit manchmal verloren geht». Das war für die
Mutter schon ein erstaunlich offenes Wort. Doch war es mittlerweile
August 1938 geworden, und der trügerische Friede der Jahre der Konsolidierung ging zu Ende. Es war am Ende eine Konsolidierung zum
Krieg und damit zur totalen, zur totalitären Herrschaft gewesen.

Anwalt unter Druck

Die Anwaltskanzlei Bucerius und Samwer hatte sich in den dreissiger
Jahren langsam, aber für die Partner erfreulich entwickelt. Gerd Bucerius verdiente ein nicht unbeträchtliches, überdies regelmässig stei-
gendes Einkommen von am Ende 18 000 Reichsmark im Jahr vor al-
lem mit Wirtschaftssachen. Er vertrat Firmen wie die Norddeutschen
Oelmühlenwerke und mehrere andere bekannte Hamburger Unter-
nehmen. Er ordnete Nachlässe und beriet bei Testamenten. Auch seine
Reiselust kam nicht zu kurz. Bucerius fuhr nach Österreich, nach
Italien, einmal, im Mai 1938, sogar in die Vereinigten Staaten, für die
er eine nachhaltige Vorliebe entwickelte. Immer wieder reiste er in die
Niederlande, um dort Mandanten aufzusuchen. Die Liquidation der
Baltisch-Atlantischen Handels-Maatschappij führte ihn noch im Krie-
ge nach Rotterdam.
    Unter den Mandanten der Firma waren lange Zeit auch prominente
Juden, die gegen die Willkür des Regimes Hilfe brauchten. Der bedeutende Reeder Arnold Bernstein (Red Star Line, Bernstein-Linie)
wurde 1937 wegen angeblicher Devisenvergehen angeklagt und für
«schuldig» befunden. Er entkam jedoch nach Amerika und erinnerte
sich später an den jungen Anwalt Bucerius, der als einziger in dem
Verfahren seine Ehrenhaftigkeit, sein Verantwortungsbewusstsein und
Können anerkannt habe. «Diese Rede dieses besonders tüchtigen und
mutigen Mannes war, als ob ein klarer, frischer Wind in eine stickige,
teuflische Atmosphäre hineingeweht hätte.»

Eher noch schwieriger lag der Fall von Dr. R. Robinow, der im Zuge der verschärften Verfolgung aller Juden nach dem Attentat auf den deutschen Diplomaten vom Rath in Paris am 7. November 1938 verhaftet und in das KZ Oranienburg gebracht worden war. Es gelang Bucerius, ihn freizubekommen. Er emigrierte nach London. Noch vor seiner Abreise schickte er seinem Anwalt einen Band Goethe-Gedichte, aus dem er in einem Brief vom 27. November 1938 eher frei zitierte («Der edle Mensch sei hilfreich und gut ...»), um dann zu schreiben: «Sie haben unermüdlich und erfolgreich gewirkt und haben uns den Glauben an die wahre Gesinnung eines deutschen Mannes wiedergegeben.»

Unbemerkt konnten solche Taten nicht bleiben. Im Juni 1937 erschien in Julius Streichers Hetzblatt «Der Stürmer» ein Artikel über «Rechtswahrer als Judengenossen», der Vater und Sohn Bucerius zwar nicht direkt erwähnte, aber doch keinen Zweifel daran liess, dass ein «Judenverteidiger» nicht das Recht haben dürfe, seinen Beruf auszuüben; daher «gehört er rücksichtslos entfernt». Im Frühjahr 1938 hatte Vater Bucerius erneut Schwierigkeiten, dieses Mal wegen seiner Tätigkeit als Aufsichtsrat – und, zusammen mit seinem Sohn, als Anwalt – der Schleswig-Holsteinischen Bank. Der «Gauwirtschaftsberater», ein Parteibonze also, hält es einmal mehr für «untragbar», dass die beiden Dres. Bucerius, der eine «jüdischer Abstammung», der andere («sogar erst nach der Machtergreifung», heisst es fälschlich) «mit einer Volljüdin verheiratet», etwas mit der Bank zu tun haben. Sie gehören beide «dem NS-Rechtswahrerbund nicht an, weil die Voraussetzungen hierzu fehlen». Wochenlang geht der Schriftwechsel hin und her. Die Bank verteidigt nach vertrautem Muster den Frontkämpfer mit dem EK I, fügt in der Neusprache der Zeit hinzu, er habe sich in Essen «bei den bekannten Kämpfen mit der Roten Armee im Jahre 1920 unter Einsatz seiner Person und seines Lebens bewährt» und später in Hannover «der liberalistisch-demokratischen Mehrheit in allen weltanschaulichen Fragen Widerstand geleistet». Es half alles nichts; im Gegenteil, die Bank, «die ihre Existenz und ihr Bestehen fast ausschliesslich schleswig-holsteinischen Bauern verdankt» (so die Antwort des «Gauwirtschaftsberaters») musste den «Judenstämmling» fallenlassen.

Ein paar Wochen später, am Busstag 1938, schrieb Walter Bucerius den langen Brief an seinen örtlichen Pastor, der schon als «Bekenntnisbrief» zitiert wurde. Der Brief ist ein trauriges Dokument des Mannes, der mit seinem Latein – seiner Art des Lavierens, des immer zugleich Mitlaufens und Sich-Zurückziehens – am Ende war. Das Unheil der Zeit hatte ihn eingeholt. Jetzt wusste er nicht mehr ein noch aus. «Warum sind denn unsere Kirchen halb leer und die Versammlungen Hitlers bis auf den letzten Platz besetzt?» Weil die Kirchen die Menschen nicht «bewegen». Sollen sie etwa politischer werden? Nein, im Gegenteil, mehr Frömmigkeit ist geboten. Mit Vater Bucerius war fortan nicht mehr zu rechnen.

Rettende Trennung

Dabei war gerade jetzt guter Rat nötig. Für Detta wurde der Boden zu heiss. Neun Tage vor dem Bekenntnisbrief vom Busstag 1938, am 9. November, fand die sogenannte Reichskristallnacht statt, also die staatlich verordnete Zerstörung und Plünderung jüdischen Eigentums. In ihrem Wiedergutmachungsantrag schrieb Detta später: «Nach der Kristallnacht und dem Selbstmord meines Onkels» – des Bruders der Mutter, Louis Freund, der sich zusammen mit seiner Frau und deren Schwester das Leben genommen hatte – «bestand mein Mann darauf, dass ich um sicher zu sein, Deutschland verliess.» Es war in der Tat höchste Zeit.

Nur wohin? Schon waren vielerorts die Grenzen für jüdische Flüchtlinge aus Deutschland geschlossen. «Die einzige Möglichkeit, dies zu tun, war als Dienstmädchen nach England zu gehen.» Gerd Bucerius hatte den Weg bereitet. Zweimal flog er im Herbst 1938 nach London. Dann waren allerlei erniedrigende Formalitäten zu erledigen, Formulare auszufüllen, Genehmigungen zu erwirken, vom Finanzamt, der Zollfahndung, der Geheimen Staatspolizei. «Es besteht die Vermutung,» vermerkte die letztere, «dass auch Dr. Bucerius später auswandern wird.» Dennoch erklärte sie Gretels «Umzug» für «unbedenklich». Die vorzulegenden Listen ihres Besitztums treiben einem noch heute die Schamröte ins Gesicht: «1 altes Mokkaservice, 1 Papierkorb, 1 Tischlampe, 1 Perlenkette sehr klein ...» Für einige «Neuanschaffungen» im Wert von 764,75 Mark («1 Nachthemd, 2 Paar Strümpfe, 1 Paar Handschuhe, 3 Strumpfhaltergürtel, 1 Fotoalbum ...») musste eine «Steuer» von 100 Prozent an die «Dego», die Deutsche Gold Diskontobank, abgeführt werden. Am 12. Dezember 1938 verliess Gretel Bucerius Hamburg in eine ihr unbekannte Welt.

In England war sie, wie geplant, zunächst in Haushalten im Londoner Umland tätig, in Bromley, Harrow und auf einem Landsitz in Sussex. Ihre Arbeitgeber beschreiben sie als «völlig vertrauenswürdig, willig, angenehm im Umgang». Im Krieg entging sie, in dem eigen-

tümlichen Status der *friendly enemy alien,* also der erwünschten Aus-
länderin aus einem feindlichen Land, der Internierung. Sie arbeitete
als Kellnerin; die Arbeit war hart; ihre Gesundheit litt, aber sie klagte
nicht, jedenfalls nicht über ihr eigenes Los. Im Juni 1939 schaffte ihre
Schwester Ilse noch mit einem Visum für Hausarbeit die Auswanderung nach England; ihr Sohn Robert kam 1939 zur gleichen Zeit mit
einem der lebensrettenden «Kindertransporte» auf die Insel. So blieb
nur die Mutter in Berlin.

Gretel hatte (so schrieb sie später) «immer noch gehofft, dass es
meinem arischen Manne irgendwie möglich gewesen wäre, meine
Mutter zu retten». Er tat, was er konnte zu diesem Ziel, bereitete alles
für ihre Auswanderung vor, bot ihr am Ende an, bei ihm illegal zu
wohnen; aber sie weigerte sich wie so manche, die Heimat zu verlassen. Sie wollte einfach nicht glauben, dass sie bedroht sein könnte. Mit
den berüchtigten Transporten aus Berlin wurde sie 1942 wahrscheinlich nach Riga verschleppt; bald darauf kam sie ums Leben, vielleicht
als frühes Opfer der Gaskammern. Gretel blieb über das Schicksal der
Mutter lange im Ungewissen. Am Ende traf die Nachricht von der
Ermordung sie in einer Zeit besonderer Verwundbarkeit. Der Ner-
venzusammenbruch, den sie 1945 erlitt, hinterliess bleibende Spuren.
Nach Deutschland führte danach jedenfalls kein Weg zurück.

Im Sommer 1939 fuhr Gerd Bucerius noch einmal nach London,
um Detta zu sehen. Für diesen Besuch, der der letzte des Ehemannes
werden sollte, hatte Detta ein Photo von sich für ihn vorbereitet. Es
zeigt sie in ihrer liebenswertesten Art, das traurig-schöne Gesicht von
der Bubikopf-Frisur umrahmt, die grossen Augen zwischen Lachen
und Weinen, doch als beherrschender Eindruck der einer frohen, Vertrauen heischenden und gebenden Frau. Auf die Rückseite hatte sie
für ihren Gerd ein «Rezept» geschrieben:

> «Abends vorm Schlafengehen 3x ansehen und dabei denken:
> Detta hat es sehr gut. Detta ist dick und rund. Detta hat immer
> noch ihren alten Hunger und stellt in London genauso viel an
> wie immer in Berlin. Bald gehe ich nach London und sehe meine
> Detta wieder und dann sag ich wie *stets* früher» –

Bis zu diesem Punkt hatte sie sich nicht zuletzt selbst Mut zugesprochen, doch dann folgt der stutzig machende, aus dem Zusammenhang
brechende Satz, der noch dazu in grösserer Schrift geschrieben ist:

> «Kinder sind die Pest.»

Ende des «Rezepts». Was sollte das heissen? Dass es besser ist, Kinder nicht zu haben? Das glaubten doch beide nicht. Dass es am Ende schön gewesen wäre, ein Kind zu haben? Vielleicht. Die gute Ehe war jedenfalls ohne Erfüllung geblieben.

Im Krieg

In einer Fernsehsendung bemerkte der 80jährige Gerd Bucerius viele Jahre später über seine Erfahrung der Nazizeit: «Ich war einer, der sich bückte und sich drückte, aber nicht nachgab.» Das war mit jener charakteristischen Selbstverleugnung gesagt, die manche seine «Bescheidenheit» nannten. Er bückte sich jedenfalls nicht sehr tief. Wohl aber nutzte er das im Elternhaus erlernte Talent, schwierige Klippen geschickt zu umschiffen. Er zögerte nicht, das Ergebnis beim Namen zu nennen; er «mogelte sich durch». Obwohl er dabei zuweilen hart am Wind segelte und gelegentlich das Boot gerade noch über die Klippen schrammte, ohne leckzuschlagen, gelang es ihm, den Krieg körperlich und auch moralisch unversehrt zu überstehen.

Gedient hatte er zum Unterschied von seinen Vorfahren nicht; davor hatte ihn schon sein Geburtsjahr bewahrt. Der Gestellungsbefehl vom Sommer 1939 verfiel irgendwie, als der Krieg begann. Als dann im Sommer 1940 auch ungediente 34jährige einberufen wurden, führte das, zumal nach der Besetzung Frankreichs, nicht mehr zum baldigen Dienst an der Front. Am 18. Juni 1940 zog Bucerius als Schütze bei der Infanterie zum ersten und einzigen Mal in seinem Leben die Uniform an. Zwei Monate lang, bis zum 18. August, wurde er zuerst in Blankenburg im Harz, später in Halberstadt, also ganz in der Nähe des alten Familiensitzes in Strassberg, ausgebildet. Was dann geschah, bleibt in einem leichten Nebel. Brauchte man ihn nicht? Oder wollte man ihn nicht? Sicher ist nur, dass er seinen Wehrpass zurückbekam mit dem Vermerk, er sei nun der «Ersatzreserve 2» gemäss dem entsprechenden Führererlass zugeteilt. Das bedeutete, dass er als vorerst nicht mehr wehrdienstpflichtig – möglicherweise als «wehrunwürdig» – galt. Seiner Natur gemäss, und wie sich später zeigen sollte zu Recht, traute er selbst dem Frieden nicht und suchte ständig nach zusätzlichen Garantien gegen den Wehrdienst. 1940/41 erwarb er zum Beispiel ein englisches Dolmetscherexamen, von dem er das zuständige Wehrbezirkskommando sogleich informierte, um im Ernstfall wenigstens auf einen «Druckposten» zu kommen.

Was dachte Gerd Bucerius in jenen Jahren über den Gang der Dinge, das Naziregime und den Krieg? Leider sind fast keine unmittelbaren Zeugnisse von seiner Hand aus den Kriegsjahren erhalten; gäbe es sie, dann wären sie im übrigen selbst von dem so spontanen Bucerius wahrscheinlich mit der gebotenen Vorsicht abgefasst gewesen. Jedenfalls sind wir auf spätere Äusserungen angewiesen. Diese besagen, angefangen von den Fragebögen der Militärregierung 1945 und 1946, das, was man von dem oft bedrängten, «jüdisch versippten» Anwalt erwarten würde. Früh schon kommt jedoch ein eigener, heftiger Ton in Bucerius' Erinnerungen. «Hasserfüllt, wie ich auf das Naziregime war …» schreibt er 1978 in einem Artikel in der «Zeit» und zeigt damit die Intensität seiner Empfindungen. Hasserfüllt wie er war, hätte er vielleicht auch Unschuldige mit den Schuldigen sterben lassen. Das nimmt er dann zurück; zumeist versucht er, Schuld und Sühne der Grossen von der Schwäche der blossen Mitläufer zu unterscheiden. Dennoch waren das die Kategorien, in denen er Nazi-Deutschland sah: Schuld und Sühne.

Nur so wird der Passus in seiner «Rede über das eigene Land» aus dem Jahre 1983 verständlich, der vor allem nach seiner wiederholten Veröffentlichung viel Staub aufwirbeln sollte bis hin zu dem Verlangen, ihm die Hamburger Ehrenbürgerwürde wieder zu entziehen. Bucerius bezog sich in der Rede auf eine Fernsehsendung über die Bombenangriffe auf Hamburg im Sommer 1943. Petra Kipphoff, die sensible «Zeit»-Redakteurin, hatte sich über die scheinbare Teilnahmslosigkeit der für die Sendung befragten ehemaligen Piloten der britischen Royal Air Force erregt. Bucerius war noch 40 Jahre nach dem Feuersturm von 1943 ganz anderer Meinung:

«Ich stand an den drei Angriffstagen auf dem Dach meines Häuschens in der Hamburger Vorstadt. Oben flogen die englischen Bomber. ‹Endlich›, rief ich immer wieder, ‹endlich›! Zu lange hatten mir die Alliierten gewartet, um den Weltenfeind Hitler niederzukämpfen. Der hatte bisher unaufhaltsam gesiegt, war im Begriffe, die Weltherrschaft zu gewinnen. Millionen Ermordete lagen neben den Triumphstrassen. Endlich kamen sie, die Engländer! Und dann musste ich gegen Alarmende durch die zerstörten Strassen mit halbverbrannten Toten – zu sehen, ob mein Anwaltsbüro erhalten war. Was habe ich damals gedacht: Grauen und Mitleid, natürlich. Aber auch: Ihr – die Toten – habt es so gewollt und damit unseren Kindern und denen, die es nicht gewollt haben, den Tod gebracht. Um wen habe ich während des Angriffs gebangt? Um die von Petra [Kipphoff] verfluchten Piloten. Sie waren ja tapfer und taten das, was ich von ihnen erhoffte. Ich habe mein Land immer geliebt. Und jetzt musste ich fast den Untergang seiner schönsten Stadt wünschen. Wie ein Monster! Nichts, was ich seitdem sage und tue, kann noch normal sein. Ein schwieriges Vaterland.»

Dachte der 37jährige wirklich, wie der 77jährige schrieb? Die Mischung der Emotionen ist jedenfalls nicht leicht zu verstehen. Wenn mein Vater, der damals als einziger aus dem Keller in der Hamburger Eiffestrasse entkam, in dem seine Eltern Opfer des Rauchs und der Flammen wurden, es nicht geschafft hätte – wäre er, der Widerstandskämpfer, dann einer gewesen, der es «so gewollt» und daher den Tod verdient gehabt hätte? Oder gab Bucerius mit seinen Worten nur seinem grenzenlosen Hass auf die Nazis etwas unbeholfen Ausdruck? Grund dazu hatte er ja. Das Regime hatte ihm die Karriere versperrt, die Trennung von seiner Frau erzwungen, deren Familie in den Tod getrieben, ihn selbst und auch seinen Vater immer wieder bedroht. Alles, was das Ende beschleunigte, war zu wünschen.

Diago

Doch noch war in diesem Sommer 1943 das Ende viele Millionen Menschenleben weit weg. Die Anwaltskanzlei Bucerius und Samwer in der Altonaer Bahnhofstrasse wurde zwar beschädigt, versorgte aber weiter ihre Mandanten. Unter diesen befand sich ein gewisser Willy Möller, ein Hamburger Geschäftsmann von schillernder Attraktivität, der fast zwanzig Jahre lang eine gelegentliche Schlüsselrolle (wenn das kein unmögliches Paradox ist) im Leben von Gerd Bucerius spielen sollte. Der Mandant hatte zunächst für Hypotheken- und Grundstücksangelegenheiten den Notar Bucerius in Anspruch genommen. Der Einsatz wuchs indes nach 1941, als Möller Hilfe brauchte für einen mehrjährigen, heftigen Prozess, bei dem es um das Eigentum der Diago-Werke ging. Die Geschichte ist von Behauptungen und Gegenbehauptungen, Prozessen und Wiederaufnahmeverfahren, Publikationen und Widerrufen, Erpressungsversuchen und Vernebelungsinteressen so umlagert, dass es noch heute nicht leicht fällt, ihren Ablauf eindeutig zu schildern.

An ihrem Anfang steht (jedenfalls was Bucerius' spätere Rolle betrifft) die Gründung der Diago-Holzindustrie Charles Holst & Co. im Jahre 1935. Der gelernte Tischlermeister Holst, geboren 1896, hatte sich nach seiner Soldatenzeit im Ersten Weltkrieg an allerlei Dingen versucht, war zweimal wegen Betruges mit dem Gesetz in Konflikt geraten, bis er dann ein von ihm angemeldetes Patent für die diagonale Zusammensetzung (daher: Diago) von Sperrholzplatten zum Anlass nahm, eine eigene Firma zu gründen. Der Erfolg der Firma blieb begrenzt; 1939 musste ein Konkursverfahren eröffnet werden. An diesem Punkt trat Willy Möller auf den Plan. Er half bei der Bildung eines Auffangunternehmens mit dem Namen Diago-Vertriebsgesellschaft Werther & Co., erwarb deren Grundstücke in einer Zwangsversteigerung, übernahm dann die Firma selbst «ohne Aktiva und Passiva» und bildete daraus 1941 das Unternehmen Diago-Werke Möller & Co. für Herstellung und Vertrieb von Sperrholzplatten, Luftschutztüren, zerlegbaren Baracken. Charles Holst versprach er in diesem Zusammenhang einen Anteil, vielleicht sogar 50 Prozent, sowie ein monatliches «Darlehen»; zudem behielt er ihn als «technischen Leiter» im Unternehmen. Irgendwie war Möller offenbar davon überzeugt, Holst etwas zu schulden. In diese Zeit fällt dann auch die zunehmend intensive Befassung des Rechtsanwalts Dr. Gerd Bucerius mit den Diago-Werken.

Möller, im gleichen Jahr 1896 wie Holst geboren, hatte als Kaufmann eine bewegte Geschichte hinter sich. Gewisse Verdächtigungen, wie sie bei der Wiederaufnahme des Holst-Verfahrens nach dem Krieg vom Zeugen Rudolf Heinemann ausgesprochen wurden, begleiteten ihn sein Leben lang. Heinemann beschrieb, wie Möller Anfang der 20er Jahre durch seinen Vater von der Firma Jungheinrich abgeworben wurde, dann seine eigene Firma W. E. M. Möller & Co. gründete, der der Vater Heinemann als Kommanditist guten Glaubens beitrat.

«Herr Möller hat keinen Pfennig Eigenkapital gehabt und hat seine Versprechungen, Geld zu beschaffen, nie gehalten. Er hat im Gegenteil hinter dem Rücken meines Vaters bei dessen Geschäftsfreunden Geld gepumpt ... Diese Gelder hat Herr Möller nie zurückgezahlt und hat [sic!] mein Vater später alles regulieren müssen.»

Er erinnerte sich auch, «dass Herr Möller absolut nichts besass und angeblich nur gute Verbindungen in Südamerika hatte». Übrigens war Möller einmal wegen Betruges zu einem Jahr Gefängnis verurteilt worden. Bucerius indes vertrat ihn nicht nur als Anwalt, sondern behielt auch jahrelang eine leicht ambivalente Sympathie für den Mann. Der von Möller angestossene Strafprozess gegen Holst beruhte auf Ereignissen im Jahre 1941. Der Marine-Stützpunkt Lorient in der Bretagne hatte – von Holst? von den Diago-Werken? – eine grössere Holzmenge für den Barackenbau gekauft. Holst fuhr selbst zu der zuständigen Stelle und liess sich als Teilzahlung für die Gesamtkosten von fast 800 000 Mark einen Scheck über 450 000 Mark auf seinen Namen ausstellen. Es sei, behauptete er, ein von ihm selbst abgeschlossenes Geschäft gewesen, was die Marineleitung jedoch nicht bestätigte. Dachte Holst vielleicht an das, was Möller ihm bei der «Übernahme» der Firma schuldig geblieben war? Wie dem auch sei, Möller eilte nach Lorient und sagte unter anderem in seiner Wut: «Holst seine Rübe ist nicht mehr zu retten.» Später sollte Holst daraus eine politisch motivierte Morddrohung machen. Der Prozess fand schliesslich 1944 statt. Charles Holst wurde zu zwei Jahren und drei Monaten Gefängnis wegen Betruges verurteilt, wobei der Richter ausdrücklich eine Strafverschärfung aus politischen Gründen zurückwies. «Der Angeklagte kann als Typ eines Volksschädlings nicht wohl angesehen werden.»

Nach dem Krieg verlangte Holst die Wiederaufnahme seines Verfahrens, die jedoch nur in die Hauptsache nicht betreffenden Punkten zu einem Erfolg führte. Im Schriftsatz des Anwaltes von Holst heisst es 1951: «Reichlich undurchsichtig ist die Rolle des Dr. Gerd Bucerius bei diesem üblen Intrigenspiel.» Er war nicht nur mit Möller in Frankreich, um die Sache Holst zu klären, sondern «soll ihm [also Möller] überdies auch freundschaftlich verbunden sein und setzt sich auch heute [sechs Jahre nach Kriegsende] noch für seine Interessen ein». Zehn Jahre später stiess ein für den «Spiegel» recherchierender Journalist auf Charles Holst. Die beiden wurden zur Quelle heftiger Attacken – nicht im «Spiegel», aber in anderen Publikationen – auf Bucerius und seine Rolle im Krieg. Wiederum mussten Gerichte eingeschaltet werden, dieses Mal wegen übler Nachrede. In allen Fällen erwiesen sich die Anschuldigungen gegen Bucerius als haltlos.

Doch blieb weder die Möller- noch die Diago-Geschichte auf die Holst-Affäre beschränkt. Der Anwalt von Charles Holst hatte nämlich mit Recht darauf hingewiesen, dass Bucerius 1943 nicht nur der Anwalt von Möller war, sondern sein stellvertretender Betriebsleiter der Diago-Werke. Damals, im Krieg, hatte die Firma keine wirtschaftlichen Probleme; Baracken waren an vielen Stellen gefragt, nicht nur bei der Marine in der Bretagne. Sie waren auf ihre Weise kriegswichtig. Immerhin wurde Bucerius 1944 «uk» gestellt, also vom Wehrdienst befreit, um die Diago-Tätigkeit fortzuführen.

Die Beziehung zum Eigentümer der Diago-Werke wurde enger. Bucerius lieh sich Geld von Möller; eine Hypothek für das Grundstück von Möllers Wohnhaus war auf den Namen der Mutter von Bucerius eingetragen. Nach dem Krieg setzte diese seltsame Schaukelpartie zwischen den beiden sich fort. Zuerst bekam Möller von Bucerius sein Geld zurück und noch etwas dazu; später, in der Krise der «Zeit», half Möller wieder mit Mitteln aus (wie immer schwer ergründlichen) persönlichen Quellen; am Ende, in den 1960er Jahren, bettelte Möller bei Bucerius um ein paar tausend Mark und musste dafür seinen Kraftfahrzeugbrief bei dem mittlerweile ungläubigen Verleger hinterlegen. Willy Möller starb 1972.

Der Betriebsleiter Bucerius hatte allerlei Aufgaben für die Diago-Werke zu erledigen, für die er auch als Syndikus amtierte. Mehrere Reisen nach Frankreich mögen für ihn die angenehmere Seite des Unternehmens gewesen sein. In Hamburg führte die Leitung der Diago-Werke nach den Luftangriffen zu wachsenden Schwierigkeiten. Vor allem Arbeitskräfte waren schwer zu finden. Also wurden Zwangsarbeiter, zunehmend auch Zwangsarbeiterinnen, über die zuständige Stelle bei der Handelskammer angefordert. Im Frühjahr 1945 beschäftigten die Diago-Werke 50 Deutsche und 230 Ausländer. Das Los der Ausländer verschlimmerte sich von Monat zu Monat. Ende 1944 waren die meisten von ihnen jüdische Häftlinge aus der Tschechoslowakei und anderen Ländern des von Deutschland besetzen Europa, die von Auschwitz nach Neuengamme, vor allem in das Lager Tiefstack verbracht worden waren. Viele von ihnen kamen bei Bombenangriffen ums Leben. Alle hungerten und wurden zudem bei der harten Arbeit schikaniert. Eine der Frauen, Liza Neumannova, erinnerte sich später an das «Bauunternehmen Möller» (in dem am Ende auch Ziegelsteine aus Trümmerschutt hergestellt wurden) und beschrieb die Qualen. «Es war eine fürchterliche und grausige Arbeit.»

Gerd Bucerius, der dies alles aktiv miterlebte, war entsetzt. Auch als die Endzeit des NS-Regimes angebrochen und der Willkür Tür und Tor geöffnet war, wollte er das Gesehene nicht einfach hinnehmen. Am 26. März 1945 schrieb er einen Brief «an das Konzentrationslager Neuengamme, z. Hd. Herrn Pauly», in dem er sich über den Kommandanten des «Häftlingslagers Andreas-Meyer-Str. 11» (wo die Diago-Werke ihren Sitz hatten), den Hauptscharführer Kliem, beschwerte. Dieser habe Angestellte der Firma sowie Gäste in unvertretbarer Weise belästigt, zum Beispiel mit der Drohung: «Ich werde Ihnen den gestreiften Anzug verpassen.»

«Es erscheint uns auch nicht unbedenklich, dass HSchF Kliem die seinem Lager angehörigen Frauen derart schlägt, dass das Geschrei dieser Frauen von den ebenfalls in unserem Werk beschäftigten Italienern und von anderen Gefolgschaftsmitgliedern angehört werden kann.»

Der Betriebsleiter Thomsen sei überdies vom Hauptscharführer hart angegangen worden, weil er Italiener bei einem Fliegeralarm in einem Bunker in Sicherheit gebracht habe, während sie doch keinen Anspruch auf solchen Schutz hätten. Das sei «Sabotage» von Herrn Thomsen. «Ich werde Sie dahin bringen, wo Sie hingehören.»

«Herr Thomsen hat dies dahin aufgefasst, dass HSchF Kliem für seine Überführung in ein Konzentrationslager sorgen wollte. Vorfälle dieser Art müssen notwendigerweise zu einer Erschütterung des Vertrauens und der Disziplin führen. Es erscheint uns deshalb notwendig, dass die vorgesetzte Dienststelle des HSchF Kliem von ihnen Kenntnis erhält.»

Zu bemerken ist noch, dass der Brief mit «gez. Dr. Bucerius» endet, also ohne «Heil Hitler» oder «deutschen Gruss». Als ein recherchierender Hamburger Studienrat Bucerius Ende 1992 die Kopie des Briefes schickte, erinnerte sich Bucerius nicht, ihn geschrieben zu haben. «Die Vorgänge, mit denen er sich befasst, dürften stimmen.» Er sei damals «dienstverpflichtet» gewesen. «Am 26. März 1945 ging es anscheinend schon so turbulent zu, dass man solche Briefe mit geringer Gefahr schreiben konnte.»

Da war er wohl einmal mehr zu bescheiden. Der Brief war in der Tat, wie der Studienrat Buck mit Recht sagte, «ein Beispiel unerschrockenen, mutigen Eintretens gegen das anmassende Gebaren eines NS-Schergen». Leider half er den Opfern nicht. Die überlebenden Zwangsarbeiterinnen wurden im April 1945 nach Bergen-Belsen verschleppt, bis britische Truppen das Schreckenslager befreiten.

Die Diago-Werke existierten übrigens noch bis zu ihrem Erlöschen 1960, seit 1957 als GmbH. Bis zu ihrer Auflösung produzierten und vertrieben sie nach dem Krieg nicht mehr Sperrholz, sondern Stahlrohrgerüste. Gerd Bucerius hatte jedoch mit ihnen nichts mehr zu tun.

Das Ende naht

Willy Möller beschäftigte in seinem kriegswichtigen Unternehmen nicht nur ausländische Zwangsarbeiterinnen, sondern auch dienstverpflichtete Frauen aus Deutschland. Vor allem die Pariser Niederlassung war bei diesen vermutlich nicht unbeliebt. Hier war 1944 auch die von Möller besonders geschätzte Ehefrau des Kölner Friseurs Heinrich Ebel, Anna Gertrud, geb. Müller, tätig. Ihr Mann war Soldat an der Front, sie selbst zwangsverpflichtet, möglicherweise im Rahmen der für solche Zwecke geschaffenen Organisation Todt (OT). Der stellvertretende Betriebsleiter Dr. Bucerius traf sie dort; die beiden fanden Gefallen aneinander; sie kam alsbald nach Hamburg. Sie war eine attraktive, welthungrige junge Frau, begierig, aus der Enge ihrer Kölner Existenz auszubrechen, zugleich voller Ideen über die nahe und ferne Zukunft. Seit Mitte 1944 lebten die beiden zusammen im Haus in der Preusserstrasse 3 in Othmarschen. Aus London war die Kunde gekommen, dass Gretel sich mit Konrad Rudolf Fürst, einem Exilierten, wie sie es war, zusammengetan hatte.

Zur Scheidung war Gerd Bucerius zu diesem Zeitpunkt nicht bereit. Einmal mehr galt sein Grundsatz, auf Druck mit Widerborstigkeit, ja Protest zu antworten. «Tun zu müssen, was andere sagen, ist mir mein Leben lang unerträglich gewesen.» Die «anderen» waren in diesem Fall zuerst das Wehrbezirkskommando, dann die Gestapo. Ende November sollte Bucerius zum «Sondereinsatz für jüdische Mischlinge und jüdisch Versippte» eingezogen werden. Die NS-Gauleitung entdeckte jedoch, dass er gar nicht in diese Kategorien passte, wenngleich er mit einer Jüdin verheiratet war. Ihm wird dringend angeraten, er solle sich scheiden lassen; er entgegnet, das sei «aus technischen Gründen» erst «nach dem Krieg» möglich. Die Dienststellen sind damit nicht zufrieden. «B. muss also in Kürze mit seiner Einziehung rechnen.»

Die Einziehung erfolgte nicht, jedenfalls nicht «in Kürze». Am 17. Februar 1945 kam allerdings der Befehl, zum Volkssturm, dem letzten Aufgebot des untergehenden Regimes, einzurücken. Ob Gertrud Ebel diesen Befehl wirklich, wie die Fama es will, zerrissen hat, oder ob Bucerius ihn einfach ignorierte, mag offenbleiben; jedenfalls waren beide beunruhigt. Frau Ebel schmiedete Pläne für eine Flucht über das ihr vertraute Köln in schon von Amerikanern besetztes Gebiet bei Aachen. Die Vorladung zur Gestapo am 23. März 1945 wird die Beunruhigung nicht gelindert haben, wenngleich sie Bucerius nicht daran hinderte, drei Tage später seinen Beschwerdebrief über den Hauptscharführer Kliem zu schreiben. Jedenfalls blieben Gerd und seine Partnerin in Hamburg, in seinem Haus in der Preusserstrasse.

Die Zeichen der Auflösung mehrten sich. Für Bucerius bedeutete das vor allem, dass Bekannte und Freunde sich hilfesuchend an ihn wandten. Der Anwalt kannte viele Mandanten; überdies war sein Ruf als Nazi-Gegner vor allem an die gelangt, die jetzt auf der Flucht waren. Viele kamen aus Berlin. Ehmi Bessel und Werner Hinz, die Schauspieler, fanden sich in der Preusserstrasse ein. Wahrscheinlich gab es erste Treffen mit Berliner Presseleuten, einschliesslich Lovis H. Lorenz und Richard Tüngel. Und dann meldete sich Erik Blumenfeld, der nicht nur vom guten Bekannten zum Freund werden sollte, sondern vor allem in den folgenden Wochen eine entscheidende Rolle im Leben von Bucerius spielte.

Erik kam aus einer angesehenen Hamburger Unternehmerfamilie. Der Grossvater Bernhard war aus Westfalen zugereist, hatte aber mit der 1871 gegründeten Firma «Bd. Blumenfeld» in der Hansestadt Erfolg. Nach dem Tode des Vaters führte die dänische Mutter die Reederei sowie «NKCW», die Norddeutschen Kohlen und Cokes-Werke, weiter. 1915 geboren, hatte Erik in Kurt Hahns Internat in Salem am Bodensee das Abitur gemacht. Der Vater war jüdischer Abstammung, so dass Blumenfelds Leben nach 1933 unter demselben Schatten stand wie das von Bucerius. Doch war er ein ganz anderes Temperament, ein Charmeur und ein Abenteurer, der immer wieder in äusserst brenzlige Situationen geriet und sich ebensooft aus ihnen herauszuwinden verstand. Zumeist konnte er sich dabei auf seinen besonderen Reiz für Frauen verlassen. Nach einem Jahr in England, in dem er (nach eigenem Bekunden) Mitglieder des hohen Adels, auch des Königshauses kennengelernt hatte, arbeitete er in der Familienfirma NKCW, bevor er 1936 auf der Technischen Hochschule Charlottenburg Bergbau zu studieren begann.

Der Krieg verhinderte den Abschluss des Studiums. Er wurde Soldat; ein Photo zeigt den eleganten jungen Mann in einer Ausgehuniform, die ihm auf den Leib geschnitten scheint. Doch dauerte der Militärdienst für ihn nur anderthalb Jahre. Dann wurde er aus der Wehrmacht als «Mischling» entlassen. Jahrzehnte später sprach er in einem in Israel aufgezeichneten (unveröffentlichten) Gespräch von dieser Zeit. Er sei «aufgewachsen nicht als Jude, sondern als Protestant und als Deutscher», habe wie viele bis 1937 geglaubt, «dass sich das alles als Spuk erweisen würde», sei dann aber in die Fänge des Regimes geraten. 1942 wurde er verhaftet. Warum? Der «Mischling» hatte mancherlei Kontakte, nach Skandinavien, wohl auch zu Leuten des Widerstandes. Der «ausschlaggebende Grund» war, nach seiner Meinung, schlicht, «dass ich in die bürokratische Maschine hineinkam». Seine Verfolgungsgeschichte begann in Hamburg, im Gefängnis Fuhlsbüttel. In einem langwierigen Transport mit mehreren Zwischenstationen kam er Ende 1942 nach Auschwitz. «Ich bin dann ins Lager Birkenau gekommen, das berühmte Vernichtungslager, und habe dort in Auschwitz mit an dem Krematorium-Bau arbeiten müssen.» Wenn er später von dem berichtete, was er gesehen hatte, schilderte er «noch die schlimmsten Szenen ruhig, fast cool, und ohne Hass». Seine Mutter, die Dänin, versuchte ihn freizubekommen. Sie bediente sich zu diesem Zweck eines finnischen Arztes, der Masseur des Reichsführers-SS Heinrich Himmler war. «Jedesmal wenn der Himmler dann ‹Au› schrie, hat er gesagt: ‹So und jetzt habe ich noch einen Fall, der muss besonders behandelt werden›. Und darunter war auch ich.» Von Auschwitz wurde Blumenfeld Anfang 1944 nach Buchenwald verbracht; das «war eigentlich eine Art Sanatorium verglichen mit Auschwitz-Birkenau». Mehr noch, im August 1944 wurde er entlassen.

Die Mutter Möller-Blumenfeld war seit Jahren Mandantin des Anwalts Bucerius. Auch Blumenfeld selbst kannte ihn; von Auschwitz forderte er am 10. April 1943 seine Mutter auf, sich mit Bucerius in Verbindung zu setzen. Aus dem Lager zurück, meldete sich Blumenfeld sogleich bei Bucerius. «Als Erik in Hamburg wieder auftauchte, sah er strahlend aus, als sei er gar nicht weggewesen.» Wäre nicht von Erik Blumenfeld die Rede, dann könnte man dieser Erinnerung von Bucerius kaum glauben. Das gilt auch für die viel kolportierte Geschichte der neuerlichen Verhaftung von Blumenfeld in Berlin Anfang 1945. Während er in einem «Schutzhaftlager Schulstrasse in Berlin» einsass, erwirkte der Anwalt Bucerius eine Besuchserlaubnis:

«Da stand er, Baskenmütze auf dem Kopf, Mantel nach englischem Muster – ganz Anti-Nazi gekleidet und misstrauisch beäugt von Wachmannschaften. Irgendwie gelang es uns, in einer Ecke unbeobachtet zu sein. Plötzlich öffnete Bucerius seinen Mantel einen Spalt und raunte mir ins Ohr: ‹Hier habe ich zwei Revolver, wenn du bereit bist, schiessen wir uns hier ‹raus›.»

So Blumenfeld später, und Bucerius dementierte die Geschichte nicht. Seinem Temperament entsprach sie, ob auch den realen Bedingungen der Zeit, ist eine andere Frage. Indes hatte Erik Blumenfeld seine eigenen Methoden. Sei es, dass er einmal wieder (in Bucerius' Worten) «unter den Mädchen wilderte», sei es, dass der örtliche «Scharführer» tatsächlich beeindruckt war von den Fahrrädern, die ihm der Häftling (mit Hilfe seines Anwalts) besorgte. Er entkam zunächst zu einer Berliner Freundin, dann nach Hamburg, genauer gesagt, in die Preusserstrasse, wo er die letzten Wochen des Krieges gemeinsam mit Bucerius, seiner Partnerin und möglicherweise weiteren verfolgten Hausgästen überstand. «Der Ortsgruppenleiter wohnte schräg gegenüber», erzählte Bucerius, «aber man fürchtete die Kerle nicht mehr.»

Das Satyrspiel, als das die Abenteuer des Erik Blumenfeld vor allem in der Darstellung der beiden Hauptbeteiligten erscheinen könnten, war gewiss der Tragödie nicht angemessen, deren Ende es markiert. Doch gab es auch solche Erlebnisse. Noch das Schreckensregime der Nazis kannte Überlebenskünstler. Das hiess nicht, dass diese nur aus List, Chuzpe und Charme bestanden. Wie die seines Freundes Bucerius waren auch Blumenfelds Motive und Absichten weit ernster. Im Gespräch mit dem «Welt»-Redakteur Uwe Bahnsen erinnerte sich der 70jährige Blumenfeld an das Ende des Krieges:

«Für mich persönlich war dieser 3. Mai ein Tag der Befreiung. Ich dachte an meine Schulzeit in Salem und an das, was Kurt Hahn, dieser unvergessene grosse Pädagoge, uns gelehrt hatte: Dass es eine Tugend sei, sich für die Gemeinschaft einzusetzen und die Sache über die Person zu stellen. Nie wieder Krieg, nie wieder Gewalt und Diktatur, sondern Demokratie und Toleranz. Es war für mich wie ein Gelöbnis, am 3. Mai 1945.»

3. Lauter Untergänge, lauter Anfänge: 1945–1949

Phönix Bucerius

Am 8. Mai 1945 brach das Nazi-Regime in Deutschland endgültig zusammen. Es gab genau genommen viele Zusammenbrüche im Land; sogar die Stunde Null hatte nicht für alle dasselbe Datum. In Berlin hatten am 2. Mai Rotarmisten nach tagelangen schweren Strassenkämpfen die rote Fahne auf dem Brandenburger Tor gehisst. In Köln war der zunächst von der amerikanischen Besatzungsmacht eingesetzte Oberbürgermeister Konrad Adenauer schon dabei, das Vertrauen der inzwischen eingerückten britischen Militärbehörden zu verlieren. In Saarbrücken machten die amerikanischen Truppen bald französischen Einheiten Platz, und nicht viel später rieben die Saarländer sich die Augen, als ihnen bedeutet wurde, dass sie, wenn nicht zum französischen *département*, so doch zu einem von Deutschland losgelösten Staatswesen werden würden. In und um Königsberg hatten sich viele Tausende (wie Marion Gräfin Dönhoff das unvergesslich beschrieben hat) mit Sack und Pack, oder auch zu Pferd, in Richtung Westen aufgemacht, weil sie spürten, dass ihre Heimat verloren war. Dutzende anderer Geschichten liessen sich erzählen. Gemeinsam ist ihnen nur, dass das ganze Land von den Truppen der zunächst drei, später vier Kriegsalliierten besetzt wurde. Mit dem Nazi-Regime war das alte Deutsche Reich für jedermann erkennbar untergegangen.

Wer sich an das Ende mit Schrecken erinnert, muss die Erfahrung der Hamburger in jenen Tagen mit Staunen zur Kenntnis nehmen. Als mein Vater und ich im Februar 1946 mit der noch frischen Erinnerung des ganz und gar untergegangenen Berlin nach Hamburg kamen, konnten wir kaum glauben, was man uns dort über das Kriegsende erzählte. Wochenlang hatten wir Berliner im April und Mai 1945 Holz gesammelt, um im Waschkessel die bei der Plünderung der von ihren Eigentümern verlassenen Geschäfte «eroberten» Lebensmittel zu kochen, die dann bei Kerzenlicht verzehrt wurden. Es gab weder Strom noch Gas, keinerlei Verkehrsmittel, keine Informationsquellen ausser ein paar Flugblatt-Befehlen der Kommandantura, keine Ordnungskräfte, nur die Angst vor der Willkür der Besatzungstruppen. Es mag sein (wie dies Jahrzehnte später von Historikern behauptet wird), dass das Regime der Nazis in Hamburg auch nicht milder, humaner gewesen war als anderswo. Zudem ist nicht zu vergessen, dass die Bombenangriffe viele Wohnbezirke der Stadt in Schutt und Asche gelegt und sich in das Gedächtnis der Menschen tief eingegraben hatten. Aber das Hamburger Kriegsende selbst klingt für Berliner und Kölner, ganz zu schweigen von Königsbergern, fast wie ein Märchen. Der Hamburger Gauleiter Kaufmann – ein Nazi schon seit der ersten Stunde der NSDAP und mitschuldig an vielen Untaten – hatte vom Führer selbst den strikten Befehl erhalten, die Stadt zu verteidigen und jedenfalls alle irgend wertvollen Anlagen zu zerstören. Er und der «Kampfkommandant» Generalmajor Wolz beschritten jedoch mit Umsicht und Erfolg einen anderen Weg. Sie begannen über Parlamentäre Verhandlungen mit britischen Kommandeuren. Auch nach Hitlers Selbstmord am 30. April wollte der Nachfolger Grossadmiral Dönitz die Linie der bewaffneten Verteidigung verfolgen, worauf ihm der Gauleiter und Reichsstatthalter Kaufmann «kühl erklärte, er werde seine Stadt auf jeden Fall kampflos übergeben». Dönitz blieb keine Wahl. Alle nötigen Arrangements wurden von Kaufmann und Wolz mit den britischen Unterhändlern getroffen. Hamburg wurde zur Offenen Stadt erklärt. Am 3. Mai herrschte von 13 bis 19 Uhr Ausgehverbot. Der Rundfunk informierte die Bevölkerung durchgängig. Um 18.25 Uhr übergab der Kampfkommandant vor dem Rathaus die Stadt dem britischen Brigadegeneral Spurling und den mit ihm erschienenen Offizieren. Im Rathaus fügte Gauleiter Kaufmann die politische Übergabe hinzu. «Es war kurz vor 19 Uhr. Kaufmann informierte den Brigadegeneral darüber, dass für ihn und seine Begleitung ein Abendessen im Hotel Atlantic vorbereitet sei.»

Unter diesen Umständen – und seinem Temperament entsprechend – kann es nicht erstaunen, dass Erik Blumenfeld sich schon an diesem 3. Mai, also während des Ausgehverbots, von Othmarschen aus auf den Weg machte, angeblich um im Hotel Atlantic seinen Friseur aufzusuchen. Bis zum Haus seiner Mutter in der Klopstockstrasse – der späteren Warburgstrasse – in der Nähe der Binnen- und Aussenalster teilenden Lombardsbrücke kam er immerhin. Am nächsten Tag gelang es ihm, erste Kontakte mit britischen Offizieren anzuknüpfen. Als Auschwitz-Häftling, noch dazu mit vorzüglichen englischen Sprachkenntnissen und auch Beziehungen, gewann er das Vertrauen der Besatzungsmacht und eine wichtige Rolle als Berater nicht zuletzt in Personalfragen.

Gerd Bucerius geriet dabei bald ins Blickfeld. Er wird zuerst in die Anwaltskanzlei in Altona gegangen sein, um dort nach dem Rechten zu sehen. Anwälte, unbescholtene und englischsprechende zumal, wurden gesucht. Schon am 18. Mai füllte Bucerius einen Fragebogen der Militärregierung für Zwecke der Entnazifizierung aus. Am 1. Juli war er einer der ersten, die wieder zugelassen wurden als Rechtsanwalt. Schon vorher gab ihm die Besatzungsmacht eine andere, heiklere Aufgabe.

Doch sollten wir mit der Geschichte einen Augenblick innehalten, denn wir haben die Schlüsselphase des Lebens von Gerd Bucerius erreicht. Es folgte sein *annus mirabilis*, der zugleich sein *annus horribilis* werden sollte. Rings um ihn war Untergang, und wenn er auch dem Zusammenbruch des NS-Regimes keine Träne nachweinte, gab es doch zum Trauern genügend Anlass. Rings um ihn war aber auch Neubeginn. Er, der muntere, aufsässige, geschickte, ideenreiche Anwalt, dem man doch nicht ansah, dass er für Grösseres geschaffen sein könnte, stieg wie ein Phönix aus der Asche der Untergänge und begann den Weg zu Einfluss und Reichtum. Was brachte er mit für diesen Weg? Wer war Gerd Bucerius in jenem Mai 1945?

Der glattgescheitelte, unauffällig konventionell gekleidete, schlanke Mann mit den weichen Lippen und den prüfenden Augen hinter Brillengläsern war nun kein ganz junger Mann mehr. Knapp vierzig Jahre alt, hatte er manches erlebt und gesehen. Er kannte Europa und ein bisschen auch die USA. Er war kompetent in Fragen des Wirtschafts- und Zivilrechts und hatte einen natürlichen Geschäftssinn. Die Verbindung der beiden Fähigkeiten erwies sich als nützlich, auch wenn sie ihn zuweilen zu fast undurchschaubaren Konstruktionen führte. Er war übrigens körperlich fit. Zwar sagte er später gerne, «Sport ist Mord»; aber er konnte Ski laufen und reiten und Golf spielen (letzteres später immer häufiger und intensiver); und bei langen Wanderungen merkte er kaum die Distanz, die er zurücklegte.

Das alles macht noch keinen Politiker oder Verleger, wenngleich manches davon hilft. Auch die Tatsache, dass er zu sprunghaften, spontanen, manchmal stark emotional gefärbten Aktionen und Reaktionen neigte, war keine Qualifikation. Sein Privatleben hatte etwas eher Verqueres. Die schwierigen Eltern reizten mehr zur Auflehnung als zur Nachahmung. An die Stelle der glücklichen, aber unerfüllten Ehe trat nun der neue Versuch, der mit gemeinsamen Erfahrungen begann, die tiefe Bindungen stifteten. Als Anwalt war er für eine nicht unbeträchtliche Zahl von Mandanten zu einer respektierten, oft auch mit freundschaftlichen Empfindungen gesehenen Gestalt geworden.

Dass diese Mandanten eher dem angehörten, was man später das Establishment nennen sollte, also einflussreichen Kreisen, konnte dem Anwalt nicht schaden. Ebensowenig schadete ihm natürlich seine politische Vergangenheit oder vielmehr (in der Sprache der Zeit gesprochen) die Tatsache, dass er eine «Vergangenheit» nicht hatte. «Dr. Gerd Bucerius ist politisch unbelastet», bescheinigten die Ausweise des Staatskommissars für die Entnazifizierung.

Ein ganz unbeschriebenes Blatt war er jedoch nicht. In der Weimarer Republik hatte er den Demokraten der DDP nahegestanden, von denen am Ende nur jene fünf beachtlichen Abgeordneten übrigblieben, zu denen Theodor Heuss gehörte. Bucerius war jedenfalls Demokrat. Überhaupt war seine Politik zunächst vornehmlich Verfassungspolitik mit stark moralischem Zug. Wie sein Freund Blumenfeld wollte er alles tun, um die Wiederkehr von Gewalt und Unterdrückung zu verhindern. Das führte ihn fast von selbst in die Nähe der Sozialdemokratie, die allein moralisch unangefochten die widrige Zeit überstanden hatte; doch war es ihm mit dem Parteibeitritt nicht eilig. Auch passte seine zugleich bürgerliche und radikale Haltung im Grunde zu keiner politischen Partei. Später sprach man von «links denken, rechts leben», aber auch das stimmte für Bucerius nicht. In gewisser Weise galt für ihn sogar das Gegenteil. Der Puritaner im Lebensstil wollte das Eigentum mitsamt den aus ihm erwachsenen Gewinnen unbedingt garantiert sehen, war aber zu ausserordentlichen Anstrengungen in der Lage, wenn es darum ging, die Freiheiten des rechtsstaatlich-demokratischen Gemeinwesens zu verteidigen.

Kurz, der knapp Vierzigjährige war bereit, seinen Beitrag dazu zu leisten, dass die deutsche Demokratie nicht ein zweites Mal scheiterte. Freunde und eine Portion Fortüne sorgten dafür, dass er dazu die Gelegenheit bekam. Mehr als das, in den schlimmen, herrlichen achtzehn Monaten nach Kriegsende wurde er gefordert, wie dies nur wenigen je widerfährt, und er bestand die Prüfung dieser Forderungen unbedingt, auch wenn (oder: weil?) er weiterhin hinter jeder Ecke neue Untergänge witterte.

«Hamburger Tageblatt»

Die erste öffentliche Aufgabe, die die Besatzungsmacht dem Anwalt Bucerius zudachte, hatte mehr mit Abbau als mit Aufbau zu tun. Es ging um das, was man ein halbes Jahrhundert später die «Abwicklung» der Nazi-Zeitung «Hamburger Tageblatt» genannt hätte. Hamburg kannte jahrelang auch nach 1933 noch zwei traditionelle tägliche Titel, das «Hamburger Fremdenblatt» (Verlag Broschek) und den «Hamburger Anzeiger» (Verlag Girardet). Bis in den Krieg hinein – und trotz ihrer weitgehenden politischen «Gleichschaltung» – lagen diese in der Auflage weit vor der seit 1931 als Tageszeitung erscheinenden Nazi-Parteizeitung «Hamburger Tageblatt». Erst 1944 wurden die Traditionstitel zwangsweise in das Parteiblatt überführt. Damit war klar, dass das Unternehmen «Hamburger Tageblatt» den Untergang des Regimes teilen würde. Am 14. Juni 1945 wurde Bucerius mit der Aufgabe, diesen in allen rechtlichen Formen zu vollziehen, zum Treuhänder bestellt.

Das «Tageblatt» wurde im Pressehaus an der Strasse Speersort gemacht. Zum ersten Mal residierte Bucerius nun an diesem Ort seiner späteren Triumphe, wenn «residieren» das richtige Wort ist für das von Fliegerangriffen arg mitgenommene Gebäude. Der klobige Backsteinbau von beträchtlicher Phantasielosigkeit des Stils war eigens für das «Tageblatt» gebaut und erst bei Kriegsbeginn fertiggestellt worden. Seine Finanzierung erwies sich übrigens (nach den Ermittlungen eines von den Sozialdemokraten initiierten Bürgerschaftsausschusses vom September 1946) als ein Paradebeispiel nationalsozialistischer Korruption, bei dem Gauleiter Kaufmann die Staatskasse bedenkenlos für Parteizwecke missbraucht hatte. Immerhin war das Haus zumindest baulich solide und vor allem gross genug, um es auch in ausgebombtem Zustand mit vielen leeren Fensterhöhlen improvisationsfreudigen Leuten zu erlauben, für Büros, später Redaktionsräume und sogar Wohngelegenheiten geeignete Winkel zu finden.

Das «Abwickeln» war ein tristes Geschäft, doch Bucerius widmete sich ihm mit charakteristischer Energie. Bald bekamen alle Mitarbeiter ein erstaunliches Dokument vom «Verlag Hamburger Tageblatt GmbH». Die drei hektographierten Seiten, «An die Gefolgschaft» des Verlages gerichtet und gezeichnet vom Treuhänder G. Bucerius, enthalten die ganze Zeit- und Lebensphilosophie des Mannes. Zwischen patriotischer Sentimentalität, ja Nostalgie, und der gnadenlosen Zuweisung von Schuld und Sühne erscheinen rechtlich sorgsam abgesicherte, wirtschaftlich präzise und sozial sensible Aussagen. Die eigentümliche Mischung von ausschweifender Analyse und harten Tatsachen muss für sich selber sprechen.

Der Text des Briefes beginnt mit einer selbst schon in Bewertung gekleideten harten Tatsache: «Für eine Presse, wie sie in den hinter uns liegenden Jahren ihr Wesen trieb – ohne aufrechte Gesinnung, unwahrhaftig, höhnisch –, ist in der Zukunft kein Raum mehr.» Dann folgen zwei erstaunliche Seiten, geradezu eine Tirade. Im Ende der Zeitung liegt eine Härte, «indes keine unverdiente, was wir niemals vergessen dürfen». Auch für diejenigen, die ihre Zweifel am Regime hatten, ist die Härte verdient («Gomorrhas» Schatten!), denn das ganze deutsche Volk hat «diesen Männern», den Nazis, «die Macht in die Hand gegeben». «Entschlossenen Widerstand» gab es nicht. «Haben wir uns mit den Schrecken der Konzentrationslager nicht achselzuckend abgefunden, ob wir das Grauen nun seinem ganzen Umfang nach kannten oder nicht?»

Gewiss, das Ergebnis ist schlimm. «Weite Teile unseres über alles geliebten Vaterlandes sind endgültig verloren.» Den zweitausend Jahren deutscher Geschichte «hat der Nationalsozialismus» – und immer wieder korrigiert Bucerius sich, wenn es so scheinen könnte, als würde die Schuld anderen, gar abstrakten Instanzen zugewiesen –, «haben unsere Trägheit und Mutlosigkeit ein Ende voller Scham gesetzt». Noch einmal kehrt Bucerius zur wenn nicht kollektiven, so doch allgemeinen Schuld zurück, von der niemand frei ist. Wenn «für uns» der «Faden der Geschichte abgeschnitten» ist, dann beruht das auf «Leichtsinn, Unmoral und sinnloser Überheblichkeit». «Es sind nur die unausbleiblichen Folgen schwersten eigenen Verschuldens, die wir heute zu tragen haben.» Dabei kann Hamburg noch von Glück reden, dass eine andere «Siegermacht» nur bis kurz vor die Tore der Stadt gekommen ist, so dass unter britischer Besatzung nunmehr «Gerechtigkeit und Menschlichkeit» walten können.

Damit kommt der Treuhänder nach zwei Dritteln seines langen Briefes zu den praktischen Dingen. Natürlich können solche «furchtbaren Erschütterungen unseres Gemeinwesens» für die Gefolgschaft «nicht ohne die einschneidendsten Folgen sein». Vertragliche Kündigungsfristen gelten unter diesen Umständen nicht mehr, auch nicht (Bucerius kehrt noch einmal zur Sühne der Unschuldigen zurück) für diejenigen, die «das Ihre getan und dem Bösen ohne jede Rücksicht auf persönliche Vorteile auch unter Gefährdung ihrer Existenz widerstanden haben».

«Ich kündige deshalb allen Angehörigen des Betriebes des Verlages Hamburger Tageblatt G. m. b. H. unter Abstandnahme von gesetzlichen und vertraglichen längeren Kündigungsfristen auf den 30. Juni 1945. Diese Kündigung soll notfalls als gesetzliche oder vertragliche Kündigung gelten.»

Vorschusszahlungen müssen entweder zurückgezahlt oder abgearbeitet werden.

Dann, fast am Schluss der Epistel, blinkt ein kleiner Hoffnungsschimmer auf. «Das Leben des Betriebes ist mit diesen Massnahmen nicht endgültig zum Erliegen gekommen.» Er, der Treuhänder, wolle «die Interessen vor allem der Angehörigen des technischen Betriebes mit jedem denkbaren Nachdruck wahren». In den nächsten Tagen schon werde er mit dem Betriebsrat über die Erhaltung der Arbeitsstätte reden. Am Schluss kehrt Bucerius mit einem eigentümlichen Schlenker noch einmal zu seinem Hauptthema zurück. Es war nötig, «unter uns Klarheit [zu] schaffen, um die jetzt erforderlichen Massnahmen verstehen und ertragen zu können». Und dann: «Aber wir wollen unseren Schmerz und unsere Reue schamvoll verhüllen.» Warum? Weil es nicht die Aufgabe des Treuhänders ist, über die Verbrechen des Dritten Reiches «öffentlich zu Gericht zu sitzen».

Was die Betroffenen aus dieser seltsamen Kündigung gemacht haben, lässt sich nur vermuten. «Mitgefangen, mitgehangen» mag eine allenfalls erträgliche Maxime sein, aber «auch wenn du nicht schuldig bist, bleibst du selber schuld» ist ein eher schwieriger Gedanke. Doch Bucerius blieb konsequent und zugleich im Einzelfall verständnisvoll und human. Auch darum dauerte die Abwicklung bis in den Spätherbst 1945.

Die Monate im Pressehaus sollten Weiterungen haben, wie sie für das Jahr nach der Stunde Null nicht ganz ungewöhnlich waren. Es musste ja in der Tat vieles neu begonnen werden, wobei die zuweilen utopischen Vorstellungen der Besatzungsmacht und die Realität nachhallender eigener Traditionen unter einen Hut zu bringen waren. Das hiess, dass die richtigen Leute gefunden werden mussten – die richtigen Männer, darf man getrost sagen, denn Frauen fehlten unter den Gründern der Nachkriegszeit fast völlig, wenn man davon absieht, dass sie als Trümmerfrauen, Kriegerwitwen mit kleinen Kindern und auch als Sekretärinnen das Ganze zusammenhielten. Männer wurden also gefunden, denen die Besatzungsmacht vertraute und zugleich zutraute, das Nötige zu tun. Das Vertrauen war dabei wichtiger als die Sachkunde. In einem Rundschreiben über die Vergabe von Zeitungslizenzen unter dem Namen des Brigadegenerals Armytage hiess es (im Oktober 1945) ausdrücklich: «Es ist entschieden worden, dass die Ausstellung von Konzessionen an Verleger usw. in hohem Masse von ihrer politischen Haltung abhängig sein wird und nicht davon, ob sie früher in diesem Beruf tätig gewesen sind.»

Im August 1945 erschien der für Pressefragen zuständige Oberst
Henry B. Garland im Pressehaus und stellte Bucerius den ehemaligen
Korvettenkapitän Ewald Schmidt vor. Schmidt hatte seinem Aller-
weltsnamen der besseren Unterscheidbarkeit halber das mütterliche di
Simoni hinzugefügt. Er war nach Kriegsende in der Waffenstillstands-
kommission in Buxtehude gewesen und sollte nun «dem britischen
Presse-Hauptquartier für seine Pressearbeiten in Deutschland zur
Verfügung stehen». Oberst Garland instruierte den «Treuhänder des
Pressehauses» Bucerius, Schmidt di Simoni ein Büro mit Sekretärin
und sonstigem Zubehör zur Verfügung zu stellen. Sogar das liess sich
im vom Krieg gezeichneten Pressehaus bewerkstelligen. Vorher schon
war einer der Berlin-Flüchtlinge, mit denen Bucerius in den letzten
Kriegsmonaten Pläne geschmiedet hatte, Dr. Lovis H. Lorenz, auf
Bucerius' Rat zum Treuhänder der Verlagsdruckerei Broschek & Co.
an den Grossen Bleichen ernannt worden. Dort ging es nicht um Abwicklung, sondern um die Erhaltung des Unternehmens und seine
Rückführung zu den von den Nazis enteigneten rechtmässigen Eigentümern.

Damit waren drei der vier späteren Lizenzträger der «Zeit» bereits
beisammen, und nicht nur das, sondern in Positionen, die ihnen Zugang zu allerlei nützlichen Mitteln und Wegen verschafften: einer
Druckerei, interessanten Journalisten auf der Suche nach neuen Ufern
(darunter dem anderen Berlin-Flüchtling und späteren vierten Lizenzträger der «Zeit», Richard Tüngel) und vor allem der einstweilen al-
leinentscheidenden Besatzungsmacht. Deren «Pressearbeiten» bestanden in jenen Monaten vornehmlich in der Vorbereitung einer grossen
Tageszeitung, «The Times» oder «Le Monde» auf deutsch sozusagen.
«The Times» – «Die Zeit», «Le Monde» – «Die Welt»: die Logik der
Pläne wird erkennbar. Am 27. September 1945 leitete die Pressestelle
der Stadt Hamburg ein erstes Gesuch der vier ungleichen Genossen
um eine Lizenz für eine Zeitung an die britische Militär-Pressebehör-
de weiter.

Abschied von den Eltern

Was immer an Wunderbarem geschah, für Gerd Bucerius war der
annus horribilis, das schlimme Jahr, noch keineswegs zu Ende. Am
25. Juli 1945 starb sein Vater, Walter Bucerius. Die Lebenslust, insoweit er sie je gehabt hatte, war ihm längst schon vergangen. Auch war

er zeit seines Lebens kränklich gewesen. Eine frühe Tuberkulose meldete sich immer wieder. Am Ende half es nichts, dass er (in seinen eigenen Worten) «im Alkohol und Nikotin zeitlebens mässig, seit einigen Jahren im Alkohol fast, im Nikotin ganz enthaltsam» wurde. Dass der Zusammenbruch des NS-Regimes ihn zum Unterschied von seinem Sohn nicht belebte, sondern eher noch ratloser fand, als er ohnehin war, lässt sich denken.

Pastor Wassner aus Altona sprach bei Walter Bucerius' Beerdigung in Reinbek, also im Revier des Sommerhauses in Wohltorf, viel von der «alles hingebenden, selbstlosen Liebe» des Verstorbenen. Sie war wohl eine eher stille, nach innen gerichtete Liebe, überdies mehr *amor Dei* als Liebe zu bestimmten Menschen. «Sie, der Sohn, verlieren in ihm den treuen Vater und Berater, dem es eine Freude gewesen ist zu erleben, dass auch Sie die ihm lieb gewordene Jurisprudenz zu Ihrer Lebensarbeit erwählt haben und dass Sie nun einen Weg zum Wirken frei vor sich sehen.» Viel später sagte Bucerius einmal öffentlich, sein Vater gehöre – neben Konrad Adenauer und Robert Pferdmenges – zu den grossen Toten, mit denen er gerne noch einmal ein Gespräch führen würde; doch ist nicht sicher, dass er das Gespräch mit dem Vater zu Lebzeiten oft gesucht oder gefunden hätte.

Der Vater war immerhin 69 Jahre alt gewesen, als er starb; die Mutter war nun 63 und fühlte sich sehr verlassen. Aus Wohltorf schrieb sie am 25. Oktober 1945 einen traurigen Brief an «meine liebe Grosse», die Pflegetochter Gisela, die gerade in Bremen Verwandte besuchte: «Immer mehr haben die dunklen Mächte Gewalt über mich gewonnen und jetzt glaube ich manchmal, dass ich ihnen gar nicht mehr entrinnen kann. Alles ist dunkel um mich herum, ich sehe keinen Lichtblick und keine Möglichkeit herauszufinden.» Nur die Fröhlichkeit der Kinder gibt ihr noch Hoffnung. Christas Freund (und späterer Mann) Claus Castan hat sich im «Haus in der Sonne» eingenistet und «geniesst vieles, was er sonst nicht gehabt hat». Und dann ist da Gerd.

> «Du Gisela, Du bist ja noch gar nicht im Bilde über Gerds häusliches Glück. Du kennst sie nämlich gar nicht! Sie war mit Gerd einen Tag hier, aber Du warst nicht da. Äusserlich wenig reizvoll aber im Wesen anscheinend sehr liebevoll und warmherzig. Sie hat sich so auf Gerd eingestellt, dass er sie nicht mehr von sich lässt und wenn er zu Hause arbeitet, packt er sie auf das Sofa in seiner Nähe und sie muss alle die Sachen zusammensuchen, die er verkramt und vergisst, ist ihm also unentbehrlich. Seit einem

Jahr leben sie nun schon zusammen. Wie hätte man sich früher gegen eine solche wilde Ehe eingestellt, jetzt ist man milde geworden.»

Gisela antwortete postwendend. Auch sie war höchst interessiert an «Gerds Affaire», von der sie doch so wenig wusste. Jetzt hatte sie vor allem dies zur Pflegemutter zu sagen:

«Sei nicht so traurig, lass Dich nicht unterkriegen, freue Dich, dass Gerd eine nette Frau gefunden hat + sich endgültig von seiner Jüdin trennen will, nun wird zum Schluss doch noch alles nett. Christa wird hoffentlich auch eines Tages mit einem netten Mann ankommen, + dann heirate ich vielleicht auch noch mal!!»

«Nun wird zum Schluss doch noch alles nett.» Man meint, den toten Vater zu hören, der Gerds Jüdin nicht ein einziges Mal sehen wollte. Die Mutter mag ähnlich gedacht haben. Jetzt aber wurde sie die dunklen Mächte nicht mehr los. Am 6. Januar 1946 nahm sie eine grosse Dosis der Tabletten, die sie ohnehin besass oder die ihr jemand gebracht hatte, und starb.

Noch einmal trat Pastor Wassner aus Altona in Reinbek in Aktion. Er sprach mit bemerkenswerter Offenheit: «So ist das Verzagen über sie gekommen und da hat sie vielleicht den letzten Schritt selbst getan, zu dem Gott der Herr uns sonst führen will.» Im übrigen klingt sein Versuch, der bis an ihr Ende im Verborgenen gläubigen Katholikin die private Rechtfertigungslehre von Walter Bucerius anzudichten, eher gekünstelt. Dass die Eltern «derselben westfälischen Erde» entstammten (was übrigens nur halbwegs stimmte) und gemeinsam an die Elbe gekommen waren, bedeutete eben nicht, dass die Mutter in Glaubensdingen «innerlich mit ihrem Manne verbunden» war.

Auch ob Gerd, «der Sohn, es empfunden [hat], wie Ihre Mutter Sie umsorgte», ist nicht sicher. Wohl aber verwies der Pastor mit Recht darauf, dass der Sohn und seine neue Partnerin Gertrud Ebel Weihnachten 1945 mit der Mutter und den beiden Pflegeschwestern in Wohltorf verbracht hatten. «Es ist wie ein wundervoller Ausklang der ganzen Lebensmelodie.» Das ist dann wieder Pastorensprache. Doch war nun zu all den anderen Umbrüchen der einzige Sohn elternlos. Wie hatte er noch in anderem Zusammenhang gesagt? «Der Faden der Geschichte ist abgeschnitten.» Gerd Bucerius hatte schon lange sein eigenes Leben gelebt, in gewisser Weise bereits als Schüler und Abiturient. In dem Augenblick indes, in dem die Eltern sterben, geht auch

dann etwas Unwiederbringliches dahin, wenn die Realität der Familie
weniger erbaulich war, als Pastoren sie schildern und die Erinnerung
sie später verklärt. Vieles war also Abwicklung für Bucerius in diesem Jahr. Dazu gehörte auch das nicht ganz einfache Testament der Eltern, über das die
drei «Kinder» sich jahrelang stritten. Gerd Bucerius hatte schon früher eine ansehnliche Summe von seinem Vater bekommen und erhielt
im übrigen den väterlichen Anteil an der Anwaltskanzlei in der Bahnhofstrasse 30; nun kam aus dem dreigeteilten Erbe von etwas über
400 000 Reichsmark noch einiges hinzu. Ausserdem erbte er das elter-
liche Haus in Reinbek – und die Verpflichtungen von Willy Möller
für eine den Diago-Werken im Namen der Mutter gewährte Hypothek von 107 000 Mark. Es gehört zu den ungeklärten Merkwürdig-
keiten dieser Beziehung, dass der wenig zuverlässige Möller bis zu
Bucerius' Räumungsklage 1954 das Reinbeker Haus zuerst für sich,
dann für seine geschiedene Frau in Anspruch nahm, wobei er nur
gelegentlich Miete bezahlte. Zugleich benutzte Bucerius die ausste-
henden Hypotheken als «Sicherheit», um für die «Zeit» unentbehrliche Druckmaschinen zu finanzieren. Da war die «Zeit» für ihn schon
zum Lieblingskind geworden, für das jedes überlebenswichtige Mittel
recht war.

Detta und Ebelin

In der Fülle der in diesem Jahr auf ihn andrängenden Aufgaben und
Erfahrungen hatte Bucerius nun eine verlässliche Hilfe in seiner neuen
Partnerin Gertrud Ebel. Er brauchte eine Partnerin, hat bis ins hohe
Alter nicht ohne eine solche leben können. Auch war er, so seltsam
das klingen mag, angesichts der «wilden Ehe», in der die beiden Ver-
heirateten 1945 in Hamburg lebten, überaus treu. Er hing an seinen
Partnerinnen und liess sie auch dann nicht fallen, wenn er sich von
Rechts wegen oder tatsächlich von ihnen getrennt hatte. Vielleicht ist
Treue nicht ganz das richtige Wort; es war eher Anhänglichkeit, auch
wohl die Angst vor dem Bruch mit tiefen Bindungen, ein nachhaltiges
Vertrauen, das für ihn durch eine neue Partnerin nicht getrübt wurde.
Manchmal könnte es scheinen, dass Bucerius nur seinen Frauen traute,
den Partnerinnen und den Sekretärinnen, die ab 1945 zu unentbehr-
lichen Stützen seiner beruflichen und persönlichen Existenz wurden.
Zu keiner Zeit findet sich in seinem Leben ein Mann, dem er ähnliches

1.

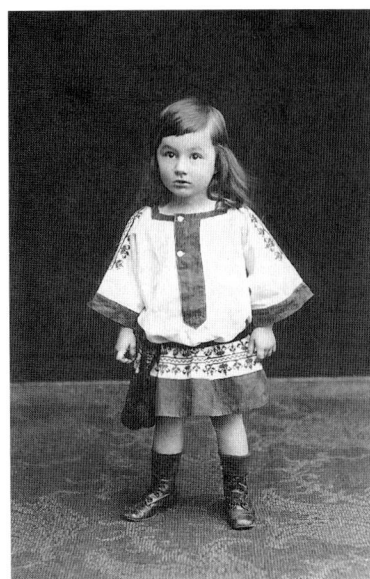

2. Im Russenhemd, um 1909.

4. Im Sonntagsstaat, um 1913.

Eine Art Familie

Der steife Vater, die labile Mutter,
die nicht ganz adoptierten
Schwestern im Ersten Weltkrieg
und Anfang der 30er Jahre.

3.

5. Weihnachtsidylle in Flensburg, 1932.

6. Detta, Juli 1935.

7. An der Ostsee, Juli 1932.

8. Mit Lasso in der Preusserstrasse in Hamburg, um 1934.

Eine Liebesehe gegen den Willen des Vaters und die Zeichen der Zeit: Detta Bucerius

Gruß aus Bad Pyrmont

9. Mit Detta, ihrer Schwester Ilse
Arnheim und Sohn Robert im
Garten in der Preusserstrasse,
um 1937.

10. Goldschmidt-Familientreffen
(v.l. Detta Bucerius, Karoline
Goldschmidt, Robert Arnheim,
Ilse Arnheim), August 1934.

11. Silvester 1934 in Klosters bis sechs Uhr früh.

**Glückliche Momente
in widriger Zeit**

12. Auf dem Eisplatz in Davos, Januar 1935.

13. u. 14. Das Pressehaus am Speersort im März 1945 – und 25 Jahre später mit der angeblich von Bausenator Bucerius geplanten Ost-West-Strasse.

Lauter Untergänge, lauter Anfänge

15. Steine bergen, Sommer 1946: Der Bausenator Bucerius (m.) und Bürgermeister Petersen (r.) gehen mit gutem Beispiel voran.

16. Der britische Militärgouverneur Brigadier Armytage (m.) und gegenüber die vier Linzenzträger (v.l.) Ewald Schmidt di Simoni, Richard Tüngel, Lovis H. Lorenz und Gerd Bucerius.

Die britische Lizenz für die „Zeit", 15. Februar 1946.

17. (v.l.) Richard Tüngel, Lovis H. Lorenz, Pressekontrolloffizier Oberst Garland und Gerd Bucerius.

18. Ewald Schmidt di Simoni (l.) und Lovis H. Lorenz (r.).

19. Bucerius fotografiert: In guter Stimmung (v.l.) Ebelin Bucerius, Sibylle Blumenfeld, Axel Springer und Erik Blumenfeld im Kleinen Walsertal, Sommer 1947.

Unter Freunden und Kollegen.

20. Ausgelassen mit der Redakteurin Marion Gräfin Dönhoff auf einem gemeinsamen Betriebsfest von „Zeit" und „Stern", Mitte der 50er Jahre.

21. Josef Müller-Marein (m.), der „gute Geist" der „Zeit" mit seinem Verleger beim NDR, Anfang der 60er Jahre.

Ebelin Bucerius

22. Hochzeitsfeier mit Freunden: Im Vordergrund Gerd und Ebelin Bucerius, Werner Hinz (r.), April 1947.

23. Auf dem Weg zur gemeinsamen Arbeit, Mitte der 50er Jahre.

24. Besuch von Detta (l.) in Hamburg, Mitte der 60er Jahre.

25. Silvester 1953 in Crans sur Sierre.

26. Strassenwahlkampf
mit Konrad Adenauer
(m.) und Senator Paul
de Chapeaurouge (r.)
auf dem Hamburger
Rathausmarkt, 1950.

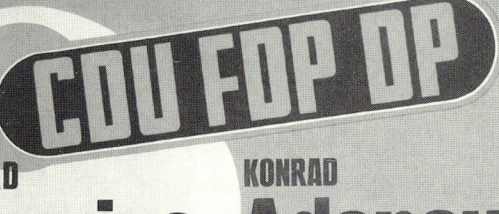

CDU FDP DP

Mit GERD

Bucerius für **Adenauer**

KONRAD

Unser gemeinsamer Bundestagskandidat spricht und diskutiert **am 30. August. 11.30 Uhr**

St. Pauli-Theater,
Hamburg, Reeperbahn

Versammlungsleiter
Senator Büll

Pünktlich um 11.45 Uhr beginnen wir mit dem Adenauer-Film:

Ein Mann wirbt für sein Volk

27. Zwei Männer werben auf der
Reeperbahn: Bundestagswahlkampf 1953.

Stationen einer Politikerkarriere

28. Der Abgeordnete geht auf
Reisen: Amerikareise mit Ebelin,
Juni 1954.

Vertrauen schenkte. Männer waren Rivalen, Mitarbeiter, nützliche Freunde auf Zeit. Meist enttäuschten sie ihn irgendwann, während er mit seinen Frauen grosses Glück hatte. Nicht eine hat ihn je verraten, ihm Untreue vorgeworfen, ihn zu erniedrigen versucht, gar aus seiner Schwäche Gewinn gezogen. Detta gab dafür ein besonders eindringliches Beispiel. Sie hatte, nicht anders als ihr Mann, durchaus wechselvolle Erfahrungen hinter sich. Die Sorge um die Mutter trieb sie um; 1943 ist zum ersten Mal von Angstzuständen, ja von einem Selbstmordversuch die Rede. Doch traf sie den aus Böhmen stammenden Konrad Fürst, einen wahren *bohémien*, so scheint es, oder «Wiener Charmeur», wie ihr Neffe Robert Arnheim es ausdrückte. Fürst lebte immer auf etwas zu grossem Fuss. Als Fahrlehrer ging er mit teuren Autos um, die nicht seine waren. Detta, die inzwischen als Kellnerin arbeitete, mochte ihn. Im Frühjahr 1945 erwartete sie ein Kind von ihm. Da geschah das Schreckliche, dass ein Geschirrwagen ihr im fünften Monat der Schwangerschaft mit aller Wucht in den Bauch prallte. Sie verlor das Kind und die Hoffnung, je wieder Kinder zu haben. Das war genau zu der Zeit, zu der sie vom Tod der Mutter erfuhr. Eine Zeitlang schien der Zusammenbruch des Körpers und der Nerven total.

Doch sie erholte sich. Die Frohnatur blieb von nun an etwas gedämpft, war aber nicht verschwunden und auch nicht die Lebenskunst. Nach dem Krieg erwogen die Eheleute Bucerius für einen flüchtigen Moment, wieder zueinanderzuziehen. Aber wo? Detta war nicht bereit, auf Dauer nach Deutschland zurückzukehren, und für Gerd kam die Auswanderung nach England nicht in Frage. Die Scheidung wurde einvernehmlich geordnet. Sie fand am 19. Dezember 1945 statt und wurde am 5. Februar 1946 rechtskräftig. Im Urteil wird als «unstreitig» bezeichnet, dass bei Bucerius' Besuch im Sommer 1939 «der letzte gemeinschaftliche Geschlechtsverkehr statt[fand]». Die Beklagte bestätigte sodann ihre Beziehungen «zu einem Mann, den sie zu heiraten beabsichtige». Die Frage der Schuld brauchte nicht erörtert zu werden. «Es mag nur beiläufig bemerkt werden» – so der Richter –, «dass für ein Verschulden des Klägers keinerlei Anhalt gegeben ist.» «Wilde Ehe» oder nicht, Bucerius war offenbar daran gelegen, nicht schuldig geschieden zu werden.

Detta heiratete Konrad Fürst am 25. Juli 1946. 1954 trat sie als Sekretärin in das nun einigermassen florierende Geschäft ihres Mannes ein. Doch zehn Jahre später stand die Autofahrschule Fürst am Rande des Bankrotts und wurde verkauft. Ein Auto behielt der Mann leider.

Am Weihnachtsabend 1970, auf dem Weg nach Hause von einem Besuch bei der Familie Arnheim, kam der von Fürst gesteuerte Wagen auf Glatteis ins Schleudern. Detta Fürst brach sich bei dem Unfall das Genick und starb auf der Stelle. Sie war 60. «Ich bringe den Mann um!» soll Bucerius erregt gesagt haben, als ihn die Nachricht erreichte. Trotz widriger Witterung flog er zur Beerdigung am 30. Dezember nach London. In den Jahren zuvor hatten Detta und ihr Mann die Bucerius häufiger besucht, in Hamburg, auch in Brione, in dem von Gerd für seine zweite Frau gebauten Traumhaus. Bucerius' Anwalt Holste half bei den Wiedergutmachungsanträgen, die Detta schliesslich eine kleine Rente von 315,– DM im Monat und eine Kapitalentschädigung von 21 000,– DM einbrachten. Auch sonst stand Bucerius ihr bei, später sogar dem überlebenden Konrad Fürst, der sich in einsames Schweigen zurückgezogen hatte; den Arnheims, also der Familie von Dettas Schwester, blieb er durch Gesten der Freundschaft verbunden.

Die Scheidung der neuen Partnerin von ihrem Ehemann Heinrich Ebel erwies sich als langwieriger und schwieriger. Der Unteroffizier wusste zwar von der Entscheidung seiner Frau, mit Bucerius zusammenzuziehen, hatte sich wohl auch schon vor Ende des Krieges bereit erklärt, einer Scheidung zuzustimmen, sass aber nun in Gefangenschaft. Vor seiner Entlassung konnte der entscheidende Schritt nicht getan werden. Böse Zungen auf der politischen Rechten – darunter namentlich Kurt Ziesel in seinem Buch «Der rote Rufmord» – sollten später behaupten, Ebel habe die neue Liaison seiner Frau erst nach seiner Rückkehr entdeckt und habe sich übrigens nicht an sein Einverständnis erinnern können. Er sei indes bald darauf «überraschend in den Besitz einigen Geldes [gekommen], und als der ‹Spiegel› in der Sache Recherchen anstellte, weigerte sich Herr Ebel, sich dazu zu äussern». Das Gericht, bei dem Bucerius 1961 gegen Ziesel zunächst eine einstweilige, dann eine endgültige Verfügung erwirkte, fand jedoch in diesem Punkt mit einer seither aus der Mode gekommenen Diskretion: «Die Verbreitung solcher Tatsachen ist – auch wenn sie zutreffen – verboten, weil der Antragsteller einen Anspruch auf Beachtung seiner Privatsphäre hat.»

Am 12. Dezember 1946 wurde die Ehe von Gertrud und Heinrich Ebel geschieden; am 12. April 1947 heirateten Gerd und Gertrud Bucerius. Schon damals nannte indes in Hamburg niemand sie Gertrud. Vielmehr war sie für alle «die Ebelin», und zunehmend nannte sie sich selbst auf Briefbogen und Visitenkarten so. Auf diese Weise blieb der

Name des ersten Mannes an ihr hängen. Am Ende wussten manche nicht mehr, ob sie Ebelin oder Evelyn hiess. Viele haben später versucht, ihre Persönlichkeit zu beschreiben, auch Bucerius selbst. Er beschrieb sie an ihrem 80. Geburtstag am 1. Oktober 1991 als «schön», eine «hübsche, junge Frau», wenngleich schon seine Mutter da anderer Meinung gewesen war. Er lobte auch die «Nerven», die sie in Krisen behielt, ihre «Fähigkeit, standzuhalten», vor allem in den «harten Jahren», die sie gemeinsam durchstehen mussten, und schrieb ihr dazu: «Ein bisschen mag Dich das an Deine Kindheit erinnert haben. Da hattest Du auch harte Jahre, weil Deine Eltern geschieden waren. Das Kind landete schliesslich bei den Diakonissen in Kaiserswerth.»

Marion Gräfin Dönhoff sprach von ihrer «entwaffnenden Direktheit, gepaart mit einer gewissen Naivität und ihrem Sinn für Witz». Jochen Steinmayr sah in ihr «ein Kind vom Rhein. Sie wird von Verwandten als körperlich zarte, aber robust lebenslustige, gesellige, temperamentvolle und tatendurstige junge Frau geschildert.» Da bleibt manche Frage offen, ohne dass irgendeine Antwort ganz richtig sein könnte. Ebelin war körperlich zerbrechlich und innerlich stark zugleich, leidend und tätig, naiv und schlau, verführbar und beharrlich. Vor allem aber war sie in dem kritischen Jahr 1945 für Bucerius ganz und gar unentbehrlich geworden. Er hat ihr die Standhaftigkeit in schwieriger Zeit nie vergessen.

Lizenz für die «Zeit»

Noch ist die Geschichte von Gerd Bucerius' erstaunlichem Jahr 1945/46 erst auf halbem Wege angekommen. Neun Monate nach jenem 3. Mai 1945, an dem der Krieg in Hamburg zu Ende ging, war allerdings sein *annus horribilis* vorbei, und der *annus mirabilis* fing an, mit ersten Schritten auf dem Weg zu neuen Horizonten. Hamburg lag noch in Trümmern. Nur sehr langsam begann der Aufbau, sei es der zerstörten Stadt, sei es der fehlenden und doch so nötigen Institutionen. Im Februar 1946 sollte Bucerius für beide Aufgaben eine Schlüsselrolle bekommen. Am 15. Februar schlug Bürgermeister Petersen der Militärregierung vor, ihn zum Bausenator, also zum für den Wiederaufbau verantwortlichen Mitglied der Stadtregierung zu ernennen. Einen Tag zuvor, am 14. Februar 1946, hatte der zukünftige Senator zusammen mit Lovis H. Lorenz, Ewald Schmidt di Simoni und Richard Tüngel die Lizenz für die Wochenzeitung «Die Zeit» erhalten.

Die Geschichte dieser Lizenz ist mittlerweile von allerlei Legenden umlagert, wobei alle vier Lizenzträger kräftig daran mitgewirkt haben, solche Legenden zu stricken. Glücklicherweise sind die zentralen Tatsachen unbestritten. Vor allem Regina Urban hat sie in ihrer Magisterarbeit von 1986 über die «Gründung und Organisation der Wochenzeitung ‹Die Zeit› unter britischem Lizenzrecht» beschrieben, der hier nur wenige neue Erkenntnisse hinzugefügt werden. Im besetzten Deutschland konnten Zeitungen nur mit ausdrücklicher Genehmigung und unter täglicher Kontrolle der Militärregierungen erscheinen. Der Plural – Militärregierungen – ist dabei zu beachten; denn früh schon gingen die verschiedenen Besatzungsmächte eigene Wege. Im Gegensatz zu den Amerikanern bevorzugten die Briten zunächst parteinahe Zeitungen, denen sie nach den ersten Wahlen eine dem Stimmenanteil der Parteien entsprechende Auflage zugestanden. (Grossbritannien nach dem Kriege hatte eine Vorliebe für das Prinzip der Rationierungs-Gerechtigkeit.) So erschien in Hamburg das sozialdemokratische «Hamburger Echo» mit einer Auflage (nach der Oktoberwahl 1946) von 208 600, die CDU-nahe «Hamburger Allgemeine Zeitung» mit 119 800, die der FDP zugerechnete «Hamburger Freie Presse» mit 116 600 und die zur KPD gehörende «Hamburger Volkszeitung» mit 34 500. Keine dieser Zeitungen sollte das Ende der Lizenzierung von Druckerzeugnissen und der Rationierung von Papier sehr lange überleben.

Zwei andere Pläne indes, die seit dem Spätherbst 1945 in eine für die deutschen Beteiligten verwirrende Konkurrenzbeziehung traten, führten zu bleibenden Resultaten. Die britischen Besatzungsbehörden hatten früh schon begonnen, für ihre Zone eine «überregionale» Tageszeitung zu planen, der «Neuen Zeitung» in der amerikanischen mehr als der «Täglichen Rundschau» in der sowjetischen Zone entsprechend, nur besser, nämlich der damaligen Londoner «Times» nachempfunden. Die vorbereitenden Arbeiten lagen zunächst in den Händen britischer Journalisten, vor allem in denen des umstrittenen Redakteurs der Beaverbrook-Massenpresse («Daily Express») Sefton Delmer, der als notorischer Rechtsausleger nach dem Labour-Wahlsieg im Juli 1945 bald in Ungnade fiel. Danach wurden die «Abwickler» Bucerius und Lorenz und ihre Partner Schmidt di Simoni und Tüngel in die Vorbereitungen einbezogen, ohne dass ihnen selbst immer ganz klar war, worauf die Planungen hinausliefen.

Der Lizenzantrag, den die vier am 25. September 1945 gestellt hatten, war eines von 21 bei der Militärregierung eingereichten Gesuchen.

Die meisten davon betrafen Fachblätter, vom «Fussballspiegel» bis zur «Norddeutschen Malerzeitung» und dem katholischen Kirchenblatt.

Die späteren «Zeit»-Lizenzträger waren übrigens gleich mehrfach vertreten, einmal zu viert mit dem Antrag auf eine «Wochenzeitung» und sodann Ewald Schmidt di Simoni allein mit dem schon «Zeit»-nahen Titel «Wochenzeitung für Politik, Wirtschaft, Handel und Kultur». Auch Bucerius hatte am 5. September für sich selbst Interesse bekundet an der «Herausgabe einer Zeitung – Name noch unbestimmt», womit wohl eine Tageszeitung gemeint war. Der Entwurf, an dem dann vor allem Lovis H. Lorenz arbeitete, galt jedenfalls einer Tageszeitung. Lorenz sah sich selbst und Schmidt als Verleger, Hans Zehrer (der aus Kampen auf Sylt detaillierte Vorschläge schickte) als «Hauptschriftleiter», Ernst Samhaber als dessen Stellvertreter, Gerd Bucerius als für die Innenpolitik und Richard Tüngel für das Feuilleton Verantwortlichen. Josef Müller-Marein sollte als Leiter des Ressorts «Reportage» an dem Unternehmen mitwirken.

Der «Tag» – wie das Blatt heissen sollte – erblickte indes das Licht der Welt nicht, jedenfalls nicht unter diesem Namen und mit diesen Redakteuren. Statt dessen erhielten die vier Antragsteller die Lizenz für die Wochenzeitung, die sie ursprünglich gewollt hatten und die ihnen nun wie ein Trostpreis vorkam. Sie feierten das Ereignis mit von dem umtriebigen Schmidt di Simoni herbeigezaubertem Champagner, waren jedoch trotzdem enttäuscht. In der Lizenz selbst ist zwar nur von einer «Zeitung genannt ‹Die Zeit›» die Rede, die «mindestens wöchentlich» erscheinen soll, doch war klar, dass «mindestens» zugleich «höchstens» hiess. Bucerius vor allem verlor die Hoffnung viele Jahre lang nicht, doch noch Eigentümer einer wirklichen Zeitung, einer Tageszeitung zu werden. Indes gingen die vier Lizenzträger der neuen Wochenzeitung zügig ans Werk, wobei ihnen die Beziehung zum Druckhaus Broschek zu Hilfe kam. So überraschten sie die britische Presseabteilung damit, dass die erste Ausgabe der «Zeit» schon eine Woche nach der Lizenzvergabe, am 21. Februar 1946, erscheinen konnte. «Die Welt», die von der britischen Besatzungsmacht lancierte Tageszeitung, erblickte das Licht des Tages zum ersten Mal am 2. April 1946.

Lizenz ist ein freien Ländern fremder Begriff, wenn es um Zeitungen geht. Das besetzte Deutschland war indes kein freies Land. Aus guten Gründen suchten die Besatzungsmächte Institutionen zu schaffen, die die Wiederkehr eines militanten deutschen Nationalismus ausschliessen würden. Sie wollten daher nur solchen Personen das Recht zur Veröffentlichung von Zeitungen geben, die dafür eine Garantie lieferten. Diese hielten sie zudem am kurzen Zügel. Die Lizenzbedingungen waren überaus detailliert. Sie schlossen anfangs die Vorzensur jedes Artikels durch die Besatzungsbehörden ein. Hinzu kamen allerlei Gebote und Verbote. «Leserbriefe müssen gebracht werden.» «Gotische Buchstaben dürfen nicht benutzt werden.»

Weniger klar war den Besatzungsbehörden wie den von ihnen ausgewählten Empfängern die rechtliche und wirtschaftliche Bedeutung der Lizenz. Lizenzträger waren rechtlich Herausgeber und Verleger zugleich. Die «Finanzanweisungen» an die Lizenzträger zeigen jedoch alle Widersprüche dieser Positionen unter dem Besatzungsregime. Einerseits haben die Lizenzträger «die volle Verantwortung für Herstellung, Druck und Verteilung der Zeitung», andererseits ist Papier rationiert und der Vertrieb reglementiert. Sogar Anzeigenpreise werden von der Militärbehörde festgesetzt, aber die Einnahmen, ja «ein angemessener Gewinn», verbleiben – von einer «Gesamtgebühr von 5 Prozent [der] Netto-Einnahmen», also einer Art Steuer, abgesehen – bei den Lizenzträgern. Deren wirtschaftliches Risiko blieb also anfangs gering. 20 000 Exemplare durfte «Die Zeit» zunächst drucken, und die Käufer standen Schlange, um ein Exemplar für 40 Pfennige zu erwerben. Dass die 30 000 Reichsmark, die die Lizenzträger – zu vier gleichen Teilen von 7500 Mark – in das neue Unternehmen einbrachten, tatsächlich (wie Bucerius später bemerkte) «fast einer Erlaubnis gleich [kamen], Geld zu drucken», wussten die Beteiligten damals noch nicht.

Übrigens war der britische Presseoffizier Oberst Henry B. Garland, der vor allem für diese Lizenzvergabe verantwortlich war, auch der einzige, der keinen materiellen Gewinn aus ihr zog. Der Germanistik-Professor aus Exeter, über dessen auf gekünstelt literarische Weise fehlerfreies Deutsch sich die Einheimischen gerne lustig machten («Wollen wir nicht ein gutes Weilchen Angesicht zu Angesicht bleiben …»), gehörte zu den bemerkenswerten Besatzungsoffizieren, denen es um ein besseres Deutschland ging und sonst nichts. Noel (später Lord) Annan, damals der für die Parteien verantwortliche Offizier der britischen Kontrollkommission, hat in seinem Buch mit dem bewusst mehrdeutigen Titel «Changing Enemies» – Feinde können sich ändern; man kann Feinde ändern; Feinde können zu Freunden und Freunde zu Feinden werden – dieser Gruppe ein schönes Denkmal gesetzt. Oberst Garland war übrigens wie die von ihm Lizenzierten mehr an der Tageszeitung interessiert. Seine nach seiner Rückkehr

an die Universität verfasste «Chronik der ‹Welt›» blieb allerdings zum
Unterschied von einem Buch über Lessing unveröffentlicht.
Von den Lizenzträgern der «Zeit» teilte wohl nur Gerd Bucerius
die ideellen, ja idealistischen Motive der britischen Presseabteilung. Er
war in der seltsamen Quadriga, die die Lizenz für die «Zeit» erhielt,
mit einigem Abstand der jüngste. Als die anderen im Ersten Weltkrieg
dienten, war er noch ein Kind. Er war auch der Partner mit der ge-
ringsten einschlägigen Erfahrung. Der älteste der vier, der 1893 in
Hamburg geborene Richard Tüngel, hatte zwar vor 1933 als Architekt
im Staatsdienst, zuletzt als Oberbaudirektor in Hamburg, eine me-
dienferne Karriere verfolgt, war dann aber nach Berlin gegangen, wo
sein «verwegenes Leben» ihn in allerlei künstlerische Tätigkeiten führte. Er schrieb neben Zeitungsartikeln eine freundlich aufgenommene
Komödie («Premiere in Brüssel») und verkehrte mit Journalisten und
Künstlern. Seinen Platz bei der «Zeit» fand er folgerichtig zunächst
als Feuilletonredakteur. Tüngel kannte den 1898 ebenfalls in Hamburg
geborenen Lovis H. Lorenz, der Kunstgeschichte studiert hatte und
vom Bildredakteur beim «Fremdenblatt» zum Leiter der «Hamburger
Illustrierten», zwei Produkten der Broschek-Presse, avanciert war.
(Wie hiess es doch im Schulaufsatz des jungen Bucerius? «Ein
Mensch, der sich heute Herrn Broschek verdingt, verkauft seine Seele,
wird zum Verräter an seiner Überzeugung ...») Später dann, in der
Nazizeit in Berlin, gab Lorenz «Die Woche» heraus, bis sie 1944 eingestellt wurde. Auf Grund dieser Erfahrungen und seiner Vorschläge
für eine Tageszeitung war es plausibel, dass er zum *Principal Licensee*,
zum Hauptlizenzträger wurde, auch wenn die Briten seiner journalistischen Tätigkeit im Krieg nicht ganz zu Unrecht misstrauten. Der
vierte im Bunde, Ewald Schmidt di Simoni, war Berliner, wie Lorenz
1898 geboren, am Ende des Ersten Weltkrieges schon junger Marine-
offizier. Als Verlagskaufmann ausgebildet, arbeitete er bei Ullstein,
dann bei Zeitungsverlagen in Frankfurt und in Berlin, bevor er im
Krieg in die Marine «flüchtete». Nicht ohne Grund erhielt der Verlag
der «Zeit» zunächst den Namen E. Schmidt & Co. GmbH, eine komplizierte Rechtskonstruktion übrigens, die nur aus Gründen der Ein-
kommensteuer verständlich ist und daher wohl von Bucerius erfunden wurde.
Das ist die kühle Beschreibung der Kumpane von Gerd Bucerius,
die doch so wichtig wurden für seine Zukunft und für die der am
Anfang gemeinsamen Zeitung, dass sie noch eine andere Perspektive
verdienen. Josef Müller-Marein, der Reporter, gute Geist und später

Chefredakteur der «Zeit», fand dafür die Worte. Die vier waren Lizenzträger. «Ich hatte das Wort noch nie gehört. Nach Flugzeugträ-
gern, Ritterkreuzträgern, Hosenträgern nun dies!» Lovis H.
Lorenz war sein «guter Freund aus schweren Berliner Tagen», der ihn zudem
in Lübeck aufstöberte, um ihn an Bord der neuen Zeitung zu holen.
Dort traf er «den grossen, stattlichen, löwenhaft lächelnden Ewald
Schmidt di Simoni». Bald kam Richard Tüngel hinzu. «Zierlich. Rüh-
rend grossäugig, wenn er die starken Gläser der Kurzsichtigen ablegte.
Hilfsbereit und unbequem. Genialisch und der personifizierte Widerspruch. Künstlernatur.» Einer, der eigentlich links hätte sein müssen
und doch rechts stand.

Schliesslich Bucerius. «Er war mir als der unruhige Geist, als der
Geist der Unruhe geschildert worden.» Da taucht die Beschreibung
zuerst auf, die ihn sein Leben lang begleiten sollte. Was aber hatte
Bucerius mit den drei anderen zu tun? Tüngel und Lorenz kannte er
nach eigenem Bekunden schon aus Berlin; im Januar 1945 sprachen
sie in Hamburg zuerst über den Plan, nach dem Krieg gemeinsam eine
Zeitung zu machen. Schmidt war ihm von Oberst Garland zugeführt
worden. Josef Müller-Marein fand freundliche Worte für den Mann,
der später sein Verleger werden sollte. «Er schien mir derjenige unter
den Lizenzern zu sein, der aufmerksam zuhören konnte, wenn man
sich kurz fasste.» Die anderen «Lizenzer» waren weniger gnädig. Später, als die vier nur noch über Anwälte miteinander verkehrten, beschrieb Schmidt di Simoni Bucerius als eine Art Trittbrettfahrer, den
die anderen tolerierten, aber eigentlich nicht brauchten. Lorenz mo-
kierte sich 1971 in einem Brief an Axel Springer über einen Zeitungsartikel, «in dem die Autorschaft an der Nummer Null der ‹Welt› Dr.
Bucerius zugesprochen wird, der damals vermutlich schon fruchtbare
Überlegungen anstellte, was sich als fünftes Rad am Wagen wohl erreichen liesse». Zu der Zeit äusserte indes Bucerius seinerseits nicht
nur Arges über Schmidt di Simoni, sondern auch zum Beispiel, der
Hauptlizenzträger Lorenz sei «von Anfang an nie sehr bedeutend»
gewesen. Tüngel schildert in seinen Erinnerungen etwas von oben
herab, wie die übrigen drei «den Rechtsanwalt Bucerius hinzugenom-
men» hätten: «Wir brauchten jemanden, der im damaligen Hamburg,
in dem wir als ‹Berliner› nicht so sehr Bescheid wussten und auch
schlecht angesehen waren, als kontinuierlich anwesender Indigene
durchaus versiert war und über die nötigen Verbindungen verfügte.»
Bucerius war also der «Indigene», der Eingeborene, der Wege ebnen
sollte.

Ob er das in der ersten Zeit tat, ist nicht sicher. Selbst der Kontakt zu den Banken war zunächst nur begrenzt wichtig. Überdies war er mit anderem beschäftigt. «Ich hatte noch ein Anwaltsbüro» – im Oktober war er zudem in den Vorstand der Rechtsanwaltskammer gewählt worden – «und für mich war das ja auch nur ein Nebenberuf, im Grunde nur eine politische Angelegenheit.» «Nur»! Bei der «Zeit», sagte er an anderer Stelle später, lief er «eigentlich nur am Rande mit, schrieb gelegentlich einen Artikel und arbeitete im übrigen ja politisch». Seine politische Aktivität sollte Bucerius in den Anfangsjahren der «Zeit» in der Tat ausfüllen.

Bausenator in Hamburg

Der so gewaltlose, beinahe samtene Übergang vom Naziregime zur Besatzungsherrschaft in Hamburg setzte sich in die Errichtung einer neuen Stadtregierung fort. Schon am 15. Mai 1945 wurde Rudolf Petersen, der bis dahin stets parteilose, angesehene Spross einer Kaufmanns- und Bürgermeisterfamilie, zum Bürgermeister ernannt. Sogar diesen traditionellen Titel mitsamt den dazugehörigen Funktionen durfte er annehmen, obwohl die Besatzer zunächst einen Oberbürgermeister nach britischer Gemeindeverfassung, also neben einem beamteten Oberstadtdirektor, bestellen wollten. Petersens Stellvertreter als zweiter Bürgermeister wurde der weithin geschätzte, ja verehrte Sozialdemokrat Adolph Schönfelder, der schon in der Weimarer Zeit Senator gewesen war. Auch die erste Bürgerschaft wurde ernannt und begann ihre Arbeit im Sommer des Jahres 1945.

Nicht alle Mitglieder der ersten Stadtregierung erwiesen sich als so fähig wie die beiden Bürgermeister. Bald schon gab es im Kulturbereich eine Vakanz. Am 28. November 1945 schrieb Erik Blumenfeld Bürgermeister Petersen einen Brief, in dem er «Dr. Bucerius jr. von der bekannten Anwaltsfirma Dr. Karl Samwer und Dr. G. [sic] Bucerius» als Senator empfahl. «Er besitzt ein ausgezeichnetes juristisches Fachwissen und eine stark interessierte politische Haltung, die sich wohl im wesentlichen mit der meinigen deckt.» Gerade als Kultursenator könnte er viele der vorhandenen Schwierigkeiten lösen. «Er ist seit jeher sehr stark an Fragen der Kunst und des künstlerischen Schaffens interessiert und zu seinem privaten Freundeskreis haben von jeher eine grosse Anzahl von bekannten, gut beleumundeten Künstlern gehört.»

Der Brief blieb ohne unmittelbare Wirkung. Zum Kultursenator wurde Dr. Ascan Klée Gobert ernannt, der sich früh schon entschloss, der neuen bürgerlichen Partei, der CDU, beizutreten. Wenige Wochen später indes trat der sozialdemokratische Bausenator Max Leuteritz zurück. Er hatte die zentrale Aufgabe des Wiederaufbaus der Stadt mit traditionellen Mitteln, vor allem der Förderung des staatlichen «Regiebaus» angepackt. Aus seinem Jahresabschlussbericht von 1945 wurde deutlich, wie elementar die Herausforderungen an seine Senatsverwaltung waren:

> «An erster Stelle aber wird für die Bauverwaltung die Aufgabe stehen, unser Stadtbild zu bereinigen, Dächer, Fenster voll instandzusetzen und allen verbliebenen Wohnraum wieder bewohnbar zu machen. Möge diese Arbeit im Jahre 1946 den Erfolg haben, den die Bauverwaltung erstrebt!»

Dies ist die Aufgabe, mit der Bucerius im Februar 1946 betraut wurde. Gleichzeitig mit seiner Ernennung zu einem der dreizehn Senatoren wurde er zum Mitglied der 82köpfigen Bürgerschaft bestellt.

Gerd Bucerius packte die neue Aufgabe mit der ihm eigenen Energie und Phantasie an. Die letztere vor allem kam alsbald zur Geltung. Erstes und wichtigstes Erfordernis war es nach seiner Meinung, die Trümmer zu räumen und zu bergen. Dazu gab es weder genug Beschäftigte noch genug Gerät. Also mussten die Bürger selbst aufgefordert werden, sich an der Aufgabe zu beteiligen. Bucerius' Vorschlag:

> «Jeder Hamburger birgt monatlich einmal mindestens 50–100 Ziegelsteine
> a) zur Räumung der Trümmerfelder
> b) zur Wiederverwendung des heute wertvollen Ziegelmaterials,
> c) als Auftakt des Wiederaufbaues von Hamburg.
> Jeder, der sich an der Bergung beteiligt, erhält eine Urkunde auf die für 50 gesammelte Steine eine Marke aufgeklebt wird.»

Wichtig, so meinte Bucerius, ist es vor allem, die Aktion populär zu machen. Zu diesem Zweck sollen in der Tagespresse und im Rundfunk «Versszweizeiler» verbreitet werden, von denen der Senator gleich eine Reihe beispielhaft vorschlug:

> «Tut es bald – vergesst es nicht
> Steine bergen – Bürgerpflicht!

Hamburger lassen Hamburg nicht in der Not
Steine bergen – das erste Gebot!

Aufbau ist ein schwer Beginnen?
Steine bergen! Nicht besinnen!

An die Arbeit! Berge Steine!
Orden allerdings gibt's keine!

Quäl Dich nicht mit bangen Zweifeln:
Fünfzig Steine? Leicht zu häufeln!»

Natürlich ging Senator Bucerius mit gutem Beispiel voran. Auf einem
überlieferten Photo sieht man ihn in Hemdsärmeln Steine «bergen»,
wobei Bürgermeister Petersen ihm beisteht. Das Stadtparlament war
zu solchem Beistand weniger bereit. Der Senator plädierte entschieden
für den «Weg der Selbsthilfe», nicht etwa als Strafarbeit für ehemalige
Nationalsozialisten, sondern als Beitrag aller Männer zwischen 15 und
50 zum Wiederaufbau der Stadt. Der Sprecher der Gewerkschaften
hielt eine Rede gegen die Zwangsarbeit und für die Verbesserung der
Lage der Bauarbeiter. Die Redner der KPD und der SPD hoben die
technischen Probleme hervor, die sich bei einer solchen Aktion ergeben würden. «Der Antrag von Herrn Dr. Bucerius erscheint uns wirklich nicht als dasjenige Mittel, das geeignet wäre, wirklich etwas Po-
sitives zu schaffen.» Die Verlegenheit des Senators wird schon aus der
Syntax seiner Antwort auf die Bürgerschaftsdebatte spürbar:

«Es dreht sich um nichts anderes, als die Steine, die wir im Augenblick dringend benötigen, nun auf die umfangreichste Weise
aus den Trümmern aufzusammeln und das Kapital, das dort liegt,
für die Allgemeinheit in diesem kritischen Zeitpunkt nutzbar gemacht wird, und das, wie Sie alle wissen, verrottet und in drei
bis vier Jahren nicht mehr verwertbar ist, wenn man es nicht bald
birgt.»

In Ausschussberatungen wurde der Gedanke einer «Pflichtbergung»
von Ziegelsteinen bald fallengelassen. Es blieb ein allgemein gehalte-
ner Aufruf an die Bevölkerung, der bald durch die rapide Entwicklung
der Bauwirtschaft überholt wurde.

Die Ziegelstein-Sammlung war eine typische Bucerius-Idee. Man
muss etwas tun, und zwar sofort. Damit lag er quer zu bürokratischen
Traditionen, aber zeigte zugleich seine eigene Handschrift. Die Tätigkeit an der Spitze der Bauverwaltung war vor allem eine Zeit der

Ideen. Ob dazu auch der Gedanke gehörte, durch die Trümmerland-
schaft zwischen Millerntor und Deichtor, vorbei an Pressehaus und
Petrikirche in Hamburg eine breite Strasse, die Ost-West-Strasse, zu
legen, ist umstritten. Der dreissig Jahre später amtierende Amtsnach-
folger von Bucerius, Rolf Bialas, gratulierte seinem Vorgänger aus Anlass von dessen 70. Geburtstag zu den «wesentlichen Impulsen, die Sie
unmittelbar nach Kriegsende hier für den Wiederaufbau geben konnten». «Insbesondere Ihr mutiger Entwurf zum Durchbruch der Ost-
West-Strasse hat eine bleibende Erinnerung in unserer Stadt geschaffen.»

Eine bleibende Erinnerung war und ist die Strasse gewiss – doch
auch eine gute? Oder ist «das breite Band» eher ein Fluch, und das
nicht nur wegen seines «banalen Namens»? Der Kritiker der «Frankfurter Allgemeinen Zeitung» dachte so:

> «Die Ost-West-Strasse ist der Fluch Hamburgs. Sie wurde nach
> dem letzten Krieg durch den Schutt der Innenstadt geschlagen.
> Bis heute noch hat kein Senat die Kraft aufgebracht, diese Wunde
> zu schliessen …»

Die «grausige Strasse», an der «der Fussgänger minutenlang vor einem
Zebrastreifen darauf» wartet, sie überqueren zu dürfen, führt allerdings direkt zum Pressehaus und damit zur «Zeit». Ob der Lizenzträger Bucerius sie wirklich in seiner kurzen Amtszeit als Bausenator
erfunden hat, darf man mit Fug bezweifeln, zumal der für die Ausführung erforderliche «Aufbauplan» erst vier Jahre später, am 20. Juli
1950, vom Hamburger Senat als Gesetz verkündet wurde.

Neun Monate dauerte Bucerius' Tätigkeit als Senator. Es waren
Monate eher der Frustration als der sichtbaren Erfolge. Für staatliche
Tätigkeiten fehlte das Geld, und für private Initiative waren die Rah-
menbedingungen noch nicht vorhanden. Dennoch ermutigte der Senator, wo immer er konnte. Seine Unterstützung für relativ rasch und
kostengünstig mögliche Projekte brachte ihn sogar in für Bausenato-
ren nicht ungewöhnliche Schwierigkeiten; diese Projekte schlossen
nämlich den väterlichen Besitz, die Anwaltskanzlei in der Altonaer
Bahnhofstrasse ein. Bucerius musste gegenüber dem Präsidenten des
Oberlandesgerichtes zu einem «Gerücht» Stellung nehmen, er habe
das ererbte Haus aus persönlichem Interesse in den Plan der ersten
Stunde aufgenommen. In der Bürgerschaft sprach der Senator mehrfach, auch zu Themen am Rande seiner Kompetenz. Seine Verteidigung der Küstenschiffahrt (am 11. September 1946) erinnerte an den

Schulaufsatz über Hamburgs wirtschaftliche Bedeutung und auch an die Schuld-und-Sühne-Aussagen der Nachkriegszeit. Die Siegermächte haben das Recht, dem Land, das bedingungslos kapituliert hat, ihre Bedingungen aufzuerlegen. «Aber dieses Ermessen hat nach unserer Auffassung auch Grenzen.» Ohne Schiffahrt kann Hamburg nicht leben. Die Militärregierung muss daher Hamburg ein Mass an Tonnage und an Werftkapazität erhalten.

Am 15. November 1946 wurde zum ersten Mal nach dem Krieg eine Hamburger Bürgerschaft frei gewählt. Der von ihr bestimmte Senat schloss weder Bürgermeister Petersen noch Bausenator Bucerius ein. Am 27. November erhielt Bucerius vom neugewählten Bürgermeister Max Brauer seine Entlassungsurkunde. Ein kurzes, aber wichtiges Kapitel in Bucerius' Leben ging zu Ende. Es markiert den Anfang seiner politischen Laufbahn, doch zugleich die Einsicht, dass seine Art der praktischen Ideenpolitik sich besser vom Sitz des Parlamentsabgeordneten als vom Podest des Ministers ins Werk umsetzen lässt.

Zur CDU

In der im Februar 1946 ernannten Hamburger Bürgerschaft war die grösste «Fraktion» die der Parteilosen. 23 der 81 Mitglieder gehörten ihr an, darunter Bürgermeister Petersen und Bausenator Bucerius. Einmal konstituierten die Parteilosen sich als Gruppe, beschlossen aber sogleich, nicht auf ihrem Anspruch zu beharren, den Präsidenten der Bürgerschaft zu benennen, sondern dieses Recht der mit 20 Mitgliedern zweitgrössten Fraktion der Sozialdemokraten zu überlassen. Das war schon darum klug, weil Parteilosigkeit sich alsbald als durchaus flüchtige Eigenschaft erweisen sollte. Die CDU etwa begann mit vier, bald darauf fünf Bürgerschaftsabgeordneten; als die Bürgerschaft sich im Oktober 1946 auflöste, um ihrer gewählten Nachfolgerin Platz zu machen, waren daraus 19 geworden. 14 ursprünglich Parteilose, darunter Bürgermeister Petersen und Bausenator Bucerius, waren Ende Juni der CDU beigetreten. Sieben weitere schlossen sich der SPD oder der FDP an. Die normale Politik nahm ihren Anfang.

In der ersten Nummer der «Zeit» vom 21. Februar 1946 hatte Gerd Bucerius einen ebenso aufschlussreichen wie klugen Artikel unter dem lakonischen Titel «Parteien» veröffentlicht. Zwei Themen prägen die

Argumentation. Das eine ist die Parteienskepsis, die sich etwa bei den ersten Wahlen in Süddeutschland durch die hohe Stimmenzahl für Freie Wählervereinigungen kundtat. «Sie beweist, dass die Anziehungskraft der Parteien noch nicht ausreicht, um die im Strom Treibenden zu sammeln.» Zu ihnen gehörte im Februar auch Bucerius selbst noch. Das andere Thema ist die Zersplitterung der Parteien, die es aufzuheben gilt. Auf der Linken wie auf der Rechten machten viele die Parteienvielfalt in der Weimarer Republik für den Aufstieg der Nationalsozialisten verantwortlich. Auf der Linken lag hier das Motiv für den im Widerstand geborenen Wunsch nach der «Einheit» der «Arbeiterparteien», der dann von den ostdeutschen Kommunisten schändlich missbraucht wurde und in eben jenem Frühjahr 1946 zur Zwangsvereinigung in der SED, der Sozialistischen Einheitspartei, führte. Im freien Westen gelang es den Sozialdemokraten, also der SPD, die Zersplitterung der Linken durch den Weg zur Volkspartei zu überwinden. Auf der Rechten war die CDU, die Christlich-Demokratische Union, als eigentlich neues Phänomen der deutschen Parteienlandschaft die Antwort auf die Zersplitterung der Parteien rechts der Mitte in Weimar.

Bucerius beschreibt die beiden Volksparteien mit der Fairness des noch leicht Distanzierten. Die Traditionspartei SPD wird es in der zweiten deutschen Demokratie leichter haben als in Weimar. Man wird sie nicht mehr «in eine ihr durchaus fremde Opposition zum nationalen Gedanken» bringen können. In der Wirtschafts- und Sozialpolitik ist zudem ihr Sozialismus überaus temperiert; sie folgt der «Vorsicht» der britischen Labour Party. Zudem hat sie eine kulturelle Mission. «Der Masse Kunst und Kultur zu erschliessen und ihr unabhängig von der Lebensstellung das Bewusstsein menschlicher Würde zu geben, gehört zu den schönsten Aufgaben der Sozialdemokratie.»

Die CDU als «neue Partei» nennt sich «christlich», weil sie zum Unterschied von den Weimarer Parteien wie Zentrum und Volksdienst nicht mehr konfessionell ist. Bucerius verschweigt nicht die vor allem im protestantischen Norddeutschland verbreitete Skepsis gegenüber dem C im Parteinamen, das im Kampf gegen den Nationalsozialismus berechtigt gewesen sein mag, «jedoch heute die Gefahr in sich trägt, Gegensätze zu verschärfen, die nicht notwendig sind». Dann betont der «Zeit»-Autor und Lizenzträger indes Programmpunkte, die ihm nahestehen, ein ethisch-kulturelles Element der Politik, «freies Unternehmertum», «Schutz der Einzelpersönlichkeit», auch die «starke Betonung der sozialen Seite». Vor allem aber bezieht die «Partei des

Individualismus» klar Position in der «grossen Entscheidung für oder gegen Sozialismus und Planwirtschaft».

Wo lagen also Bucerius' Sympathien? Er selbst hat die Geschichte oft erzählt und dann auch niedergeschrieben. «Als 1945 die Besatzungsmächte die Parteien wieder zuliessen, reiste ich sofort zum SPD-Vorsitzenden Dr. Kurt Schumacher nach Hannover. Der ‹Senator aus Hamburg› war Schumacher eine Unterhaltung wert; es wurde eine Ansprache.» Und zwar eine, die Bucerius nicht mochte. Schumacher attackierte die Besatzungsmächte aus einer hart nationalen Perspektive. «Dieses Mal», so auf Grund eines anderen Bucerius-Berichts über das Gespräch, «wird sich die Sozialdemokratische Partei an nationaler Gesinnung von keiner anderen Partei übertreffen lassen.» Auch die Wirtschaftspolitik kam zur Sprache. Schumachers «Ansichten erwiesen sich als doch sehr fixiert, von marktwirtschaftlichem Denken überhaupt keine Spur, sondern er sagte: ‹Bucerius, wir kommen aus dieser fürchterlichen Lage nur durch eine konsequente Zentralverwaltungswirtschaft heraus.›» Er «suchte keine Bundesgenossen. Er stand für sich selbst und auf seiner Sache.» «Beeindruckt, aber auch betroffen reiste ich nach Hamburg zurück.»

Dort nahm ihn «wenig später» ein Senatskollege mit zu der ersten Hamburger Versammlung von Konrad Adenauer. Dieser sprach «kunstlos» und «leise», aber klar. An anderer Stelle drückte sich Bucerius noch gefühlvoller aus.

«Da sehe ich noch den grossen elegant aussehenden Mann mit herunterhängenden Kleidern – wir waren ja alle ganz dürr –, der kerzengerade alte Mann, der eigentlich ganz schlicht und ohne Pathos im Stande war ...» «Ein ‹nationaler Mann›? Nein. Das unterschied ihn von Schumacher. Und eben deshalb wollte ich mich ihm anvertrauen. Ich sah in ihm das Versprechen, mir endlich den Streit evangelisch/katholisch vom Halse zu halten.»

Und so trat Bucerius der CDU bei.

Anekdoten haben eine wundersame Weise, sich zu verselbständigen, sogar bei ihrem Urheber; denn ganz so kann es nicht gewesen sein. Senator war Bucerius erst 1946, und da stand er der CDU schon viel näher als der SPD. Sicher hat er Schumacher irgendwann besucht; doch gibt es ein unveröffentlichtes Gespräch mit dem langjährigen Hamburger CDU-Kollegen Carl Damm aus dem Jahr 1985, das plausibel genug klingt. Da gibt Bucerius auf eine klare Frage eine spontane Antwort:

«Damm: Ist es eigentlich richtig, dass Sie eine Zeitlang auch zur
SPD geneigt hätten?
Bucerius: Nein, nie! Die Sache war so ...
Damm: Das ist gar kein Vorwurf.
Bucerius: Oh nein, ich habe sie '69 gewählt.»

'69, das war schon eine andere Welt! 1946 lag die eigentliche Entscheidung des früheren DDP-Wählers zwischen FDP und CDU. Am liebsten hätte Bucerius beide in einer bürgerlichen Partei vereinigt gesehen. Die CDU unterstützte diesen Plan, doch die FDP widerstand.
Das nahm Bucerius gegen die FDP ein. Zudem hielt er nicht allzu viel
von den führenden Leuten der Hamburger FDP. Sie waren (wie er
später Carl Damm gestand) «in jeder Beziehung geistig-intellektueller
und wirtschaftlicher Mittelstand». Dagegen sammelte die CDU die
«grossen Kaufleute», die zudem «das allgemeine Wohl im Auge hatten». Das war nicht unmittelbar evident. Helmut Stubbe-da Luz, der
die Geschichte der Hamburger CDU untersucht hat, beschreibt die
ersten tausend Mitglieder in ganz anderen Kategorien. Sie waren eine
merkwürdige Mischung von in Hamburg eher marginalen Katholiken
sowie von ehemaligen Mitgliedern der NSDAP und Anhängern der
Weimarer Rechtsparteien. Bucerius' «grosse Kaufleute» gab es da gerade nicht, oder vielmehr gab es nur drei, die Bucerius besonders na-
hestanden: Bürgermeister Petersen, den Senatskollegen und langjährigen Freund Max Detlev Ketels und Hugo Scharnberg, den Bankier
und Fraktionskollegen in der Bürgerschaft.

Dann aber war da Konrad Adenauer, als katholischer Kölner Oberbürgermeister nicht ein natürlicher Bundesgenosse des Sohns des protestantischen Beigeordneten in Essen, und doch einer jener Männer,
die Bucerius' Hang zu den Grossen der Welt ansprachen. Adenauer
war in dieser Zeit zweimal in Hamburg, einmal zu einer öffentlichen
Versammlung in Planten un Blomen und einmal zu einer internen
Veranstaltung. Stubbe-da Luz sieht in dem «Referat Konrad Adenauers am 29. Mai [1946] vor einem geladenen Kreis von gut einhundert
Christdemokraten und Parteilosen», darunter Gerd Bucerius, «den
entscheidenden Anstoss für viele Parteilose, sich nunmehr wirklich,
wie geplant, der CDU anzuschliessen». Für Bucerius war dabei vor
allem (so meint Stubbe-da Luz) die Europapolitik Adenauers entscheidend: «Die Vereinigten Staaten von Europa unter Führung von
England müssen kommen!» Unter Führung von England? Bucerius
erinnerte sich eher an Adenauers Wunsch nach Aussöhnung mit

Frankreich. In der Suche nach einem Europa jenseits der nationalen Rivalitäten aber war er sich mit seinem Parteiführer einig.

Parteien sind Zweckverbände; sie sind auch Stämme, die fast irrationale Zugehörigkeiten stiften können. Im letzteren Sinn war Bucerius nie ein Parteimann. Daher zeigte er auch wenig Geschick, wenn es darum ging, die Partei für seine Zwecke zu mobilisieren. Bei der Bürgerschaftswahl im Oktober 1946 kandidierte er in dem für ihn hoffnungslosen Wahlbezirk Vierlande jenseits der Elbe und versäumte es, einen Platz auf der Reserveliste zu suchen. Bei der Wahl zum Wirtschaftsrat durch die Bürgerschaftsfraktion half ihm am Ende nur ein Verfahrenstrick. Der «Stamm» der Hamburger CDU blieb ihm fremd; er gelangte auch erst auf dem Umweg über den «Vaterstädtischen Bund» mit FDP und DP in der sozialdemokratisch geprägten Stadt zu einer gewissen Bedeutung, zumal als 1958 Erik Blumenfeld (bis 1966) Landesvorsitzender wurde.

Indes gingen Bucerius' Interessen von Anfang an über die Grenzen der Stadt hinaus. Konrad Adenauer hatte seine Entscheidung bestimmt; an ihm und später an Ludwig Erhard orientierte sich der Nachwuchspolitiker mit dem Faible für grosse Männer. Auf dem ersten Zonenparteitag der CDU am 14. und 15. August 1947 in Recklinghausen hielt Bucerius eine Rede, in der neue Töne anklangen. Er warnte zunächst vor «Einbrüchen eines sozialistisch-marxistischen Gedankengutes in den Bereich unserer Partei» und wandte sich dann den Besatzungsmächten zu. Er habe mit anderen «die Last des politischen Lebens – denn das *ist* eine Last – auf sich genommen, weil [wir uns] verpflichtet glaubten, einen Weg aus dem Abgrund der Verzweiflung zu weisen, in die die nationalsozialistische Herrschaft vor allem das deutsche Volk gestürzt hat». Das geschah aber im Vertrauen auf die Erklärungen der Siegermächte, das nun in doppelter Hinsicht enttäuscht worden sei. Da sei einmal die Vertreibung aus den Ostgebieten und deren Abtrennung. «Wir deutschen Politiker, die wir noch 1945 von der Besatzungsmacht zum Wiederaufbau der deutschen Demokratie ermutigt wurden, müssen England heute zurufen: Nie wären wir an diese Aufgabe gegangen, hätten wir geahnt, dass ihr die Abtretung des deutschen Ostens billigen und fördern würdet (starker Beifall).»

Beifall für starke Worte. Auch der Tonfall, in dem Bucerius über die andere Enttäuschung im Hinblick auf deutsche Exportchancen sprach, klang anders als der der Abwicklung des «Hamburger Tageblatts». Kontrollen und Behinderungen bestimmen das Leben der Exporteure. Hannover ist zu Recht als «Messe des letzten Ausverkaufs» bezeichnet worden. Das Verbot des deutschen Walfangs beeinträchtigt die Fettversorgung. Wo bleiben da die grossen Versprechungen der Atlantik-Charta?

«Wir fragen die Völker Grossbritanniens und der Vereinigten Staaten: In geschichtlicher Stunde haben eure Staatsmänner der Welt neue Wege der Gerechtigkeit und Menschlichkeit gewiesen. Wollt ihr die Unterschrift eurer Staatsmänner zum Wohl der Menschheit anerkennen oder zu ihrem Fluche zerreissen? (Stürmischer, lang anhaltender Beifall).»

Im Frankfurter Wirtschaftsrat

Zwei Jahre nach Kriegsende hatte die deutsche Szene sich verändert. Am wenigsten galt das zwar für die Lebensbedingungen der Mehrzahl, die vielmehr 1947 ihren Tiefpunkt erreichten. Ein langer, harter Winter und schlechte Ernten verschlimmerten die immer noch vorherrschende Kombination des lähmend langsamen Wiederaufbaus mit alliierten Demontagen und anderen Forderungen. Die Leute gingen zu Hungerdemonstrationen auf die Strasse. In Hamburg versammelten sich am 9. Mai 1947 120 000 vor dem Gewerkschaftshaus am Besenbinderhof. Die europäischen Besatzungsmächte fanden sich allerdings selbst in beträchtlichen wirtschaftlichen Schwierigkeiten. Nur in den Vereinigten Staaten hatte schon seit 1940 ein nachhaltiger konjunktureller Aufschwung begonnen. Dieser liess zwar noch viele Amerikaner im Schatten, erlaubte es andererseits Hunderttausenden, jene Care-Pakete nach Europa zu schicken, deren Nahrungs- und Genussmittelinhalt vielen Familien lebenswichtige Hilfe und zugleich eine Geste der Hoffnung brachte. Bald schon wurde diese Haltung US-Regierungspolitik. Bucerius vergass in seiner Recklinghauser Rede zu erwähnen, dass bereits acht Wochen vor seiner Klage über die Staatsmänner Grossbritanniens und der Vereinigten Staaten der amerikanische Aussenminister George Marshall (am 8. Juni 1947) an der Harvard-Universität das Programm für Europas Wiederaufbau angekündigt hatte, das unter dem Namen Marshall-Plan Geschichte machen sollte.

Verändert hatte sich in dieser Zeit vor allem die deutsche politische Szene. Gemeinden und Regionen – die späteren Bundesländer – hatten nun ihre deutschen Verwaltungen, im Westen sogar durch demokratische Wahlen legitimiert. In der britischen Zone gab es überdies einen deutschen Zonenbeirat zur Koordinierung der Wirtschaftspolitik. Vor allem die amerikanische Besatzungsmacht wollte einen Schritt weiter gehen und schlug die Bildung einer gesamtdeutschen Wirtschaftsverwaltung vor. Das stiess insbesondere bei den Sowjets auf wenig Gegenliebe. Nach dem Scheitern der eine ganze Woche währenden Moskauer Aussenministerkonferenz der vier Besatzungsmächte im April 1947 verlor die amerikanische Regierung die Geduld. Noch auf dem Rückflug gab George Marshall bei seiner Zwischenlandung in Berlin Anweisung, den Vorschlag für ein interzonales Wirtschaftsgebiet rasch zu konkretisieren. Vorgespräche wurden einberufen. Die sowjetische Besatzungsmacht war nicht bereit, sich an diesen zu beteiligen; die Franzosen hielten sich zumindest der Form nach zurück. So kam es am 7. August 1947 zur gemeinsamen amerikanisch-britischen Anordnung – technisch unterschieden in die «Proklamation Nr. 5» für das «Amerikanische Kontrollgebiet» und die «Verordnung Nr. 88» für das «Britische Kontrollgebiet»: die Amerikaner waren offenkundig sparsamer in ihren Anordnungen – zur Schaffung eines Wirtschaftsrates für die «Bizone», die immerhin von Hamburg und Köln bis nach Stuttgart und München reichte.

Der Wirtschaftsrat ist die vergessene Institution der deutschen Nachkriegsgeschichte. Dafür gibt es Gründe. Seine Funktionen waren begrenzt. Seine Errungenschaften waren, trotz der 171 Gesetze, die er in den zwei Jahren seiner Existenz erliess, mässig. Die meisten wichtigen Figuren der deutschen Nachkriegspolitik, wie Konrad Adenauer und Kurt Schumacher, Theodor Heuss und Carlo Schmid, gehörten ihm nicht an. Dennoch wurden im Wirtschaftsrat zwei entscheidende Weichen für die folgenden Jahrzehnte gestellt: die Entscheidung der SPD, in die Opposition zu gehen, damit die Abweisung der Grossen Koalition zugunsten einer zunächst fragilen, später zunehmend tragfähigen bürgerlichen Koalition unter Führung der CDU; und die Entscheidung dieser Koalition, Deutschland gegen die vorherrschende Stimmung der Zeit auf den Weg der Marktwirtschaft zu führen. Der Abgeordnete Bucerius unterstützte beide Entscheidungen.

Beide Entscheidungen fielen übrigens früh. Am 25. Juni 1947 hielt der erste, aus nur 52 von den Landtagen, also nicht vom Volk gewählten Abgeordneten bestehende Wirtschaftsrat seine konstituierende Sitzung im Börsensaal in Frankfurt am Main ab. Die Parteien waren ihrer aus Landtagswahlen erschlossenen Stärke entsprechend vertreten. CDU und SPD stellten je 20 Abgeordnete. (Bucerius gehörte übrigens noch nicht zu ihnen.) Dazu kamen zwei Abgeordnete der Deutschen Partei (DP), vier Freie Demokraten (FDP), zwei Zentrumsabgeordnete und drei Kommunisten sowie ein Vertreter der von dem umtriebigen Bayern Loritz begründeten Wirtschaftlichen Aufbau-Vereinigung (WAV). Bei der Wahl der sechs Direktoren, also der Quasi-Minister für Arbeit, Finanzen, Post, Verkehr, Ernährung und Wirtschaft, kam es zum Eklat. Die SPD hatte zwar ihren «marxistischen» Repräsentanten aus dem britischen Zonenbeirat, Viktor Agartz, nicht als Wirtschaftsdirektor portiert, aber auch der junge niedersächsische Wirtschaftsminister Kubel fand keine Mehrheit. Statt dessen wurde Johannes Semler, ein DVP-Mann der Weimarer Zeit, der jetzt der bayerischen CSU angehörte, gewählt. Die SPD enthielt sich der Stimme und erklärte ihren Willen, in die Opposition zu gehen.

Zu den Veränderungen der deutschen Szene in diesem Jahr 1947 gehörte auch ein Stimmungswandel, dem Bucerius in seiner Recklinghausener Rede Ausdruck gegeben hatte. Man zeigte sich von den Besatzungsmächten enttäuscht; Kritik an ihrer Politik war verbreitet. Die «Zeit» sollte zu einem besonders entschiedenen Sprachrohr solcher Kritik werden. Der Direktor für Wirtschaft Semler ging dabei allerdings einen Schritt zu weit. Er kritisierte die amerikanischen Lebensmittellieferungen mit einem im Englischen zweideutigen Wort; sie seien, sagte er, *chicken feed*. Das waren sie in der Tat, nämlich Hühnerfutter; *chicken feed* heisst aber auch Lappalie, wertloser Kram. Wegen dieser und ähnlicher Äusserungen musste Semler am 24. Januar 1948 seinen Posten räumen. Am 2. März 1948 wurde an seiner Stelle Ludwig Erhard zum Direktor für Wirtschaft gewählt. Trotz seiner kurzen Tätigkeit als bayerischer Wirtschaftsminister und dann in seinem Amt als Leiter der bizonalen Sonderstelle für Geld und Kredit war Erhard, der übrigens noch keiner Partei angehörte, für die meisten ein unbeschriebenes Blatt; das sollte bekanntlich nicht lange dauern.

Als Erhard gewählt wurde, war Bucerius bereits Abgeordneter. Auf Grund eines Bizonenstatuts vom 9. Februar 1948 wurde die Zahl der Mitglieder des Wirtschaftsrates verdoppelt; das neue Gremium konstituierte sich am 24. Februar 1948. Bucerius war allerdings nur mit Mühe von der Hamburger Bürgerschaft gewählt worden. Zwar hatte die CDU ihn als Kandidaten nominiert, aber die SPD hatte den Steine-Berger noch in unguter Erinnerung und stimmte für den nicht kandidierenden CDU-Landesvorsitzenden (und Freund von Bucerius) Hugo Scharnberg. Da dieser nicht förmlich als Kandidat aufgestellt war, wurden seine Stimmen allerdings für ungültig erklärt, und Bucerius galt mit nur 15 gültigen Stimmen (von 162 Mitgliedern der Bürgerschaft) als gewählt. Ihn selbst scherte das wenig; er hatte sich schon vor seiner Wahl an der CDU-Fraktion des Wirtschaftsrates beteiligt. Ohnehin war er nie ein Mann der politischen Klasse, sondern immer, durch die fast fünfzehn Jahre seiner Abgeordnetentätigkeit hin, ein Mann der Wähler, des Volkes im besten Sinne.

Vor allem aber war Bucerius kein Mann der «Stämme», also der bedingungslosen Parteiloyalität. Schon das erste Fraktionsprotokoll nach seiner Wahl vermerkt zum 23. Februar die Einlassung des Abgeordneten Bucerius: «Es ginge aber nicht um die Frage, was das Schicksal der Union sei, sondern es ginge darum, Schlimmeres [für das Land] zu verhüten.» Trotz seines Wahldebakels in der Hamburger Bürgerschaft wuchs Bucerius auf diese Weise in die Rolle eines Unterhändlers und Vermittlers für zwischen den Wirtschaftsratsparteien strittige Fragen hinein. «Entsprechende Verhandlungen mit den anderen Fraktionen werden Herrn Dr. Bucerius übertragen», heisst es mehrfach (wie hier im Fall der Haltung zur Demontageliste) im Protokoll der CDU-Fraktion.

Diese Vermittlerrolle wurde besonders gefordert in Bucerius' Funktion als Vorsitzender des Ausschusses für den Lastenausgleich. Hier lag der Teufel im Detail: Wer soll berechtigt sein, aus einem Lastenausgleich Nutzen zu ziehen? Flüchtlinge, Heimatvertriebene gewiss, aber es gibt auch viele andere vom Krieg Geschädigte. Und vor allem: Wer soll zahlen und wieviel? Die Frage, ob eine Vermögensabgabe von 3 Prozent (SPD) oder nur von 2 Prozent (FDP und Teile der CDU) erhoben werden sollte, führte am Ende zu einem Kompromiss, der eine Staffelung mit dem Gesamteffekt von 2,5 Prozent vorsah. Die Alliierten, die das letzte Wort hatten, erliessen das Gesetz jedoch nicht. Es blieb bei einem allerdings wichtigen Soforthilfegesetz. Erst der Bundestag fand drei Jahre später Antworten auf die schwierigen Fragen des Lastenausgleichs; doch hat Bucerius' Wirken im Wirtschaftsrat dazu den Weg bereitet.

Dreissig Jahre später, nach Ablauf des befristet wirksamen Lastenausgleichs, erinnerte sich der «Zeit»-Autor Gerd Bucerius in einer exakten Bilanz an Entstehung und Wirkung des Gesetzes, die «grösste Vermögensabgabe der Geschichte», die «Rechnung für Hitlers Krieg»: 87 Milliarden Mark wurden in drei Jahrzehnten umverteilt.

Das zentrale politische Interesse des Abgeordneten Bucerius galt nicht überraschenderweise den Fragen der Wirtschaftsordnung. Im

Kleinen wie im Grossen zeigte er sich wachsam. In der historischen Debatte des «Gesetzes über die wirtschaftspolitischen Leitsätze nach der Geldreform» am 17. und 18. Juni 1948 nahm er eindeutig Stellung. An die SPD gerichtet sagte er:

«Die Tendenz dieser Leitsätze ist von Ihnen ja auch in keiner Weise verkannt worden. Sie wissen genau, was wir beabsichtigen. Wir wollen erreichen, dass das System der Zwangsbewirtschaftung ein Ende nehme, dass ein grundsätzlicher Wandel Platz greife. Wir wollen erreichen, dass die Zwangswirtschaft abgebaut werde.»

Die Zeit ist gekommen – schloss Bucerius unter «Beifall rechts» –, in der «wir auf die tödlichen Wirkungen der Zwangswirtschaft endlich verzichten können». Das war drei Tage vor der Währungsreform. Es steckte die Fronten ab für schwierige Debatten, die sich bis in die Mitte der 50er Jahre hinzogen.

Erhards – und Bucerius' – Position war dabei nicht nur umstritten, sondern unzeitgemäss. Mein Vater, Gustav Dahrendorf, der seinerzeit sozialdemokratisches Mitglied des Wirtschaftsrates – und dessen Vizepräsident – war, erhielt zahlreiche Briefe von Hamburger Wählern, die ihn beschworen, an der Rationierung festzuhalten. Rationierung, so hiess es, überhaupt Planung sei der Schutz der Armen. Nicht zufällig blieb die britische Labour-Regierung bis zu ihrer Abwahl 1951 bei der Rationierung von Lebensmitteln und anderen Gütern. Sogar die Amerikaner hatten ihre Zweifel an Erhards Plänen. General Lucius D. Clay, der amerikanische Militärgouverneur, rief den Direktor für Wirtschaft am 24. Juni 1948 zu sich und hielt ihm zunächst vor, er habe alliierte Vorschriften abgeändert. «Ich habe sie nicht abgeändert», entgegnete Erhard, «sondern aufgehoben.» Im gleichen Stil folgte der viel zitierte Wortwechsel:

«Herr Erhard, meine Berater sagen mir, dass Sie einen schrecklichen Fehler gemacht haben. Was sagen Sie dazu?»
«Herr General, hören Sie nicht darauf. Meine Berater sagen mir genau dasselbe.»

Es ist also bemerkenswert, dass Gerd Bucerius im Unterschied zu vielen anderen Erhards Entscheidungen nicht nur widerwillig hinnahm, sondern aktiv unterstützte. Er gehörte eindeutig zur Erhard-Partei.

Der Wirtschaftsrat war das erste zumindest tendenziell gesamtstaatliche Parlament im Deutschland der Nachkriegszeit. Als im September

1948 der Parlamentarische Rat seine Arbeit am späteren Grundgesetz aufnahm, hatte er das Modell des Wirtschaftsrates vor Augen. Die Institutionen waren da in der Tat vorgeprägt: der Rat als Parlament, die Direktoren als Regierung, der Länderrat als zweite Kammer. Wer den Rat bei seiner Arbeit in Frankfurt beobachten konnte und später den Bundestag kannte, konnte die Kontinuität nicht übersehen. «Der spätere Bundestag», schrieb Bucerius 1987, «hat sich Jahre hindurch, innen und aussen, in den Bahnen bewegt, die der Wirtschaftsrat vorgezeichnet hatte ... Der Wirtschaftsrat hat so ein Stück Verfassungsarbeit geleistet.» Er wusste es, denn er gehörte dem Bundestag 13 Jahre lang als Abgeordneter an. Auch andere bestätigten die Kontinuität, darunter neben Ludwig Erhard Dr. Erich Köhler, der Präsident sowohl des Wirtschaftsrates als auch des ersten Deutschen Bundestages, der nach der Augustwahl 1949 das bizonale Gremium ablöste. Franz Blücher, der Vizekanzler der ersten Regierung Adenauer, war im Wirtschaftsrat, ebenso wie der junge Landrat Franz Josef Strauß und Bucerius' väterlicher Freund, der Kölner Bankier Robert Pferdmenges, der als persönlicher Berater und Vertrauter Adenauers bekannt werden sollte.

Keine Ruhe

Bequem war das Leben nicht gerade für die Abgeordneten des Frankfurter Wirtschaftsrates. Der Rat tagte häufig und jeweils für mehrere Tage. Allein die CDU-Fraktion hatte 130 Sitzungen in der Zeit, in der Bucerius ihr angehörte, also zwischen Februar 1948 und der Bundestagswahl vom 18. August 1949. Das Reisen war mühsam; von Hamburg nach Frankfurt brauchte man einen Tag, anfangs sogar anderthalb. Hotels boten wenig Komfort; das Essen blieb mager. Die Bilder der ausgemergelten deutschen Politiker in jenen Jahren stehen im lebhaften Kontrast zum Anblick derselben Männer zehn Jahre später. Aber Bucerius' Sinn stand ohnehin weder nach Bequemlichkeit noch nach gutem Essen. Vielmehr begann in der Zeit des Frankfurter Wirtschaftsrates jenes ruhelose Leben, das er offenkundig genoss.

Bucerius' Lebensmittelpunkt – wenn er denn einen solchen hatte – war in den ersten Nachkriegsjahren Hamburg. Das Haus in der Preusserstrasse in Othmarschen bedeutete für das seit April 1947 verheiratete Paar wohl allerdings eher Wohnsitz als Heim. Ebelin stand Bucerius bei allem, was er tat, zur Seite; seine Mutter hatte die Alltagsbeziehung ja schon vor der Heirat treffend beschrieben. Zunächst war Ebelin auch Bucerius' Gedächtnis und Terminplaner, überhaupt Lebensorganisator. Das ist indes eine Rolle, die bald jene kleine, bemerkenswerte, für das Leben des durchaus unpraktischen Mannes entscheidende Schar von Frauen übernehmen sollte, die als Sekretärinnen ganz unzulänglich beschrieben sind. In Hamburg begann die erste von ihnen, Hanne Goebel, ihre Tätigkeit. Die quirlige, ihrem Chef und ihrer Arbeit ergebene Frau wurde bald zum wandernden Büro zwischen Anwaltskanzlei, Baubehörde und Pressehaus in Hamburg, dann zwischen Hamburg und Frankfurt, Hamburg und Bonn. Mehr als zwanzig Jahre lang verliess sich Bucerius auf sie, und sie hat ihn nie enttäuscht.

Wichtige neue Männer in Bucerius' Leben hatten dies gemeinsam, dass sie Parteifreunde waren, also aktive CDU-Politiker, zugleich erfolgreiche Unternehmer, und sodann – mit der Ausnahme von Erik Blumenfeld – eher väterliche Freunde als gleichaltrige Kollegen. Robert Pferdmenges begleitete Bucerius' Wirken bis zum Ende der Abgeordnetenzeit Anfang der 60er Jahre und half dem jüngeren Kollegen in wichtigen Krisen. In Hamburg wurden Max Detlev Ketels und Hugo Scharnberg enge Vertraute. (Die Frauen, später die Witwen beider hielten – wie die erste Frau von Blumenfeld – die Beziehung vor allem zu Ebelin bis zum Ende aufrecht, wobei es half, dass die Bucerius' und die Scharnbergs später Nachbarn in dem von Blumenfeld gemieteten Haus in der Warburgstrasse wurden.) Ketels, 1889 geboren, war 1911 aus Berlin nach Hamburg gekommen und hatte dort, zunächst mit einem Partner, die Seifenfabrik begründet, die als «Palmolive» (später «Colgate-Palmolive») bekannt werden sollte. Nach dem Krieg wurde er von den Engländern zum Senator für Handel, Schiffahrt und Gewerbe ernannt. Schon in dessen erster Periode, also vor Bucerius, wurde Ketels in den Wirtschaftsrat entsandt. Zum Unterschied von Bucerius, Blumenfeld und Scharnberg schied er 1949 aus der aktiven Politik aus, wenngleich er als Handelskammerpräses öffentlich tätig blieb. Hugo Scharnberg, 1893 geboren, war damit dreizehn Jahre älter als Bucerius. Der langjährige Direktor der Dresdner Bank leitete in der ersten Bürgerschaft von 1945–46 die «Fraktion» der Parteilosen, bevor er wie Bucerius in die CDU eintrat. Dort spielte er als langjähriger Hamburger Landesvorsitzender, als Mitglied des Wirtschaftsrates und später des Bundestages eine wichtige Rolle in der Umsetzung des Prinzips der Sozialen Marktwirtschaft in Recht und Gesetz. Dabei war ihm das soziale oder vielmehr das moralische Element ebenso wichtig wie der Wettbewerb. Er sah die CDU als Instrument einer Politik, die die «Überbewertung des Materiellen» durch eine verbraucherorientierte «Wirtschaftsdemokratie» zähmte.

Solche und andere Namen aus Bucerius' Hamburger Umkreis sagen uns vor allem, dass sein Leben sich im politisch geprägten öffentlichen Raum abspielte, wobei die Partei, die CDU, ein wichtiges Vehikel blieb. Er war zudem aktiv in der Anwaltskammer und der Gesellschaft Hamburger Juristen, ging oft und gerne zu Veranstaltungen in den von ihm mitgegründeten Presseclubs im Zickzackweg, traf Bekannte im Überseeclub. Dann, nach seiner Wahl in den Wirtschaftsrat, kamen die vielen Frankfurter Termine hinzu, «Fraktion», «Verkehrsausschuss», «Lastenausgleich», «Länderrat», «Plenum»; dazu Verabredungen nicht nur mit CDU-Kollegen, sondern auch mit «Dahrendorf», dem Vizepräsidenten, «Klabunde», dem Macher in der Hamburger SPD, und anderen.

Das sind Eintragungen aus Bucerius' Taschenkalender von 1948, wohl dem letzten, den ihm nicht eine Sekretärin geführt hat, und daher voll von allerlei nicht-kalendarischen Notizen wie (am 12. August) «80 000 t Tragfähigkeit = 50.′ BRT = 75 Mio». Die Schiffahrt hatte es ihm angetan! Der Kalender kam übrigens aus England, mit Londoner U-Bahn-Plan und allerlei anderem. Am 1. Oktober findet sich der fortan sakrosankte Vermerk «Birthday Ebelin» (auf Englisch!). Die eher knappe und unsystematische Adressenliste beginnt mit «Dr. Adenauer, Honnef 867», «Franz Blücher» und der «Bank Deutscher Länder»; sie schliesst Hanne Goebel ebenso ein wie den populären Hamburger Physik-Professor Pascual Jordan und «Möller (Diago)» und die Frankfurter Telefonnummer der «Zeit».

Ansonsten kommt die «Zeit» in diesen Jahren bei Bucerius indes nur am Rande vor. Gewiss, gelegentlich ist eine Verabredung mit «SdS», also Schmidt di Simoni, verzeichnet. Einmal gibt es auch eine «Verlagsbesprechung». Ausserdem schrieb Bucerius regelmässig für das Blatt, dessen Lizenzträger er war, insgesamt achtmal im Gründungsjahr 1946 und elfmal im Jahr 1947. Zwei durchgängige Themen seiner Artikel sind die Fragen von Schuld und Recht in Deutschlands Schicksal und die der Wirtschaftsordnung, von der eigentlichen Ordnungspolitik im Sinne von Erhard bis zu den steuerlichen und strukturellen Bedingungen erfolgreicher Unternehmen.

Zwei ungewöhnliche Beiträge aus diesen Jahren kennzeichnen den Mann Bucerius und seine Haltung. Am 5. Dezember 1946 veröffentlichte die «Zeit» ein langes Interviewgespräch, das Bucerius mit dem schleswig-holsteinischen Ministerpräsidenten Steltzer geführt hatte. Steltzer war einer der Hauptakteure der bürgerlichen Politikergruppe um den 20. Juli 1944 gewesen. Zum Tode verurteilt, überlebte er im berüchtigten Gefängnis Lehrter Strasse in Berlin. Nun teilte, ja verstärkte er Bucerius' harte Urteile über die britische und amerikanische Besatzungspolitik und führte diese auf ein Missverständnis deutscher Geschichte zurück. «Wie gross ist nach Ihrer Ansicht das wirkliche Gewicht [der deutschen] Schuld im Hinblick auf die heutige Weltlage?» fragte Bucerius seinen Partner, der unter anderem entgegnete: «Die Schuld des Nationalsozialismus und seiner Führer ist unbestritten. Nicht zweifelhaft ist aber auch, dass das deutsche Volk viele Jahre hindurch mit Hilfe eines raffinierten Systems von Terror und Lüge zu Zielen gelenkt wurde, die seinem in Jahrhunderten bewiesenen Menschentum nicht entsprechen.»

Andere Völker, fügt Steltzer noch hinzu, hätten sich vielleicht nicht weniger gefügig gezeigt. Beide Gesprächspartner waren sich einig, dass ihre Hoffnung enttäuscht worden sei, «dass sich die Wohlmeinenden der ganzen Welt zusammenfinden würden, um einen neuen Willen in die verseuchte und gefährdete Welt hineinzutragen». Gewiss müsse man mit der Besatzungsmacht zusammenarbeiten. Wenn diese aber ihre Aufgabe, Deutschland zu helfen, nicht annehme, dann müsse man ihr klar und deutlich sagen, dass sie allein die Verantwortung «für alles» trage.

Bucerius, der sowohl vorher als auch später in ganz anderen Tönen über deutsche Schuld sprach – und sie war eines seiner beherrschenden Themen –, ging offenbar 1947/48 durch eine Phase, in der er nicht nur die eigene Verantwortung, sondern die des deutschen Volkes abwies. Das war für ihn ungewöhnlich. Fast muss man vermuten, dass der Stil der frühen «Zeit» ihn dabei in eine ihm im Grunde fremde Richtung gezogen hat. Erst die konkreten Aufgaben des Wirtschaftsrates und dann des Bundestages führten ihn zuerst zu neuen Themen und dann zu einem ihm vertrauteren Verständnis der deutschen Vergangenheit.

Der zweite nennenswerte Artikel aus den frühen Jahren der «Zeit» ist eine Reportage. Im Herbst 1947 war eines der grossen Themen der öffentlichen Diskussion die Brennstoffversorgung und in diesem Zusammenhang die Stellung der Bergleute. Kann man von ihnen höhere Produktivität verlangen, wenn sie nicht mehr als 4000 Kalorien (immerhin das Doppelte der Normalverbraucher) an Lebensmittelzuteilungen bekommen? Bucerius tat das für ihn Kennzeichnende; er wurde konkret, verdingte sich als Kumpel und arbeitete vier Wochen lang unter Tage bei übrigens besonders ungünstigen Bedingungen. In einer langen Reportage in der Weihnachtsnummer der «Zeit» vom 25. Dezember 1947 schildert er ohne jede Weinerlichkeit, aber um so eindringlicher die Arbeitsbedingungen in seiner Zeche und kommt dann zu allgemeineren Erwägungen. Über die Bergarbeiter hat er nur Gutes zu sagen; sie sind zäh und diszipliniert, arbeiten hart, ohne zu klagen, neigen noch nicht einmal zum Kommunismus, obwohl Bucerius es ihnen nachfühlen könnte. Die Besatzungsmächte kommen weniger gut weg; unter Tage werden sogar die Care-Pakete als «Care-Peitsche» abgetan. Dann aber kommt das doppelte Lob für den «freien Bergmann» und den «freien Unternehmer». Nicht Sozialisierung ist angesagt, vielmehr müsste der Kohlepreis freigegeben werden. Dann würden die Löhne der Kumpel bald «den Durchschnitt namhaft übersteigen», und zugleich könnten «tüchtige Unternehmer» die staatlichen Zwangskartelle verlassen, die sie an «Unfähige» ketten. Ludwig Erhard vor seinem Wirken!

Bucerius schrieb in dieser Phase offenbar gerne Artikel. Sie halfen ihm, die eigene Meinung zu bilden und zu entwickeln. Er veröffentlichte sie nicht nur in der «Zeit», sondern auch zum Beispiel in der «Hamburger Allgemeinen», also der CDU-nahen Zeitung. Als er sechs Wochen nach der Bergwerks-Reportage in den Wirtschaftsrat gewählt wurde, brach indes diese Tätigkeit abrupt ab. 1946 und 1947 hatte Bucerius jeden Monat einen, manchmal auch zwei Artikel geschrieben; in den folgenden zehn Jahren schrieb er kaum mehr als einen Artikel pro Jahr, insgesamt zwölf in der «Zeit». In manchen Jahren erschien nichts unter seinem Namen. Erst 1960 sollte er wieder zum alten Rhythmus von einem Dutzend Artikeln pro Jahr zurückkehren. Das heisst nicht, dass inzwischen die «Zeit» aus seinem Blickfeld entschwunden wäre. Im Gegenteil wurde sie für den Verleger Bucerius zunehmend zentral. Es heisst aber, dass sein Leben sich weitgehend politischen und geschäftlichen Dingen zuwandte. Am 14. August 1949 wurde der Erste Deutsche Bundestag gewählt. Ein Wahlbündnis mit der FDP, das er selbst mit ausgehandelt hatte, verhalf ihm zum Gewinn des Direktmandats in seinem Wahlkreis Eimsbüttel im Zentrum Hamburgs.

4. Die Eroberung der «Zeit»: 1949–1957

Auf Kurssuche

Noch zum Zeitpunkt der Bundestagswahl 1949 war durchaus unklar, wohin sein Lebensweg Gerd Bucerius führen würde. In die ererbte Anwaltskanzlei würde er wohl nicht zurückkehren. Sie blieb die jederzeit verfügbare Rückfallposition, aber sein Sinn stand nach Neuem. Eine im weiten Sinne öffentliche Existenz war nun vorgezeichnet. Aber welche Art von öffentlicher Existenz? Macht oder Geld? Amt, Mandat oder Unabhängigkeit? Zeitungsverleger oder Politiker? Damit hing die andere Frage zusammen, wo Bucerius wenn nicht seinen Lebensmittelpunkt, so doch sein Standbein haben würde. Frankfurt war nun Vergangenheit, und Berlin kam einstweilen nicht in Frage – aber sollte es Hamburg sein oder doch Bonn? Zunächst war die Antwort scheinbar klar. Das Haus in der Preusserstrasse stand meistens leer, bevor es dann zum Verkauf angeboten wurde. Neben der Wohnung in der Rheinstrasse (heute Rheinau) in Bonn-Beuel, die bald ein beliebter Ort informeller politischer Treffen werden sollte, blieb nur ein *pied à terre* am Hamburger Mittelweg. Die Weichen wurden also in Richtung Bonn und Politik gestellt. Aber wie es manchmal zu sein pflegt – zumal bei dem unsteten Bucerius –, kann man eines entscheiden und das andere doch tun. Für ein Jahrzehnt hatte der Abgeordnete sein Standbein in der Bonner Politik; aber zögernd zunächst, dann immer zwingender entwickelte sich das Engagement des Verlegers im Hamburger Zeitungsmarkt zu dem am Ende überwältigenden Interesse. Das ist eine so erregende Geschichte, dass sie den Hintergrund abgeben kann noch für die Darstellung von Bucerius' politischer Tätigkeit. Kehren wir also zur «Zeit» und ihrer ebenso spannenden wie spannungsreichen Frühgeschichte zurück.

Die Wochenzeitung für Politik, Wirtschaft, Handel und Kultur war, als Bucerius in den Bundestag gewählt wurde, dreieinhalb Jahre alt und in eher misslicher Verfassung. Sie kränkelte wirtschaftlich, ja mehr, sie stand kurz vor dem Exitus. Unter den Lizenzträgern, nunmehr Gesellschaftern, knisterte es verdächtig. Und politisch geriet das Blatt zunehmend in ein Fahrwasser, das weder den lizenzgebenden Erfindern noch vor allem den liberal gesonnenen Lesern behagte.

Bucerius selbst war entschiedener Demokrat, zudem in Wirtschaftsdingen Erhard-Anhänger, wenn auch in manchen anderen Fragen, einschliesslich derer der nationalen Zukunft, eher schwankend und prägbar. Bei seinen Partnern stand es umgekehrt. Lorenz, Schmidt di Simoni und Tüngel kamen von der politischen Rechten; keiner von ihnen war wirklich ein Weimarer Demokrat gewesen. Ihre Bestellung hatte die Verlegenheit der Besatzungsmacht dokumentiert, an die sich der lizenzgebende Oberst Garland noch siebzehn Jahre später erinnerte: «Die meisten mit frischer Zeitungserfahrung waren kompromittiert; anderseits hatten die meisten derer mit unangreifbarer politischer Vergangenheit den Kontakt zur Presse verloren.» Manche hatten ihn nie gehabt. Die erfahrenen Fachleute waren unsichere Demokraten, den verlässlichen Demokraten fehlte die Sachkunde. Bei der Auswahl der frühen Redakteure der «Zeit» wurde das Dilemma noch deutlicher.

Ernst Samhaber, der erste Chefredakteur, war Deutsch-Chilene und hatte in der Nazizeit für «Das Reich» aus Südamerika berichtet. Seine Vergangenheit sollte ihn bald einholen, und er musste die «Zeit» verlassen. («Kein Journalist in Deutschland und kein Politiker hat so viel riskiert wie Samhaber», schrieb Bucerius nicht ohne Respekt zwanzig Jahre später über Samhabers «Zeit»-Artikel.) Noch lieber hätten die Lizenzträger übrigens Hans Zehrer gehabt, der zu jenen Nationalsozialen gehört hatte, denen die Nazis zu vulgär waren, die aber deren Ideologie über weite Strecken teilten, ja geprägt hatten. Zehrer landete jedoch bei dem anderen Gründer, Axel Springer, und wurde später für kurze Zeit Chefredakteur der «Welt». Tüngel, der Samhaber als Chefredakteur folgte, hatte in der Weimarer Zeit zwischen dem rechten Rand der Stresemannschen DVP und den Deutschnationalen seinen Platz gefunden. Bei der «Zeit» wurde er zum entschiedenen Verfechter eines Kurses, den Karl-Heinz Janßen zurückhaltend als «mutige Kritik an den Besatzungsmächten» beschrieben hat. Auch Josef Müller-Marein, später dritter Chefredakteur der «Zeit» und bis zu seinem Tode 1981 ein belebender, ermunternder, zudem integrierender Einfluss auf das Blatt, wurde zuweilen für die Ergebenheitsfloskeln in seinen Kriegsberichten und auch für einzelne Vorkriegs-Artikel angegriffen. Lovis H. Lorenz, für den er in der NS-Zeit in der «Woche» geschrieben hatte, holte ihn aus Lübeck, wo er seiner anderen Leidenschaft als Kapellmeister frönte, in die Redaktion. Nur Ernst Friedlän-

der, der im Herbst 1946 (auf Empfehlung von Gräfin Dönhoff) zur
Redaktion stiess, hatte als Rückkehrer aus der Emigration eine blü-
tenweisse Weste. Friedländer wurde bald zu einem vielbeachteten
Leitartikler. Auch er, der Weltkriegsleutnant mit dem Eisernen Kreuz,
dann Bankkaufmann und IG-Farben-Direktor, neigte indes eher zu
autoritären als demokratischen Formen und störte den ausgeprägt alt-
nationalen Kurs der Redaktion nicht.

Will man es in damals, als es noch keine selbstbewusste Mitte gab,
eher unüblichen Kategorien beschreiben, so stand die frühe «Zeit»
jedenfalls rechts der Mitte, weiter rechts als die CDU. Ihre Betonung
des Nationalen war von deutscher Tradition geprägt, zum Unterschied von jenem Patriotismus, den Adenauer bald repräsentieren
sollte; das Altnationale mischte sich mit dem Sinn für soziale Nöte
und vertieftem Interesse für Kunst und Kultur. Das waren nicht gerade die bevorzugten Positionen von Bucerius, geschweige denn die,
mit denen die «Zeit» zwanzig Jahre später ihren Namen und ihre
Auflage machen sollte. Hier lag denn auch einer der Keime für die
grossen Auseinandersetzungen des kommenden Jahrzehnts, die die
«Zeit» vielleicht vor allem darum nicht in den Abgrund zogen, weil
Bucerius am Ende obsiegte.

Dabei spielte die spätere vierte Chefredakteurin, die ebenfalls von
Anfang an dabei war, Marion Gräfin Dönhoff, eine wichtige Rolle.
Noch war sie nicht die «rote Gräfin». Noch stand sie eher im Bann
des traumatischen Verlustes ihrer ostpreussischen Heimat, in der sie
als weltläufige, akademisch gebildete Gutsverwalterin, auch als Ver-
trauensperson des adligen Widerstandes gegen Hitler, ein erfülltes Leben gehabt hatte. Aus Brunkensen bei Hannover, wo sie am Ende der
von ihr später so bewegend beschriebenen Flucht zu Pferde bei Verwandten untergekommen war, holten die Lizenzträger die Autorin
eines Memorandums über die neue deutsche Demokratie nach Hamburg. Dort fand sie zunächst in einem Zimmer in Erik Blumenfelds
Haus in der Klopstockstrasse (der späteren Warburgstrasse) eine Bleibe. Drei Jahre jünger als Bucerius, packte sie mit Mut und Talent die
ihr unvertraute Aufgabe als Journalistin an und wurde bald unentbehrlich. Unter all den Künstlern und Kaufleuten der neuen Wochenzeitung war sie diejenige mit dem klarsten politischen Sinn. Sie wurde
daher zur Leitfigur der künftigen Entwicklungen. Die Gräfin und der
Verleger waren grundverschiedene Temperamente. «Zu mir», erinnerte sich Bucerius, war Marion Dönhoff «damals ostpreussisch herb, wie
sie mancher noch heute kennt»; in der Tat, «der Rheinländer Müller-

Marein lag mir mehr». Die kühle und zugleich intensive Partnerschaft von Gräfin Dönhoff und Bucerius sollte jedoch zu einem der Schlüssel des Erfolges der «Zeit» werden.

Die personelle Konstellation, die sich in den Jahren 1947 und 1948 bei der «Zeit» bildete, war zwar konfliktgeladen, aber zunächst produktiv. Das half, als die Lizenzgeber, also die britische Besatzungsmacht, ernsthafte Zweifel wegen des Rechtsdralls des jungen Blattes befielen. Ein Bericht des Hamburger *Intelligence Office* an die Politische Abteilung der Militärregierung stellt 1947 fest, die «Zeit» sei nicht unabhängig, denn sie vernachlässige Sozialdemokraten und Gewerkschaften. «Dass sie an Nationalismus appelliert, dass sie anti-sozialistisch ist, und dass ihr Ton pessimistisch ist, lässt sich nicht leugnen.» Sollte das erlaubt sein? Sollte man die «Zeit» vielleicht zwingen, sich auf «kulturelle Themen» zu beschränken, unter dem «Vorwand, die Papierknappheit rechtfertige nicht die Extravaganz einer unabhängigen politischen Zeitung zusätzlich zu den Parteiorganen»? Doch liess der Verteidiger der «Zeit» in Gestalt des damaligen britischen Presseoffiziers und späteren Remigranten Michael Thomas, der Gräfin Dönhoff verehrte und seine deutschnationale Vergangenheit nie ganz abgelegt hatte, nicht lange auf sich warten. In einem Kommentar zu dem zitierten Bericht schrieb er am 7. April 1948 an die gleiche Behörde, die «Zeit» habe einen sonst unerreichten «hohen journalistischen und intellektuellen Standard». Sie sei überdies nicht einfach «rechts» einzuordnen. «Obwohl einer der Lizenzträger aktiver CDU-Politiker ist, muss man betonen, dass dieser Lizenzträger wenig Einfluss auf den Kurs der Zeitung hat.» «Per Saldo halte ich [die «Zeit»] für einen Aktivposten im Hinblick auf unsere Aufgabe in Deutschland.»

Drohendes Unheil, rettender Stern

Dass Michael Thomas die CDU für den Ausbund an «rechter» Politik halten konnte, galt wohl allenfalls in der frühen Parteienkonstellation Nachkriegsdeutschlands; tatsächlich befand sich jedenfalls Bucerius' Position in der «Mitte» eher links von der seiner «Zeit»-Partner. Doch ist nicht nur aus diesem Grunde deutlich, dass Bucerius an den inhaltlichen Entwicklungen der «Zeit» zunächst nur am Rande beteiligt war. Er benutzte das Blatt als nützliches Forum für seine eigenen Artikel zu tagespolitischen Fragen. Im übrigen beschäftigten ihn die Rechtsform des Unternehmens und bald dann dessen wirtschaftliche Basis. Bei den zahlreichen Umwandlungen des juristischen Status des Verlages war Bucerius immer treibende Kraft. Ihn selbst trieb dabei häufig der Wunsch, Steuern zu sparen. Schon im Herbst 1946 liess er prüfen, ob eine GmbH nicht steuerlich günstiger sei als die OHG der ursprünglichen Gründung. Theoretisch sei das zwar so, berichtete der befragte Gutachter am 29. August 1946, aber er rate dennoch davon ab, weil bei einer wahrscheinlichen Änderung der Steuergesetze Doppelbesteuerung drohe. Unbeirrt zog Bucerius seine Mit-Lizenzträger zum Notar – seinem Altonaer Partner Dr. Samwer natürlich –, um dort am 19. September 1946 den Gesellschaftervertrag für die «Zeit-Verlag E. Schmidt & Co. GmbH» abzuschliessen. Der Vertrag bestätigte die vier gleichen Anteile von je 7500 Mark am Stammkapital. Er sah ferner ein Vorkaufsrecht der Gesellschafter vor und regelte, dass im Streitfall ein Schiedsgericht «unter Ausschluss des Rechtsweges» zuständig sein solle. Beides erwies sich in den kommenden Jahren als folgenreich.

Wenige Tage vor der Währungsreform, am 16. Juni 1948, wurde auf einer laut Protokoll «nicht ordnungsgemäss einberufenen», dennoch offenbar rechtsgültigen Gesellschafterversammlung Ernst Friedländer zum fünften Gesellschafter bestellt. Nach einigem Hin und Her führte das zu einer Erhöhung des Stammkapitals auf 40 000 Mark, wobei die vier ursprünglichen Partner je 9 000 und Friedländer 4 000 Mark einlegten. Die Transaktion schien harmlos genug. Soweit die Beteiligten wussten, war das Unternehmen gesund. Der Verlag besass unter anderem eine wertvolle Tiefdruckmaschine, hatte beträchtliche Papierbestände und flüssige Mittel vor allem bei der Hausbank Brinckmann, Wirtz & Co. Die Auflage der «Zeit» lag bei über 100 000, an Anzeigen fehlte es nicht.

Dann, am 21. Juni 1948, kam die von Bucerius in seiner Eigenschaft als Mitglied des Wirtschaftsrates so lebhaft begrüsste Währungsreform und mit ihr die Erhardsche Politik der Liberalisierung. Die «Zeit»-Gesellschafter begriffen so wenig wie viele andere, welche Folgen das neue Regime haben würde. Zwei Jahre später fand der Wirtschaftsprüfer C. H. A. Meier – vom Zeit-Verlag Schmidt & Co. auf Drängen der Bank Brinckmann, Wirtz & Co. bestellt – herbe Worte:

«Es gehört nicht zu den Seltenheiten, dass die in der RM-Zeit gestarteten wenigen Zeitungen wegen der damaligen Mangellage und bei dem Nachrichtenhunger der Bevölkerung ihre Produkte

mühelos absetzen konnten und damit den anfänglichen Kapital-
mangel überwunden haben (hierfür gibt es sichtbare Beispiele).
Auch nach der Währungsreform, nach dem Schwund der Aus-
senstände und Guthaben, haben sich viele Zeitungen bei vorsichtiger Finanz-Disposition, bei sparsamer Betriebswirtschaft und
unter Stützung auf das gewonnene Ansehen, halten und weiter-
entwickeln können. Manche dagegen, deren Leitung mit Blind-
heit geschlagen war und die aus den Erfahrungen nach der Infla-
tionszeit nichts profitiert hatten, sind aus dem Blätterwald verschwunden.»

Der Prüfer war bestellt worden, weil der «Zeit» eben diese Gefahr
drohte. Auflage und Anzeigen erlebten einen Einbruch. Das hatte
mancherlei Gründe, möglicherweise auch solche des politischen Kurses der Zeitung. Vor allem aber veränderten sich die Gewohnheiten
der Menschen. Jetzt waren Konsumgüter gefragt. Bücher, Zeitschriften, auch Zeitungen wurden zu Luxusgütern, entbehrlich im Vergleich
zu Kleidung, Möbeln, Haushaltsmaschinen, Reisen. Nach der Revolution von 1989 sollten die bis dahin kommunistischen Länder ganz
ähnliche Erfahrungen machen, die ebenfalls von einem Zeitschriften-
sterben begleitet waren.

Die andere Folge der Währungsreform war (und auch sie ist ver-
gleichbar mit den Erfahrungen der postkommunistischen Welt), dass
auf einmal gewirtschaftet werden musste. Jetzt ging es nicht mehr um
Papierzuteilungen und Schlange stehende Käufer, sondern darum, mit
einer klaren inhaltlichen und finanziellen Strategie Unternehmen ren-
tabel zu machen. Das erwies sich beim «Zeit»-Verlag als besonders
schwierig. Bis zur ersten echten Gewinn- und Verlustrechnung vergingen zwar noch achtzehn Monate, aber Bucerius ahnte ihr Ergebnis
schon früher. Bald überstiegen die Verluste der «Zeit» nicht nur ihr
Kapital, sondern ihr Anlagevermögen. Zudem wurde ihm und dem
für den Verlag verantwortlichen Mitgesellschafter Schmidt di Simoni
klar, dass die «Zeit», auf sich alleine gestellt, selbst auf längere Sicht
nicht lebensfähig sein würde. Was tun?

Da geschah ein Glücksfall, wenn auch einer (wie sich später herausstellen sollte) mit mancherlei Haken und Ösen. Der Erfinder der
Illustrierten «Stern», Henri Nannen, lud die «Zeit»-Verleger ein, sich
an seinem Verlag zu beteiligen. Der «Stern» war zum ersten Mal am
1. August 1948 erschienen, also sechs Wochen nach der Währungsreform. Zum Unterschied von der «Zeit» und vielen anderen Publika-

tionen der Nachkriegszeit traf er die neue Stimmung exakt. Die Mischung von (jedenfalls zu jener Zeit) gewagten Photos, lebendigen
Reportagen und politischer Kritik kam bei den Konsumenten an, die
das graue Einerlei des Rationierungszeitalters satt hatten. Die Anfangs-
auflage von 130 000 Exemplaren stieg bald auf 190 000. Dort stag-
nierte sie zwar vorübergehend, um dann jedoch stetig auf am Ende
weit über eine Million zu wachsen. Das alles war das Werk des vitalen,
ideenreichen Journalisten Henri Nannen, dessen unbändige Lebenslust ihm zwar in geschäftlichen Dingen nicht immer half, dafür aber
Genüsse verschaffte, die Bucerius durchaus fremd blieben. Hermann
Schreiber hat die Talente und Schwächen von Henri Nannen in einer
farbigen, eindringlichen Biographie beschrieben. Bucerius und Nannen verhakten sich in eine bis zum Schluss verspannte Intimbezie-
hung. Sie nannten sie Freundschaft, und manchmal hatten sie Gutes
übereinander zu sagen. Man könnte aber auch von einer mit zögerli-
chem Respekt umwölkten Hassliebe sprechen, die in immer neuen
Formen ausgetragen wurde. Schreiber meint, ein Komödienschreiber
hätte seine Freude daran gehabt:

> «Es hat nach dem Zweiten Weltkrieg in den Verlagen und den
> Redaktionen der deutschen Presse, zumal in den Lizenz-Zeitun-
> gen, manche absurde Personalie gegeben, aber noch nie – und
> dann auch nie wieder – eine so abenteuerliche und am Ende so
> erfolgreiche Konstellation wie den Verleger Gerd Bucerius und
> den Chefredakteur Henri Nannen.»

Der «Stern» erschien zunächst in der «Hannoverschen Verlagsgesellschaft». Als deren der FDP nahestehende Lizenzzeitung dem Blätter-
sterben anheimfiel, vermittelte Vizekanzler und FDP-Chef Franz Blücher eine rettende Verbindung zu dem Duisburger Kaufmann Walter
Heise, der neben seinem Elektrohandel eine Grundstücksgesellschaft
besass. Als Nannen Auflagenbeschränkungen der Besatzungsmacht
durch eigene, aber teure Papierkäufe zu umgehen sucht, muss er indes
einen Kredit bei der Essener Nationalbank aufnehmen, der ihn zunehmend belastet; daher die Suche nach neuen Partnern. Am 19. Mai
1949, Bucerius 43. Geburtstag, erwarben er und Ewald Schmidt di
Simoni 50 Prozent des Nannen-Verlages; die anderen 50 Prozent verblieben zunächst in den Händen von Nannen und seinem Geschäftspartner Walter Heise. Noch im Laufe des Jahres siedelte der «Stern»
von Duisburg nach Hamburg über, wo ein Agenturvertrag mit dem
Zeit-Verlag diesem für eine erkleckliche Provision die Vertriebs- und

Anzeigenrechte übertrug. Im Laufe der Jahre 1950 und 1951 erwarben Bucerius und Schmidt di Simoni weitere 37,5 Prozent der Anteile des Nannen-Verlages. Die letztere Transaktion indes ist schon Teil der Geschichte, die im folgenden zu erzählen sein wird. Wenn Bucerius später vom «Stern» als der Milchkuh sprach, die die «Zeit» bei Kräften hielt, und gar über den Kauf der ersten 50 Prozent der Nannen-Anteile schrieb, «seitdem ging's wirtschaftlich gut», dann hat er in der Erinnerung sieben schwierige Jahre von ihrem Ergebnis her resümiert. Tatsächlich erwies sich die Milchkuh zunächst als durchaus ungebärdiges Kalb. Die Verträge zwischen Nannen-Verlag und Zeit-Verlag wurden angefochten, kaum dass die Tinte der Unterschriften trocken war. Wirtschaftlich ging es vor allem 1950, ja bis zum Oktober 1951 so wenig gut, dass selbst Bucerius an einem Punkt bereit war, das Handtuch zu werfen. Er tat es indes nicht, sondern kämpfte um die «Zeit», bis sie zum untrennbaren Teil seiner Lebenskonstruktion und damit zum Zentrum seines Sinnens und vor allem Trachtens geworden war.

Ein siebenjähriger Krieg

Die Kämpfe fanden vor allem an zwei Orten statt, vor Gericht und bei Kreditgebern. Rechtliche und wirtschaftliche Auseinandersetzungen verknäuelten sich in einer Weise, die Bucerius instinktiv zu durchschauen schien, aber niemand sonst ganz verstand, bis am Ende ein weises Schiedsgericht sie aufdröselte. Das war im Jahre 1956, in einem Urteil, das am 1. März 1957 rechtskräftig wurde und Bucerius die «Zeit» (wenngleich nicht unbedingt das Recht) zusprach. Bedenkt man, dass die Auseinandersetzungen 1949 und dann verstärkt 1950 begannen, so ist es nicht übertrieben, von einem siebenjährigen Krieg zu sprechen.

Die Auseinandersetzungen dieser Jahre hatten drei immer neu miteinander verknüpfte Stränge, drei Kriegsziele sozusagen: Erstens – wie kann die «Zeit» auf eine sichere wirtschaftliche Grundlage gestellt werden? Zweitens – welchen im weiten Sinne politischen Kurs soll die «Zeit» steuern? Drittens – wer hat bei der «Zeit» in letzter Instanz das Sagen?

Die Protagonisten waren, in wechselnder Besetzung, die zunächst fünf Gesellschafter – neben Bucerius also Friedländer, Lorenz, Schmidt di Simoni, Tüngel – sowie Henri Nannen und Marion Gräfin

Dönhoff. Andere, vor allem Wirtschaftsprüfer, Anwälte, Steuerberater und sonstige Experten, wurden für die Organisation der Kampfhandlungen zunehmend unentbehrlich.

Bucerius selbst hatte seit 1952 zwei wichtige Helfer in dem distinguierten Hamburger Juristen und Bankier Wilhelm Güssefeld und in dem rauhbeinigen Verlagsleiter Robert Streitberger. Sie brachten ein Mass an Stetigkeit in die oft unvorhersehbaren nächsten Züge ihres unruhigen Mandanten Bucerius.

Und dann war da Ebelin. Sie half nicht nur ihrem Mann mit praktischem Rat, sondern hielt ihn auch moralisch aufrecht, wobei sie in Briefen und Tagebuchnotizen die Momente des Zweifels und der Düsternis festhielt. «Bucerius geht durch eine trübe ‹seelische› Phase», schrieb sie am 26. September 1950 an Ludwig Erhard. (Warum sie die «Seele» wohl in Anführungsstriche kleidete?) Zur gleichen Zeit notiert sie in ihrem Tagebuch:

«Abends Besuch von Nannen! Eine traurige Nacht, wir müssen es durchstehen und durchkämpfen! Wolle Gott, dass es gut geht für Buc.»

Und in einem Brief ein paar Monate später (am 9. März 1951):

«Weisst Du mein Herz, ich muss es Dir einfach noch einmal sagen, ich war in Bonn manchmal so alle, ich hätte mich in den Rhein schmeissen können – die Aufregungen am laufenden Band, es war einfach zu viel u. immer geht es mit dem Zähne aufeinanderbeissen nicht!»

Immer nicht, aber doch zumeist, und vor allem in entscheidenden Momenten. «Ich habe es bald satt», schreibt Buc an Ebelin in dieser Zeit, «aber am Horizont sind immer wieder Hoffnungen, die man glaubt, nicht laufen lassen zu sollen.»

Die Zeit der Auseinandersetzungen hatte – nach einem Vorgeplänkel, in dem alle Themen anklangen – drei nicht ohne Mühe unterscheidbare Phasen. Die erste nannte Bucerius selbst die «grosse Krise». Sie begann im August 1950 und endete am 15. Oktober 1951. Bei ihr ging es um das Überleben der «Zeit» und in diesem Zusammenhang um das Geld des «Stern». Die zweite Phase rückte die Redaktion und die politische Richtung des Unternehmens ins Zentrum. Dabei waren Richard Tüngel und Marion Gräfin Dönhoff zentral. Die wesentlichen Ereignisse fallen in die Jahre 1954 und 1955. Die dritte Phase, deren Spuren fast vom Anfang der Auseinandersetzungen an zu erkennen sind, hatte die verlegerische Kontrolle der «Zeit» selbst zum Thema. Protagonisten dieser Bataille waren Bucerius und Ewald Schmidt di Simoni. Sie endete mit dem Schiedsgerichtsurteil von 1956. An Kriegsberichten (um noch ein letztes Mal die Metapher zu verwenden) fehlt es nicht, was bei der Ansammlung von Journalisten und Juristen schwerlich überrascht. Deren Stil reicht von Tagebuchnotizen für den Hausgebrauch über Memoiren für die Nachwelt zu Kampfschriften und Urteilsbegründungen. Bucerius hat sich später vielfach in «Zeit»-Artikeln, auch in seinen Büchern und in Rundfunk- und Fernsehsendungen geäussert. Früh schon verfasste er ein Manuskript unter dem Titel «Der Kampf um die Erhaltung des Zeit-Verlages». Aus der gleichen Zeit, also 1953, stammt eine auf gelber Aktendeckel-Pappe gedruckte vierseitige «Zeit-Tafel» mit allerlei Zahlen und Emotionen («Neue grosse Sorgen»). Von Nannens Seite stammt neben vielen Briefen und allerlei Zornesausbrüchen eine sehr sachliche Darstellung «Die Gesellschaft, die Gesellschafter und der ‹Stern›». Schmidt di Simoni und Tüngel haben nicht nur ihre Version der Ereignisse im Druck beschrieben, sondern vor allem für die Gerichte detaillierte Schilderungen angefertigt. Auch die Wirtschaftsprüfer, von denen einer schon zitiert wurde, sind hier und da zu «Kriegsberichtern» geworden. Eindrucksvoll sind dann die Begründungen der Gerichte selbst, vor allem die des letzten Schiedsgerichts. Karl-Heinz Janßen hat manches von diesem Material in seiner Geschichte der «Zeit» benutzt. Es fehlt also nicht an Fakten oder Meinungen, wobei die folgende Schilderung die Perspektive von Gerd Bucerius aufnimmt, nicht weil er immer recht gehabt hätte, sondern weil sein Leben im Zentrum dieser Darstellung steht.

Ein Vorgeplänkel, mit Folgen

War die Bilanz des Zeit-Verlages Ende 1949 beunruhigend, so wurde sie im ersten Halbjahr 1950 katastrophal. Ein Verlust von 475 000 Mark bei einem Umsatz von 2,8 Mio. Mark (1. Januar bis 31. August 1950) war weder durch Einnahmeerwartungen noch durch Anlagevermögen gedeckt, und schon gar nicht durch das Stammkapital von 40 000 Mark. Überdies war der Verlust kein einmaliger Einbruch. Eine sinkende Auflage, die Konzentration auf andere, wenig ertragreiche Objekte (wie die «Neue Ostdeutsche» und den «Europa-Kurier»), vielleicht auch die laut Wirtschaftsprüfer «splendide Ausgaben-Wirtschaft» insbesondere bei Spesen vergrösserten den Kosten- und Schuldenberg. Noch halfen die Einnahmen aus den Abmachungen mit dem Nannen-Verlag nicht, zumal deren Rechtmässigkeit bald zum Gegenstand juristischer Auseinandersetzungen wurde. Man kann also den Rat des Wirtschaftsprüfers verstehen: «Die Heilung des Unternehmens ... ist nur möglich nach offenherzigem Erkennen der in der Vergangenheit liegenden Fehler und der hierfür verantwortlichen Persönlichkeiten.» Bei diesen aber ging es zunehmend unerfreulich zu. Bucerius war abwesend. In ad hoc einberufenen Sitzungen musste er sich meist durch Schmidt di Simoni vertreten lassen. Schmidt leitete den Verlag mehr schlecht als recht, jedenfalls ohne den Ernst der Lage ganz zu erkennen und wohl auch ohne wirkliches Engagement. Die übrigen drei lebten im Streit miteinander und mit Schmidt di Simoni.

Ein Teil dieses Streits war redaktioneller Natur und ist vielfach als eine der Ursachen für den Rückgang der Auflage der «Zeit» von dem ersten Höhepunkt von 110 000 Exemplaren pro Woche (1948) über 92 000 im Frühjahr 1949, 80 000 im Winter 1949/50, 70 000 im Sommer 1950 und so immer weiter bis zum Tiefpunkt von 46 000 im Jahre 1955 bezeichnet worden. Der Streit entzündete sich an zwei Personen, Ernst Friedländer und Richard Tüngel. Karl-Heinz Janßen und andere haben ihn als Auseinandersetzung zwischen dem liberalen Friedländer und dem konservativen Tüngel beschrieben. Vor allem war Tüngel ein zunehmend rigider Rechter, der gerne seine Kumpane aus der Nazizeit heranzog, während Friedländer aus einer liberal-konservativen Perspektive in die Zukunft blickte und jedenfalls nicht zu Kompromissen mit alten Nazis bereit war.

Im Mai 1950 hatte der Konflikt sich so sehr zugespitzt, dass Friedländer seine Kollegen vor die Alternative stellte, ihn entweder zum Chefredakteur zu machen oder ihn ziehen zu lassen. Die Redaktion, darin nicht zuletzt Marion Dönhoff, unterstützte Tüngel. Die Gräfin hatte es (wie sie später erzählte) «stillos» gefunden, dass der Nachzügler unter den Gesellschaftern nun ganz nach vorne drängte. Friedländer ging. Ihm folgte bald einer der ursprünglichen Lizenzträger, Lovis H. Lorenz. Lorenz, dessen Rolle allerdings weit weniger zentral gewesen war, hatte den Spass an dem Unternehmen verloren. Die «schroffen persönlichen und sachlichen Differenzen» zwischen den fünf Gesellschaftern liessen ihm «gedeihliche Arbeit» unmöglich erscheinen. Das galt sowohl für die redaktionelle Tätigkeit als auch für die Geschäftsführung des Verlages.

Das Ausscheiden von Friedländer und Lorenz verlangte die Neu-
ordnung der Gesellschafteranteile. Die beiden Abtretenden wurden
mit nicht unbeträchtlichen Summen abgefunden. Ihre Gesellschafteranteile von zusammen 13 000 Mark übernahmen die verbleibenden
Drei, also Tüngel, Schmidt di Simoni und Bucerius, «zur gesamten
Hand». Bucerius berichtet dazu, dass er sofort «seinen Anteil am Er-
werb» bezahlt habe; «Tüngel und Schmidt leihen sich das Geld von
der Gesellschaft und bleiben es schuldig». Ob Bucerius damit tatsächlich bereits die Mehrheit der Anteile kontrollierte, mag man tunlichst
bestreiten; immerhin war er nur mehr einer von Dreien und besass ein
Drittel der Anteile.

Noch stand indes der Bonner Bundestagsabgeordnete nicht im
Zentrum der Auseinandersetzungen. Die redaktionelle Entwicklung
verfolgte er eher am Rande. Die Themen seiner wenigen Artikel in
den Jahren 1949 und 1950 sind die des Politikers, nicht des Verlegers.
Er schreibt über die Amerikareise einer von ihm geleiteten Bundestagsdelegation, über die Regierungsbildung in Nordrhein-Westfalen,
über die Probleme Berlins. Indes, die wirtschaftliche Entwicklung des
Verlages beunruhigte ihn. Dazu hatte er bald noch mehr Anlass. Die
neue Dreier-Gesellschaft des Zeit-Verlages entstand am 5. August
1950. Eine Woche später, am 12. August, heisst es (in der genannten
«Zeit-Tafel» aus dem Jahr 1953): «Die *grosse Krise* beginnt. Der Zeit-
Verlag wird in seinen Grundlagen erschüttert.»

Die Grosse Krise

Die Krise begann mit Nannens Zweifeln an den Abmachungen zwischen den beiden Verlagen. Es ging in ihr jedoch um nicht weniger als
das Überleben der «Zeit». Da Nannens Brief vom 12. August 1950
zumindest nach Bucerius' Meinung die Krise ausgelöst hat, ist es am
Platze, zur verzwickten Geschichte des Verhältnisses von Zeit-Verlag
und Nannen-Verlag (in juristischen Schriftsätzen später als Z und N
abgekürzt) zurückzukehren. Nannen schrieb an diesem 12. August
1950 an den «sehr geehrten Herrn Dr. Bucerius» in seinem Feriendo-
mizil, dem Hotel Savoy in Badgastein, im Tone höchster Empörung.
Der Bericht des Wirtschaftsprüfers Dr. Schubert und das Verhalten
des Zeit-Verlegers Schmidt di Simoni zwinge ihn, gegen den letzteren
«Anzeige bzw. Strafantrag wegen strafbarer Untreue» zu erstatten.
Das wolle er jedoch nicht tun, ohne mit Bucerius darüber gesprochen

zu haben; daher solle Bucerius seinen Urlaub unterbrechen und nach Hamburg kommen. Er, Nannen, bedaure, «Ihnen diese Unannehmlichkeiten bereiten zu müssen – aber leider steht nun allzu viel auf dem Spiel». «Mit vorzüglicher Hochachtung Ihr Ihnen ergebener Henri Nannen»: Die Herren verkehrten noch sehr förmlich miteinander.

Bucerius unterbrach seinen Urlaub nicht. Das tat er fast nie; auch kam der Brief nicht aus heiterem Himmel. Seine Vorgeschichte indes lässt sich schwerlich ohne jede Parteinahme schildern. Aus Nannens Perspektive war die 1949 geschlossene Verbindung von Z und N, Zeit-Verlag und Nannen-Verlag, von unangenehmen Überraschungen begleitet. Z, so entdeckte Nannen, war schon damals illiquide. Ihm wurde unter beträchtlichem Druck (von Schmidt di Simoni) eine persönliche Bürgschaft von DM 300000 abgefordert. Zudem rief der Agenturvertrag, demzufolge Z den Vertrieb und die Anzeigen von N verwaltete, bald Zweifel wach. Die abgemachten 4 Prozent Provision vom Bruttoumsatz von N wurden von Z (d. h. wiederum Schmidt di Simoni) zuerst rückwirkend erhoben, dann einseitig auf 6 Prozent erhöht, obwohl laut Prüfbericht die tatsächlichen Aufwendungen von Z näher bei 2,5 Prozent lagen. Als der Zeit-Verleger im Juli 1950 eine weitere Erhöhung auf 9,5 Prozent durchzusetzen sucht, schiebt Nannen diesen Transaktionen einen Riegel vor. Ihm liegt inzwischen ein Bericht des Hannoveraner Wirtschaftsprüfers Dr. Schubert vor, der zusätzliche Anschuldigungen enthält. So berechnet Z die Zinsen für Kredite N, obgleich N keinen Nutzen aus diesen zieht. Der Prüfer spricht von der «finanziellen Aushöhlung der Verlag Henri Nannen GmbH durch die Zeit-Verlag E. Schmidt & Co. GmbH». Der Zeit-Verlag schulde dem Nannen-Verlag (im Juli 1950) mehr als eine halbe Million Mark.

Schmidt di Simoni sucht naturgemäss eine Verteidigungsposition aufzubauen. Sein Partner Bucerius erhofft sich Hilfe von den beiden Sachverständigen, die unter Vermittlung der «Hausbank» Brinckmann Wirtz & Co. ernannt werden. Indes, «beide Sachverständige (auch der von uns ernannte) gaben Nannen recht! Unserer Buchhaltung wurden grobe Mängel vorgeworfen.» Offenbar wurden die Einnahmen aus dem «Stern» nicht eindeutig ausgewiesen und «in bedeutendem Umfang nicht an den Verlag des ‹Stern› abgeführt». In dem Gutachten fallen harte Worte; so zum Beispiel, dass beim Zeit-Verlag «die Grenzen ordnungsmässiger Buchführung und Rechnungslegung nicht eingehalten sind». Nannen kündigt den für die «Zeit» lebenswichtigen

Agenturvertrag. Zugleich beginnt das Gezerre um die Einberufung einer Gesellschafterversammlung zum Zweck der Abberufung entweder von Schmidt di Simoni oder von Nannen. Dabei muss das Gesellschaftsrecht mancherlei Kniffe hinnehmen. Nannen schenkt, um als Geschäftsführer selbst stimmberechtigt zu bleiben, seine Anteile am Nannen-Verlag seiner Frau Martha; Heise verliert die Lust und verkauft seine Anteile an Richard Gruner. Ab Oktober 1950 hat Bucerius 50 Prozent der Anteile des Nannen-Verlages, Frau Nannen 37,5 Prozent und Richard Gruner 12,5 Prozent.

Ganz können wir den sich entspinnenden Kriminalroman noch nicht verlassen. Vor allem ist noch eine Person des Dramas einzuführen, nämlich der Bankier (mit dem schönen, auch irreführenden Titel Staatsfinanzrat) Hermann Schilling. Er sollte sich einmal mehr als der gute Geist eines schwierigen Prozesses erweisen, wohlwollend, klarsichtig und eindeutig zugleich. So hatte er schon die Treuhänderschaft der Warburg-Bank geführt, die nun Brinckmann, Wirtz & Co. hiess und später wieder zu M. M. Warburg werden sollte. Der joviale, liberal gesonnene Mann tat alles, was er in den Grenzen seiner Verantwortung tun konnte, um das Überleben der «Zeit» zu sichern. Über seine Motive gab er später (am 20. November 1956) vor dem Schiedsgericht Auskunft: «Mein ganzes Verhalten wird nur dadurch verständlich sein, dass ich eine gewisse Schwäche und Liebe für die ‹Zeit› hatte.» Doch machte die Liebe ihn nicht blind. Er sah eher klarer als andere, wie die Dinge wirklich standen, und trug mehr als einmal dazu bei, dass Bucerius nicht von der Phantasie des Augenblicks davongetragen wurde.

Die Dinge der «Zeit» – und die von Zeit- und Nannen-Verlag – standen im Sommer 1950, wie man so sagt, auf Spitze und Knopf. Die «Zeit» war ein Verlustgeschäft und würde dies auf absehbare Zeit auch bleiben. (Sie blieb es bis 1972.) Dass ihre Auflage fiel, war nur eine zusätzliche Belastung, zu der in jenen Monaten noch die hohen und steigenden Papierpreise hinzukamen. Die «Zeit» verlor 1950 an jeder Nummer etliche tausend Mark. Der Zeit-Verlag hatte ein paar Monate lang diese Verluste durch ungenaue Buchung der Einnahmen aus dem Nannen-Verlag kaschiert; aber tatsächlich verlor die «Zeit» nicht nur laufend beträchtliche Summen, sondern hatte einen hohen Schuldenberg, den weder die Prolongierung von Wechseln noch der gute Wille von Schilling forteskamotieren konnten. Wer die «Zeit» retten wollte, stand daher vor der doppelten Aufgabe, unmittelbare Schulden in Höhe von mehreren hunderttausend Mark zu begleichen und auf längere Frist eine tragfähige wirtschaftliche Grundlage zu schaffen.

Das erste, das Abzahlen der Schulden, erwies sich als eine jammervolle Aufgabe, die Gerd und Ebelin Bucerius gemeinsam, wenn auch mit unterschiedlichen Mitteln anpackten und die bei beiden Narben hinterliess. «Wir müssen Geld sammeln», überschreibt Bucerius diesen Abschnitt seines Berichts; er hätte auch sagen können, «wir müssen betteln gehen». Das taten sie nicht ohne Erfolg im Herbst 1950, auch wenn sie es hassten. Am 24. September gab ihm der alte Hamburger Freund Ketels 15 000 Mark «Anzeigenvorschuss». Am 25. September gab Otto A. Friedrich von den Phönix-Werken ein Darlehen von 10 000 Mark. Am 4. Oktober kam ein «Anzeigenvorschuss» von der Chemischen Industrie durch den FDP-Bundestagsabgeordneten Wilhelm Alexander Menne. Der Freund und Bundestagskollege Robert Pferdmenges stellte am 23. Oktober 20 000 Mark zur Verfügung. Der Erhard-Mitarbeiter Risse half bei der Beschaffung von verbilligtem Papier.

Bundeswirtschaftsminister Ludwig Erhard wurde mehrfach um Hilfe angerufen. Am 26. September 1950 schrieb Ebelin ihm einen weinerlichen Brief. Es falle Bucerius so schwer zu betteln, zum Beispiel um 30 000 Mark beim Herrn Vogel in Augsburg. Ob der «verehrte Herr Professor» nicht mit einem Fernschreiben den Boden bereiten könne? Ein paar Wochen später musste Erhard erneut helfen. Er gab einen Empfang für mögliche Geldgeber, der in der Tat den erwünschten Erfolg hatte.

Doch das alles reichte nicht. Hermann Schilling verlangte, dass ein kompetenter Wirtschaftsberater in Gestalt von Dr. Walter Hoffmann sich das Unternehmen «Zeit» genau ansehe. Drei Jahre lang sorgte dieser gemeinsam mit seinem Mitarbeiter Dr. Ulrich Hammon für die allmähliche Regularisierung der Dinge im Presshaus. Die ersten Feststellungen waren jedoch bedrohlich. Anfang Dezember beschrieb Dr. Hammon die «Lage des Unternehmens [als] *ausserordentlich* ernst». «Schnelles und durchgreifendes Handeln» sei nötig, um den Konkurs zu vermeiden. Aber was war zu tun? Ebelin Bucerius hatte Schilling aufgesucht, um das Haus in der Preusserstrasse als Pfand für weiteres Stillhalten anzubieten. «Schilling sagte aber: Die Situation des Verlages ist so kritisch, behalten Sie das Haus als Letztes.» Es war von Liquidation die Rede, dann vor allem von dem Versuch, durch den Verkauf der in Gruners Druckerei stehenden, dem Zeit-Verlag gehörenden Maschinen und der Nannen-Anteile die «Zeit» zu retten. Oder wäre das Selbstmord gewesen, um dem drohenden Tod zu entgehen?

Im Februar 1951 sinkt die Stimmung bei Bucerius und mehr noch bei seiner Frau auf den Tiefpunkt. Ebelin jammert über Schmidt di Simoni, der «alles immer zu rosig gesehen hat»; «wir hätten die Schrauben viel eher anziehen müssen». Bucerius teilt ihr mit, es führe wohl kein Weg am Verkauf der Maschinen und der Nannen-Anteile vorbei. «Immerhin werden wir mit einem blauen Auge davonkommen und dann hoffentlich mehr Ruhe haben als bisher.» Ruhe indes stand nicht in Bucerius' Horoskop. Noch einmal werden am 2. März Pferdmenges und Erhard bemüht, die indes «charmant und etwas unbestimmt» bleiben. Dr. Hammon, der erneut die Finanzlage des Zeit-Verlages darstellt, schreibt am 16. März in seinem Bericht scheinbar Hoffnungsloses, das doch auch zu Hoffnung Anlass geben kann:

«Es ist im Grunde erstaunlich, dass diese Gesellschaft trotz vieler Fehlschläge, einer ausgesprochen schlechten Wirtschaftsführung, unorganischer Struktur, trotz unglücklicher Prozesse und ständiger personeller Differenzen, trotz schlechter Personalführung und bedenklicher Mängel in der Arbeitsorganisation überhaupt noch am Leben ist. Bei aller erdrückenden Fülle negativer Eindrücke – die derjenige, der mitten im Betriebsgeschehen steht, empfängt, ist wiederum nicht zu verkennen, dass eine Portion Idealismus, Besessenheit für die verlegerische Aufgabe und gute Ideen am Werke sind, die diesem lebensschwachen Gebilde einen Impuls verleihen.»

Dr. Hammon deutet sodann, vielleicht nur halb wissend, was er sagt, die Lösung an. «Die Gesundung des Zeit-Verlages ist in erster Linie eine Persönlichkeitsfrage.» Die «sehr eigenwilligen Naturen der verschiedenen Partner» haben die Vertrauensgrundlage zwischen ihnen erschüttert. Es muss – und das ist die Absicht von Dr. Hoffmann – zu klaren Abgrenzungen der Verantwortung kommen.

Der gute Rat half allerdings nicht, die unbezahlten Rechnungen bei der Druckerei Broschek zu begleichen. Bucerius, den die Wirtschaftsberater lieber in Hamburg gesehen hätten, war einmal mehr auf Reisen. In seiner Abwesenheit wird über den Verkauf verhandelt, zunächst mit Nannen und Gruner. Dabei geht es um die Summe, die sie für die Zeit-Anteile am Nannen-Verlag zu bezahlen bereit sind. Am 3. April 1951 erhielt Bucerius in seinem Bonner Zimmer den Anruf von Schmidt di Simoni: «Buc, es ist soweit, wir müssen verkaufen.» Dr. Hammon bestätigt die Unaufschiebbarkeit der Entscheidung. Bucerius daher: «Also dann in Gottes Namen, ich kann auch nicht mehr!»

Aber Bucerius war nicht allein in seinem Zimmer. Bei ihm sass Dr. Heinrich Treichl aus dem Hause Ullstein, der damals unter anderem für die Wiener Lizenzausgabe des «Stern» verantwortlich war. Er hatte das Telefongespräch mit angehört und sagte nun: «Bucerius, das dürfen Sie auf keinen Fall tun. Sie müssen durchhalten. Lassen Sie uns zusammen nach Hamburg fahren, um zu sehen was noch geschehen kann.» Wenn, so kommentierte Dr. Hammon den Rückruf, sofort 200 000 Mark gefunden werden, gibt es eine Woche Aufschub. 100 000 waren schon von einem Erhard-Mitarbeiter versprochen. «Meine Frau», notierte Bucerius später, «setzte sich noch an diesem Abend nach dem Gespräch mit Hamburg unter ständigen Weinkrämpfen (Zeugnis der Abgeordneten Frau Dr. Rehling und Frau Brauksiepe) in fieberhafte Bewegung, um diese 100 000 Mark und noch weitere 100 000 Mark sicherzustellen. Sie rief noch abends den Bundeskanzler an, der nachts um elf Uhr Dr. Pferdmenges um Hilfe bat.» Pferdmenges war zögerlich geworden, gab aber nach, als Bucerius ihm zusagte, er werde persönlich für die Rückzahlung einstehen.

Bucerius war im Schlafwagen nach Hamburg gefahren und hatte die Einzelheiten zu früher Stunde am Telefon mit Pferdmenges geregelt. Jetzt stand sein weiterer Kurs fest. Im Einklang mit Dr. Hoffmann und Dr. Hammon machte er seinen Partnern deutlich, dass er nunmehr klare Führungsverhältnisse beim Zeit-Verlag wolle und daher «eine Autorität gebietende Mehrheit» der Anteile brauche. Schmidt di Simoni, zu jener Zeit seiner eigenen Mitschuld an der Lage bewusst, sah das ein; Tüngel fand die Zustimmung schwieriger, aber am Ende unausweichlich. Am 16. April 1951 wurden die Gesellschaftsanteile neu gemischt. Bucerius verfügte nunmehr über 27 000 Mark (von 40 000) oder 67,5 Prozent, die anderen beiden über je 6500 Mark oder 16,25 Prozent.

Die Würfel waren gefallen. So hat Bucerius selbst es formuliert, ohne ganz zu verstehen, dass es vor allem die Würfel seines Lebens waren, die nun gefallen waren. Von diesem Tag im April 1951 an bestand kein Zweifel mehr, dass die «Zeit» zum Mittelpunkt seines Lebens werden würde. Noch nicht klar war (wie sich bald zeigen sollte) das Verhältnis von Bucerius zu seinen beiden Partnern. Unklar blieb vor allem aber, wie die «Zeit» nicht nur die unmittelbare Krise überwinden, sondern auf lange Sicht lebensfähig werden könnte.

An diesem Punkt führt die Geschichte folgerichtig zurück zu Nannen und dem Verlag, der seinen Namen trug, wenngleich Bucerius ihn schon zur Hälfte besass. Die folgenden sechs Monate bis zum 15. Oktober 1951 sind die unerfreulichsten in der langen, vielfach verästelten Auseinandersetzung, die Bucerius am Ende praktisch zum Eigentümer der «Zeit» und des «Stern» machen sollte. Bucerius verfolgte sein Ziel jetzt mit allen ihm zu Gebote stehenden Mitteln. Schon im Zusammenhang mit der Erstellung der DM-Eröffnungsbilanz (die bei Androhung der Liquidation der Gesellschaft bis Ende 1950 erfolgt sein musste) hatten Schmidt di Simoni und Bucerius darauf bestanden, dass sie zu Geschäftsführern des Nannen-Verlages bestellt würden. Der gleichzeitige Versuch, die Agenturprovision von 6 Prozent in aller Form durchzusetzen und Martha Nannen zum Verkauf ihrer Anteile zu bewegen, war noch nicht gelungen. Als dann im Frühjahr 1951 der Konkurs der «Zeit» droht, raten seine Berater Henri Nannen dringend, die Löschung seiner Bürgschaft von 300 000 Mark zu betreiben. Schilling verweist Nannen an den Zeit-Verlag; dieser aber verzögert eine Entscheidung. Es beginnt ein Kampf wider alle Regeln der Genfer (oder irgendeiner anderen) Konvention.

Nannen und Gruner auf der N-Seite kündigen den Agenturvertrag («vorsorglich», also im Hinblick auf weitere Verhandlungen). Schmidt di Simoni auf der Z-Seite bietet Nannen eine Verdoppelung seines Gehalts an für die Zustimmung zu sechs Prozent Provision. Nannen, verärgert, kündigt seinen Vertrag als Chefredakteur des «Stern» und erfährt zugleich, dass die Bürgschaftsfrage ungelöst bleibt. Dr. Hoffmann erklärt beiden Seiten, N müsse nun Z oder Z N kaufen. Bucerius nimmt Nannens Kündigung formell an und verbindet diesen Schritt mit scharfer Kritik an einem hautreichen Photo im «Stern». («Es ist nicht möglich, eine Frau so darzustellen, wie das auf Seite 31 zu sehen ist.») Am 18. Juni 1951 schlägt Bucerius Nannen einen neuen Chefredakteurs-Vertrag vor unter der Bedingung, dass Nannen als Geschäftsführer des Verlages zurücktritt und vor allem die Anteile seiner Frau für 540 000 Mark an Bucerius verkauft. Nannen sucht Alternativen, findet sie aber nicht. Sein Partner Gruner kann den Zeit-Verlag nicht kaufen, und die Bank Brinckmann, Wirtz & Co. kann (oder will) nicht helfen. «Es zeigt sich, dass Dr. Bucerius die Faustpfänder der Kündigung und der Bürgschaft nicht aus der Hand geben will.» Nannen bleibt keine Wahl. Noch die Steuerermässigung für die Transaktion, die Bucerius mit dem Hamburger Finanzsenator aushandelt, nützt vor allem ihm selbst, da sie den Kaufpreis um 97 000 Mark verringert.

Am 15. Oktober 1951 wird der neue Gesellschaftsvertrag des Nannen-Verlages rechtsgültig geschlossen. Bucerius – oder doch der Zeit-Verlag? – hat nunmehr 87,5 Prozent des Stammkapitals. Richard Gruner behält 12,5 Prozent mit Sonderbedingungen, vor allem dem Einspruchsrecht bei etwaigem Verkauf. Nannens Bürgschaft wird gestrichen. Nannen wird Chefredakteur des «Stern». Bucerius ist sein Verleger. Er ist von jetzt an für beide Zeitungen verantwortlich, für die eine, die er liebt, die aber (noch) nicht floriert, und die andere, die er nicht mag, an der er aber zunehmend verdient.

Es bleiben offenkundig allerlei lose Enden, von denen uns das eine oder andere noch wieder begegnen wird. Da ist zum Beispiel die Frage des Geldes. Woher hatte der bei Hinz und Kunz und vor allem bei Pferdmenges und Schilling hoch verschuldete Bucerius die 437 000 Mark, um Martha Nannens «Stern»-Anteile zu kaufen? Im Jahr 1951 fehlte es ihm nicht an einem Wagemut, den man Unternehmertum nennt, wenn er zum Erfolg führt; über den immerhin möglichen Misserfolg ist es besser nicht zu spekulieren. Bucerius belieh beinahe alles, was er hatte, und vielleicht auch das eine oder andere, an dem sein Eigentumstitel nicht ganz eindeutig war. Erst später kam die Frage auf, ob er das auch durfte, und vor allem, ob hier eigentlich Dr. Gerd Bucerius persönlich oder aber der Zeit-Verlag tätig wurde. Jetzt kamen auch die Wohnhäuser ins Spiel, das der Eltern und das eigene, das verkauft wurde. Möller, der alte und immer leicht undurchsichtige Kumpan, tauchte noch einmal auf, als Eigentümer beleihbarer Grundstücke und bald darauf als Bittsteller. Aber Bucerius wusste, was er tat, auch wenn eine Spur des schlechten Gewissens zurückblieb, vor allem gegenüber Nannen, der seinerseits dafür sorgte, dass Bucerius die rauhen Transaktionen des Jahres 1951 nicht vergass.

Überhaupt die Beziehung zu Nannen. Von ihren Ambivalenzen war schon die Rede. Über dreissig Jahre später, in einer improvisierten Rede aus Anlass der Eröffnung des Nannenschen Kunstmuseums im Oktober 1986 in Emden – zu dessen Finanzierung er einen namhaften Beitrag geleistet hatte – verwendet Bucerius ein paar sehr offene, fast verräterische Formulierungen. «Nannen hat geschäftlich immer alles falsch gemacht.» «Das gewaltige Vermögen, das der ‹Stern› heute – bitte auch heute – am Markt repräsentiert, ist an Nannen vorbeigegangen.» An Nannen, nicht an Bucerius. «In den Jahren des unaufhaltsamen Aufstieges hat mir Nannen oft wie eine Brechstange im Magen gelegen.» Das hatte allerdings seinen Grund nicht so sehr im Geld wie im Inhalt des «Stern». Und dann:

«Zu Freundschaft zwischen Nannen und mir ist es nie gekommen. Die unvermeidlichen, zahllosen, zu oft strittigen Sachfragen

liessen nie die stillschweigende Gelassenheit zu, aus der heraus
allein Freundschaft wachsen kann. Und zu oft habe ich Nannen
beneidet. Könnte ich nur ein Werk vorweisen wie das: ‹Lieber
Sternleser› von Henri Nannen.»

Die «strittigen Sachfragen» zwischen den beiden umfassten eine breite
Palette. Immer wieder beklagte der eher puritanische Bucerius sich
über die «jugendgefährdende» Liberalität des «Stern»-Machers und
schlug seinerseits sittenstrengere Themen vor. Nannen entgegnete darauf mit stolzer Abwehr, nicht selten in seiner oft in letzter Minute
(also ohne Kenntnis sei es des Verlegers, sei es der Redaktion) ins Blatt
gehobenen Kolumne «Lieber Sternleser». Bucerius führte bewegte
Klage über wirtschaftliche Schwierigkeiten und mahnte zur Sparsam-
keit. Nannen entgegnete mit Beschwerden über die Kleinkariertheit
des Verlages, die den redaktionellen Schwung beeinträchtige. Und
doch entwickelte sich hier eine auf ihre Art perfekte, ja modellhafte
Beziehung. Der Chefredakteur konnte (und wollte) seinen Verleger
nicht wechseln; vor allem aber konnte der Verleger den Chefredakteur
nicht entlassen. Auch Aussenstehende sahen ihn als den kraft Vertrages bestgestellten Chefredakteur im Lande, mit garantiertem hohem
Einkommen und garantierter Unabhängigkeit der Stellung. Man kann
dem Nannen-Biographen Hermann Schreiber also nicht widersprechen, wenn er der Beziehung von Nannen und Bucerius unter allen
«absurden Personalien» im deutschen Pressewesen der Nachkriegszeit
eine Sonderstellung zuweist. Der eine, Bucerius, «war ausschliesslich
vom Intellekt gesteuert, nur Kopf und kein Bauch», der andere, Nannen, war ein «cholerischer Bauchmensch». Dennoch erwies sich die
abenteuerliche Konstellation am Ende als erfolgreich.

Ein Chefredakteur muss gehen

Es ist an der Zeit, daran zu erinnern, dass hier nicht von irgendwelchen Waren die Rede ist, sondern von einem ganz besonderen Gut,
von Zeitungen. Bucerius' mehrfach bekundeter «Neid» auf Nannens
Fähigkeit, sich in seiner wöchentlichen Kolumne den Millionen
«Stern»-Lesern mitzuteilen, hatte etwas mit dem Wunsch zu tun auf-
zuklären. Immer steckte dahinter die demokratische Absicht, nicht
nur die der Erhaltung der Demokratie, sondern auch die der Erziehung von Demokraten. So sehr sich Bucerius über die nackten Mäd-

chen des «Stern» ärgern mochte, so sehr bewunderte er dessen Chefredakteur für die Wirkung seiner Appelle. Das galt auch dann noch, wenn er von seinen Kollegen im Bundestag für das von ihm verlegte Magazin zur Rechenschaft gezogen wurde. Der «Stern» war unübersehbar. Seine Auflage stieg nach einer Phase der Stagnation rasch auf über 600 000 Exemplare (1952) und weiter. Die Auflage der «Zeit» dagegen fiel nach wie vor, sogar verschärft, nachdem Bucerius ihr hauptverantwortlicher Verleger geworden war. Eine Zeitlang liess Bucerius das geschehen. Er war mit vielen anderen Dingen beschäftigt, als Abgeordneter, bald als Berlin-Beauftragter der Bundesregierung, auch als Parteipolitiker. Er lebte in Bonn, und die Wohnung in Beuel wurde eines der Zentren der sich langsam, ganz langsam bildenden neuen politischen Klasse der verletzlichen jungen Republik. Indes entging es ihm nicht, dass seine zunehmend geliebte Zeitung steckengeblieben war in einer nun vergangenen Zeit. Sie attackierte noch immer die Besatzungsmächte, deren Rolle jetzt doch rasch abnahm. Sie nahm im Grunde nicht teil an den dramatischen Veränderungen, die der Bonner Abgeordnete spürte, ohne sie immer zu artikulieren. Das war gewiss nicht die ganze Realität der «Zeit». Liest man das Blatt in den Jahren 1952, 1953, 1954 aus späterer Perspektive, so findet man die Spuren des Neuen allerorten: Erhard und die Marktwirtschaft; Adenauer, Schuman und Europa; Amerika, die NATO und der Kalte Krieg, den Deutschland vor allem in Berlin spürte. Viele der Protagonisten schrieben in der «Zeit», angefangen von Adenauer, Erhard, Carlo Schmid, bis hin zu dem französischen Premierminister Pinay und George F. Kennan. Die «Zeit» entwickelte jenen Pluralismus der Meinungen, der später ihr Markenzeichen werden sollte und der selbst eine Haltung dokumentierte. Zudem hielt sie zur Bundesrepublik. So kritisch sie gegenüber den Alliierten blieb, so national sie etwa in der Saarfrage argumentierte, nie stellte sie die neue deutsche Demokratie in Frage.

Indes war der so sensible, zuweilen genialische, dann wieder depressive Chefredakteur Tüngel anfällig für allerlei Einflüsse, die am Ende zu Auseinandersetzungen in der Redaktion führen mussten. Ein Grund dafür war der Redaktionskollege Walter Petwaidic. Dessen Grossvater war von Kaiser Franz Joseph wegen seiner kriegerischen «Verdienste» um die kleine dänische Stadt zu Petwaidic von Fredericia geadelt worden. Jetzt schrieb der Rechtsausleger, schon um von seiner wenig erbaulichen Vergangenheit im Dritten Reich abzulenken, unter dem Namen Walter Fredericia regelmässig in der

«Zeit», wenn er nicht gerade anstössige Judenwitze erzählte. Gräfin Dönhoff hielt ihn von Anfang an für einen Nazi. Andere Entgleisungen folgten. 1952 veröffentlichte die «Zeit» vier Folgen eines Erfahrungsberichtes von Hjalmar Schacht, dem in Nürnberg freigesprochenen Wirtschaftszar der Nazis, über Indonesien, das er nun mit seiner Fachkunde bedacht hatte. Als von der Veröffentlichung seiner Lebenserinnerungen die Rede war, stimmte Tüngel allerdings nicht zu. 1953 schrieb ein anderer Rechtskonservativer, Winfried Martini, Artikel, die jenseits der Grenze der immanenten Kritik an demokratischen Verhältnissen lagen; so wenn er (am 1. Januar 1953) das «demokratische Verfahren» zur Bestimmung der Regierenden grundsätzlich in Frage stellte.

Spätere «Zeit»-Leser hätten manches aus dieser Periode mit ungläubigem Staunen wahrgenommen. Am 2. September 1954 zum Beispiel finden sich auf Seite 3 der «Zeit» vier Artikel. Einer, von Volkmar von Zühlsdorff, geht mit grobem Geschütz gegen einen deutschen Journalisten vor, der sich zum Instrument der «Propaganda des Quai d' Orsay» erniedrigt und die Europäisierung der Saar verteidigt hatte. Walter Fredericia singt in einem längeren Beitrag ein nostalgisches Loblied auf die Monarchie als Garant elitärer Moral. In einem dritten Artikel begrüsst E. K., dass im «Streit um Deutsch-Südwest» das Apartheid-Südafrika Malans gegenüber der UNO hart geblieben ist und auf seinem Recht an Namibia bestanden hat. Der vierte Artikel, von P. C. Holm, argumentiert unter dem Titel «Düsteres September-Gedenken», dass Hitler eigentlich den Krieg nicht gewollt und Stalin hinter allem Unheil gesteckt habe.

Bucerius hatte frühzeitig versucht, durch die Ernennung von Josef Müller-Marein zum Chef vom Dienst solche Tendenzen einzudämmen. Vor allem Marion Gräfin Dönhoff, die zunehmend die demokratische Seite der Redaktionspolitik vertrat, war nicht bereit, die neue Linie zu ertragen. Die Lage spitzte sich zu, als Tüngel, wohl durch «Fredericia» angeregt, auf Carl Schmitt verfiel, den eher die Ästhetik der Macht als die Moral des Rechts verteidigenden Staatsrechtler, dessen Unterstützung für Hitler in den Anfängen des NS-Regimes ihn in vieler Augen disqualifizierte. Janßen zitiert Gräfin Dönhoff: «Wenn Carl Schmitt jemals in der ‹Zeit› schreibt, bin ich nicht länger da.» Er schrieb in der «Zeit». Gräfin Dönhoff ging in die Staatsbibliothek und recherchierte für ihren Chefredakteur ein Dossier über Schmitt. Tüngels Reaktion – «Na und …?» – wurde für sie zum Anlass, ihr Zimmer zu räumen. Sie schrieb dem Chefredakteur den zu Recht viel zitierten

Brief, der nicht nur die Gräfin selbst, sondern auch den späteren Kurs der «Zeit» kennzeichnet.

Tüngel hatte ihr den Londoner Korrespondentenposten angeboten. Ihr ging es jedoch um die wichtigere Frage, ob man ehemals führende Nazis in der «Zeit» schreiben lassen sollte. «Ich verneine diese Frage. Sie dagegen sagen: Ja, man soll es.» Mit einer sehr Dönhoffschen Wendung fügt sie hinzu: «Ich bin zwar der Meinung, dass man sie nicht wirtschaftlich diskriminieren soll – von mir aus können alle Nazibonzen und Enthusiasten in Prachtvillen wohnen und 300er Mercedes fahren – aber man soll sie politisch diskriminieren.» Zwei «Zeit»-Autoren erregen sie besonders: Carl Schmitt und der frühere Auslandspressechef des Auswärtigen Amtes Paul Schmidt. Er steckte hinter dem Pseudonym jenes P. C. Holm, dessen «September-Gedenken» Deutschland als Opfer, nicht als Kriegstreiber sah. Marion Dönhoff zog einen klaren Trennungsstrich. «Ich habe nicht Jahre lang gegen die Nazis gekämpft und meinen ganzen Freundeskreis am 20. Juli verloren, um nun, nachdem für alle deutlich geworden ist, wohin jene uns geführt haben, ihnen die Spalten der Zeitung zu öffnen, an der ich seit dem Zusammenbruch mitgearbeitet habe.» Es gehe nicht um «kleine Nazis» und auch nicht um «falsche Anklagen», sondern «ich weigere mich, zuzugeben, dass wir Deutschland einen Dienst erweisen, wenn wir den Verrätern am Geist und den Nihilisten mit Bügelfalten wieder die Möglichkeit geben, politische Betrachtungen anzustellen».

Gräfin Dönhoff nahm also das Angebot der «Zeit» nicht an (wenngleich ihre Freunde dafür sorgten, dass sie nicht ganz auf dem trockenen sass) und ging auf eigene Kosten zuerst nach Amerika, dann für mehrere Monate nach England, wo sie an David Astors «Observer» mitarbeitete. Die «Zeit» meldete sie zuerst «verreist» und strich sie dann ganz aus dem Impressum, in dem fortan die Politische Redaktion keine Erwähnung mehr fand. Bald darauf verliess Müller-Marein auf Veranlassung Tüngels die «Zeit» und zog sich in sein Schwarzwald-Domizil zurück.

Bucerius, nach wie vor weit vom Schuss in Bonn, versuchte vergeblich, Tüngel umzustimmen. Auch er hatte wohl nicht mit der breiten Reaktion angesehener Freunde der «Zeit» gerechnet. Dr. Brinckmann von der Hausbank sprach vom «Rechtsdrall» der «Zeit» und der «grossen Sorge» über den Schritt der Gräfin (20. September 1954). Carl Georg Heise, der Direktor der Hamburger Kunsthalle (und gelegentliche «Zeit»-Autor), vermisste «bei der Chefredaktion den frei-

en, unabhängigen Blick» und bedauerte «das immer stärkere Eindrin-
gen von Mitarbeitern von einseitiger, gelegentlich sogar reaktionärer
Haltung» (27. September 1954). Der angesehene Altphilologe Bruno
Snell schrieb am 4. Oktober 1954: «Hier ist allgemein grosse Trauer,
Bestürzung und Entrüstung, welchen Weg ‹Die Zeit› nimmt.» Es waren nicht die Linken, sondern die entschiedenen Demokraten, die den
Verleger bestürmten. Dabei ging es nicht nur um Meinungen. Der
bedeutende Publizist, auch «Zeit»-Autor, Friedrich Sieburg schrieb
am 15. Dezember 1954: «Ich war soeben in Düsseldorf und Frankfurt
und habe dort sowohl in Kreisen der Wirtschaft wie des Verlagswe-
sens sehr harte Urteile über die brüske Ausschaltung Marion Dönhoffs und Müller-Mareins gehört, Urteile, die Ihnen auch vom geschäftlichen Standpunkt aus nicht gleichgültig sein können.» Wie um
dies zu bestätigen schrieb der deutsche Botschafter in Washington,
Heinz L. Krekeler, dass man auch dort die Vorgänge in der «Zeit»
bemerkt habe: «Gräfin Dönhoff hat hier zahlreiche Freunde, die ihr
Ausscheiden sehr bedauert haben. Ich könnte mir durchaus vorstellen,
dass aus dem Kreis dieser Freunde Reaktionen kommen könnten, die
Ihrem Vorhaben nachteilig sein würden.»

Das Vorhaben war eine amerikanische Ausgabe der «Zeit»; es wurde auf Eis gelegt. Bucerius bemühte sich zunächst vorsichtig, Tüngel
aus der Schusslinie zu ziehen und ihm eine weniger exponierte Stellung bei der «Zeit» aufzureden. Doch wies Tüngel das Ansinnen zurück. So blieb dem nunmehr verantwortlichen Verleger keine Wahl.
In der Nr. 30 des Jahres 1955, also Ende Juli, vermerkt das Impressum
der «Zeit»: «Chefredakteur: Richard Tüngel (Urlaub).» Einige Redakteure, darunter die Leiter des Wirtschaftsteils und des Feuilletons,
zeigten sich beunruhigt; doch legte sich die Unruhe, als es zehn Wochen später (in der Nr. 40) hiess:

«Chef vom Dienst: Josef Müller-Marein.
Verantwortlich für Politik: Dr. Marion Gräfin Dönhoff.»

Von einem Chefredakteur war achtzehn Monate lang nicht mehr die
Rede, bis Müller-Marein in aller Form das Amt übernahm. Bucerius
hatte indessen den letzten und schwierigsten Akt seines Kampfes um
die «Zeit» begonnen.

Schiedsgericht O–V

Der Streit um den Chefredakteur Tüngel, seine Beurlaubung und Entlassung als Geschäftsführer des Zeit-Verlages waren nur der jedermann sichtbare Teil eines Prozesses, der die Lizenzträger und Gesellschafter des Unternehmens endgültig entzweite. Lovis H. Lorenz war seit seinem Ausscheiden 1950 als freier Journalist beim Rundfunk, als Präsident des Hamburger Presseklubs, dann als Autor anekdotischer Hamburgensien einen eigenen Weg gegangen. Er starb 1970. Ernst Friedländer blieb ein weithin beachteter Kolumnist anderer Blätter bis zu seinem Tod 1973. Schmidt di Simoni hatte sich in der «grossen Krise» als nachlässiger Verlagsleiter erwiesen. In den Auseinandersetzungen mit den Wirtschaftsberatern Dr. Hoffmann und Dr. Hammon ging ihm das Temperament durch. Er beschimpfte Hammon als nicht für voll zu nehmen, da er mehrfach in geschlossenen Anstalten gewesen sei. Das war zwar kein gänzlich abwegiger Hinweis, wie sich bei einer späteren Gelegenheit herausstellen sollte, aber nach Lage der Dinge – und im Zusammenhang der Erörterung der wirtschaftlichen Lage des Verlages – unakzeptabel. Bucerius und Tüngel waren sich einig, Schmidt di Simoni mit sofortiger Wirkung Hausverbot zu erteilen. Am 20. August 1953 wurde er förmlich als Geschäftsführer abberufen.

Es tut gut, sich dieser Tatsachen zu erinnern, bevor wir uns den Vexierbildern ihrer juristischen Spiegelungen zuwenden. Tatsächlich war im Juli 1955, also nach Tüngels Entlassung, Bucerius der einzige Herr des Zeit-Verlages. Er kontrollierte mehr als zwei Drittel der «Zeit»-Anteile und überdies 87,5 Prozent derer des «Stern». Zudem war er als einziger Gesellschafter im Amt verblieben. Seine Entscheidungen galten.

So war es *de facto*; indes *de jure* ergab sich bald ein anderes Bild, eines in lebhaften Farben ohne klare Konturen, in das erst Ende 1956 kluge Richter etwas Sinn brachten. Die Gesellschafter stritten sich permanent, in Anwaltskanzleien, vor dem Landgericht, dann vor den von ihnen selbst bestellten Schiedsgerichten, sechs an der Zahl, beginnend mit O und gefolgt von I, II, III, IV und V.

Bald nach seiner Entlassung tat sich Tüngel mit dem von ihm zuvor wenig geschätzten Schmidt di Simoni zusammen. Das war vielleicht menschlich verständlich, aber juristisch ein Fehler; die beiden waren nun «notwendige Streitgenossen» geworden und würden zusammen siegen oder fallen. Bucerius selbst erschien fast nie zu den zahlreichen Terminen der nächsten Jahre. Zuweilen vertrat ihn Ebelin, meist aber ein Anwalt, wie zum Beispiel sein Studienfreund Scheer bei der fast schon gespenstischen Gesellschafterversammlung vom 4. Juni 1955. Bei dieser Gelegenheit versammelten sich die drei Kombattanten bzw. ihre Vertreter, um sich wechselseitig aus der gemeinsamen Gesellschaft auszuschliessen. Sie begannen mit einem unlösbaren Streit darüber, wer rechtens wie viele Stimmen habe. Das war nicht zu beantworten, denn Dr. Scheer brachte für Bucerius auch zu Prozedurfragen 270 Stimmen mit, während die anderen beiden zusammen nur 130 Stimmen aufbringen konnten. Die «Versammlung» begann um 10 Uhr morgens und endete um 17.50 Uhr. Gleich zu Anfang vermerkt das Protokoll:

> «Als Vorsitzenden für die Versammlung schlägt Herr Dr. Scheer [Bucerius' Anwalt] sich vor. Herr Graf zu Castell-Rüdenhausen [für Schmidt di Simoni] schlägt Herrn Dr. Hans-Werner Claussen [Tüngels Anwalt] vor. Die Abstimmung ergab für Herrn Dr. Johannes Scheer 270 Stimmen und für Herrn Dr. Hans-Werner Claussen 130 Stimmen.»

Und so ging es weiter. Immer wieder überstimmte Dr. Scheer die beiden Kollegen und ihre Mandanten, worauf diese gegen die Gültigkeit der Abstimmung Protest einlegten. Manchmal wird Dr. Scheer direkt zitiert:

> «Ich stimme für den von mir gestellten Antrag mit meinen 270 Stimmen.»

Oder aber es heisst:

> «Herr Dr. Scheer beschloss sodann mit den 270 Stimmen des Herrn Bucerius die Abberufung des Herrn Richard Tüngel aus wichtigem Grunde.»

Fortschritte in der Sache – der Rechtssache – waren so offenbar nicht zu erzielen.

Ohnehin hatten die zerstrittenen Partner bereits beschlossen, ihre Auseinandersetzungen durch Schiedsgerichte klären zu lassen. Das bedeutete, dass sie sich auf jeweils drei – und bei der entscheidenden Nummer V dann fünf – rechtskundige «Richter» einigten und sich verpflichteten, deren Urteil ohne Berufungschance zu akzeptieren. Schiedsgericht O im Januar 1954 war dabei nur ein Vorspiel. Es wurde noch von Bucerius und Tüngel gemeinsam gegen Schmidt di Simoni angestrengt, weil dieser angeblich durch die Aufnahme einer Tätigkeit bei Broschek und später bei Springer nach seinem Ausscheiden als «Zeit»-Verleger «konkurrenzfördernd» wirke. Schmidt di Simoni obsiegte «zu drei Vierteln», so das Gericht, musste aber dem Zeit-Verlag eine kleine Rückzahlung zugestehen. Vor dem Schiedsgericht I klagte Bucerius im November 1954 auf Feststellung, dass die im Jahre 1951 übertragenen Anteile der anderen rechtens ihm gehören. Bei den Schiedsverfahren II–IV ging es stets um die Ausschliessung von Partnern: Tüngel gegen Bucerius (II, 2. August 1955), Bucerius gegen Tüngel (III, 21. September 1955), Bucerius gegen Schmidt di Simoni (IV, 21. September 1955).

So entstand der Wirrwarr der Gesellschafterversammlung im Grossmassstab neu, und er wurde nicht transparenter dadurch, dass gleichzeitig vor dem Landgericht Zivilklagen der Beteiligten gegeneinander liefen. Der angesehene, bedeutende Hamburger Jurist Dr. Herbert Ruscheweyh, Präsident des Oberlandesgerichts, bewog denn auch die Kombattanten am 21. Januar 1956 zu einem neuen Schiedsvertrag, wonach die Zivilklagen zurückgezogen und alle Schiedsverfahren in einem einzigen zusammengefasst wurden. Im daraus folgenden Schiedsgericht V führte Ruscheweyh selbst den Vorsitz. Beisitzer waren Professor Dr. Bötticher, Rechtsanwalt Dr. Neumann, Senatspräsident Dr. Sievert und Rechtsanwalt Dr. Stumme. Das Schiedsgericht hörte zahlreiche Zeugen und erliess am 8. März 1957 seinen Schiedsspruch, der vor allem in seiner klaren, abgewogenen Begründung ein Dokument juristischer Meisterschaft ist.

Das beginnt schon mit der Definition des Problems, das Kläger (Bucerius) und Beklagte (Tüngel und Schmidt di Simoni) miteinander haben.

> «Zwischen ihnen bestehen Meinungsverschiedenheiten, die die drei Gesellschafter zu der Überzeugung gebracht haben, dass eine weitere Zusammenarbeit nicht mehr möglich ist und eine Lösung der Frage gefunden werden muss, welche Gesellschafter in der Gesellschaft verbleiben können und welche Gesellschafter die Gesellschaft verlassen sollen.»

Man kann das gewiss auch brutaler formulieren, wie es Bucerius' Anwalt Dr. Kanisch im ersten Satz seines Schriftsatzes vom 19. Dezember 1956 getan hatte: «Dieser Streit ist ein in Prozessform gekleideter Machtkampf um den Besitz des Zeit-Verlages.»

Den Details der Auseinandersetzung ist diese Dimension nicht immer anzusehen. Es geht im wesentlichen um 1956 bereits fünf Jahre zurückliegende Dinge. Wer hat die damalige missliche Lage des Verlages verschuldet? Waren Schmidt di Simoni – und Tüngel – bereit gewesen, das Handtuch zu werfen? Was genau hat Bucerius zur Rettung getan? Hat er private und geschäftliche Interessen auf unzulässige Weise verknüpft? Warum hat er seine Partner oft im dunkeln gelassen über seine Aktionen und Motive? Hat er 1951 die «Unerfahrenheit bzw. Zwangslage» seiner Mitgesellschafter ausgenutzt, um sich die Mehrheit der Anteile zu beschaffen? So wird die Schilderung des Tatbestandes durch das Schiedsgericht zu einer ausführlichen (das ganze Urteil umfasst 74 Schreibmaschinenseiten), sachlichen und informativen Darstellung der «grossen Krise».

Die tieferen Motive der Kombattanten schimmern indes nur gelegentlich durch. Sie waren sicherlich sehr verschieden. Bucerius ging es in erster Linie darum, die Macht im Zeit-Verlag, die er tatsächlich schon hatte, rechtlich zu untermauern. Sein Anwalt argumentierte allerdings mit einer merkwürdigen Mischung von Motiven:

«Die Entfernung von Dr. Bucerius sei unzumutbar. Der Zeit-Verlag sei seine Lebensaufgabe geworden, die er nicht gegen eine Geldabfindung abgeben könne, ohne sein Gesicht zu verlieren. Im Falle seines Ausscheidens würde er auch dadurch besonders hart betroffen werden, dass er ein Drittel der Abfindung sofort der Steuer abgeben müsste, während seine Mitgesellschafter ihre etwaige Abfindung steuerfrei erhalten würden.»

Lebensaufgabe? Das Gesicht verlieren? Steuern sparen? Oder alles zusammen? So war Bucerius nun einmal. Schmidt di Simoni hatte sich von dem Schock erholt, unter dem er 1951 gestanden hatte, als er Bucerius seine Anteile abtrat, und suchte nun nachträgliche Kompensation. Er wollte vor allem Geld. Am Zeit-Verlag selbst lag ihm vornehmlich als einem lukrativen Verkaufsobjekt. Ganz eindeutig sind die Beweise nicht, aber es gibt Hinweise, dass Schmidt di Simoni gemeinsam mit Tüngel Erkundungsgespräche mit möglichen Käufern – und das heisst im Klartext mit Axel Springer und mit Rudolf Augstein – geführt hat. Die Beklagten hätten also im Fall ihres Sieges die «Zeit» (und den «Stern») nicht selbst weitergeführt. Oder war Richard Tüngel in diese Kabale doch eher aus Schwäche hineingeraten? Wollte er seine Aufgabe als Chefredakteur zurückgewinnen?

Wie dem auch sei, man wird dem Schiedsgericht in seiner klugen Bewertung nicht widersprechen.

«Der menschliche und sachliche Urgrund für die im Schiedsvertrag so genannten Meinungsverschiedenheiten, durch die die Gemeinschaft der Gesellschafter nach übereinstimmender Auffassung der Beteiligten ausgehöhlt und schliesslich zerstört worden ist, lässt sich für das Schiedsgericht nur schwer herausschälen. Der Verlauf der verschiedenen Verfahren legt die Vermutung nahe, dass auch die Gesellschafter diesen Urgrund nicht mehr deutlich sehen, sondern ihn von einem Gestrüpp juristischer und taktischer Gedankengänge haben überwuchern lassen. Aus diesem Grunde haben sie vielleicht die Tatsache aus den Augen verloren, dass die Meinungsverschiedenheiten schon sehr viel früher eingesetzt haben, als es der Vortrag der Gesellschafter im Prozess deutlich macht.»

Das Schiedsgericht bleibt salomonisch, wenn es feststellt, «dass alle Gesellschafter im Eifer des Kampfes nicht immer die nötige Zurückhaltung beachtet haben». («Gangster» und «Intrigant» waren laut Schriftsatz Dr. Kanisch noch harmlose Epitheta, mit denen sie sich bedachten.) Alle haben aber auch ihre Verdienste um die «Zeit». «Mit Recht nehmen Herr Tüngel und Herr Schmidt di Simoni das Hauptverdienst an der Gründung des Zeit-Verlages für sich in Anspruch.» Die geistige Gestaltungskraft des einen und die praktische Sachkunde des anderen gingen eine glückliche Verbindung ein. «Daneben verblasst in den ersten Jahren nach der Gründung des Unternehmens die Tätigkeit von Herrn Dr. Bucerius.» Er widmete sich seinen politischen Aufgaben und war der «Verbindungsmann zum Staat und zur Wirtschaft». Dann aber, als die wirtschaftlichen Schwierigkeiten begannen, verkehrten sich die Rollen. Nun blieben Tüngel und Schmidt di Simoni untätig, während Bucerius alles einsetzte, um das Unternehmen zu retten.

Das Urteil fiel denn auch nach Billigkeit. «Das Unternehmen selbst kann nur demjenigen Gesellschafter zugesprochen werden, der es unter Einsatz seines persönlichen Vermögens und seiner Fähigkeiten in Zeiten der Not am Leben erhalten hat.» Ohnehin haben die beiden anderen Bucerius das Feld überlassen und damit Tatsachen geschaffen, die sich nur unter Gefährdung des Unternehmens rückgängig machen liessen. Tüngel und Schmidt di Simoni müssen Bucerius zum 1. Januar 1957 ihre verbleibenden Anteile am Zeit-Verlag abtreten. Dafür erhalten sie jeder 1 Million Mark, die bis zum 15. Mai 1957 zu bezahlen sind. Damit ist Gerd Bucerius Alleineigentümer des Zeit-Verlages.

Richard Tüngel zog sich nach Ahrensburg bei Hamburg zurück und lebte dort bis zu seinem Tode 1970 als freischaffender Autor und Journalist, gelegentlich auch in den Spalten der «Zeit». Ewald Schmidt di Simoni hatte schon 1956 seine Beratertätigkeit für Axel Springer gegen eine Reihe von Aufgaben in der zunehmend privatisierten Fernsehproduktion eingetauscht, nicht ohne sein Geld nutzbringend in einer literarischen Agentur in Liechtenstein anzulegen; er starb 1980. Bucerius hatte im Sinne seiner Ziele alles gewonnen. Oder fast alles, denn die Kosten des Schiedsverfahrens waren vom Zeit-Verlag zu tragen. Bucerius hielt der offiziellen Berechnung von 101 000 Mark eine eigene detaillierte Kalkulation von 57 000 Mark entgegen, worüber alsbald ein neuer Streit begann, der allerdings nicht mehr die alten Partner betraf.

Der nervöse Sieger

Der siebenjährige Krieg war zu Ende. Um drei Ziele war es in ihm gegangen. Das erste war die sichere wirtschaftliche Grundlage für die «Zeit». In einem für seine Verhältnisse überaus optimistischen Moment resümierte Bucerius später die Lage nach dem Urteil des Schiedsgerichts: «Erst jetzt brauchen wir uns um die ‹Zeit› nicht mehr zu sorgen.» 1957 war das noch nicht so klar, objektiv nicht und auch nicht in Bucerius' Kopf. Zwar steuerte der «Stern» nun auf die Millionenmarke zu, was dem Bucerius-Unternehmen 600 000 Mark (1957), bald 1 Million Mark (1958), ja 1,6 Millionen (1959) und 1960 gar 3,6 Millionen Gewinn erbrachte; die «Zeit» selbst aber krebste noch. Ganz langsam stieg ihre Auflage wieder auf 50 000; die grossen Sprünge begannen erst nach 1960. Zudem gab es das bei Bucerius überhaupt nicht, dass er sich keine Sorgen mehr machte um sein Geschöpf. Bis zum Schluss sah er es in Gefahr und suchte nach vorbeugenden Rettungsmassnahmen.

Das zweite «Kriegsziel» betraf den politischen Kurs der «Zeit». In dieser Hinsicht markierte der Weggang von Tüngel einen Einschnitt. Die «Zeit» wurde nun das Blatt von Marion Gräfin Dönhoff, mit allerlei munteren Einsprengseln, die es lesbar hielten und die oft auf Josef Müller-Marein zurückgingen. Die Gräfin öffnete das Blatt für

Autoren von aussen, die neue Akzente setzen konnten, unter ihnen
Theodor Eschenburg, der Verfassungspatriot par excellence. In seinen
Lebenserinnerungen hat er geschildert, wie die persönliche Beziehung
zu Tüngel («Das Einvernehmen [ist] in der beiderseitigen Unterhal-
tungslust grösser gewesen als die Übereinstimmung im Politischen»)
bald ersetzt wurde durch den Respekt vor der «überragenden, beein-
druckenden Gestalt» der Gräfin Dönhoff. Dabei blieb er nach eigenem Bekunden ein Konservativer. Bucerius musste ihn zuweilen daran
erinnern, «dass wir ein liberales Blatt sind», worauf er immerhin entgegnete: «Das weiss ich. Deshalb bin ich ja bei Ihnen.» Andere, vor
allem junge Redakteure wurden jetzt eingestellt, die mit der nun nicht
mehr ganz so neuen Bundesrepublik aufgewachsen und ihr daher verpflichtet waren, darunter Dr. Theo Sommer. So sehr sich Bucerius
über manche Artikel erregen mochte – mehr noch als früher, nun da
es seine Zeitung geworden war –, so wenig entging ihm, dass jetzt eine
Wochenzeitung mit eigenem, unverkennbarem Gesicht entstand, die
zunehmend an Einfluss gewann in der politischen Klasse und darüber
hinaus.

Die dritte Frage – wer bei der «Zeit» in letzter Instanz das Sagen
hat – war nun entschieden. Jedenfalls war der Form nach klar, wem
das Unternehmen gehört. Das neue Thema war nicht mehr eines der
«Meinungsverschiedenheiten» zwischen Gesellschaftern, sondern das
des Verhältnisses des Verlegers zur Redaktion. Bald sah sich Bucerius
(mit dem Titel seines Buches aus dem Jahr 1974) als «der angeklagte
Verleger», jedenfalls als ein Verleger, der Rechenschaft geben muss
gegenüber der Öffentlichkeit wie vor allem der Redaktion. Das Buch
ist übrigens Ebelin Bucerius gewidmet, «die diesen Tumult schon 25
Jahre aushält». Der Tumult nahm bei Bucerius nie ein Ende, jedenfalls
nicht in seinem eigenen Verständnis der Dinge.

Das bedeutete vor allem, dass er sich nun nicht etwa zurücklehnte,
um seinen Erfolg zu geniessen. Im Gegenteil, der Unternehmer
Bucerius mit dem jetzt nicht mehr bezähmbaren Hang zu den Medien
suchte immer neue Engagements und Verflechtungen. Warum? Teils
um der «Zeit» zusätzliche Sicherheit zu geben, wovon sie für ihn nie
genug haben konnte. Teils aber auch einfach aus jener inneren Unruhe
heraus, die ihn am Leben hielt. Nur nicht stehenbleiben! war seine
Maxime, wie alle, die je mit ihm «spazieren» gegangen sind, bis zur
physischen Erschöpfung gelernt haben. Dabei waren die Ausflüge in
die Medienlandschaft keineswegs immer erfolgreich, aber stets voller
Wagnis und Reiz.

In der Tat kann man dem Drama des Kampfes um die Eroberung der «Zeit» ein ganzes Satyrspiel hinzufügen, das die meist vergeblichen Versuche darstellt, den Zeit-Verlag zu ergänzen, in andere, grössere Unternehmen einzubringen, ja zu verkaufen. Dabei tauchen dann jene Namen auf, die alle in eigentümlicher, am Ende unglücklicher Verbindung Freunde, Rivalen, Prozessgegner und Hoffnungsträger für Bucerius waren, darunter vor allem Axel Springer, Rudolf Augstein und Rudolf Ullstein und seine Vertreter.

Von den Höhepunkten dieser Auseinandersetzungen wird noch zu reden sein; sie fanden zum überwiegenden Teil nach der Eroberung der «Zeit» durch Bucerius statt. Ein Thema indes begleitete den hier geschilderten Prozess und fand zum Unterschied von der Eroberung Bucerius nicht als Sieger, nämlich die Erfüllung des alten Wunsches, eine Tageszeitung zu besitzen. Noch immer hakte das Ursprungsdilemma der Lizenzvergabe nach: «Welt» oder «Zeit».

Im Jahre 1952 beschlossen die Briten, ihre Tageszeitung «Die Welt» zu verkaufen. Sie waren vom bescheidenen Erfolg des Blattes enttäuscht, legten aber Wert darauf, dass es als «unabhängige Zeitung» weiterbestehe. Darum war ihnen der Versuch der Bundesregierung, mit einem von Bucerius und Pferdmenges geleiteten Konsortium Kontrolle über die «Welt» zu gewinnen, nur begrenzt sympathisch. Vor allem Bucerius hatte sich bei den alten Eigentümern unbeliebt gemacht. «Man mag skeptisch sein hinsichtlich Bucerius und Pferdmenges als Aposteln des neuen Europa», heisst es in einem internen Bericht des britischen *Foreign Office*. Schärfer noch in einem anderen im Juli 1952: «Ich teile die Meinung, dass Bucerius weder eine sehr reputierliche noch eine sehr attraktive Gestalt ist.» Bucerius hatte sich das zum Teil selbst zuzuschreiben. Seine Behauptung, die Gewerkschaften stünden schon jetzt hinter der «Welt», musste er nach Androhung eines Rechtsstreits widerrufen. In der Tat waren die Gewerkschaften und die SPD die Hauptgegner des Versuches von Herbert Blankenhorn – im Auftrage Adenauers –, die Zeitung auf die Seite der Regierung, wenn nicht der CDU zu ziehen. Karl-Heinz Harenberg hat das Schicksal des Kaufgesuchs «g) Dr. Bucerius (im Hintergrund Bundesregierung)» lebhaft beschrieben.

Der zunehmend harte Kampf um die «Welt» schien sich 1953 zugunsten der Verlagsgruppe Ullstein zu entscheiden. Der britische Vertreter im Beirat neigte dieser Lösung zu. Doch unterlag er in der entscheidenden Abstimmung denen, die Axel Springer befürworteten. Es entstand das Springer-Imperium, das wenige Jahre später den Ullstein-Verlag einschliessen sollte.

Bucerius zögerte immer noch, seinen Traum von der Tageszeitung aufzugeben. Springer, mit dem er nicht nur die Altonaer Heimat teilte, war ein früher Freund gewesen. Die geschäftlichen Bindungen blieben eine Zeitlang eng. 1955 vermerkte Bucerius in einer Notiz seinen Wunsch nach «Anlehnung an das Haus Springer». Der «Stern» könnte durch Springer verwaltet werden; «Welt» und «Zeit» könnten sich so verbinden, dass die «Zeit» zur Sonntagszeitung werde. Als Zeichen seiner Ernsthaftigkeit bot Bucerius für das gemeinsame Unternehmen 600 000 Mark an. Als der Gesellschafterstreit bei der «Zeit» seinen Höhepunkt erreichte, verlor Springer indes das Interesse. Er stand politisch ohnehin eher dem entlassenen Tüngel als der zurückkehrenden Gräfin Dönhoff nahe. Seine 600 000 Mark wurden Bucerius von Springer mit Zinsen zurücküberwiesen.

Vorher schon, im August 1953, hatte Bucerius Anteile des Ullstein-Verlages «treuhänderisch für den Zeit-Verlag» gekauft. Dabei trat der Geschäftsführer und Gesellschafter des Ullstein-Verlages, Dr. Heinrich Treichl, erneut in Erscheinung. Mit ihm wurde sogar ein Vorvertrag entworfen, demzufolge Ullstein den «Stern» für eine beträchtliche Summe «pachten» würde, um ihn nach zehn Jahren zu kaufen. Dazu kam es indes nicht. Bucerius sah in der 10 Prozent-Beteiligung eine nützliche Verbindung zu einem Berliner Druckhaus, teils um «für den Fall der Wiedervereinigung gerüstet [zu] sein», teils auch, weil der unruhige Geist trotz «Stern» seine Sorgen um die «Zeit» nicht ganz verloren hatte. «Der Zeit-Verlag wird nur leben können im Anschluss an ein solides, allgemeines Zeitungsunternehmen.» Nach dem Schiedsgerichtsurteil 1957 verkaufte Bucerius die Ullstein-Anteile indes an die Springer-Firma Hammerich & Lesser mit einem gehörigen Gewinn.

Ganz verlor Bucerius den etwas scheelen Blick auf die nach seiner Meinung stolzen Besitzer von Tageszeitungen nie. Die «Frankfurter Allgemeine Zeitung» vor allem hielt er bis in seine späten Tage für erstrebenswerter als die «Zeit», auf die er sonst nichts kommen liess. Indes wandte er sich zunehmend realistischeren Plänen zu. Dafür hatte er nun eine solide Grundlage. Sein wichtigstes Objekt, die «Zeit», war einigermassen gesichert. Überdies besass der Eigentümer des Zeit-Verlages auch die Anteilsmehrheit am Nannen-Verlag.

Der «Stern» war zwar für den CDU-Bundestagsabgeordneten zuweilen lästig, für den «Zeit»-Verleger aber war er nur hilfreich. Das galt direkt durch die Gewinne des «Stern», darüber hinaus durch ein Spektrum von Verlagstätigkeiten und durch nützliche Beziehungen, die das Unternehmen mit sich brachte.

Vor allem verband der Nannen-Verlag Bucerius mit dem Minderheitsgesellschafter Richard Gruner. Der 1925 geborene Gruner übernahm nach einer Lehre bei Broschek den elterlichen Druckereibetrieb, dessen Geschäfte in diesen Jahren einen ausserordentlichen Aufschwung nahmen. Neue Zeitschriften schossen aus dem Boden und auch ältere, wie etwa John Jahrs «Constanze», suchten den Vierfarbdruck von Gruner. Der Bertelsmann-Verlag liess manche seiner Angebotszeitschriften von Gruner drucken. Kataloge der in Mode kommenden Versandhäuser profitierten vom selben Verfahren. Manche dieser Aufträge bringen Gruner in zunehmend intensiven Kontakt mit John Jahr, dem Anteilseigner des Spiegel-Verlages. Und immer steht Bucerius wenn nicht in der Mitte, so doch dabei. Noch ist das Druckund Verlagshaus Gruner+Jahr Zukunftsmusik, aber als es später entsteht, haben die drei Eigentümer – Richard Gruner, John Jahr, Gerd Bucerius – schon eine verzwickte, aber hilfreiche Geschichte der Zusammenarbeit.

1957 stand Bucerius also am Ende eines bitteren, dennoch erfolgreichen Feldzuges. Zu allem anderen war das bewegte Jahr ein Wahljahr. Zum dritten Mal kandidierte Bucerius für den Bundestag, dieses Mal auf der Landesliste seiner Partei.

5. Ein unabhängiger Abgeordneter: 1949–1962

Bonner Anfänge

Bucerius' Bonner Karriere hatte unter günstigen Zeichen begonnen. Der in seinem Hamburger Wahlkreis direkt gewählte Abgeordnete brachte aus dem Wirtschaftsrat einen guten Ruf als Mann der originellen Ideen und der entschlossenen Taten mit. Konrad Adenauer hatte ihn zur CDU bewogen; der Vorsitzende und bald Bundeskanzler sah in dem protestantischen Verleger aus Hamburg einen willkommenen Bundesgenossen. Bucerius selbst hatte Ludwig Erhard von Anfang an unterstützt. So half er, die beiden so verschiedenen, aber aufeinander angewiesenen Führer und Wählermagneten zu verbinden. Zugleich war Bucerius kein Parteifunktionär, kein politischer Stammeskrieger. So konnte er nicht nur unabhängige Zeitungen verlegen, sondern auch in seinem Beueler Domizil allerlei Gestalten aus Politik und Wirtschaft, Kultur und Medien willkommen heissen.

Dabei war die politische Atmosphäre der frühen Bundesrepublik keineswegs idyllisch. Der Wahlkampf im Sommer 1949 war mit harten Bandagen gekämpft worden. Bucerius' eigenes Flugblatt zur Wahl enthält zwar einen langen Abschnitt unter der milde klingenden Überschrift «Besinnung», der jedoch einer scharfen Analyse der unverantwortlichen Befürworter des Klassenkampfes – sprich der Linken – galt. «Jeder Kampf ist berechtigt, der zu einem Ziel führt. Klassenkampf ist aber heute Kampf als Selbstzweck.» In seinen Reden kam Bucerius immer wieder auf die beiden Themen der Marktwirtschaft und der Nation zu sprechen. «Fortdauernder Anstieg wie in Deutschland nach der Währungsreform oder schleichender Bankrott wie in England unter der Labourregierung, eine andere Entscheidung gibt es nicht!!» Also Erhard. «Wir haben uns Bonner Verfassung und Weststaat nicht ausgesucht. Aber sie werden uns kräftige Instrumente zur Wiederherstellung des deutschen Nationalstaates und zur Sicherung unseres Platzes unter den Völkern sein.» Also Adenauer? Oder hatte der sich doch den Weststaat ausgesucht? Immerhin fanden sich in dem Wahlkreis, der von St. Pauli bis nach Harvestehude reichte, genügend Wähler, um den «gemeinsamen Bundestagskandidaten» von CDU und FDP nach Bonn zu schicken.

Man muss sich erinnern, dass Bonn in jenem August 1949, als der Erste Deutsche Bundestag seine Arbeit begann, noch nichts von jenem provinziellen Pomp angenommen hatte, der es später bei manchen Diplomaten so beliebt und bei vielen Wählern so abstossend machen sollte. Die vom Krieg und den Entbehrungen der Nachkriegszeit gezeichneten Neuankömmlinge der Politik mussten sich ihre Welt erst schaffen. Alles war prekär, nicht zuletzt die parlamentarische Demokratie, die sie zusammengebracht hatte. Wer die frühen Bundestagsprotokolle liest, dem fällt bald die Nervosität auf, mit der die Grundlagen des eigenen Tuns immer neu erörtert werden. Auf eine Bemerkung des Abgeordneten Bucerius über den notwendigen Geist der «gegenseitigen Rücksichtnahme und Achtung» bei der Debatte des Lastenausgleichs (am 10. November 1949) vermerkt das Protokoll:

> «(Sehr richtig! rechts. – Hört! Hört! links. Grosse Unruhe und Zurufe links. – Glocke des Präsidenten. – Zuruf links: Kleiner Demagoge!)»

Und schon bei geringfügigen Anlässen ist von grossen Verfassungsprinzipien die Rede; so wenn Bucerius (am 19. Januar 1950) in einer eher technischen Geschäftsordnungsdebatte sagt:

> «Meine Damen und Herren! Ich habe meinen Worten die Bemerkung vorangestellt, dass wir alle die Demokratie verteidigen müssen gegen jede Gefahr.»

Gewiss fühlten manche, darunter vor allem der alternde Kanzler Adenauer, sich durchaus zu Hause in der politischen Welt am Rhein. Die meisten aber wussten, dass sie fast alles neu machen mussten, die Republik, ihre Institutionen, ihren Stil, ihre politische Kultur.

Das begann in vergleichsweise intimer Atmosphäre, wobei Freundschaften und Feindschaften gleichermassen mit dem Wort «intim» beschrieben werden können. Selbst der Bundestag war mit 402 Mitgliedern noch einigermassen überschaubar. Seine elf Parteien gaben Unabhängigen und Sonderlingen hinlänglich Raum. Zwar sorgte Adenauer dafür, dass die Koalition des Wirtschaftsrats in der Bundesrepublik erhalten blieb, CDU/CSU, FDP und DP sich also unter seiner Ägide verbanden und die SPD draussen blieb vor der Regierungstür, aber die Brücken zwischen den Parteien blieben offen. In Nordrhein-Westfalen regierte eine grosse Koalition von CDU und SPD, in Baden-Württemberg eine von der FDP/DVP Reinhold Maiers ange-

führte Regierung gegen die CDU – noch war nicht in Beton gegossen,
wie die politischen Gruppen sich aussortieren würden.

Noch war vor allem der Lebensstil der Politiker informell. Minister
Erhard liess seinen Dienstwagen anhalten, wenn er die Haushälterin
von Bucerius mit ihren Einkaufstaschen auf dem Gehsteig laufen sah.
Maria Steinberger, das Mariele, war nun allerdings eine besondere Person. Durch Vermittlung der Besitzerin des Hauses an der Rheinstrasse
war die Zwanzigjährige aus ihrem Eiffeldorf zu Bucerius gekommen.
Dort fand sie am Tag ihrer Einstellung jenes Chaos, an das sie sich
erst langsam zu gewöhnen begann. Bucerius sagte ihr, wo ihre Kammer sei, gab ihr einen Umschlag mit 1000 Mark und wies sie an, für
die erwarteten Abendgäste zu kochen. Töpfe und Teller gab es nicht;
auch sie sollten mit dem Geld gekauft werden. Alles war so «komisch», dass das Mädchen meinte, ihre Dienstherren und deren
Freunde seien «lauter Verrückte». Sie floh zurück nach Hause, wo sie
indes bald der aus Hamburg mitgekommene Fahrer Heinrich Rath
abholte und nach Beuel zurückbrachte. Sie kaufte ein, was nötig war;
die Gäste kamen, darunter Finanzminister Schäffer, der seinem Bundestagskollegen Bucerius sogleich riet: «Die behalte auf jeden Fall!»
So geschah es.

Ein bisschen verrückt konnte man das gastfreundliche Haus schon
nennen. Bucerius selbst war immerfort mit neuen Dingen beschäftigt.
Ebelin blieb oft lange im Bett; unter der Matratze hatte sie Groschenromane versteckt, die sie ausgiebig las; ihren Körper pflegte sie mit
Behagen. «Morgens lange geschlafen» oder «lange gelegen» verzeichneten ihre Tagebuchnotizen nicht selten. Dann musste das Mariele sie
einreiben und so fit machen für die vielfältigen Hilfen, die sie ihrem
Mann gab, von Geldsammelaktionen zu Abendgesellschaften und langen Gesprächen über die Ereignisse des Tages. Manchmal seufzte sie
ob der vielen Gesellschaften. «Gäste. Es wird mir oft zu viel» (18. Oktober 1950). Aber schon am nächsten Tag – Bucerius ist auf Reisen –
heisst es wieder: «Ich habe abends viel Gäste. Ehlers wurde Präsident
[des Bundestages] – ... kl. Feier bei uns. Schrecklich mit Kiesinger!»
Warum? Verrät sie nicht. Vier Tage später: «Wirtschaftstreffen bei uns.
Pferdmenges, Dr. Henle, Wellhausen.»

Maria Steinberger blieb bei alledem ihr handfestes Selbst, und sie
fand zunehmend Spass daran, dass von morgens bis abends Leute ein-
und ausgingen. Zusammen mit der Goebelin als Sekretärin und dem
Fahrer Rath bildete sie ein für Bucerius unentbehrliches Trio, das sein
hektisches Leben einigermassen im Zaum hielt.

Bucerius wurde in jener Anfangszeit, in Marieles Worten, «sehr geschätzt im Bundestag». In den Fraktionsvorstand gewählt, war er 1950 nahe daran, stellvertretender Fraktionsvorsitzender der CDU/CSU zu werden. Die Fraktion hatte ihn in nicht weniger als sechs Bundestagsausschüsse als ordentliches oder stellvertretendes Mitglied entsandt. Im Berlin-Ausschuss wurde er Vorsitzender, sass aber auch im Ausschuss für den Lastenausgleich und im Ausschuss für das Verkehrswesen als volles Mitglied. Im Plenum sprach Bucerius häufig, zu Geschäftsordnungsfragen im Namen der Fraktion, zu Fragen des Lastenausgleichs, der Handelsschiffahrt, und immer wieder zu Berlin. Seine Reden zogen stets scharfe Grenzen zu den extremen Rechten und Linken, blieben aber vermittelnd gegenüber den Sozialdemokraten. Dennoch gab sein oft unbeabsichtigt schneidender, manchmal auch etwas linkischer Stil zu Zwischenrufen und gelegentlich zu «Unruhe» Anlass. Fast die Hälfte der Bundestagsreden von Bucerius wurde übrigens in der ersten Wahlperiode, also von 1949 bis 1953 gehalten. Danach nahm auch seine Ausschusstätigkeit ab; seine Rolle im Hohen Haus änderte sich.

In der Anfangszeit genoss Bucerius das besondere Vertrauen des Bundeskanzlers. Hans-Peter Schwarz vermerkt in seiner Adenauer-Biographie, wie wichtig für Adenauer die «publizistische Unterstützung» des Verlegers, aber auch der «artikulierte Kämpfer für die Marktwirtschaft» war. «Er war schon als Abgeordneter im Frankfurter Wirtschaftsrat dabei. Seit dieser Zeit schätzt ihn Adenauer. Bucerius ist ihm auch wegen seiner Auslandserfahrung nützlich.» Zweimal im ersten Jahr der Bundesrepublik geht Bucerius im indirekten oder direkten Auftrag des Bundeskanzlers auf Reisen.

Im April 1950 fährt er als stellvertretender Leiter der ersten Bundestagsdelegation in die Vereinigten Staaten. Zwei Mitglieder der Delegation finden das besondere Interesse der Amerikaner: Kapitän Ahrens, der die «Bremen» kurz vor dem Kriegseintritt der USA von New York nach Murmansk gebracht hatte und nun als Abgeordneter der Deutschen Partei zurückkehrte, und Dr. Bucerius, dessen vorzügliches Englisch ihn sogleich zum Sprecher der 15er Delegation machte. Schon bei der Ankunft dankte er den Gastgebern für die grosszügige «öffentliche und private Hilfe» für Deutschland. Der «Congressional Record» vom 25. April 1950 verzeichnet dann Bucerius' Ansprache vor dem Senat. Dort pries er die amerikanische Demokratie, die nicht nur in den Institutionen, sondern im Geist der Menschen lebe, und dankte im Namen aller Deutschen («ausser den wenigen, die sich als Kommunisten bekennen») für Care-Pakete und Marshall-Plan. «Millionen Deutscher wären heute nicht mehr am Leben ohne die Grosszügigkeit Ihres Landes und des Kongresses.» Die Gastgeber hörten es gerne. Für Bucerius war die Reise wichtig. Ein halbes Dutzend handschriftlicher Briefe an Adenauer verrät die Tiefe des Eindrucks. Ein Tenor dieser Briefe ist es, die amerikanische Bevölkerung als wohlwollend, wenn auch uninformiert, die politische Klasse des Landes dagegen als schwierig zu beschreiben. Die Reise fiel in die Zeit, als die Hohen Kommissare gegen ein deutsches Gesetz zur Ermässigung von Steuern ihr Veto eingelegt hatten. Würden solche Ermässigungen wirklich zu höheren Investitionen führen? Zudem war dies die Hoch-Zeit der McCarthy-Kommunistenjagd, die Europa im allgemeinen und Deutschland im besonderen vielen verdächtig erscheinen liess. Die Amerikaner fragten auch, warum die deutsche Aussenpolitik, insbesondere die Haltung zu Europa, parteipolitisch kontrovers sei. Unheimlich war den Amerikanern überdies die neuerliche Rolle der deutschen Grossindustrie, die viele für mitverantwortlich am Nazi-Reich hielten. Für den Bundeskanzler dürften solche Informationen eines hellwachen Kollegen von erheblichem Interesse gewesen sein.

Drei Monate später, im Juli 1950, fuhr Bucerius auf besonderen Wunsch Adenauers nach London, um auf einem grossen Kongress des von Winston Churchill präsidierten «United Europe Movement» zu sprechen. 6500 Menschen waren in der Royal Albert Hall versammelt. «Es muss eine mächtige politische Kraft sein, die zum gleichen Ziel und auf dem gleichen Podium Churchill und den deutschen Politiker Dr. Bucerius, den spanischen Philosophen de Madariaga und den französischen Rechtspolitiker Reynaud, den Sozialisten Ramadier und den Liberalen Clement Davies vereinigen kann», schrieb die liberale Tageszeitung «News Chronicle». Bucerius hatte seinem Freund Blumenfeld sein Redemanuskript gezeigt, und dieser hatte allerlei Verbesserungsvorschläge gemacht. «Die Engländer sehen an sich gern, wenn man sich selber stark kritisiert und seine Fehler und Untugenden klar herausstellt», aber ihnen wird «eine so massive Selbstanklage wie das Wort ‹Kains-Zeichen› nicht besonders gut heruntergehen». Bucerius strich «Kain», behielt aber das «Zeichen …, das uns durch Hitlers Taten auf die Stirn gebrannt ist». Kern seiner Rede war das Bekenntnis zu Europa und insbesondere das Lob der französischen Initiative, also des Schuman-Plans. «Die Deutschen haben viel gelernt und wissen deshalb, dass sie in einem geeinten föderativen Europa alles zu gewinnen haben.»

Die Rede fand ein gutes Echo. Für Bucerius waren die Viertelstun-
de mit Churchill und das längere Gespräch mit Reynaud besonders
wichtig. Wiederum berichtete er Adenauer im Detail, vor allem über
die heiklen Gespräche, die er zur möglichen deutschen Wiederbewaffnung geführt hatte. «Wir können der deutschen Bewaffnung vorerst
nur damit helfen, dass wir wenig davon sprechen und mit allen Mitteln
Vertrauen erwerben.» Adenauer las dies – in den Ferien auf dem Bür-
genstock – nach eigenem Bekunden «mit sehr grossem Interesse».
«Ich freue mich über Ihren Erfolg. Über die anderen Punkte, die Sie
berührt haben, müssen wir demnächst in Bonn einmal sprechen.»

Hauptstadt Berlin

Unter den Themen, die den Abgeordneten Bucerius vornehmlich beschäftigten, hatte Berlin von Anfang an einen besonderen Platz. Berlin
war nicht Teil der neugegründeten Bundesrepublik. Es stand unter
der Kuratel der Alliierten Kommandantur der Vier Mächte, wenn diese – und mit ihr die Stadt – auch seit der Währungsreform 1948 in
sich zunehmend gespalten war. Die Berliner Abgeordneten hatten im
Bundestag kein Stimmrecht. Berlin war darauf angewiesen, dass andere für sein Überleben sorgten. In elementaren Fragen der Sicherheit
hatten die Westalliierten ihr Engagement in der Zeit der Blockade und
der Luftbrücke schon vor der Gründung der Bundesrepublik unter
Beweis gestellt. Für das wirtschaftliche Überleben Berlins aber trug
und akzeptierte die Bundesrepublik eine besondere Verantwortung.
Zudem führte die Übernahme von Bundesrecht in Berlin dazu, dass
eine zusätzliche Entfremdung der «Insel» vom «Festland» West-
deutschland weitgehend vermieden werden konnte.
Es blieb indes die weniger greifbare, doch so wichtige Aufgabe der
inneren Bindung Berlins, bald West-Berlins, an das westliche
Deutschland. Für sie hatte Bundeskanzler Adenauer wenig Sinn.
Ganz hat er wohl nie jene Bauchschmerzen verloren, die den Kölner
Oberbürgermeister und Präsidenten des Preussischen Staatsrates in
der Weimarer Zeit immer dann befielen, wenn er die lieblichen Ufer
des Rheins verlassen und die Elbe ostwärts überqueren musste. Ganz
anders empfand Bucerius, auch er aus den preussischen Rheinprovin-
zen stammend, aber Protestant, Verfechter der deutschen Einheit,
überdies mit eher angenehmen persönlichen Erinnerungen an die alte
Hauptstadt. Dem Vorsitzenden des Berlin-Ausschusses war das tiefere

Berlin-Problem daher frühzeitig klar. Am 23. Februar 1950 sprach er im Plenum des Bundestages von der Instabilität der Grenze nach Osten, der immer drohenden Aggression und der daraus resultierenden «psychologischen Belastung»:

«Und wenn die Berliner nicht die Überzeugung gewinnen, dass wir sie als untrennbaren Bestandteil der Bundesrepublik ansehen, dann muss der Mut der Berliner Bevölkerung sinken. Der Mut der Berliner Bevölkerung muss aufrechterhalten werden, nicht nur im Interesse der Berliner, sondern in unserem eigensten Interesse.»

Im Juli 1952 wurde das «Gesetz zur Förderung der Wirtschaft von Berlin (West)» zum dritten Mal beschlossen. Zugleich wurde Gerd Bucerius zum Bundesbeauftragten für die Förderung der Berliner Wirtschaft bestellt. Die Aufgabe sagte ihm zu. «In der Frage Berlins sind wir, glaube ich, in allen wesentlichen und entscheidenden Punkten einer Meinung», hatte er am 6. Juli 1951, zur Opposition gewendet, im Bundestag gesagt. Auch von Adenauer unterschieden ihn nur die Motive, nicht die Entscheidungen. Für Adenauer war Berlinhilfe ein politischer Akt; «wir werden Berlin nicht im Stich lassen». Bucerius suchte darüber hinaus Wege, um die Eigenkraft der Berliner Wirtschaft zu stärken.

Dabei griff er einmal mehr in das Schatzkästlein seiner praktischen Phantasie. Von der Bildhauerin Renée Sintenis liess er eine Version des Berliner Bären gestalten, die vielfachen Zwecken dienen konnte. So waren die Meilensteine auf westdeutschen Autobahnen mit dem Hinweis «Berlin 500 km» und dem Sintenis-Bären Bucerius' Erfindung. Sodann wollte er die Leute zum Kauf Berliner Waren ermuntern. Er liess daher Berliner Firmen ihre Produkte mit dem Berliner Bären kennzeichnen und erfand dazu den Spruch (den Einzeiler dieses Mal): «Kaufst Du was – denk an Berlin!» Die Aktion hatte beträchtlichen Erfolg. Sie konnte auch kaum irgend jemandem entgehen, denn der werbungsbewusste Verleger hatte Aufkleber in «sämtlichen Umschlagmappen der in der Bundesrepublik umlaufenden Lesezirkel» anbringen und vor allem 500 Millionen Zündholzschachteln mit der Werbung für Berlin versehen lassen. Das Unternehmen kulminierte in einer Berlin-Woche in Bonn im September 1956 mit Fahnenschmuck, Platzkonzerten, Grossfeuerwerk und einer Berliner Modenschau in Anwesenheit von Bundespräsident Heuss und Wirtschaftsminister Erhard.

«Die Berlin-Woche in Bonn war ein Erfolg», schrieb Bucerius dem Bundeskanzler am 29. September 1956 und fügte gleich noch den charakteristischen Vorschlag hinzu, Adenauer solle die Stadt Bonn veranlassen, «alle Briefbogen mit einer Fussleiste (in kleinster Schrift) zu versehen mit dem Text:

> Bonn ist die provisorische Hauptstadt der Bundesrepublik. Berlin wird die Hauptstadt des wiedervereinigten Deutschland sein.»

Für Bonn war das wohl selbst im Nonpareille eine Zumutung. Aber Adenauer entging nicht, dass ihm der bislang geschätzte Kollege nun Schwierigkeiten bereiten würde. Bucerius war davon beeindruckt, «dass sich in den Satellitenstaaten eine Freiheitsbewegung erhoben hat. Die Mitbürger in der Zone werden fragen, welchen Anteil sie an dieser Freiheitsbewegung haben.» Ein dramatischer Schritt sei auch darum nötig (schrieb er am 13. Oktober, also nur zwei Wochen später an Adenauer), weil das Schiff der CDU wieder «in den Strom gebracht werden» muss. «In Hamburg sagt man: ein Schiff kann nur manövrieren, wenn es Fahrt hat.» Solche Fahrt bekäme es durch den Beschluss, die Hauptstadt umgehend nach Berlin zu verlegen. «Der Moment der Schwäche des Gegners muss ausgenutzt werden ... Der allgemeinen Aufweichung setzen wir die Politik der Stärke entgegen ... Konrad Adenauer in Berlin: das ist eine Tat und eine Parole.»

Am 16. Oktober lag die Formulierung eines Antrages der Fraktion der CDU/CSU vor:

> «Der Bundestag wolle beschliessen:
> Der Sitz des Bundestages und der leitenden Bundesorgane ist Berlin. Die Bundesregierung möge die Voraussetzung dafür schaffen, dass die leitenden Bundesorgane spätestens am 1. Mai 1957 ihre Arbeit in Berlin aufgenommen haben.»

Am 18. Oktober schrieb Marion Gräfin Dönhoff einen Artikel in der «Zeit»: «Jetzt oder Nie! Noch in diesem Jahr muss Berlin Hauptstadt werden.» Bucerius hatte wenig Mühe, 30 Abgeordnete zur Unterschrift unter seinen Antrag zu bewegen. Die Zustimmung, die er bei den anderen Parteien und in der Öffentlichkeit fand, veranlasste sogar die CDU/CSU-Fraktion, den Antrag aufzunehmen. Dennoch wurde er nie zur Abstimmung gestellt. Hans-Peter Schwarz meint, Adenauer habe sich in der Öffentlichkeit «bei dieser Aktion tunlichst bedeckt gehalten, sie aber über [den Chef des Kanzleramtes] Globke und [den Fraktionsvorsitzenden] Krone eiskalt abgewürgt».

Ganz so einfach war das allerdings nicht. Bucerius blieb zunächst hart. «Kompromisse schwebten mir nicht vor: Ich wollte Adenauer und Heuss in Berlin sehen.» Adenauer mobilisierte Heuss, der Bucerius gut zuzureden suchte, «väterlich, wie er meinte; behäbig, wie ich fand – ohne Erfolg». Zwischen dem Fraktionsvorsitzenden Heinrich Krone, dem Aussenminister Gerhard Schröder und vor allem dem Berlin-Beauftragten der Bundesregierung Heinrich Vockel wurden böse Briefe über die «Aktion Bucerius» gewechselt. Sachlich beruhten die Einwände teils auf «technischen Schwierigkeiten» einer möglicherweise nur per Flugzeug zu erreichenden Hauptstadt, teils auf dem Vier-Mächte-Status Berlins und den fehlenden Souveränitätsrechten der Bundesrepublik. Vockel, der in Berlin residierende Repräsentant der Bundesregierung, war besonders ungehalten. Der geplante Beschluss – so schrieb er an den Bundeskanzler – schaffe «nur neue Unruhe in den Gemütern derjenigen, die von der Unruhe leben», «andere unerwünschte politische Aktionen [würden] damit verknüpft», ja es sei zu bedenken, «welche störende Wirkung das Verhalten des Abgeordneten Bucerius auf eine sachliche Arbeit in Berlin hat». So schlug Vockel sogar vor zu prüfen, ob Bucerius seine «amtliche Eigenschaft» als Beauftragter für die Berliner Wirtschaft nicht «unter den von mir geschilderten Umständen zu entziehen ist».

Das alles liess Bucerius indes unbeeindruckt, ja es nährte noch seine Kritik an der öffentlichen Heuchelei in Fragen Berlins und der deutschen Wiedervereinigung. Wenn er am Ende doch einem Kompromiss zustimmte, dann hatte das einen anderen Grund. Noch am 18. Oktober 1956 telegraphierte Bucerius seinem Fraktionsvorsitzenden Krone aus Hamburg:

> «Gestern kam die Nachricht, dass Gomulka eine drastische Verminderung der russischen Truppen in Polen verlangte. Heute erfahren wir, dass Rakosi Ungarn verlassen hat und als Emigrant in Moskau weilt. Alle Völker brechen auf, nur wir tun so, als ob nichts geschehen wäre. Ich bestehe darauf, dass die besprochene Angelegenheit in der nächsten Woche behandelt wird und hoffe sehr auf Ihre Mitwirkung.»

Am 24. Oktober brach die eigentliche Revolution in Budapest los. Am 1. November erklärte Ministerpräsident Nagy den Austritt Ungarns aus dem Warschauer Pakt. Drei Tage später walzten sowjetische Panzer die ungarische Revolution nieder. Ganz so eindeutig war also die «Schwäche des Gegners» nicht.

Übrig blieb von der Bucerius-Aktion neben den schon vertrauten Berlin- und Wiedervereinigungsbekenntnissen der Bundesregierung eine im Februar 1957 beschlossene Resolution, derzufolge Teile des Postministeriums nach Berlin verlagert werden und für weitere Behörden die nötigen Voraussetzungen in der alten Hauptstadt geschaffen werden sollten. In seiner Bundestagsrede zu dem Antrag klang der Abgeordnete Bucerius, so wie er sich selbst beschrieb, «ein ganz klein wenig niedergeschlagen». Immer wieder vermerkt das Protokoll «Beifall bei der SPD und beim GB/BHE», «Beifall in der Mitte und links», also nicht bei seiner eigenen Partei, der CDU. Am Ende sagte er, er wolle sich «der Mehrheit fügen, wie die Demokratie es gebietet».

«Vergönnen Sie mir auszusprechen, dass es vielleicht doch unsere Aktion war, durch die die Sache der echten Bundeshauptstadt in den Augen aller, auch derer, die nicht ganz unserer Meinung sind, an Stärke und Glanz gewonnen hat. Nicht wahr, in unser aller Herzen keimt die Hoffnung, dass es bald, recht bald möglich sein wird, die Wiedervereinigung unseres Vaterlandes in Berlin feierlich zu begehen.»

In unser aller Herzen? Johann Baptist Gradl, damals Minister für Gesamtdeutsche Fragen, sprach später von dem «gutgemeinten, aber nicht wirklichkeitsgemässen Plan» (und bestätigte, dass der «gewaltsame Eingriff der Sowjets in Ungarn» dämpfend auf den Plan gewirkt habe). Adenauer verwendete stärkere Worte; er fand das ganze «zu balladenhaft». Vielleicht hat er – Bucerius meinte es jedenfalls – in diesem Zusammenhang geäussert, er verstünde gar nicht, was ihn zu solch abstrusen Ideen geführt haben könne, denn «der Bucerjus hat doch ne janz vernünftige Frau». Ebelin war rheinischer als der Protestant und «Muss-Preusse» Gerd Bucerius. Sicher ist, dass die «Aktion Bucerius» einen Wendepunkt in der bei aller Distanz zunächst engen Beziehung des Abgeordneten zu seinem Kanzler und Parteivorsitzenden markiert.

«Brigade Erhard»

Die Christlich-Demokratische Union der fünfziger Jahre war ein erstaunliches Gemisch von Elementen, die vor allem dies gemeinsam hatten, dass sie nicht Sozialdemokraten waren und auch nicht zu den vielen im Lande zählten, die mit Adenauer nichts zu tun haben wollten. Die Elemente bildeten zum Teil *correnti*, politische Strömungen, wie die italienischen Christdemokraten sie kannten. Dazu gehörten am Anfang die Nationalprotestanten, für die der erste Innenminister, Gustav Heinemann, stand. Bucerius hatte ihn nach eigenem Bekunden 1949 lanciert, und zwar wegen seiner «Strenge» und auch wegen seines «zu erwartenden Widerstandes gegen Adenauer». Der liess nicht lange auf sich warten. Heinemann trat 1950 wegen der Wiederbewaffnung Deutschlands zurück. Die ganze durch ihn repräsentierte Strömung in der CDU trocknete aus. Manche darunter, Heinemann eingeschlossen, verliessen die CDU und fanden auf dem Umweg über die Gesamtdeutsche Volkspartei den Weg zur SPD. 1969 wurde Heinemann als Sozialdemokrat zum Bundespräsidenten gewählt und gab das Signal zum Machtwechsel.

Andere Elemente der CDU waren Clubs, Gruppierungen, wie die Österreichische Volkspartei sie kannte. Das betraf die Bauern, vor allem aber die katholischen Sozialausschüsse, die Bucerius ferner standen als die SPD. Es galt wohl auch umgekehrt. Am 22. Mai 1953 beklagte der Sprecher der Sozialausschüsse, Johannes Albers, im CDU-Bundesvorstand, «dass von Hamburg, dieser grossen Arbeiterstadt, nur die repräsentativsten Vertreter eines gut gesättigten Bürgertums erscheinen». Damit waren die Hamburger CDU-Abgeordneten Bucerius und Scharnberg und vielleicht auch Seffrin und Leverkuehn gemeint. Es gab andere Gruppen. Zusammengehalten wurden sie sämtlich durch die überlegene Figur Konrad Adenauers. Er war inzwischen zum weltweit anerkannten und einflussreichen Repräsentanten des neuen Deutschland geworden; und nach innen erwies er sich zumindest als konkurrenzlose Wahllokomotive. 1957 brachte er das Kunststück fertig, zum ersten und bisher einzigen Mal für eine Parteigruppierung, die CDU/CSU, die absolute Mehrheit im Deutschen Bundestag zu erringen.

Bucerius hatte etwas von manchen der Strömungen und nichts von irgendeiner der Gruppen. Doch gehörte er zu der kleinen Schar, die sich um den zweiten grossen Mann der frühen CDU, Ludwig Erhard, versammelt hatte. Passte der überhaupt zur CDU? Es gab eben auch eine liberale Strömung, eine allerdings, die (wie das zu sein pflegt) oft unsicher dahintrieb, auf Abwege geriet und im Zweifel entbehrlich werden konnte. Die sich um den Wirtschaftsminister sammelten, wurden von Journalisten «Brigade Erhard» genannt, ein zweifelhaftes Kompliment, denn das Freikorps des Korvettenkapitäns Ehrhardt, dem der Name abgelauscht war, hatte 1919/20 vor allem im Kapp-

Putsch das Seine dazu beigetragen, den Anfang der Weimarer Republik zu versauern. Die neue «Brigade Erhard» bestand jedoch unzweifelhaft aus Demokraten. Ein Dutzend Abgeordnete, nach 1957 noch ein paar mehr, versammelte sich mit Erhards Mitarbeitern zu regelmässigen Treffen. Neben Bucerius gehörten Ernst Müller-Hermann, Matthias Hoogen, Kurt Schmücker dazu, also Politiker des mittleren Ranges.

Nicht dazu gehörten die Vertreter der Grossindustrie wie Fritz Berg und Hermann Josef Abs, daher auch nicht Bucerius' väterlicher Freund und Bundestags-Bürokollege Robert Pferdmenges. Das hatte seinen guten Sinn, solange es um ökonomische Fachsimpelei ging. Erhards Gefolgsleute waren wie ihr Meister strikte Anhänger der Marktwirtschaft. Sie wollten Konkurrenz und Vielfalt. Sie glaubten an die innovative Kraft kleiner und mittlerer Unternehmer. Sie waren aber auch davon überzeugt, dass klare Regeln nötig sind, um einerseits die Anarchie des Kampfes aller gegen alle, andererseits die Schaffung von Kartellen und Monopolen zu verhindern.

Das war schön und gut, entsprach zudem völlig der Haltung, die Bucerius von Anbeginn konsequent durchgehalten hatte; indes stellte sich immer auch die Machtfrage. Wenn es um Durchsetzung ging, hatte die «Brigade Erhard» kaum mehr Erfolg als das Freikorps von 1920, das nach einer Stunde des Triumphes bald aufgelöst worden war. 1956 favorisierten die Erhard-Leute Joseph Illerhaus als Vorsitzenden des Wirtschaftsausschusses; den Zuschlag aber bekam der Kandidat der Grossindustrie Fritz Hellwig. Das von Erhard 1950 eingebrachte Kartellgesetz – «das Grundgesetz der sozialen Marktwirtschaft» – wurde endlich 1957 in stark verwässerter Form beschlossen. «Der langjährige Feldzug der kartellfreundlichen Grossindustrie begann sich auszuzahlen», schrieb Daniel Koerfer. Gewiss, manchmal obsiegte die «Brigade Erhard», so angesichts des Adenauerschen Versuchs im Oktober 1957, Energie- und Europapolitik aus dem Wirtschaftsministerium auszugliedern. Aber im grossen und ganzen war sie eben «keine Hausmacht, keine *pressure group* des Ministers», sondern eher «eine Art Debattierklub, in dem einige, von der Persönlichkeit her sehr unterschiedliche Politiker zusammenkamen, um in entspannter Atmosphäre politische, primär sicherlich wirtschaftspolitische Fragen zu besprechen».

Koerfers Buch hat den Titel «Kampf ums Kanzleramt». Als dieser 1959 in aller Schärfe ausbrach, erwies sich die Ohnmacht der «Brigade Erhard» als besonders folgenschwer. Bald nach der Wahl von

1957 hatte in der CDU die Nachfolgediskussion begonnen. Adenauer war nun wirklich ein alter Mann, und ohnehin schien nach acht Jahren ein Wechsel angezeigt. Ausserdem gab es, so meinte jedenfalls Bucerius – und er war nicht der einzige –, einen Kandidaten, nämlich Ludwig Erhard. Adenauer aber zeigte keine Neigung zu gehen, und schon gar nicht, dem von ihm wenig geschätzten Erhard Platz zu machen. Ihm war jedes Argument recht; Bucerius hat das in seinem Büchlein «Der Adenauer» eindringlich beschrieben. Wer (fragte Adenauer) soll denn Wirtschaftsminister werden, wenn Erhard zum Kanzler avanciert? Staatssekretär Westrick, gab Erhard zur Antwort. «Ich gab zu bedenken, Westrick werde jetzt 65 Jahre alt», erinnert sich Adenauer, der zur fraglichen Zeit immerhin 83 war.

Dann ereignete sich die Präsidentenepisode. Im Sommer 1959 lief die zweite und letzte Amtszeit von Bundespräsident Heuss ab. Adenauer, der sich nun doch unter Druck sah, studierte das Grundgesetz und meinte dort allerlei Rechte des Bundespräsidenten zu entdecken, die der erste Präsident jedenfalls nicht wahrgenommen hatte. Adenauer warf, zum Entsetzen vieler, seinen Hut in den Ring. Dabei ging er davon aus, dass Finanzminister Etzel sein Nachfolger als Bundeskanzler werden würde. Es folgten Wochen der Missverständnisse und des Missvergnügens. Die erneute Lektüre des Grundgesetzes belehrte den greisen Kanzler eines Besseren ob der Rechte des Präsidenten. Zudem zeichnete sich ab, dass die CDU/CSU-Fraktion nicht Etzel, sondern Erhard als Kanzler portieren würde. Am 4. Juni 1959 erklärte Adenauer, er wolle doch lieber Bundeskanzler bleiben.

Viele waren empört über dieses Spiel mit den höchsten Staatsämtern; einer, Bucerius, verlor vollends die Fassung. Am 6. Juni gab er in den Hamburger Zeitungen eine Anzeige auf, in der die Wähler aufgefordert wurden, «recht schnell» ihr Kreuzchen in einem von zwei Feldern zu machen: «Die Entscheidung Dr. Adenauers, Bundeskanzler zu bleiben, war richtig ☐ – falsch ☐.» 5976 Hamburger antworteten mit dem Rücklaufcoupon. Eine klägliche Zahl? Eine beachtliche Zahl? Niemand war überrascht, dass nur 7,5 Prozent die Entscheidung für richtig hielten. Gegner hatte Adenauer genug, vor allem in Hamburg.

In der turbulenten Fraktionssitzung, die der Aktion folgte, «trommelten fast alle 216 CDU-Abgeordneten minutenlang mit den Fäusten auf den Tisch; so dreist hatte noch niemand Adenauers Autorität lädiert». Nicht nur Adenauers Autorität hatte allerdings Schaden genommen; im Gegenteil, der Kanzler konnte sich grossmütig zeigen:

«Über die Methode will isch misch mittem Herrn Bucerjus nicht streiten.» Das ist Bucerius' eigener Bericht. Nun spielte er mit dem Gedanken, ein konstruktives Misstrauensvotum zugunsten seines Kandidaten Erhard einzubringen. Wohlgemerkt: eines aus der Partei des amtierenden Kanzlers! Schlimmer noch, «man tuschelte am 21. Juni in Bonn, von den Abgeordneten Curt Becker, Gerd Bucerius, Matthias Hoogen und Gerhard Fritz werde nun doch die Gründung einer nationalliberalen Partei ernsthaft erwogen, es stehe also eine Spaltung der Union bevor». Doch die «Brigade Erhard» verwarf die Sezession als untaugliches Mittel.

Das tiefere Problem hinter all den Turbulenzen war der alternative Kandidat selbst. Wollte Erhard die Macht? Zum Unterschied von Adenauer verband Erhard mit Bucerius eine persönliche Zuneigung. Zumindest in der Wirtschaftspolitik stimmten die beiden einschränkungslos überein. Zudem hatte Erhard Bucerius in der schwierigen Zeit der «grossen Krise» der «Zeit» geholfen. Der Minister war häufig in der Rheinstrasse zu Gast gewesen. Aus allerlei persönlichen und sachlichen Gründen wollte also Bucerius Erhard als Kanzler. Aber wollte dieser es auch? Am 9. Juni 1959, also mitten in den kritischen Tagen, schrieb Bucerius dem Minister («Lieber Herr Erhard») einen fast flehentlichen Brief. «Die Entscheidung über das weitere Vorgehen sollte nach meiner Ansicht in Ihrer Hand liegen.» Fraktion und Kanzler haben einen Scherbenhaufen angerichtet; nur Erhard kann die Dinge wieder richten. «Mit den besten Grüssen bin ich stets Ihr sehr betrübter Bucerius.»

Es sollten noch viele solcher Briefe folgen, vor allem während der Regierungsbildung von 1961. Das war die Wahl, in der der FDP-Vorsitzende Erich Mende mit dem Slogan «Mit der CDU, aber ohne Adenauer» seine Partei auf 12,8 Prozent hochgebracht hatte, um dann seinerseits klein beizugeben. Bucerius wandte sich immer wieder an Erhard, mal jammernd und klagend, mal fordernd, ja schimpfend, er solle doch endlich das Risiko eingehen und für sich das Kanzleramt fordern. Erhard blieb zögernd. Bucerius wurde böse. «Sie können auch nicht damit rechnen», schrieb er an Erhard am 21. September 1961, «dass Sie immer wieder Leute für Ihre Sache finden, wenn Sie selbst für diese Sache nichts riskieren!» Ausserdem werde seine Position täglich schwächer. «Die Leute sagen: Wie will der mit Chruschtschow fertig werden, wenn er nicht einmal mit Adenauer fertig wird?» Indes wurde das «Übergangskabinett» Adenauer gebildet, mit Erhard als Wirtschaftsminister. Bis zum Kanzlerwechsel sollten noch zwei Jahre vergehen.

Bucerius schwankte zwischen Resignation und Wut. Noch nach seinem eigenen Ausscheiden aus der Politik bedrängt er immer erneut Erhard:

> «Schon 1959 und 1961 wurden Sie untergebuttert, weil Sie nicht aufs Ganze gegangen sind. Von einem Staatsmann verlangt man Handlungen, nicht Verhandlungen … Nun ist aber Strauß gar nicht mehr der wahre Gegner, sondern Adenauer. Adenauer wird es ein Vergnügen sein, Sie und Strauß gegeneinander zu hetzen. Dabei können Sie nur verlieren. Der Schlüssel liegt beim Kanzler. Gegen ihn müssten Sie antreten.» (26. November 1962)
>
> «Schröder ist ängstlich. Obwohl er sich nach dem Kanzler-Amt sehnt, wird er sofort zurücktreten, wenn Sie sich einmal durch einen Akt als Führer erweisen. Um den kommen Sie nicht herum, mit allem Risiko.» (23. Februar 1963)

Bucerius stand nicht allein mit diesem Begehren. Adenauers Uhr war nach Meinung vieler in der politischen Klasse wie im Wahlvolk abgelaufen. Erhard erfüllte zwar nicht alle Blütenträume, aber doch genügend viele, wenn – ja wenn er einmal mit der Faust auf den Tisch schlagen und seine Ansprüche anmelden würde. Dass er es nicht tat, sollte später seine Kanzlerzeit tödlich belasten. In alledem hatte Bucerius einen sicheren Spürsinn. Eine andere Frage war, wie so manches Mal, die Art und Weise, in der er seine Meinung vertrat. Manchen war er immer ein bisschen zu aufgeregt, zu vorschnell, auch zu rasch mit öffentlichen Aktionen zur Hand. So ist es schwer, dem Autor zu widersprechen, der Bucerius als «Angehörigen der ‹Brigade Erhard›» sieht, «der schon dort wegen seiner Angriffslust und verbalen Aggressivität nicht nur Freunde hatte, sich als *enfant terrible* der Fraktion zunehmend in eine spürbare Isolation manövrierte».

Der Adenauer

An der Beziehung zwischen Adenauer und Bucerius lässt sich das Auf und Ab – oder besser vielleicht: das Auf und Aus – der politischen Karriere des Hamburger CDU-Abgeordneten ablesen. Von Adenauers Seite war dies, wie es dem Wesen des Alten entsprach, eine stets durchaus einfache Beziehung. Am Anfang war für ihn Bucerius ein geschätzter Kollege, ja Bundesgenosse. Seine Berichte über Stimmungen im Ausland waren ihm wichtig. Auch mit seinen Darlegungen zur äusseren Politik stimmte er oft «durchaus überein». Auch innenpolitisch folgte der Kanzler zuweilen Bucerius' Rat, so dem (erfolgreichen) Versuch im Mai 1952, die CDU-Ministerpräsidenten für das Lastenausgleichsgesetz zu gewinnen. Sogar eine persönliche Note gestattete sich der herbe alte Herr in der Beziehung zu Bucerius. Vor Weihnachten 1951 schickte der Abgeordnete Bucerius dem Kanzler eine Minox-Kleinkamera als Geschenk. Adenauer bedankte sich sofort für die Überraschung und bezeigte grosse Freude. «Ich werde in den Weihnachtstagen mich an dem Apparat versuchen.» Im zweiten Bundestag kühlte die Beziehung etwas ab. Adenauer fand den jungen Kollegen allzu «zappelig». Vor allem hat ihn die Berlin-Aktion von 1956 nachhaltig verärgert. Am Ende der fünfziger Jahre dann wurde das Verhältnis eisig.

«Auf meine Freundschaft hat Adenauer nie Gewicht gelegt; dass ich nicht mehr zu seinen Anhängern gehörte, hat er seit der Präsidenten-Affäre gewusst, aber nie gezeigt. Auch danach begegnete er mir korrekt-freundlich, mit jenem spöttischen Blick, den sich in seinen Augen nette, aber doch recht unerfahrene jüngere Leute gefallen lassen mussten.»

Als 1962 Bucerius' Ausscheiden aus dem Bundestag und Austritt aus der CDU in der Partei beträchtliche Erregung hervorrief, fand Adenauer die schon zitierte vernichtende Formulierung: «So wichtich is der Herr Bucerjus doch jar nich.»

Die letzteren Äusserungen finden sich immerhin in Bucerius' eigenem Büchlein «Der Adenauer». Das offenbar hastig geschriebene *opusculum* trägt die angesichts des Datums der Veröffentlichung – 1976 – überraschende Widmung: «Weisst Du noch, Ebelin?» Zu dieser Zeit lebten die beiden nicht mehr zusammen. Bucerius' Adenauer-Geschichte ist voller Flüchtigkeiten; von seiner Bausenatorenzeit bis zur absoluten Mehrheit für die CDU/CSU im Bundestag bringt er Daten durcheinander; aber die Emotionen, die die vielschichtige Beziehung von Bucerius' Seite bestimmten, kommen in der eher verwirrenden Darstellung um so kräftiger zum Ausdruck. Sie beginnen mit dem Respekt für den Mann, dessen Hamburg-Besuch 1946 Bucerius immerhin von seinen angeblichen SPD-Neigungen endgültig abgebracht und zur CDU geführt hat. Bucerius preist sogar, gegen verbreitete Meinungen, den Charme des Mannes, seine rhetorische Meisterschaft, seine Schlagfertigkeit, seinen Stil. «Auch nach stundenlangen Debatten im Bundestag, wenn wir alle in unseren Sitzen hingen, sass er vorn auf der Regierungsbank, kerzengerade, scharf beobachtend, immer ansprechbar.»

Sodann ist Bucerius' tiefe und fast einschränkungslose Zustimmung zu Adenauers internationaler Politik zu bemerken. Es gab nicht viele, die diese Strategie zur Wiedergewinnung zuerst deutscher Souveränität, dann eines angesehenen Platzes für Deutschland in Europa und der Welt, so früh verstanden und guthiessen wie Bucerius. In der Europapolitik unterschied er sich von dem stets «mondialistischen», auf weltweite Regeln bedachten Erhard und unterstützte Adenauers europäischen Föderalismus. Die Westbindung einschliesslich der frühen Wiederbewaffnung und dann der NATO-Mitgliedschaft fand er gegen die Nationalliberalen aller Parteien (und manche «Zeit»-Redakteure) richtig. Zudem teilte er Adenauers Bewertung der Motive der Sowjetunion vor allem in der Zeit Stalins.

Bucerius war daher einschränkungslos einverstanden mit Adenauers ablehnender Haltung zur Stalin-Note von 1952. Darin stand er zunächst selbst in der CDU/CSU-Fraktion fast allein. Das Frühjahr 1952 markiert die kritische Phase in Adenauers Kanzlerschaft. Er hatte einen Deutschlandvertrag mit den westlichen Alliierten ausgehandelt, der manchen unausweichlichen Kompromiss enthielt, aber Deutschlands Souveränität (wie sich zeigen sollte) weitgehend wiederherstellen würde. Er hatte zudem den Vertrag über eine Europäische Verteidigungsgemeinschaft im Prinzip akzeptiert. Da schlug Stalin am 10. März 1952 in einer Note an die Westmächte Viermächte-Verhandlungen über die deutsche Wiedervereinigung vor. Adenauer und mit ihm die westlichen Hochkommissare reagierten sofort: «Wir werden in unseren Verhandlungen so fortfahren als ob es die [Stalin-] Note nicht gäbe.» Die meisten führenden Deutschen waren anderer Meinung; manche sind es noch ein halbes Jahrhundert später, nachdem die Vereinigung stattgefunden hat. Bucerius, für den die Wiedervereinigung mehr als ein Lippenbekenntnis war, unterstützte Adenauers Position. Keine Wiedervereinigung von Stalins Gnaden! Wenn die noch ganz junge Bundesrepublik jetzt in ihrer Westorientierung zu wackeln beginnt, so meinte er mit Adenauer, «kann Stalin mit uns machen, was er will».

Es ist fast ein bisschen überraschend, den so häufig opponierenden Bucerius auf der Seite der obsiegenden Position zu finden. Immerhin musste der Sieg gegen den Widerstand der ursprünglichen Mehrheit erkämpft werden. In den späteren fünfziger Jahren indes wendete sich für Bucerius das Bild Adenauers. Der eine Grund dafür war Berlin. Das Scheitern der Berlin-Aktion 1956 hat er dem Kanzler nicht vergeben, zumal er in Adenauers Haltung mehr als Taktik vermutete. Wollte der Alte die Wiedervereinigung überhaupt? Der andere Grund für die Wendung zur zunehmend scharfen Kritik am Kanzler lag in der Verfassungspolitik. Viele begannen von der «Kanzlerdemokratie» zu sprechen, die eben keine Demokratie ist. Bucerius empörte das Spiel mit den Institutionen in der Präsidentenfrage und wieder bei der Wahl 1961.

1961 kam noch etwas anderes hinzu. Am 13. August war die Berliner Mauer errichtet worden. Viele, auch Bucerius, erwarteten eine Demonstration der Solidarität vom Kanzler, also eine Berlin-Reise. Er blieb jedoch bei seinem Wahlkampfkalender im Westen. So «wurde ein ganzes Volk Zeuge, wie der grosse und von Millionen aufrichtig verehrte Mann in der schwersten Stunde der Bundesrepublik versagte». Als Bucerius das in der «Zeit» schrieb, hatte die Bundestagswahl schon stattgefunden. Doch hatte Bucerius sich während des Wahlkampfes (am 13. September) direkt an Adenauer gewandt:

> «Ihre in der Tat einzigartigen Verdienste um die Bundesrepublik können nicht geschmälert werden. Aber die Sorge, ob die Natur es erlaubt, einen 85jährigen den Belastungen auszusetzen, welche seit dem 13. August sichtbar geworden sind, ist unabweisbar.»

Schon vorher hatte Adenauer in einem Brief an einen Mitarbeiter bemerkt, er lehne es ab, im Wahlkampf in Hamburg zu sprechen, «weil Herr Bucerius, soviel ich weiss, an zweiter Stelle auf der Landesliste steht». Herr Bucerius wurde trotzdem am 17. September wiedergewählt, und mit ihm die um mehr als fünf Prozent reduzierte CDU, die nun wieder die Koalition mit der FDP suchen musste.

Für Bucerius war das der Anfang vom Ende der Politik, das allerdings noch ein eigenes heftiges Drama entfachen sollte. Was Adenauer anging, so notierte er: «Der Abschied von Adenauer ist mir schwergefallen. Ich wählte weiter CDU.» (22 Seiten vorher hatte er allerdings mitgeteilt, er habe 1969 Brandt und die SPD gewählt.) Nach Adenauers Rücktritt 1963 korrespondierten Bucerius und Adenauer noch mehrfach und in freundlichem Ton. Bucerius konnte es nicht lassen, den greisen Altkanzler mit Schreckensvisionen zum Handeln zu beschwören. 1964 ging es (unter anderem) um de Gaulles Europapolitik. Bucerius schrieb am 31. Oktober: «Die Stärke der CDU ist Ihr Werk. Das werdende Europa gäbe es nicht ohne Sie. Beiden droht Zerstörung. Bitte helfen Sie.» Adenauer dankte (am 4. November 1964) «für Ihre Anregung».

«Wie ich in der Fraktion [der Bucerius allerdings nicht mehr angehörte] erklärt habe, will ich alles tun was in meiner Macht steht, um im Gespräch mit dem französischen Staatspräsidenten für unser Land und für die deutsch-französische Freundschaft und damit auch für Europa das Bestmögliche zu erreichen.»

Schon bei Adenauers Rücktritt hatte Bucerius seine Ambivalenzen in Worte gefasst. «Man konnte ihn bewundern, ja lieben – oder aber hassen –, gleichgültig liess er keinen. Die ihn liebten, haben ihn zu Zeiten oft am mächtigsten gehasst.» In dem gleichen Artikel in der «Zeit» sprach Bucerius von den «aufgerührten Gefühlen» anlässlich des Rücktritts. «Mancher Kummer der letzten Jahre ist vergessen. Adenauer braucht das Urteil der Geschichte nicht zu scheuen. Er war der Grösste unserer Zeit.»

Das sind grosse Worte, fast schon ein wenig zu gross. In den Rückblicken des Jahres 2000 taucht Adenauer nur selten und dann spät in der Liste der hundert bedeutendsten öffentlichen Persönlichkeiten des abgelaufenen Jahrhunderts auf. Aber er war ein bedeutender Mann. Bucerius hat ihm geholfen, vielleicht sogar noch durch seine Nadelstiche und Extravaganzen. Für Bucerius war Adenauer trotz allem eine Leitfigur.

Das Höllenfeuer

Dass Bucerius nicht nur Abgeordneter war, sondern auch Zeitungsverleger, entging seinen Kollegen nicht, und schon gar nicht Adenauer und anderen Ministern. Früh schon musste er sich verteidigen, wenn Artikel in der «Zeit» auf wenig Gegenliebe stiessen. Im November 1950 erregte sich der umstrittene Minister Hans-Christoph Seebohm so sehr über Claus Jacobis sarkastischen Kommentar «Der verkehrte Verkehrsminister» («Er ist Verkehrsminister und versteht nichts vom Verkehr»), dass er Adenauer veranlasste einzugreifen. Adenauer schrieb an den Verleger des «der Regierungskoalition nahestehenden Blattes» am 3. November 1950 nicht ohne Vorsicht. «Ich möchte zu diesen Veröffentlichungen im einzelnen nicht Stellung nehmen.» Dennoch fände er es gut, wenn der Verleger «durch [seinen] Einfluss bewirken könnte, dass kritische Stellungnahmen der ‹Zeit› sich um einen so zurückhaltenden Ton bemühen, dass die Zusammenarbeit der Koalitionsparteien nicht erschwert wird». Adenauer wäre nicht Adenauer gewesen, wenn er nicht hinzugefügt hätte: «Dieses Bemühen scheint mir angesichts des niedersächsischen Wahlkampfes besonders tunlich zu sein.»

Noch war Bucerius gegenüber solchen Ansinnen milde gestimmt. Er nahm in seiner Antwort an Adenauer vom 11. November 1950 die Formulierung von dem «der Regierungskoalition nahestehenden Blatt» auf. «Das ist sicher richtig, soweit die Haltung unserer Redaktion in Frage kommt.» Adenauer könne diese Beziehung noch verstärken, wenn er für die Neujahrsnummer einen aussenpolitischen Artikel schriebe. Später reagierte der Verleger nicht mehr so gnädig auf politische Eingriffe in sein Tun. Im März 1953 wurde Adenauer sehr böse über einen «Zeit»-Artikel seines eigenen früheren Pressesprechers Paul Bourdin unter dem Titel «Auf krummen Wegen». Bourdin suchte mit eher bemühten Argumenten unter Hinweis auf den amerikanischen Journalisten Kingsbury Smith zu belegen, dass nicht nur der französische Aussenminister Bidault, sondern auch sein britischer Kollege Eden in Wahrheit gegen die deutsche Wiedervereinigung seien. Das war in der Ratifizierungsdebatte des Deutschlandvertrages sicher nicht hilfreich. Adenauer benutzte die Tribüne des Bundestages am 19. März 1953, um den Artikel zu diskreditieren, nicht ohne Seitenhiebe auf den Verleger.

Die «Grippe», die Bucerius daran gehindert hatte, an der Debatte teilzunehmen, legte sich innerhalb weniger Stunden. Bucerius erschien noch am gleichen Tag im Plenum, und ein grossmütiger Präsident gab ihm Gelegenheit zu einer persönlichen Erklärung. Sein Autor Bourdin sei, so sagte er, leider auf zweifelhafte Informationen «hereingefallen». Dass aber er, Bucerius, «persönlich für den Artikel verantwortlich gehalten werde», sei doch erstaunlich. «Ich bin Verleger der ‹Zeit›. Redakteure nämlich, Herr Bundeskanzler, sind nach der guten Sitte freier Länder vom Verleger unabhängig.» Der Verleger sei zwar «für die Grundrichtung des Blattes verantwortlich», nicht aber für jeden Artikel.

Sieben Jahre später allerdings, im Januar 1960, konnte Bucerius dieses Argument nicht mehr gegen Adenauer benutzen. Da hatte er selbst einen Artikel in der «Zeit» geschrieben («Was ist mit den Nazis in Bonn?»), in dem er den Rücktritt des auf allerlei Weise in die NSDAP und das Dritte Reich verwickelten Vertriebenenministers Oberländer forderte. «Nein, dieser Oberländer gehört nicht in das Bundeskabinett. Kanzler und CDU-Fraktion sollten ihn nach Hause schicken.» Adenauers unterkühlte Reaktion liess dennoch seinen Ärger erkennen. Er könne nicht verstehen, dass Bucerius, «ohne mit einem Menschen zu sprechen, eine solche Sache in der ‹Zeit› gebracht hat». Die CDU als Partei reagierte weniger kühl. Sie leitete ein Parteigerichtsverfahren ein, das sich ein Jahr lang hinzog und ergebnislos blieb. Bucerius entzog sich diesem Verfahren mit einer zunehmend häufigen Erklärung. «Meine seit sechs Monaten kranke Frau hatte einen Rückfall und ich muss sie hier pflegen», schrieb er am 6. Januar 1961 aus dem Park Hotel in Arosa.

Das alles fand in der «Zeit» statt, und es hatte noch etwas mit Politik zu tun. Dass Bucerius Verleger des «Stern» war, kam ihn in seiner christlichen Partei sehr viel teurer zu stehen. Hier nahm denn auch am 14. Januar 1962 jene Geschichte ihren Anfang, die als Episode begann und als Drama endete, als sie zum Ende von Bucerius' Partei- und Parlamentskarriere führte. Der «Stern» veröffentlichte in seiner Nr. 2 des Jahres 1962 einen längeren Artikel unter dem Titel «Brennt in der Hölle wirklich ein Feuer?» Anlass war das bevorstehende Vatikanische Konzil. Der (zunächst anonyme) Autor zog seine nicht sonderlich geistreiche Kritik an der katholischen Kirche an der These auf, eigentlich hätte das Konzil die Einheit der christlichen Kirchen bringen sollen, jetzt aber sehe es ganz so aus, als ob der Streit zwischen Jesuiten und Dominikanern darüber, ob in der Hölle wirklich ein Feuer brenne, die Diskussionen beherrschen würde.

Diese Wendung der Dinge, so argumentierte Jürgen von Kornatzky – sein Chefredakteur Nannen enthüllte den Namen am 4. Februar 1962 in seinem «Lieber Sternleser»-Brief –, sei durchaus bezeichnend. Die katholische Kirche wolle die Einheit der Christen nur unter ihrer Vorherrschaft. Sie habe schon jetzt die Schwäche der naiveren anderen Kirchen benutzt, um ihre fundamentalistischen Auffassungen vor allem im Ehe- und Scheidungsrecht durchzusetzen.

> «Vielleicht ist es nach diesen jüngsten deutschen Erfahrungen vorzuziehen, wenn die Katholiken auf dem kommenden ‹Einigungskonzil› sich nur darüber streiten, ob in der Hölle ein Feuer brennt oder nicht, wenn sie weiterhin für sich bleiben, als wenn es ihnen wirklich gelänge, die übrigen Kirchen zu sich ‹heimzuführen› und so vieles zu gefährden, was das 19. und 20. Jahrhundert an Meinungs-, Gewissens- und Willensfreiheit gebracht hat.»

Kannten Chefredakteur und Verleger den Artikel vor seiner Veröffentlichung? Henri Nannen weicht der Frage aus. «Der Artikel stand im ‹Stern›, also fühlen sich die Verleger und der Chefredakteur dafür uneingeschränkt verantwortlich.» Dem folgt Nannens Kritik an seinem Autor, an dessen «respektlosem Ton» er «einiges auszusetzen» hat. Das führt zu der «dringenden und herzlichen Bitte», dass «Männer beider Kirchen, denen an einer ehrlichen Zusammenarbeit gelegen ist, im ‹Stern› das Wort zu einem sachlichen Gespräch nehmen». Über solche Illusionen indes waren die Wogen der echten und auch künstlichen Erregung bereits zusammengeschlagen, als Nannen dies am 4. Februar schrieb. Die offiziellen und inoffiziellen Briefe, Zeitungsartikel und Rundfunksendungen, Partei- und Kirchenakten, am Ende die Gerichtsakten und juristischen Kommentare füllen viele Ordner. Sie geben dem fast vier Jahrzehnte später Zurückblickenden vor allem Rätsel auf, von denen wenigstens einige der Lösung bedürfen.

Vielleicht das grösste dieser Rätsel ist: Warum Bucerius? Warum galt die zuerst katholische, dann christliche Empörung über den Höllenfeuer-Artikel nicht in erster Linie dem Autor Kornatzky oder dem «Stern» und seinem Chefredakteur Nannen, sondern dem vom Geschehen offenbar entfernteren Verleger Bucerius? Eine Lösung des Rätsels liegt in der *Christlich*-Demokratischen Union. Es gab eine Partei, die auf Grund ihres Namens besondere Verantwortung für Dinge des Christentums zu tragen vorgab, die sich aber zugleich in ihrer Praxis immer mehr wie eine normale Partei gebarte. Die Tatsache, dass der «Höllenfeuer»-Verleger dieser Partei nicht nur angehörte, sondern sie im Bundestag vertrat, rief all die latenten Zweifel am Christentum der CDU auf den Plan und konzentrierte sie auf eine Person, einen konvenienten Sündenbock.

In der Partei zündete denn auch die zunächst katholische Kritik sogleich. Dabei machte die Bundestagsfraktion den Anfang. Ihr Vorsitzender, Heinrich von Brentano, hatte sich schon zehn Tage vor dem «Höllenfeuer»-Artikel bei Bucerius über Photomontagen von Politikern, Brentano selbst eingeschlossen, mit leichtbekleideten Mädchen beklagt («eine pornographische Zeitung») und ihn zur Stellungnahme aufgefordert. In der ersten Fraktionssitzung nach dem «Höllenfeuer» entlud sich dann der Zorn des Vorsitzenden und anderer über dem Kollegen. Rainer Barzel erregte sich besonders; Bucerius schrieb ihm einen langen abwiegelnden Brief. Brentano forderte Bucerius zu einem Gespräch auf, das der ebenfalls eingeladene Pferdmenges als «exploratorisch» verstanden wissen wollte, ohne dass dem Fraktionsvorsitzenden klar war, «worin der Unterschied zu einem kontradiktorischen Gespräch eigentlich liegt».

Dann geschah etwas Merkwürdiges, wenn auch für Bucerius mittlerweile Charakteristisches: Er verschwand von der Bildfläche. «Lieber Herr Rasner», kritzelte er am 21. Januar eine Notiz an den Fraktionsgeschäftsführer, «seit 18 Monaten krank und 2mal operiert musste meine Frau am 19. d. M. wieder unters Messer (Darmverschluss). Operation gelungen – Allgemeinzustand miserabel, vor allem psychisch. Ich kann sie einstweilen hier nicht allein lassen. Bitte noch zwei Wochen Urlaub.» «Hier», das war Davos. Ebelin kränkelte meist mehr als dass sie eine eindeutige Krankheit hatte, doch dieses Mal war es ernster. Laut seinem Kalender fuhr Bucerius am 18. Januar nach Davos, kam am 2. Februar für ein paar Tage zurück, war aber vom 8. bis zum 16. und dann vom 19. Februar bis zum 7. März wieder in Davos. Das Drama fand für ihn über Telefon, Telegramme und Eilbriefe statt.

Weit ab vom Schuss, las er sicher nicht alles, was über ihn und an ihn geschrieben wurde, hatte sogar Zeit zur Reflexion, wie der etwas traurige, nachdenkliche Brief an Nannen zeigt, den er in seiner verwirrten Stimmung «24. Januar 1962, Arosa» datiert:

«Lieber Freund,
je mehr ich über das ‹Höllenfeuer› nachdenke, desto mehr Sorgen macht mir die Sache. Ich weiss wenig von den Dogmen der kath. Kirche. Kornatzky wusste noch nicht einmal, was «unbefleckte Empfängnis» bedeutete – und dann der Mut, über Dogmen zu sprechen! Der politische Gehalt des Artikels: die Protestanten in der CDU werden dort von den Katholiken überwältigt, ist einfach ein Schmarren; der Junge arbeitet schliesslich nicht (wie ich) 16 Jahre in der CDU, er hat wirklich keine Ahnung.
Wir können den bösen Rummel kritisieren, der um den Artikel entstanden ist. Der Artikel lässt sich nicht verteidigen. An dieser Linie sollten wir festhalten.
Ich glaube auch, dass uns die Sache schadet – obwohl das gewiss kein Massstab ist. Der Schaden wäre geringer, wenn wirklich Theologen von Rang im ‹Stern› dazu schrieben – aber ich fürchte, es werden sich keine finden, weder evangelische noch katholische. Wir sollten uns darum mit allen Kräften kümmern.
Ebelin geht es leidlich, gemessen an der langen Narbe: gut. Aber es war doch halt eine böse Attacke, mir hat sie einen argen Stoss gegeben.
Herzlichst Ihr Buc.»

Der Freund nahm die Sache weniger ernst. Er telegraphierte am 26. Januar nach Davos:

«hoellenfeuer geloescht stop brentano mit feuerwehrverdienstkreuz erster klasse ausgezeichnet stop letzteres teilt fraktion am mittwoch mit stop gratulieren sie ihm – gruss nannen.»

Bucerius brauchte noch Jahre, bevor er zu solch ironischer Distanz fähig war. Immerhin, als der Autor des Höllenfeuer-Artikels, Jürgen von Kornatzky, 1968 starb, soll Bucerius bemerkt haben: «Jetzt weiss er's!»

So einfach war die Sache indes nicht. Der Fraktion folgte die Partei, deren Bundesvorstand sich am 7. Februar mit der Frage befasste, «ob das Verhalten des Herrn Dr. Bucerius als Verleger des ‹Stern› mit seiner Zugehörigkeit zur CDU und zur CDU-Fraktion des Bundestages zu vereinbaren ist». Die Hamburger Landespartei und die Fraktion wurden aufgefordert, «auf eine baldige Klärung der Angelegenheit hinzuwirken». Nein, nicht «Angelegenheit», korrigierte Adenauer, sondern «dieser Frage». So beschlossen. Am nächsten Morgen wurde die Erklärung veröffentlicht, hatte dabei aber auf mysteriöse Weise einen Zusatz bekommen: Der Bundesvorstand «hat diese Veröffentlichungen einstimmig als eine Verletzung christlicher Empfindungen schärfstens missbilligt». Hatte er das wirklich? Als Blumenfeld den Bundesvorsitzenden Adenauer mit dieser Frage herausforderte, antwortete dieser (am 27. Februar), er stehe zu dem ursprünglichen Text. «Der veröffentlichte Text ist mir vor seiner Freigabe nicht vorgelegt worden.»

Blumenfeld erwies sich in diesen Wochen einmal mehr als verlässlicher Freund. Als die Medien fast geschlossen über Bucerius herfielen und zumindest seine Mitgliedschaft in der CDU für untragbar erklärten, suchte er zu retten, was zu retten war; doch war das nicht viel. In einer «Panorama»-Sendung des Fernsehens mit Nannen, Blumenfeld und Eugen Kogon am 18. Februar 1962 löste Bucerius wenigstens einen Teil seines persönlichen Rätsels auf. Gewiss wäre manches anders gelaufen, wenn er sich von dem Artikel distanziert hätte. «Aber würden Sie das tun? Nein, das würde keiner von uns tun. Besonders nicht in dem Moment, als nun die andere Seite auf uns zumarschierte, auf meine Journalisten zumarschierte in einer Weise, die sich in Deutschland niemand bieten lassen kann.» «Meine Journalisten» zu verteidigen war ihm wichtiger, als den eigenen Kopf aus der Schlinge zu ziehen.

Die Angriffe vor allem in der katholischen Presse wurden allerdings immer massloser. «Endlich platzt der Kragen», schrieb die «Neue Bildpost» am 21. Januar. «Diese Brunnenvergiftung kann sich die CDU/CSU nicht weiter gefallen lassen ... Dr. Gerd Bucerius ist untragbar für die CDU.» Auf kuriose Weise schienen solche Kommentare Kornatzkys These von der Intoleranz der katholischen Fundamentalisten zu bestätigen; im Rückblick allerdings erscheinen sie eher als später Versuch, dem C im Parteinamen einen emphatischen Sinn zu geben. «Warten auf Bucerius» hiess ein besonders hässlicher Artikel im «Echo der Zeit» (21. Januar 1962). Er berief sich auf Rainer Barzels Kritik an der «üblen konfessionellen Hetze» des «Höllenfeuer-Artikels» und bescheinigte den Verantwortlichen «Dummenfang», «Verfälschung», «Unkenntnis». Die folgende Klage des «Stern»-Verlegers und des Chefredakteurs gegen das «Echo der Zeit» führte nur zu einem begrenzten Erfolg, wohl aber zu dem, was in der juristischen Fachliteratur seitdem die «Höllenfeuer-Doktrin» genannt wird. «Handelt es sich um einen Beitrag zum geistigen Meinungskampf in einer die Öffentlichkeit wesentlich berührenden Frage, hat der Schutz privater Interessen weitestgehend zurückzutreten.»

«Dr. Bucerius muss sich entscheiden, auf welcher Ebene er künftig mitreden will, auf der seines ‹Stern› oder auf der seiner Fraktion», schrieb das «Echo der Zeit». «Faule Kompromisse» dürfe es nicht mehr geben. Wenn irgend jemand solche Kompromisse nicht wollte, dann Bucerius. Am 9. Februar gab Bucerius aus Davos die Anweisung, die vorbereiteten Telegramme an die Hamburger Partei, an die Bundestagsfraktion und an den Bundestag abzuschicken, mit denen er aus der CDU austrat und aus dem Bundestag ausschied ... Ausscheiden wollte, muss es allerdings heissen. So leicht ist die Mandatsniederlegung nicht. Sie muss direkt beim Bundestagspräsidenten erfolgen oder notariell beglaubigt werden.

Bucerius' Freunde nutzten die Frist für einen letzten Versuch, ihn umzustimmen. Vor allem Blumenfeld und Pferdmenges beschworen ihn, sich die Sache noch einmal zu überlegen; am Ende stimmten sogar die Kritiker Brentano und Gerstenmaier ein in den Chor. In einem langen «Telefondiktat» aus Davos (das Blumenfeld am 1. März in Bonn als Telex erreichte) erklärte Bucerius seinem Freund Erik noch einmal seine Position. Das «verletzte christliche Empfinden» des ohne Adenauers Zustimmung ergänzten Vorstandsbeschlusses wurmte ihn noch. Überdies würde er «mit meinen nun einmal oft abweichenden Ansichten, mit der Unfähigkeit, diese Ansichten zu verschweigen und

mit der Existenz zweier Zeitungen, welche diese Ansichten weit ver-
breiten, doch immer wieder einem wichtigen Teil der CDU ein Ärgernis sein». Die CDU könnte in Zukunft seine Entscheidung zu ihrem Nutzen verwenden. Nein, «mit Hilfe eines formalen Tricks» in
den Bundestag zurückkehren wolle er nicht; seine Entscheidung sei
gefallen. «Immerhin haben Deine und der anderen Freunde Bemü-
hungen dem Fall den bitteren Stachel genommen – jedenfalls, soweit
es mich angeht.»

Am 22. März 1962 legte der Abgeordnete Bucerius in aller Form
sein Mandat nieder. Manche hatten schon vorher «das Zustandekom-
men der Volksfront gegen den Abgeordneten aller Rätsel entkleidet».
Claus Heinrich Meyer, der dies in der «Stuttgarter Zeitung» schrieb,
hatte sicher recht mit der Vermutung, dass «das Höllenfeuer ein will-
kommener Anlass [war], alte Rechnungen zu begleichen». Fred Luchsinger, der weise und wissende damalige Korrespondent der «Neuen
Zürcher Zeitung», schrieb plausibel:

> «Die Angriffe wegen des ‹Stern›-Artikels, für den Bucerius höchs-
> tens die indirekte verlegerische, aber nicht die redaktionelle Ver-
> antwortung trägt, hätten sich kaum in dieser Weise verschärft,
> wenn der *Politiker* Bucerius nicht schon seit langem als das
> schwarze Schaf der christlichen Fraktion in Bonn gegolten hät-
> te.»

Des Rätsels Lösung ist also nicht weit zu suchen. Das «Höllenfeuer»
war nur der Anlass für die CDU, sich des am Ende ungeliebten Abgeordneten zu entledigen, und für ihn selbst, seinen Weg der Unabhängigkeit auf neue Weise zu gehen.

Spuren im Zeitsand

Bucerius' Adenauer-Büchlein endet mit einer traurigen Pointe. Vor
dem Pontifikalrequiem für den verstorbenen Kanzler im Kölner Dom
erkundigte sich das Büro Bucerius beim Protokoll, welche Kleidung
dem Anlass angemessen sei. «Hinten, wo Herr Bucerius sitzt, kommt
es nicht darauf an», lautete die Antwort, die den Betroffenen zu dem
Kommentar veranlasste: «Dabei hatte ich manchmal geglaubt, ich hätte auch Geschichte gemacht.»

Dabeigewesen ist Bucerius gewiss: als auf die Währungsreform
die Erhardschen Liberalisierungsgesetze folgten; als der erste

Bundestag Konrad Adenauer mit einer – also, wenn man so will, mit Bucerius'–Stimme zum Bundeskanzler wählte; als die Serie grosser Debatten, dann die Verträge und Institutionen vom Europarat über die Montanunion, die NATO und schliesslich die EWG das neue Deutschland fest an den Westen in seiner europäischen und transatlantischen Form banden; als den Drohungen und Verlockungen des Ostens von der Berliner Blockade bis zur Stalin-Note und weiter zur Mauer Widerstand geleistet wurde. Dabeisein ist vieles, aber Geschichte macht es noch nicht.

Gewiss, Geschichte ist ein Mosaik aus lauter kleinen Steinchen, oder besser vielleicht, ein Strom aus lauter Tropfen. Die Lastenausgleichsregelungen der Nachkriegszeit, die den inneren Frieden der Bundesrepublik begründet haben, verdankten dem Ausschussvorsitzenden Bucerius seit der Wirtschaftsratzeit manches. Die beharrliche Verteidigung Berlins hat konkret zur Förderung seiner Wirtschaft und genereller dazu beigetragen, dass die Stadt nicht in Vergessenheit geriet. In den ersten Jahren der Bundesrepublik war die Unterstützung der neuen politischen Führer wichtig; Adenauers – und Erhards – politisches Überleben stand mehr als einmal auf des Messers Schneide. Da zählte ein Abgeordneter, der bis in die Mitte der fünfziger Jahre beide, den Kanzler Adenauer und den Wirtschaftsminister Erhard, aus innerer Überzeugung und mit hörbarer Stimme unterstützte. Hat er auch Geschichte gemacht?

In einem langen, informativen Fernsehgespräch mit Arnulf Baring fand Bucerius sich 1986 mit der Frage konfrontiert, warum er eigentlich nicht Minister geworden sei. Er sei, entgegnete er, «im engeren Sinn nie ministrabel gewesen». (Immerhin war er als Hamburger Bausenator Landesminister.) «Da waren andere dran.» Warum? Bucerius gab allerlei Antworten, die seinen Gesprächspartner nicht recht überzeugten. «Und mir hat auch die körperliche Fähigkeit gefehlt. Das Durchhaltevermögen, was zum Beispiel Adenauer mit gross gemacht hat, hat mir bei weitem gefehlt.»

Auch Hermann Rudolph kam in seinem Rundfunkinterview mit Bucerius nicht viel weiter. Wie Baring ging er davon aus, dass aus dem Abgeordneten nichts Rechtes geworden sei. Schon die Frage nach der Bundestagstätigkeit versah er mit dem Zusatz, man habe den Eindruck, «dass diese Laufbahn nicht der glücklichste Teil Ihres Lebenslaufes gewesen ist». Bucerius antwortete zur Überraschung seines Gesprächspartners: «Oh ja, ich bin so gern Abgeordneter [gewesen]!» In Deutschland ist der Abgeordnete entweder voller Hoffnung auf ein

Ministeramt oder enttäuscht, dass er es nicht bekommen hat. Dass einer mit Leib und Seele Abgeordneter ist, kommt selten vor. Doch hat Bucerius gerade dadurch Geschichte gemacht, dass er ein unabhängiger Abgeordneter war. Noch nach seinem Ausscheiden aus dem Bundestag im März 1962 unterbricht Felix von Eckhardt beim Teegespräch Adenauers Kritik an Bucerius (und Blumenfeld) mit dem Hinweis, es sei «kein Zweifel darüber, dass Bucerius in Hamburg als guter Wahlkämpfer gelitten wurde». In seinem für einen CDU-Mann unwahrscheinlichen Innenstadt-Wahlkreis errang er jedes Mal einige Tausend Erststimmen mehr als seine Partei. Im Bundestag selbst konnte seine Aktivität niemandem entgehen. Manchen ging sie eher zu weit, zum Beispiel den Stenographen. Bucerius war nämlich mit 480 Silben in der Minute mit Abstand der schnellste Redner seiner Zeit vor Heinrich von Brentano mit 456 Silben und dem nicht sehr weit dahinterliegenden Franz Josef Strauß. Dass der «quirlige Fraktions-Don-Quichotte» (so der «Spiegel») nicht stillsitzen konnte, hatte er selbst bemerkt. Walter Henkels, der Parlamentskorrespondent der «Frankfurter Allgemeinen Zeitung», vergab jährlich verbale «Preise» für besondere Leistungen; am 4. Juli 1961 verlieh er «dem Abgeordneten Bucerius den Wanderpreis für Geschäftigkeit im Plenarsaal».

Bucerius war nicht nur ein aktiver, sondern vor allem ein unabhängiger Abgeordneter. Bei seinem Abgang wurde das vor allem mit Worten wie «Einzelgänger» und «Rebell» beschrieben; doch war seine Unabhängigkeit im Kern weder Aussenseitertum noch Rebellion. Er gehörte einer Partei, einer Fraktion an, hielt loyal zu ihr, bildete sich aber selbst seine Meinung und vertrat diese vor allem in Fraktionssitzungen, wenn es sein musste auch im Plenum. Viele seiner Kollegen erinnerten sich – und ihn – später an diese Rolle. Hermann Höcherl, selbst auch als Minister ein unabhängiger Mann, sah «den Abgeordneten Bucerius auf seinem Stammplatz vor den grossen Fenstern im Fraktionssaal» stets «ohne ausreichend Respekt vor Ämtern, Rängen und Hierarchien». Auch die frühere Gesundheitsministerin Elisabeth Schwarzhaupt erinnerte sich, wie Bucerius nach einer von der Fraktion brav aufgenommenen Adenauer-«Information» «aufstand, sich meldete und begann: ‹Herr Bundeskanzler› – und alles Kritische, was wir nur im Hinterkopf gedacht hatten, in wenigen Worten zusammenfasste». Paul Scheffler notierte die Anekdote aus einer stürmischen Fraktionssitzung, in der Bucerius einmal wieder nach einer Adenauer-«Information» von seinem Stammplatz aufstand. Der Kanzler, der nur Mitteilungen machen und nicht Diskussionen führen wollte, sagte in der Hoffnung auf Schweigen: «Ich kann Sie gar nicht sehen, Herr Bucerius, Sie sitzen so im Schatten.» Darauf Bucerius: «Es ist meine persönliche Tragik, im politischen Schatten stehen zu müssen.» Adenauer entgegnete blitzschnell: «Das ist aber sehr komisch – wo Sie sich einen eigenen Stern halten.» Der «Stern» hatte es seinen Kollegen angetan, mehr noch als die «Zeit».

Und doch mochten sie Bucerius. Franz Josef Strauß hat den Grund brillant formuliert. Bucerius entzog sich der «klischeehaften Zuordnung».

> «Wer immer Sie als Gefolgsmann vereinnahmen wollte, musste auf Ihre Gegnerschaft gefasst sein – wie Sie umgekehrt dem, der Ihre Abkehr beklagte, bisweilen wohlwollend-kritische Sympathie entgegenbrachten.»

Als unabhängiger Abgeordneter also hat Bucerius Geschichte gemacht. Der langjährige Vizepräsident des Parlaments, dann Minister und grosse alte Mann der deutschen Politik Carlo Schmid bescheinigte es ihm:

> «Im Deutschen Bundestag waren Sie einer der einfallsreichsten seiner Mitglieder, der sich obendrein durch bei Abgeordneten und Mitgliedern von Fraktionen seltene Zivilcourage nach oben und in die Breite auszeichnete.»

Paul Sethe hat in einem klugen Artikel in der «Welt» nach Bucerius' Ausscheiden aus der aktiven Politik geschildert, wie anstrengend solche Unabhängigkeit ist, wie wichtig sie aber auch ist für ein freies Land. «Das kostbare Gut unserer Freiheit wird nicht nur vom Osten bedroht. Wir werden es verlieren, wenn die Rebellen aussterben und wenn nur noch der sorgfältig organisierte Mensch unser Denken bestimmt.» Insofern verkörperte der Abgeordnete Bucerius ein Modell demokratischer Möglichkeiten. Wenn man das sagt, wird man allerdings auch Sethes nachdenklichen Hinweis in Rechnung stellen müssen:

> «Es heisst nicht, die Stärke des Selbständigkeitsdranges von Gerd Bucerius und seinen moralischen Mut bezweifeln, wenn man sich fragt, ob er diese hervorragenden Eigenschaften auch bewiesen hätte, wenn er sich nicht auf die Festung seines Verlages hätte zurückziehen können.»

Bucerius selbst sah sehr wohl Lust und Last der Doppelrolle. «1960 litt meine Arbeit im Bundestag noch mehr als bisher unter dem Verlagsgeschäft. ‹Zeit› und ‹Stern› hatten 1959 57 Mio. DM umgesetzt. Tendenz steigend. Früher oder später musste ich mich entscheiden: Verlag oder Bundestag.»

Da war die Entscheidung schon gefallen. Das Haus in Beuel hatten die Bucerius aufgegeben und waren in die Bonner Dahlmannstrasse 13 gezogen, wo die «Zeit» ihr Quartier hatte. Im gleichen Jahr 1959 hatten sie in Hamburg das schöne Haus in der Warburgstrasse 41 bezogen, als Mieter von Erik Blumenfeld; gegenüber wohnte der alte Mitstreiter Scharnberg. Von nun an war der Lebensmittelpunkt eindeutig Hamburg und der Verlag.

Rings um diesen Mittelpunkt ging es allerdings turbulent zu, und das nicht nur in Bucerius' politischer Karriere. Im gleichen Jahr 1961/62, in dem er gegen Adenauer den Wahlkampf führte und dann den Bundestag und die CDU verliess, fand er sich in allerlei Streitbeziehungen, die sämtlich auch vor Gericht ausgetragen wurden.

Im Dezember 1960 hatte der Hamburger Senat eine Veranstaltung des PEN-Zentrums Ost und West in letzter Minute wegen der Beteiligung kommunistischer Redner untersagt. (In der Bundesrepublik war die Kommunistische Partei seit dem Verfassungsgerichtsurteil von 1956 illegal.) Die «Zeit» holte die ausgeladenen Gäste kurzerhand in die Redaktion, veranstaltete eine Diskussion und versprach eine neuerliche Einladung. Tatsächlich brachte Bucerius am 7. und 8. April 1961 Arnold Zweig, Hans Mayer, Willi Bredel und andere ostdeutsche Schriftsteller im Audimax der Universität Hamburg mit Siegfried Lenz, Hans-Magnus Enzensberger, Martin Walser und anderen westdeutschen Autoren zusammen. Ein Rundfunkinterview, das Bucerius in Vorbereitung des zweiten Treffens gab, führte dann zu Weiterungen.

Bucerius hatte die Medien der DDR direkt herausgefordert, über die Veranstaltungen zu berichten. «Ich lehne es ab, mich hinter eine Maginot-Linie des Geistes zurückzuziehen. Wenn von drüben ein geistiger Vorstoss erfolgt, will ich ihn mit geistigen Waffen beantworten.» Es entspann sich ein Briefwechsel mit dem Intendanten des Ost-Berliner Deutschlandsenders, Kurt Ehrich, über die Voraussetzungen eines echten Streitgesprächs. Ehrich hatte Bucerius eingeladen, der seinerseits auf voller Publizität bestand. Als der Briefwechsel sich hinzog, behauptete das «Neue Deutschland», Bucerius wolle sich vor der Diskussion drücken. Darauf stellte Bucerius den wohl abwegigsten seiner vielen Strafanträge «wegen übler Nachrede gegen Unbekannt, insbesondere gegen die zuständigen verantwortlichen Redakteure von [der ostdeutschen Nachrichtenagentur] ADN und vom ‹Neuen Deutschland›». Schliesslich fand das Gespräch am 20. April in Ost-Berlin statt. Teilnehmer waren Bucerius, Gräfin Dönhoff und Theo Sommer sowie der Intendant Ehrich, der Chefkommentator von Schnitzler und der Propaganda-Funktionär Eisler. Viel kam nicht heraus. Gräfin Dönhoff kommentierte, es seien «Entlarvungsgespräche», nicht «Annäherungsgespräche», die man da unternehme. Immerhin strahlte der Deutschlandsender das Ganze ungekürzt, wenn auch mit einem hässlichen Kommentar versehen, aus.

Die «unfreiwilligen Handlangerdienste» für die «Barden Moskaus» wurden drei Monate später, am 15. Juli 1961, zu einem Element eines Rundumschlages gegen Bucerius in dem vom Passauer Verleger Kapfinger herausgegebenen neuen (und kurzlebigen) Wochen-Magazin «aktuell». Unter dem Titel «Moral eines Sex-Millionärs» wurden dem «Stern»-Verleger und CDU-Abgeordneten Bucerius zunächst die halbnackten Mädchen der Illustrierten und gewisse von der katholischen «Neuen Bildpost» zuvor attackierte Artikel über Ehe und Familie vorgehalten. Dann nahm «die Dame aus Passau» (wie die Autorin in Bucerius' Kalender erscheint) Vorwürfe gegen Bucerius' Rolle im Krieg auf, die Kurt Ziesel gerade in seinem Buch «Der rote Rufmord» verbreitet hatte und die auf den Diago-Gründer Holst zurückgingen. Auch die Oberländer-Affäre wurde, wohl unter Mithilfe der Betroffenen, zum Nachteil von Bucerius aufgewärmt. Das alles, hiess es, sei unter Eid bezeugt, was betont werden müsse, weil Bucerius in Sachen Ehre von «mimosenhafter Empfindlichkeit» sei und «sofort zu Gericht läuft, wenn er als gerissener Jurist auch nur die leiseste Möglichkeit sieht, formaljuristisch einzuhaken». Nun, vor Gericht bekam Bucerius in diesem Fall ohne viel Gerissenheit recht. Er erwirkte einstweilige Verfügungen gegen beide, Ziesel und Kapfinger; Ziesels Buch wurde korrigiert, die Zeitschrift «aktuell» beschlagnahmt.

Durch das ganze Jahr 1961 hin hielt sich das Gerücht, der «Spiegel» bereite eine grosse Enthüllungsgeschichte über Bucerius vor. Veröffentlicht wurde sie nie. Doch entbehrt es in diesem Zusammenhang nicht der Pikanterie, dass Bucerius 1961 und bis zum April 1962 in einen Rechtsstreit mit dem «Spiegel»-Herausgeber Augstein verwikkelt war, der die Beziehungen der beiden Männer nachhaltig trüben sollte. Es ging um nicht weniger als die Verbindung von «Zeit» und «Spiegel» in einem gemeinsamen Verlag. Sie war bereits vertraglich vereinbart, als Bucerius kalte Füsse bekam. Augstein klagte vor dem Landgericht Hamburg auf Einhaltung des Vertrages, obgleich er selbst Anfang 1962 dem Projekt nicht mehr viel abgewinnen konnte. Das Dramolett ist jedoch bereits Teil jener Rivalenhändel, in die Bucerius in den sechziger Jahren mit nahezu allen Medienfürsten der Bundesrepublik verwickelt wurde und die der Zeit der grossen Erfolge einen eher kleinlichen Unterton gaben.

6. Die grosse Zeit: Die 60er Jahre

Jahrzehnt der Hoffnung

Selten kennt die Geschichte ein Jahrzehnt, in dem so viele Hoffnungen und zugleich so bittere Rückschläge sich drängen wie in den 1960er Jahren. John F. Kennedy, der im November 1960 gewählte Präsident, liess ein Aufatmen um die Welt gehen, aber drei Jahre später fiel er in Dallas dem Mordanschlag eines Verwirrten zum Opfer. Manche glaubten, Präsident Kennedy und der sowjetische Parteichef Chruschtschow würden Frieden bringen; doch war ihre kurze gemeinsame Ära von Misstönen und Schlimmerem begleitet. Chruschtschow hämmerte in den Vereinten Nationen mit seinem Schuh auf das Pult, um seinem Ärger über Amerika Nachdruck zu verleihen; im August 1961 errichtete die DDR-Regierung die Berliner Mauer; Kennedy musste das Abenteuer der Schweinebucht-Invasion in Kuba erfolglos abbrechen. Im Oktober 1962 stand die Welt dicht vor dem Abgrund des Atomkrieges, als die Sowjetunion auf Kuba Atomraketen stationieren wollte.

Hoffnungen und Enttäuschungen beherrschten nicht nur die nun Supermächte genannten Weltmächte. Manche hofften auf eine neue Blüte der Vereinten Nationen vor allem im kriegsbedrohten Afrika. Der verdachtbeladene Flugzeugabsturz des UN-Generalsekretärs Dag Hammarskjöld am 18. September 1961 erinnerte an brutalere Realitäten. In der ehrwürdigen Institution der römisch-katholischen Kirche markierte Papst Johannes XXIII. die Hoffnung auf neue Offenheit zur Ökumene und zur modernen Welt. Sein Tod am 3. Juni 1963 gab dem von ihm eingeleiteten Konzil eine Wendung zu konservativeren Werten.

Doch blieb keiner der neuen Ansätze ohne Spuren. Dabei halfen die nachhaltigen Wandlungen des Jahrzehnts. Die 60er Jahre waren die grosse Zeit der Raumfahrt, des Wettrennens der Grossmächte zum Mond. Am Anfang, 1961, stand der sowjetische Kosmonaut Juri Gagarin, am Ende, 1969, die Landung der Astronauten Edwin Aldrin und Neil Armstrong auf dem Erdtrabanten. In der Zwischenzeit hatten andere Wandlungen grosse Teile der Welt ergriffen. Die Beatles bezauberten zumindest die westliche Jugend mit ihrem Liverpool-Sound. Der Minirock wurde zum Symbol für eine Liberalisierung der Sitten. Fragen wurden nicht nur an die Tradition, sondern auch an jedwede Autorität gestellt. Das alles löste langfristige, tektonische Veränderungen, aber auch kurzfristige Eruptionen aus. Die 6oer Jahre waren eine Zeit der Gewalt.

Kriege zerrissen nicht nur den Kongo und andere Teile Afrikas. Algerien stand bis zu seiner Selbständigkeit durch Präsident de Gaulles mutigen Entschluss in schweren inneren und äusseren Kämpfen. 1967 fand im Nahen Osten der Sechstagekrieg statt. Der Vietnamkrieg Amerikas verschärfte sich mehr und mehr und endete erst 1973. Innere Auseinandersetzungen nahmen vielfach gewaltsame Formen an. 1966 begann Mao Tse Tung die mörderische «Kulturrevolution» im eigenen Lande. In den USA führten Rassenkrawalle an den Rand des Bürgerkrieges. Und dann kam das schöne, schreckliche Jahr 1968. In Ostmitteleuropa regte sich Widerstand gegen die andauernde Diktatur der Kommunisten. In Polen blieb dieser Widerstand einigermassen unter Kontrolle, aber die Tschechoslowakei unter dem couragierten Parteiführer Alexander Dubček tat grosse Schritte in Richtung Unabhängigkeit und Freiheit. Am 20. August wurden diese brutal durch den Einmarsch von Truppen des Warschauer Paktes gestoppt. Auch andernorts gab es Rückschläge für eine sozial verantwortliche Freiheit; 1968 war ein Jahr der Attentate: auf Martin Luther King im April, Rudi Dutschke im Mai, Robert Kennedy im Juni.

Und doch blieben die tektonischen, die grossen Wandlungen unverkennbar. Ein Modernisierungsschub fand statt, mit allen Risiken im doppelten Sinne des Wortes, also mit neuen Chancen und neuen Gefahren. Am Ende geschah dies sogar in Deutschland, wo Wandel häufig besonders harzig vonstatten geht. Die Bundestagswahl von 1961 markierte zugleich das sichtbare Ende der Ära Adenauer. (Bucerius hat dieses, wie wir gesehen haben, auf seine Weise beschleunigt.) Die «Spiegel»-Affäre von 1962 erinnerte die Mächtigen daran, dass sie nicht alles ungestraft tun konnten. 1963 wurde Ludwig Erhard Kanzler – endlich, so seufzten manche, aber auch zu spät. Seine Regierung bewältigte keines der innen- und aussenpolitischen Probleme der Zeit. Der Weg zur Grossen Koalition von 1966 deutete sich schon an. Diese wiederum bereitete den Boden für die Schlüsselwahl von 1969, aus der die sozialliberale Koalition unter Bundeskanzler Willy Brandt mit hauchdünner Mehrheit hervorging. «Wir wollen mehr Demokratie wagen» wurde zur Maxime des Neubeginns.

Manche kriegten es in so dramatischen Zeiten mit der Angst. Zwei gute Freunde von mir, der eine Deutscher, der andere Italiener, verliessen ihre Universitäten (Berlin und Florenz), um sich in den USA vor dem drohenden Kommunismus in Sicherheit zu bringen. Gerd Bucerius' Kompagnon Richard Gruner flüchtete vor dem befürchteten Umsturz in die Schweiz, nachdem er seine Anteile am gemeinsamen Verlag verkauft hatte. Dabei blieb die gesamtwirtschaftliche Entwicklung durch das ganze Jahrzehnt hin stabil. Wachsende öffentliche Ausgaben zerstörten das Vertrauen der Unternehmen (noch) nicht. In der Bevölkerung überwog die Stimmung der Hoffnung bei weitem die der Furcht; nach Umfragen hegten in den 6oer Jahren trotz einzelner Einbrüche zumeist über 60 Prozent der Deutschen eher Hoffnungen und nur 20 Prozent eher Befürchtungen.

Bucerius hatte seine eigene Methode, um mit solchen Wechselbädern der Empfindungen fertigzuwerden. Er teilte alle Befürchtungen, die man nur haben konnte, glitt aber zugleich auf den Hoffnungen der Zeit in immer schönere, ungefährdete Gefilde. Sprach man mit ihm, so hörte man stets, dass alles nur schlimmer werden würde, im grossen wie im kleinen und vor allem für seine Blätter. Sah man sich die wirkliche Entwicklung an, so wurde alles immer besser. 1960 betrug die Druckauflage des «Stern» 1,3 Millionen und die der «Zeit» 88 000 Exemplare; 1970 war die des «Stern» auf fast 1,8 Millionen und die der «Zeit» auf 320 000 angewachsen. Das Unternehmen Nannen-Verlag hatte schon seit langem Gewinne gemacht; am Ende der 6oer Jahre bewegte sich sogar die «Zeit» auf schwarze Zahlen zu.

Das Jahrzehnt war also die grosse Zeit nicht nur des Verlegers Bucerius, sondern auch seiner Produkte. Das hatte etwas mit dem Drama zu tun, das sich in der Welt und in Deutschland entspann. Bewegte Zeiten führen zu einem verbreiteten Hunger nach Tatsachen und Erklärungen. Für beides hatte Bucerius erstklassige Redakteure. Henri Nannen beim «Stern» und das Gespann Josef Müller-Marein – Marion Gräfin Dönhoff bei der «Zeit» (zu dem sich bald Theo Sommer gesellte) kannten allenfalls beim «Spiegel» ihresgleichen. Dazu gehörte allerdings auch, dass die Blätter angesichts der tektonischen Verschiebungen der Zeit richtig lagen. Im Stil pflegten sie die vernünftige Argumentation, die damals eher gefragt war als die schiere, oft platte Meinung. Eine Linie? Auf die Frage, wie denn welche Linie der «Zeit» in diesen Jahren bestimmt worden sei, lautet Theo Sommers Antwort: «Es war keine Frage der Linie. Die Ereignisse waren das Bestimmende. Wir haben nur versucht, durch ausgiebige

29. Ein unabhängiger Abgeordneter
Der CDU-Politiker und sein Kanzler im Bundestag, März 1959.

30. Der Berlin-Beauftragte stellt Bundespräsident Theodor Heuss seine Erfindung vor: Der erste Berlin-Meilenstein, Januar 1954.

31. Im Bundestag mit Konrad Adenauer (r und Robert Pferdmenges (m.), dem politischen Ziehvater, 50er Jahre.

Gerd Bucerius, MdB

32. An der Regierungsbank: Der Kanzler (r.) und seine beiden Nachfolger Kurt Georg Kiesinger (l.) und Ludwig Erhard (2. v.r.), Gerd Bucerius und Bundesaussenminister Heinrich von Brentano (m.), März 1959.

33. Mit Richard Gruner (m.) und John Jahr (r.) bei der Lektüre der gemeinsamen Produkte, März 1968.

Der Verleger mit Partnern und Kontrahenten

34. Mit Henri Nannen (l.) und Rudolf Augstein (r.), den Hamburger Kumpanen, ca. 1985.

35. „Casa Ebelin" hoch über dem Lago Maggiore, nach einem Entwurf von Richard Neutra.

36. Mit der Ehefrau Ebelin in Brione.

**Brione und
andere Leidenschaften**

37. Mit der Lebensgefährtin Hilde von Lang auf Gran Canaria.

38. Zum Verbot von NPD und KPD: Mit dem NPD-Führer Adolf vonThadden (m.) und Ralf Dahrendorf (r.), 1968.

39. In der TU Berlin, 1968: Mit Peter Wapnewski (m.) und Günter Grass (r.), März 1968.

Unruhige Jahre: Diskussionen und Demonstrationen

40. Augenschein, nicht Hörensagen: Bei einer Demonstration auf dem Hamburger Stephansplatz, Dezember 1988.

41. Redaktionssitzung der „Zeit": Neben Bucerius (v.l.) Diether Stolze, Theo Sommer, Haug von Kuenheim, 1971.

„Zeit"- Genossen

42. Das Feuilleton der „Zeit": (v. r.) Ulrich Greiner, Fritz J. Raddatz, Dieter E. Zimmer und der Hamburger Bürgermeister Klaus von Dohnanyi, 1989.

43. Mit (v.l.) Diether Stolze, Marion Gräfin Dönhoff, Haug von Kuenheim und Theo Sommer bei der „Zeit", 1982.

44. Mit Helmut Schmidt, 1985.

45. Mit Reinhard Mohn, 1989.

46. 29. September 1995: Abschied
Trauerfeier in St. Michaelis: Ebelin Bucerius und Altbundeskanzler Helmut Schmidt;
dahinter (l.) Marion Gräfin Dönhoff, Altbundespräsident Richard von Weizsäcker,
(r.) Hilde von Lang und der Hamburger Bürgermeister Henning Voscherau
mit Ehefrau.

47. Beisetzung in Reinbek: (v.l.) Hilde von Lang, Theo Sommer, Ebelin Bucerius, Rudolf
Augstein.

Diskussion eine vernünftige Haltung zu den Ereignissen zu entwik-
keln.»

Das lag Bucerius. Er diskutierte gerne und unermüdlich, und er war
erstaunlich frei von vorgefassten, im weitesten Sinn ideologischen
Meinungen. Mehr Schwierigkeiten hatte er wohl mit den inhaltlichen
Aspekten der neuen Tektonik. Vor allem der «Stern» ging ihm zu weit
von der Liberalität zur Libertinage. Der puritanische, manchmal ein
wenig eng bürgerliche Bucerius fand, dass der «Stern» zu vieles gut
hiess, das ihm widerstrebte: knappe Bikinis, Hippie-Sitten, Drogen
und andere Sünden. Bei der «Zeit» hatte er es in dieser Hinsicht leichter. Schliesslich hatte er selbst das Ende der Ära Adenauer eingeläutet.
Mit manchen anderen Dingen und Lieblingsgestalten der «Zeit» wie
zum Beispiel Willy Brandt tat er sich etwas schwerer; aber seine ständigen kritischen Nörgeleien betrafen doch nie Grundpositionen der
Redaktion sei es in der deutschen, der deutsch-deutschen oder der
internationalen Politik. «Stern» und «Zeit» hatten Konjunktur; Verleger und Redakteure zeigten ihre Freude zwar nicht in gleicher Weise,
genossen sie aber dennoch. Der Zeitgeist war mit ihnen.

Der Geist der Zeit

In einer Hinsicht sind die grossen, damit notwendig groben Striche
zur Beschreibung der Szenerie in den 6oer Jahren unzulänglich. Die
«Zeit», Bucerius' liebstes Kind, vertrat keineswegs nur den Zeitgeist
in einem vagen, nebulösen Sinn, also als Adenauerkritik plus Blumen-
kinder-Romantik plus mehr Demokratie. Das waren wichtige Ingre-
dienzen von Henri Nannens «Stern», aber die «Zeit» – wie übrigens
auf andere Weise der «Spiegel» – lebte von einer präziseren, nur für
sie kennzeichnenden geistig-politischen Position. Sie ist mit Theo
Sommers Konzept der vernünftigen Reaktion auf Ereignisse erst halb
beschrieben. Es handelte sich auch um eine moralische Position, wie
sie vor allem von führenden Protestanten in der Bundesrepublik vertreten wurde. Diese «protestantische Mafia» (wie man sie mit ironischer Irreführung nennen könnte, da es sich doch um ganz und gar
aufrechte, unbestechliche Leute handelte) stand früh schon im Widerspruch zu Konrad Adenauer. Sie hatte keine Partei. Gustav Heinemann, den man zu dieser Gruppe rechnen kann, war Minister in der
ersten Regierung Adenauer gewesen, hatte dann die CDU verlassen
und seine eigene Partei, die Gesamtdeutsche Volkspartei, gegründet

und wurde am Ende des Jahrzehnts, von dem die Rede ist, zum ersten SPD-Bundespräsidenten gewählt.

Eine Gruppe aus der «protestantischen Mafia» hatte zur Bundestagswahl 1961 ein Memorandum verfasst, das sogenannte «Memorandum der Acht». Die Acht schlossen die Physiker-Philosophen Werner Heisenberg und Carl Friedrich von Weizsäcker ein, die Bildungsforscher Helmuth Becker und Georg Picht, den Juristen Ludwig Raiser, den Intendanten Klaus von Bismarck, Präses Joachim Beckmann und als Organisator den Heidelberger Mathematiker Günter Howe. Kernthese des Memorandums war die Notwendigkeit von Reform auch gegen die Bequemlichkeit der noch vorherrschenden Stimmung: «Mit dem Wohlstand ist in breiten Kreisen des Volkes und seiner Führung die Neigung eingezogen, den Blick vor gesellschaftlichen und politischen Übelständen zu verschliessen und harten Entscheidungen auszuweichen.» Fünf Politikbereiche, die zum Teil die grosse Diskussion jener Jahre über deutsche Atombewaffnung widerspiegeln, bedürfen – so das Memorandum – besonderer Aufmerksamkeit: 1. eine «aktive Aussenpolitik», die die Wahrheit auch über die Unmöglichkeit, Deutschland innerhalb der Grenzen von 1937 wiederherzustellen, ausspricht; 2. eine «militärisch effektive, politisch behutsame Rüstungspolitik» ohne nationale oder europäische Atomwaffen; 3. «richtig begrenzte, aber energische Massnahmen zum Bevölkerungsschutz», die angesichts der (damals stark empfundenen) Kriegsgefahr wichtiger sind als Rüstung; 4. eine «unnachgiebige und planvolle Sozialpolitik», die die eigentliche Sicherheit durch die Verbindung von Selbstbestimmung und Solidarität schafft; 5. eine «durchgreifende Schulreform», die mit der Ausschöpfung von Begabungsreserven die Selbstbehauptung der Gesellschaft bewährt.

Andere hätten das Memorandum unterzeichnen können, auch sie «prominente evangelische Laien», so der Pädagoge Hartmut von Hentig oder der damals in der Wirtschaft tätige Richard von Weizsäcker oder Marion Gräfin Dönhoff. Diese veröffentlichte das Memorandum am 2. März 1962 in der «Zeit» und gab ihm einen Leitartikel mit auf den Weg: «Wir, die Staatsbürger, sollten froh sein, dass diese Männer, die weder Parteien noch Interessen vertreten, sich sozusagen als Lobbyisten der Vernunft zum Anwalt der Gesamtheit machen.»

Die Diskussion, die nach der Veröffentlichung in der «Zeit» losbrach, konzentrierte sich zunächst auf das Tabuthema der «Grenzen von 1937», also der Anerkennung der Oder-Neisse-Grenze mit Polen. Hier gab es wenig öffentliche Zustimmung. Der CDU-Fraktionsvorsitzende von Brentano sprach von einem «Dokument geistigen Hochmuts»; auch Gräfin Dönhoff äusserte sich eher zurückhaltend zu der Frage. Dann aber erschienen über viele Wochen hin Artikel zu den Einzelthemen mit der immer neuen Forderung einer stärkeren Verschränkung von Wissenschaft und Politik oder, deutscher gesprochen, Geist und Macht und auch mit dem Verlangen nach stärkerer Planung, ja «Gesamtplanung». Die Thematik der 60er Jahre klang an und sollte die «Zeit» nicht wieder verlassen.

Hinter ihr aber steckte eine Position, die der herbe, hochgebildete Tübinger Jurist Ludwig Raiser am deutlichsten in Worte fasste. Er forderte, den Graben zwischen Wissenschaft und Politik einzuebnen. «Kritik ist das Salz der Erde und nicht Sand in der Maschine.» Zwei Dinge vor allem mahnte er an, grössere Wahrhaftigkeit und bessere Voraussicht. Wahrheit gegen Opportunismus, das sei die Kardinalfrage, wobei Wahrheit dreierlei bedeute: den wahrhaftigen Umgang mit der Geschichte, die Bereitschaft, die Wahrheit zu sagen, und die Tugend, das Wahre zu wollen. Das waren grosse Worte, die jedoch ein breites Echo fanden. «Die Missachtung des moralischen Anspruchs an das politische Handeln offenbart immer zugleich eine Verachtung der Menschen, für die der Politiker zu handeln vorgibt.»

Solche Worte lassen auch Fragen offen. Da ist zum Beispiel Max Webers Frage, ob man die Gesinnungsethik nicht den Heiligen überlassen und in der Politik Verantwortungsethik pflegen sollte. Man könnte auch die Demokratiefrage stellen, die bei der «protestantischen Mafia» seltener auftaucht: Wer kann für sich beanspruchen, die Wahrheit zu kennen? Ist nicht eine Spur autoritärer Anmassung doch hinter solchen moralischen Ansprüchen erkennbar? Indes übersehen solche Fragen den Kontext, in dem die «Zeit» den Lobbyisten der Vernunft Raum gab. Adenauers kaum jemals moralischer Autoritarismus und Erhards so sichtbare Repräsentation des Wohlstandes mit Embonpoint und Zigarre hatten einen Widerstand hervorgerufen, den niemand besser artikulierte als die «protestantische Mafia». Die Leute wollten etwas anderes, im strengen Sinn Besseres als die ständige Wiederholung der mittlerweile vertrauten Rufe nach mehr vom selben: «Keine Experimente!» Experimente, Reformen zumindest, waren nun gefragt, und die Acht – und mit ihnen eine wachsende Zahl von Lesern der «Zeit» – zogen sie dem Vertrauten vor.

Es wäre falsch, die «Zeit» mit der Position der Acht einfach zu identifizieren. Auf ihren anfangs der 60er Jahre um die dreissig Seiten fanden viele Meinungen Platz. Die «Zeit» war in jenen Jahren vor allem die Quelle der Information über das, was in der Welt geschah. Ausführliche Artikel auf den ersten Seiten erörterten in jeder Nummer Ereignisse in einem Dutzend Ländern der Welt. Akteure von Carlo Schmid bis Franz Josef Strauß wurden zu Kommentaren eingeladen. Josef Müller-Mareins Liebe zum Stil, zur schönen Form, fand nicht nur in den dem Politikteil der Zeitung folgenden Seiten ihren Niederschlag. Aber die Themen der 60er Jahre drangen überall ein. Robert Jungk forderte ein Institut für Zukunftsforschung und bekam seine Seite in der «Zeit». Walter Jens als Feuilleton-Autor und Fernsehkritiker stand den Moralpolitikern durchaus nahe. Theodor Eschenburg wurde ohnehin bald zum *Praeceptor Germaniae*, ein bisschen sogar zum Schulmeister der Nation in Sachen Gesetzlichkeit und Verfassungstreue. Und dann war da die Gräfin Dönhoff, die zwar noch nicht formell Chefredakteurin war, aber doch als Leiterin der Politik den Ton des ganzen Blattes bestimmte. «Wer denkt noch an den Staat?» fragte sie (am 16. November 1962) und dachte an den sauberen, den preussischen Staat, während sie den «Verfall der politischen Moral» in Deutschland beklagte.

Und Bucerius? Die Frage nach seiner Haltung wird uns im folgenden begleiten. Protestant war er allemal, ein eher puritanischer Mann dazu. Moral in der Politik war ihm wichtig. Auch wollte er Veränderung, nicht nur in den Führungsfiguren. Seine eigenen Artikel Anfang der 60er Jahre hatten Titel wie «Adenauers Zeit ist vorbei», aber auch «Ende des Wirtschaftswunders». Dazu allerdings vertrat er weniger eine sozialreformerische als eine Erhardsche Position; der verlorene «Sinn für Mass und Mitte» schien ihm «der Kern des Übels». Man kann nicht sagen, dass Bucerius den Kurs der «Zeit» in diesen Jahren bestimmt hätte, wohl aber, dass dieser ihm im grossen und ganzen behagte. Er schrieb übrigens wie schon in seiner Bundestagszeit nur selten Artikel. Tatsächlich war er nicht so sehr mit der Redaktion als vielmehr mit dem Verlag beschäftigt. Die grosse Zeit der «Zeit» war für ihn eine Zeit der ständigen Unruhe, der Sorge um das wirtschaftliche Überleben des Blattes, der Suche nach Grossen, an die er das prekäre Blatt anhängen könnte. Das sind Geschichten, die glücklicherweise den Redakteuren weitgehend verborgen blieben, die aber hier erzählt werden müssen.

Augstein

«Zeit» und «Stern» teilten sich bis 1973 zwei durch eine verglaste Brücke verbundene Flügel des Hamburger Pressehauses am Speersort. Da die Redaktionsstäbe Anfang der 60er Jahre noch klein waren – 30 bei der «Zeit», 60 beim «Stern» – sah man sich regelmässig, half sich mit Informationen aus, diskutierte Ideen und stand auf freundschaftlichem Fuss. «Zeit»-Journalisten schrieben zuweilen im «Stern», wobei das Umgekehrte seltener vorkam. Die Redaktionssitzung des «Stern» wurde so gelegt, dass Verleger Bucerius nicht durch die «Zeit» von der Teilnahme abgehalten wurde; Nannen nahm häufig an «Zeit»-Sitzungen im kleinen Kreis teil. Die Beziehungen zum «Spiegel», der im gleichen Haus im Stockwerk über der «Zeit» gemacht wurde, blieben dagegen lockerer. Gewiss sah man sich in den umliegenden Lokalen, bei «Fiete» Melzer am Schopenstehl, im Montanhof, manchmal auch bei Cölln, aber (in Sommers Worten) «der ‹Spiegel› war doch eine andere Welt». Dem Verleger allerdings entging nicht, dass diese andere Welt journalistisch ihren eigenen Glanz hatte und zudem wirtschaftlich florierte.

Rudolf Augstein, der Erfinder, Verleger und Chefredakteur des «Spiegel», und Gerd Bucerius kannten und schätzten sich auch, verstrickten sich aber immer wieder in am Ende folgenreiche Missverständnisse. 1955 erwirkte Bucerius eine einstweilige Verfügung gegen den «Spiegel», um eine Veröffentlichung über den damaligen Gesellschafterstreit, verbunden mit Details aus dem Privatleben der Eheleute Bucerius, zu verhindern.

Man kann dem «Spiegel»-Leser schwer widersprechen, der in einem Leserbrief zu diesem Rechtsstreit darauf hinwies, dass die beiden Zeitungen im gleichen Pressehaus nur ein Stockwerk voneinander entfernt residierten. «Benutzen Sie das nächste Mal lieber den Paternoster oder den Lift, um zueinander zu kommen.» Das war indes weniger wegen der angeblichen Plaudereien des «Dienstmädchens Jutta» schwierig, die Bucerius im «Spiegel» wiederzufinden befürchtete, als aus geschäftlichen Gründen. Bucerius selbst hatte schon einmal erkundet, ob «Spiegel» und «Zeit», oder doch die respektiven Verlage, nicht gemeinsame Sache machen könnten. Jetzt hatte er den Verdacht, dass der entlassene Chefredakteur Tüngel Augstein zum Kauf der «Zeit» bewegen wollte. Augstein wies solche Geschichten zwar zurück, wählte seine Worte dazu aber sorgsam. Bei der «Zeit» müsse etwas geschehen (schrieb er am 1. Juli 1955), um «Ihr bisheriges Lebenselement zu sichern und ihr eine beständige Geschäftsführung zu geben». «Über diese Möglichkeit habe ich mit Ihnen verhandelt, als noch Zeit zu verhandeln und als der Kampf bis aufs Messer noch nicht entbrannt war.»

Der «Kampf bis aufs Messer» entbrannte dann später, im Sommer 1960, in aller Schärfe, als Bucerius und Augstein sich auf das Abenteuer einliessen, ihre Verlage und damit ihre Zeitungen zu verbinden. Über die Motive des Plans kann man nur rätseln; sicher ist, dass sie nicht dieselben waren für den Journalisten Augstein und den Politiker Bucerius. Bucerius schrieb Jahre später (am 23. April 1964), er habe sich auf die Verbindung eingelassen, «weil wir seit längerer Zeit angesichts der allgemeinen Konzentration ernste Sorgen hatten über unsere (relativ) immer schwächer werdende Marktposition, vor allem im Vertrieb». Die «Kombination ‹Stern›-‹Zeit›-‹Spiegel›» hätte stärkeres Gewicht gehabt und die Planung neuer Objekte erleichtert. Augstein war 1960 gerade mit der Planung eines neuen Objekts, nämlich der «Deutschen Allgemeinen Zeitung», gescheitert. Nach wie vor lag ihm jedoch daran, an einer «ernsthaften» Wochenzeitung, einem Meinungsblatt, nicht einem Reportage-Magazin, beteiligt zu sein. Zudem hatte sein Verleger-Partner John Jahr, der 50 Prozent der «Spiegel»-Anteile besass, ihm mitgeteilt, dass er diese verkaufen und sich vom «Spiegel» zurückziehen wolle.

Im Juli/August kam es dann zu mehreren intensiven Gesprächen zwischen Augstein und Bucerius, an denen auch Bucerius' Minderheits-Gesellschafter Richard Gruner teilnahm. Für den 15. August verabredete man sich in Bendestorf vor den Toren Hamburgs, um mit Hilfe des Notars Wilhelm Markert aus Hannover ein umfangreiches Vertragswerk abzuschliessen. Eine Woche vorher schon schrieb Bucerius Augstein einen Brief, der später zum Bestandteil des Vertrages werden sollte und zugleich andeutet, dass der Ernst der Transaktion zumindest einem der Beteiligten erst allmählich dämmerte. «Wie für Sie der ‹Spiegel› ist für mich die ‹Zeit› meine Lebensarbeit», schrieb Bucerius. Er habe nicht nur Millionen dafür geopfert, sondern vor allem grosses Leid auf sich genommen, als «unter der Leitung von Tüngel (mit Bourdin und Petwaidic) die Zeitung einen Kurs einschlug, den ich nicht billigen konnte». Daher müsse sichergestellt werden, dass jeder der beiden Vertragspartner in seinem Blatt das letzte Wort habe, auch wenn beide sich freimütig über die Zeitung des anderen äussern können und sollen. «In der ‹Zeit› also bin ich der ‹Erste

Mann›, der bei Meinungsverschiedenheiten allein entscheidet, und Sie der ‹Zweite Mann›, der sich loyal unterordnet. Im ‹Spiegel› ist es umgekehrt: Sie sind der ‹Erste› und ich der ‹Zweite›. Seien Sie dabei meiner bedingungslosen Loyalität versichert.»

Augstein sprach in seiner Antwort von Bucerius' «sympathischen Zeilen», fügte aber hinzu, «‹loyal unterordnen› kann ich mich nur in eindeutig politischen Fragen, da sie ja das Profil des Bundestagsabgeordneten und Politikers Bucerius berühren». Im übrigen aber gehe es gerade darum, dass jeder mit seinen Erfahrungen das Blatt des anderen beeinflusse. «Ihr (überwiegend politisch-humanitärer) und mein (überwiegend redaktioneller) Geist müssen eine Symbiose eingehen.» Bucerius nahm das mit leichter Beunruhigung zur Kenntnis. «Es tut mir herzlich leid: aber politische und redaktionelle Fragen lassen sich nicht voneinander trennen.» Augstein erwiderte sofort, natürlich entscheide Bucerius «im Zweifelsfall» in Dingen der «Zeit», aber er, Augstein, werde ihm «Zweifelsfälle immer wieder vorlegen». Da zeigten sich erste Spuren des Dissenses.

Am 15. August wurden die sechs Verträge mit ihren zwei Zusätzen vor dem Notar unterzeichnet. Im Kern besagten sie, dass vom 1. Dezember 1961 an (also nach mehr als 15 Monaten) John Jahrs «Spiegel»-Anteile zur Hälfte an Gerd Bucerius und zur Hälfte an Richard Gruner gehen sollten, während Rudolf Augstein 50 Prozent der Anteile an der «Zeit» erwerben würde. Augstein und Bucerius (zunächst treuhänderisch durch Gruner vertreten) würden gleichberechtigte Verleger. Augstein erhalte zugleich einen neuen Vertrag als Chefredakteur des «Spiegel». Etwaige Schulden (z. B. aus der Vorbereitung der «Deutschen Allgemeinen Zeitung») und Verluste (z. B. bei der «Zeit») trage das gemeinsame Verlagskonglomerat.

Vom August 1960 bis zum Februar 1961 herrschte dann Ruhe. Augstein (so kann man vermuten) war's zufrieden, während bei Bucerius allerlei Zweifel rumorten. Im Februar hatte Bucerius eine Grippe, und wie immer, wenn er krank war – er war es häufig und nicht ungern –, las er viel, darunter die Hefte 6 und 7 des «Spiegel». Er schrieb am 9. Februar sogleich an Augstein eine «Blattkritik», nicht viel anders als ähnliche Briefe an Henri Nannen und Gräfin Dönhoff. Zunächst pries er die «grossen journalistischen Leistungen»: «temperamentvoll, vielseitig, mit überraschenden Informationen. Der Leser spürt die Kraft, nimmt an ihr Teil.» Dann ging er hart ins Gericht mit einzelnen Artikeln. Man sollte Springer nicht so attackieren, vor allem nicht in Sachen Berlin. Auch Adenauer verdiene mehr Respekt. Das gleiche gelte für den Krupp-Generalbevollmächtigten Beitz. «Nur am Beispiel lassen sich Meinungen austragen; bitte revanchieren Sie sich heftig, ich bin hart im Nehmen und – glaube ich – auch einsichtig. Ich hätte nicht geschrieben, wären die beiden Hefte nicht Spitzenleistungen des deutschen Journalismus.»

Augstein erwiderte am nächsten Tag im Detail, indes mit freundschaftlicher Ironie («Bitte seien Sie nicht allzuoft krank, damit Sie nicht allzuoft Gelegenheit nehmen, den ‹Spiegel› so ausführlich zu lesen»). Dabei entfuhren ihm allerdings Sätze, die zu einer zwei Monate währenden, immer heftigeren, ja zunehmend feindseligen Korrespondenz führen sollten, an deren Ende die Auflösung des Fusionsvertrages stand:

«Im übrigen: bitte, fragen Sie mich nicht, ob Dinge, die im ‹Spiegel› stehen, wirklich meine Meinung seien. Meine Meinung schreibe ich in namentlich gezeichneten Artikeln. Wollte ich anfangen, den Redakteuren meine Meinung aufzuoktroyieren, so müsste ich einpacken.

Erschrecken Sie nicht über die Abgründe, die sich hier vor Ihnen auftun. Wenn Sie sich stark und gesund genug glauben, den ‹Spiegel› anders zu führen, so sagen Sie es mir. Ich bin selbstverständlich der Gefangene meines Systems, das mich zwingt, das Handwerk über die Politik und über die Meinung zu stellen.»

Die Mahnung war vergebens; Bucerius redete Augstein zwar weiterhin mit «Dear Partner» an (13. Februar 1961), aber er war erschrocken über die «Abgründe». Schliesslich hat der «Spiegel» Einfluss. «Dieser Einfluss verlangt Verantwortung, nicht Handwerk. Daraus *kann* ich Sie nicht entlassen, Partner.» «Sie *müssen* aus den Abgründen heraus» und die politische Linie des «Spiegel» bestimmen. So ging es in zunehmender Missstimmung hin und her. Am 15. Februar 1961 gab Augstein zum ersten Mal die «Komplimente» zurück: «Freilich verstehe ich nicht, wie leicht Sie die Aufspaltung in verantwortungsloser ‹Stern›-Verleger und verantwortungsvoller ‹Zeit›-Verleger bewältigen.» Als Bucerius in einem Brief aus Arosa (am 18. Februar) noch einmal auf die «Abgründe» zurückkam («So darf selbst ein Stümper nicht Zeitung machen, am wenigsten einer unserer besten Journalisten, der die Meinung und – wichtiger noch – die moralische Haltung der Nation beeinflusst»), kam schon ein anderer Ton in die Korrespondenz:

«Schade: wir beide zusammen, wir könnten ein kleines Stück unserer (deutschen) Welt aus den Angeln heben. Sie wissen, wie sehr ich mich darauf gefreut hatte. Dass wir (über Politisches) oft verschiedene Meinungen haben würden – was hätte es geschadet? Glauben Sie, ich wäre immer mit Marions Politik in der ‹Zeit› einverstanden? Aber die Massstäbe stimmen zwischen ihr und mir. Das ‹Schillernde› und ‹Zwiespältige› suchen wir klarzustellen, nicht zu pflegen. Die Welt soll (nach unseren bescheidenen Kräften) klarer und eindeutiger werden. ‹Die Sprache muss stimmen›, sagen die Chinesen.»

Noch war Augstein nicht bereit, «im Plusquamperfekt» über die gemeinsamen Pläne zu reden. Sein Zehnseitenbrief vom 24. Februar 1961 («Persönlich – Vertraulich! Zur Weitergabe nicht geeignet, auch nicht auszugsweise») an den – noch immer – «Dear Partner» ist ein bemerkenswertes Dokument deutscher Mediengeschichte. Augstein beschreibt, was ein Nachrichtenmagazin wie der «Spiegel» ist, zum Unterschied von einer analysierenden Meinungszeitung wie der «Zeit». «Oppositioneller, angriffiger, reizbarer» sind seine Adjektive, auch «respektloser, pfiffiger und hintersinniger». Das hat Nachteile. Journalisten mit leidenschaftlichen politischen Ansichten gehen nicht zu einem solchen Magazin. Wohlwollen und Toleranz kommen oft zu kurz. «An diesen ‹Abgründen›, um das von mir scherzhaft gebrauchte Wort letztmalig aufzugreifen, müssen wir dahinwandeln wie John Foster Dulles am Rande des Krieges.» Es sind die unabweisbaren Bedingungen eines Nachrichtenmagazins, die mit dem «System», dessen Gefangener man ist, und mit dem «Handwerk» gemeint sind. «Sie dürfen es mir nun nicht verübeln, dass ich Sie nach den Gründen frage, die Sie dazu bewogen haben, aus unbedeutenden Anlässen heraus diesen überflüssigen Streit vom Zaun zu brechen.»

Bucerius blieb Augstein die Antwort schuldig. Im März wurde klar, dass «die geschlossene, aber noch nicht vollzogene Ehe» (so Bucerius) alsbald aufgelöst werden müsste. Das fiel Bucerius nicht mehr sonderlich schwer. Wahrscheinlich hatte er sich wirklich die tiefen Unterschiede zwischen den beiden Zeitungen nicht rechtzeitig klargemacht. «Nach unserem Briefwechsel ist mir aber diese, sicher bedeutsame Form des Journalismus nun ganz fremd geworden», schrieb er am 3. März 1961 über den «Spiegel». Dass ihm auch die geschäftlichen Arrangements nicht mehr zusagten, mag sein, war indes nicht entscheidend. Augstein tat sich schwerer mit der Trennung. Er musste einmal mehr die Hoffnung auf den aktiven Anteil an einer ernsthaften Zeitung begraben. Überdies war da Richard Gruner, der mit Augstein befreundet war und seinen Anteil nicht hergeben wollte. So endete die Angelegenheit einmal mehr vor Gericht. Augstein klagte auf Rückübertragung der Anteile zu einem Preis, der ihm einen Gewinn versprach. In Wahrheit ging es ihm nicht um das Geld, dagegen durchaus um die Macht im eigenen Haus, vor allem aber um die Ehre. An Henri Nannen schrieb er am 27. November 1961 einen eigentümlichen Brief. Bucerius habe ihm vorgeworfen, «ich bewegte mich ausserhalb der anerkannten Gesetze verlegerischer Berufsehre». Um sich zu rechtfertigen, würde er nun Bucerius' eigenes Produkt, den «Stern», genau unter die Lupe nehmen. Das gebe zwar «ein recht sinnloses Gemetzel», sei aber unvermeidlich. «Wenn Bucerius im letzten Krieg Oberkommandierender einer Partei gewesen wäre, hätte es den Gaskrieg gegeben, da er schwerlich mit dem Argument zu überzeugen gewesen wäre, er schädige sich selbst mindestens so sehr wie die Gegenseite.» Nannen antwortete am 4. Dezember verblüfft, aber mit ähnlich martialischen Metaphern. «Solange sich das Gemetzel in Schriftsätzen und verschlossenen Gerichtssälen abspielt, soll's mir recht sein, hinterher die Toten zu zählen.» Die Schlacht endete ohne Gemetzel und Gas mit einem aussergerichtlichen Vergleich. Am 2. April 1962 einigten sich die Parteien, die Hauptkontrahenten, Augstein und Bucerius, wieder zu entflechten. Augstein hatte nun 75 Prozent des «Spiegel», Gruner die verbleibenden 25 Prozent. Bucerius war wieder Eigentümer von «Zeit» und «Stern», wobei er dem Nannen-Verlag mehr als die Hälfte des «Veräusserungsverlustes» von 1,5 Millionen Mark aufbürdete.

Es dauerte viele Jahre, bevor die Bitterkeit in der Beziehung zwischen den beiden Herren des Hamburger Pressehauses sich legte. Dennoch blieben sie auf kollegialem Fuss. Im Oktober 1962 brach die als «Spiegel»-Affäre in die Geschichte eingegangene Episode über Augstein herein. Wegen des Verdachts auf Landes- und Geheimnisverrat durch einen Artikel über die nur «bedingt abwehrbereite» Bundeswehr wurden Augstein und mehrere seiner Redakteure verhaftet. Der Staatsanwalt besetzte und versiegelte die Redaktions- und Verlagsräume im Pressehaus. Bucerius zögerte nicht, den Redakteuren des «Spiegel» die Räume von «Zeit» und «Stern» zur Verfügung zu stellen. Für einmal wurde die räumliche Nachbarschaft zur guten, hilfreichen Beziehung. Nur so konnte der «Spiegel» erscheinen. Die tiefere Solidarität blieb unvergessen.

Bei Augstein hakte allerdings die Sehnsucht nach einem ernsthaften Blatt, vielleicht sogar einer Tageszeitung nach. Zumindest in der letzteren Hinsicht hatte er in Bucerius einen Leidensgenossen. Im Frühjahr 1968 führten die beiden Männer noch einmal Gespräche über eine Fusion ihrer Unternehmen. «Es ist so unsinnig, dass wir beide unser Geld nicht zusammenwerfen», schrieb Augstein an Bucerius am 3. April 1968. «Wir, denen es nicht allzu viel wert ist und die keine übermässig grosse Familie am Halse haben.» Man könne gemeinsam «eine norddeutsche Tageszeitung, eine auch in Berlin verkäufliche», gründen. Bucerius würde den «Spiegel» mit seinen Ideen und seinem Geschmack bereichern. Die «Zeit» könnte zur Sonntagszeitung werden. Vor allem aber stünde er, der fast zwanzig Jahre Jüngere, bereit zur Nachfolge, «wenn es gilt, die ‹Zeit› weiterzuführen». Bucerius hatte indes keine Neigung mehr, den Faden dieser Bindung neu zu knüpfen.

Springer

Als Bucerius im Februar 1962 aus Bonn endgültig nach Hamburg zurückgekehrt war, fanden ihn seine Mitarbeiter in besonders unruhiger Verfassung. Sein Temperament, die Erregungen des «Höllenfeuers» und des Austritts aus der CDU, das Ausscheiden aus dem Bundestag und der Politik überhaupt werden dabei eine Rolle gespielt haben. Doch machte ihm sein Verlag eigene Sorgen. Das Ende des Augstein-Abenteuers stand zwar nun unmittelbar bevor, aber damit wurde die Verwundbarkeit von «Zeit» und «Stern» nur noch deutlicher. Die «Zeit» machte nach wie vor Verluste, bei strikter Buchhaltung sogar weit grössere als tatsächlich ausgewiesen. Der «Stern» schien dem Verleger trotz steigender Auflage risikobeladen. Andere Illustrierte – wie «Quick» und «Revue», die «Bunte» und die «Neue» – verstärkten die Konkurrenz; Druckaufträge und Vertriebsabmachungen mussten erneuert werden; die Sex-und-Politik-Mischung des «Stern» sorgte immer neu für Aufsehen.

Es überrascht daher nicht, dass Bucerius sich an seinen ältesten Freundfeind im publizistischen Gewerbe, Axel Springer, erinnerte. Ursprünglich war die Beziehung nur freundschaftlich gewesen, vor allem an entspannten Ferientagen mit Damen im Walsertal oder in Kampen. In einem nostalgischen Kondolenzbrief an Springer aus Anlass von Hans Zehrers Tod erinnert Bucerius am 29. August 1966 an diese Vergangenheit. «Mein Gott, war das eine erfüllte Zeit. Sonne, Wind und Liselotte» (Springers erste Frau). Aber seitdem «sind nicht nur 20 Jahre vergangen, sondern [ist] auch eine gute Freundschaft (beinahe) auf der Strecke geblieben». Dafür gab es mancherlei Gründe. Die beiden Altonaer waren verschiedene Wege gegangen, und Bucerius sah in Springer wohl den Erfolgreicheren. Beim Verkauf der «Welt» durch die britischen Eigentümer hatte der Kollege ihn ausgestochen. Bucerius war gleichermassen fasziniert und beunruhigt durch die aus seiner Perspektive marktbeherrschende Stellung des Kontrahenten. Aus blauem Himmel schrieb der Noch-Abgeordnete Bucerius am 6. Februar 1961 einen Brief an den Generalbevollmächtigten Axel Springers, Christian Kracht: «Es ist meine Überzeugung als Verleger und als Politiker, dass die publizistische Macht des Hauses Springer an die äusserste Grenze dessen gekommen ist, was ein Staat hinnehmen kann.»

Das war noch in aller Freundschaft geschrieben und wurde von Kracht in seiner handschriftlichen Antwort (am 10. Februar 1961 aus Klosters) auch so verstanden. Hat Bucerius als interessierter Verleger oder als besorgter Politiker geschrieben? Wenn Springer aus New York zurückkomme, werde man über die gestellten Fragen reden. Inzwischen Dank «für Ihre offenen und mutigen Zeilen. Ich habe sie als Hinweis zu einer Verbundenheit verstanden».

Bucerius sah für sich eine klare Alternative; in der Sprache des Boxkampfes würde man sagen *clinch* oder *fight*, Umklammerung oder frontaler Angriff. Am Ende tat er beides. Zunächst aber suchte er die Umarmung. Aus einem späteren Springer-Brief geht hervor, dass es im Sommer 1963 ein intimes Gespräch der beiden Männer in Bucerius' Haus in der Warburgstrasse gegeben hat. Am 21. September fügte Bucerius einen handschriftlichen Brief an den «lieben Axel» hinzu. (Bucerius schrieb aus Bad Ragaz; die Korrespondenzen der Hamburger Kumpanei kamen häufig aus Schweizer Ferienorten oder aus Sylt.) Der Brief beginnt mit einer halben Entschuldigung für eine «Stern»-Veröffentlichung über Springer. «Theoretisch – d. h. nach unserem Vertrag – kann ich Nannen jede Veröffentlichung verbieten ...» Aber eben nur theoretisch. Indes will Bucerius ohnehin Springer den «Stern» verkaufen. Warum? Da erfindet er das merkwürdige Bild vom «schönen, kraftvollen, geradezu muskelstrotzenden» Arm des Athleten (also dem «Stern») «am Körper eines braven Bürgers» (also Bucerius), der den Athletenarm zwar bewundert, aber nicht erträgt. «Das grosse Geschäft braucht einen grossen Hintergrund. Ich muss zu vorsichtig operieren, kann die ganz grossen Chancen nicht wahrnehmen, muss immer Reserven halten.» Es folgen Tatsachen, die den Athleten-arm in seiner ganzen Kraft beschreiben, die Auflage von fast 2 Millio-nen (die Österreich-Ausgabe eingeschlossen) vor allem. «Allerdings: der ‹Stern› will geliebt, nicht aus der Ferne gesteuert werden.» Die «Zeit» steht bei alledem nicht zur Diskussion. Es geht um Bucerius' sieben Achtel des «Stern», die er am liebsten durch den Kauf von Gruners Achtel komplettieren würde. Gruner ist schwach (meint Bucerius), denn er ist auf den Druckauftrag angewiesen. Übrigens (deutet Bucerius an) brauche er selbst dringend von Gruner unabhän-gige Druckereien. Ein zweiter Brief vierzehn Tage später (und von «zu Hause») begleitet interne Unterlagen über Nannen- und Zeit-Verlag und kommt dann auf das «eilige» Thema zu sprechen, ob die «Welt» einen Druckauftrag für das «16seitige Hauptprodukt» der «Zeit» übernehmen könne.

Nicht alle Wendungen der folgenden, sich zum Teil eher gemäch-lich hinziehenden, dann wieder durchaus eiligen Gespräche lassen sich nachzeichnen. Bucerius geriet wegen der Frage des Druckauftrages in Schwierigkeiten; Redakteure und Leser waren nicht geneigt, sich Springer zu überantworten. Die Abneigung wurde zunehmend wech-selseitig. Am Ende sagte Springer nein, und Bucerius schrieb (am 18. September 1967) einen gequält-aggressiven Text «Im Würgegriff Axel Springers»:

> «Der Monopolist sagt: nein. Soweit ist es nun also … Nach die-ser Probe steht fest: die ‹Zeit› darf auf keinen Fall auf Maschinen drucken, über die Springer verfügt.»

Das war indes drei Jahre später. Und nach weiteren acht Jahren, 1975, krähte kein Hahn mehr danach, als eine Teilauflage der «Zeit» bei Springer gedruckt wurde.

Die Verhandlungen über den Verkauf des «Stern» gingen durch das ganze Jahr 1964 weiter. Das Problem lag dann doch in der Beteiligung von Richard Gruner, der von seinem Vorkaufsrecht Gebrauch machte und sich weigerte, dem Verkauf zuzustimmen. Das Hindernis schien zunächst unüberwindbar. Im Herbst 1964 machte Kracht die ominöse Mitteilung, «die Lage habe sich jetzt geändert, Gruner sei in einer Lage, dass er auf die Wünsche von Springer eingehen müsse». Das jedenfalls schrieb Bucerius' Studienfreund und Anwalt Johannes Scheer an Ebelin Bucerius (am 31. März 1965), mit der zusammen er die Verhandlungen führte. In der Tat betonten die beiden immer wieder, sie verhandelten jetzt aus eigenem Antrieb; Bucerius müsse erst noch zustimmen. Das war zwar wohl nur Verhandlungstaktik, gab Bucerius aber die Chance, am Ende seine Zustimmung zu versagen.

In der gleichen Zeit schwebte noch ein anderer Plan in der Luft, der allerdings nicht auf Bucerius' Initiative zurückging, das war das Kaufangebot des Hamburger Bauer-Verlages für den «Stern». Bei Bauer erschienen zahlreiche Illustrierte und andere Veröffentlichungen der sogenannten Yellow Press, also an und unter der Gürtellinie. Eine «Schnulzenfabrik» nannte die «Frankfurter Allgemeine Zeitung» den Verlag, dessen Ruf in der Branche nach dem Kauf des Martens-Verlages auf Grund der Behandlung der Mitarbeiter von «Quick» und «Revue» vollends ruiniert wurde. Als Richard Gruner 1969 mit dem Gedanken spielte, seine Anteile dem Bauer-Verlag zu verkaufen, erhob sich ein Aufschrei der Empörung. Bucerius ging bis zur Formulierung eines Antrages auf einstweilige Verfügung, die dann nicht beantragt wurde, weil Gruner nachgab. Im vorgesehenen Text war auch die Rede von dem Kaufangebot von 1965 für den «Stern». «Der seinerzeitige Mehrheitsverleger Dr. Bucerius lehnte das Angebot ab.» Immerhin kam es 1965 zu einem kompletten Vertragsentwurf für eine mögliche Bauer-Bucerius-Transaktion. Darin bot Bauer 52,5 Millionen Mark für den Nannen-Verlag und überliess zugleich Bucerius den Titel «Zeit» und den danach benannten Zeit-Verlag. Das waren 10 Millionen mehr, als Springer und sein Unterhändler Kracht für angemessen gehalten hatten, was den resignierten Seufzer des Anwalts Scheer in seinem Brief an Ebelin erklärt: «Die Verhandlungen waren nur insofern interessant, als wir festgestellt haben, dass der Wert von Gerds Nannen-Anteilen bei 43 bis 53 Millionen Mark liegt.»

Solche Summen waren immerhin von Interesse für einen Mann, der stets hinter der nächsten Ecke die wirtschaftliche Katastrophe befürchtete. Ob der Versuch, die Werte zu aktivieren, hinlänglich durchdacht war, bleibt indes eine offene Frage. Die Notizen des Vertrauten und Beraters Güssefeld erlauben da Zweifel, sogar was die vermeintlichen finanziellen Vorteile betrifft. Ein anderer Vertrauter von Bucerius sagte im Rückblick, sein Klient sei immer brillant im Detail gewesen, habe aber nicht unbedingt das grosse Ziel dabei im Auge behalten. Vielleicht folgte er gar keiner Vision, sondern nur einem Impuls. Dass er dabei – wenn auch manchmal zu spät und daher unter grossen Kosten – oft den richtigen Instinkt hatte, machte ihn zum erfolgreichen Unternehmer. Den Weg nachzuzeichnen, den er beschritt, gleicht indes der Suche nach dem Ausweg aus einem Irrgarten.

Was Axel Springer betraf, so standen die Signale nun auf *fight*, auf frontalem Kampf. Selbst die nachhaltige Freundschaft Springers mit Ebelin konnte die Blessuren beider Protagonisten nicht lindern. Bucerius beschäftigte sich zunehmend mit der Pressekonzentration, womit er immer in erster Linie Springer meinte. Am 13. Mai 1966 schrieb er noch einmal an den «lieben Axel» mit allerlei Drohungen:

«Die Verfassung will eine pluralistische Ordnung, so die Mitwirkung vieler an der Meinungsbildung. Eine Macht, wie Sie sie aufbauen, verletzt die Verfassung. Bitte überlegen Sie sich Ihren nächsten Schritt auf das ernsthafteste.»

Springer unterliess es nicht, den «lieben Buc» (am 17. Mai) daran zu erinnern, dass er ihm doch selbst den «Stern» angeboten habe; «damals bewegte Sie offenbar nicht die Furcht vor der ‹wachsenden Macht des Hauses Springer›». Dem folgen allerlei Tatsachen über Vertriebsstrukturen und Argumente zur Pluralität des deutschen Zeitungswesens, vor allem aber die polemische Spitze: «Wegen all dieser Fakten komme ich zu dem Schluss, dass Ihre grossen Worte allein dem Zweck dienen, Ihre eigenen geschäftlichen Ambitionen zu camouflieren.»

Das war verständlich, aber allenfalls halb richtig. Bucerius war kein Feldherr mit grossen geschäftlichen Ambitionen, sondern ein ebenso besorgter wie erregbarer Festungskommandant, der sein Lebenswerk bedroht sah. Ein paar Monate später (am 17. Dezember 1966) schickte er seinen mittlerweile zu Kompagnons gewordenen Verleger-Kollegen John Jahr und Richard Gruner eine bedrückte Aktennotiz nach einem gemeinsamen Gespräch mit dem «Paranoiker» Springer, hinter dessen Charme «peinliche Selbstvergötterung» und «flegelhafte Machtbekundung» sichtbar werde:

«Seit unserem Besuch bei Axel Springer glaube ich, dass es keinen Sinn mehr hat, in Deutschland Zeitungen zu machen. Springers Griff auf die deutsche Presse ist übermächtig; er kann mit uns allen machen was er will.»

Oder doch nicht mit Gerd Bucerius? Wer hätte je mit ihm gemacht, was er will? So verlegte Bucerius nicht nur Zeitungen, sondern liess sich auch in die Günther-Kommission berufen, die in ihrem Bericht an den Deutschen Bundestag 1967 weitreichende Vorschläge zur Begrenzung der Pressekonzentration im Interesse der Meinungsfreiheit vorlegte. Nur 20 Prozent jedes relevanten Marktes sollten einem einzelnen Verleger gestattet sein, und Springer – aber bald auch Bucerius selbst – bewegte sich hart an dieser Grenze.

Gruner + Jahr

Augstein nicht, Springer nicht, Bauer schon gar nicht – wie sollte dann die «Zeit» jene Rückendeckung finden, die nach Bucerius' Meinung der risikobeladene «Stern» ihr auf die Dauer nicht verschaffen konnte? Noch während er mit seinen Hamburger Kumpanen verhandelte, kam Bucerius eine andere, naheliegende Idee. Warum in die Ferne schweifen, wenn das Gute, oder zumindest das Einträgliche und Nützliche, so nahe liegt? Mit zwei Kollegen der Medienbranche war Bucerius schon direkt oder indirekt verbunden, mit dem Drucker Richard Gruner und dem Verlags-Profi John Jahr. Wie Bucerius suchten auch diese beiden aus je eigenen Gründen nach neuen Ufern. Gruners Druckhaus war in den 50er und frühen 60er Jahren enorm gewachsen. Neben dem «Stern» wurde auch John Jahrs Erfolgsblatt «Constanze» bei ihm gedruckt, vor allem aber machten Angebotszeitschriften von Bertelsmann und lukrative Kataloge holländischer Blumenhändler von dem Vierfarbendruck des Hauses Gebrauch. Zudem hatte Gruner die Veto-Minderheit am Nannen-Verlag. Jetzt interessierte ihn die Arrondierung seines Vermögens, um damit seine vielgestaltige unternehmerische und persönliche Existenz in Ronco am Lago Maggiore, später in Cannes, Vaduz und New York zu begründen.

Der ältere, 1900 geborene John Jahr hatte schon als 24jähriger einen Verlag für Sport-Zeitschriften gegründet und diesem später, noch vor der Nazizeit, einen Strauß anderer lukrativer Blätter hinzugefügt. Nach dem Krieg erhielt er zusammen mit Axel Springer die Lizenz für die erste Frauenzeitschrift, «Constanze», die 1969 in seinem anderen Produkt, «Brigitte», aufging. 1964 kam noch «Petra» hinzu, ein weiterer Frauentitel, der sich als unmittelbarer Erfolg erwies. Vor allem aber wurde Jahr 1950 50prozentiger Gesellschafter und Geschäftsführer des «Spiegel». Auch ihm gefiel allerdings die redaktionelle Linie von Augsteins Blatt immer weniger; vielleicht ging es ihm auch nur auf die Nerven, dass er sich bei vom «Spiegel» unsanft behandelten Freunden ständig entschuldigen musste. Jedenfalls gab er seinen Anteil 1962 auf und setzte damit die misslichen Augstein-Bucerius-Verhandlungen in Gang, an deren Ende Gruner zum Minderheitseigner des «Spiegel» geworden war. Jahr hielt den Ausstieg aus

dem «Spiegel» später für seinen grössten unternehmerischen Fehler.
Ihm lag am geschäftlichen Erfolg, schon weil er seinem «Clan» von
vier Kindern und diversen anderen Anverwandten den Platz an der
Sonne sichern wollte. So war er auf der Suche nach neuen Horizonten.
Der Vorschlag, die drei Unternehmen zusammenzutun, führte
Ende 1964 zu intensiven und überaus detaillierten Verhandlungen.
Für Bucerius wurde dabei der «unbeirrbar redliche» Berater Wilhelm
Güssefeld einmal mehr unentbehrlich. «Wenn nicht die Idee, so doch
das Gerüst dessen, was da jetzt steht und wohl auch einst sein wird,
stammen von ihm», schrieb Bucerius nach Güssefelds Tod. Er meinte
vor allem die am 1. Juli 1965 gegründete Gruner+Jahr GmbH & Co.
Anfang des Jahres waren die Verhandlungen noch einmal schwierig
geworden. Vor allem die genauen Anteile der Partner führten zu manchem Hickhack. Doch zeigte Bucerius sich grosszügig und erinnerte
(am 14. Januar 1965) Gruner und Jahr an das gemeinsame Interesse:

> «Die Vorteile des Zusammenschlusses sind enorm. Wir sparen
> etwa 3 Mio. Umsatzsteuer. Wir kaufen Papier so billig ein wie
> Springer. Die Grossisten respektieren uns. Die Lesezirkel tanzen
> uns nicht auf der Nase herum. Deshalb: bitte nicht um geringe
> Quoten und Beträge mehr handeln!»

Für einmal behielt Bucerius vor allem das grössere Ziel im Auge. Dazu
gehörte auch, dass «beim Zusammenschluss jeder von uns sofort um
ein Drittel reicher» wird. Die Einigung gab Bucerius 28,25 Prozent,
John Jahr 32,25 Prozent und Richard Gruner 39,50 Prozent des gemeinsamen Unternehmens.
Das neue Haus hiess Gruner+Jahr, nicht Gruner, Jahr+Bucerius.
Bucerius hat nie Wert darauf gelegt, seinen Namen in die Bezeichnung
seiner Unternehmen einzubringen. Als er 1951 Nannen alle Anteile
abgehandelt hatte, hiess das Ergebnis weiter Nannen-Verlag. Jetzt
hiess es also Gruner+Jahr. War es Bescheidenheit? Oder verriet hier
der Anwalt, der Bucerius immer blieb, die Ethik seines Berufs, stets
in der zweiten Reihe zu bleiben und eigene Ideen hinter dem Namen
anderer zu verstecken? Nur erklären musste Bucerius, vor allem den
Lesern – und vielleicht mehr noch den Redakteuren – der «Zeit», was
er da gemacht hatte. «Zur Unterrichtung der ‹Zeit›-Leser» schrieb er
am 9. Juli 1965 eine gleichermassen rührende und hartgesottene
Epistel. Es ist schwer geworden, ein «mittlerer» Unternehmer zu
sein (verkündete er). Die «Zeit» war nie ein Geschäft; der «Stern»
stagniert. Die Kosten steigen schneller als die Gewinne. Also muss

«rationalisiert» werden. Das darf nicht für die Redaktion gelten. Wohl aber vereinfacht es Dinge, wenn die Druckerei zum eigenen Haus gehört und eine grössere Zahl von Objekten gemeinsam verwaltet wird. «Und weil hier drei Freunde zusammenarbeiten, tauschen sie für den Verlust ihrer Selbständigkeit etwas ein, das noch wertvoller ist: ein erfahrenes, schon jetzt aufeinander eingespieltes Team.»

Und die «Zeit»? «Der Zusammenschluss hat ihr eine solide Basis gegeben, die auch in Krisenzeiten standhalten wird.» Der Verleger Bucerius bleibt allein zuständig für die politische Linie, «hat sich auch vorbehalten, die ‹Zeit› aus dem gemeinsamen Unternehmen wieder herauszunehmen». Das tat er denn auch am 1. Januar 1969, nachdem er schon 1966 den Nannen-Verlag als «tempus Zeitungs-und Zeitschriften-Verlagsgesellschaft mbH» reaktiviert hatte.

Ohnehin war die Gründung vom 1. Juli 1965 nur der Anfang einer Kette von weiteren Veränderungen, hinter denen teils steuerliche, teils aber auch – wie soll man es nennen? – imperiale Erwägungen steckten. Gruner+Jahr war ein grosses Unternehmen. Der Jahresumsatz kam schon Ende der 60er Jahre einer Milliarde Mark nahe. Nur Springer war im Verlagswesen noch grösser. Dass es auf allerlei Umwegen Verbindungen zwischen Springer und Bauer, dem «Spiegel» bzw. Springer und G+J, G+J und diversen Verlagen wie Hoffmann&Campe gab, führte manche dazu, von einer «Hamburger Kumpanei» der Verleger zu sprechen. Indes war für das Jahrzehnt vom Anfang der 60er bis zum Anfang der 70er Jahre weniger die Kumpanei als der Kannibalismus der grossen Verleger auffällig, ob sie nun in Hamburg residierten oder nicht. Immer neue Übernahmeversuche galten vor allem dem Münchner Kindler&Schiermeyer Verlag (ab 1969 Gruner+Jahr) und dem Hamburger Bauer-Verlag. Zugleich streckte Bucerius seine Fühler in allerlei Richtungen aus, die teils lukrativ, teils nur interessant waren. Er erwarb 1967 die Wochenzeitung «Volkswirt» (später «Wirtschaftswoche») und tauschte sie später gegen Anteile am täglich erscheinenden «Handelsblatt». 1968 übernahm er die vom Kongress für kulturelle Freiheit begründete Zeitschrift «Der Monat», die 1971 eingestellt werden musste.

Bucerius' Schweizer Beteiligungen führten vor allem in den Jahren 1964 bis 1966 zu mancherlei Spekulationen. Sein Interesse galt vor allem der Wochenzeitung «Weltwoche» und der im gleichen Verlag erscheinenden Frauenzeitschrift «Annabelle». Die erstere sah er auf längere Sicht als Teil der «Zeit», während die letztere eine Aufgabe für Ebelin Bucerius bot. Der Kauf wurde mit Rücksicht auf Schweizer

Empfindlichkeiten sehr diskret über eine eigene, allem Anschein nach schweizerische Gesellschaft namens Dupre vorgenommen. Für vier Millionen Franken erwarb der Zeit-Verlag (mit einem kleinen privaten Anteil von Bucerius) die Gesellschaft. Ebelin bekam ein Büro in Zürich; im übrigen setzte Bucerius auf den jungen Redakteur und Unternehmer Rolf Bigler, dem er privat verbunden blieb. Indes war das Engagement nicht von langer Dauer. Bigler enttäuschte; die «Weltwoche» verlor Auflage; nur «Annabelle» hielt sich, jedenfalls auf dem Schweizer Markt. Am Ende ging Dupre mit dem Zeit-Verlag – und mit Gruner+Jahr – in die Hände von Bertelsmann über.

Der scheinbar grenzenlose Fusionsprozess erreichte 1969/70 seinen Höhepunkt. Für Bucerius war zunächst wichtig, dass der Partner Richard Gruner beschloss, seine Anteile an Gruner+Jahr zu verkaufen und das Land zu verlassen. Im März veränderten sich daher die Beteiligungsverhältnisse am gemeinsamen Unternehmen zu je 37,5 Prozent für Bucerius und Jahr und 25 Prozent für Gruner. Zwei Monate später vollzog sich dann eine Doppeltransaktion. Gruner verkaufte seine restlichen 25 Prozent an die beiden Partner, die so ein paar Tage lang je 50 Prozent des Unternehmens besassen; doch hatten sie das Geld nur mit Hilfe von Bertelsmann, also von Reinhard Mohn aufbringen können. Am 21. Mai 1969 war dann die Transaktion komplett: Gerd Bucerius 37,5 Prozent, John Jahr 37,5 Prozent, Reinhard Mohn 25 Prozent.

Das alles war indes – um dies der Darstellung im einzelnen vorwegzunehmen – nur der Anfang einer Kette von Irrungen und Wirrungen. 1970 bahnte sich die sogenannte «Elefanten-Hochzeit» von Bertelsmann und Springer an. Als sie scheiterte, liess das Gruner+Jahr nicht unberührt. Zwei Jahre lang war vom Verkauf des Unternehmens an Bertelsmann die Rede. Am Ende geschah dieser in der Form eines Anteilstausches, als dessen Ergebnis Bucerius Aufsichtsratsvorsitzender von Bertelsmann und Verleger der «Zeit» wurde, aber Gruner+Jahr nicht mehr kontrollierte.

Es ist den geneigten Lesern nicht zu verübeln, wenn ihnen bei dieser (schon stark vereinfachten) Darstellung schwindelig wird. Überraschend ist eher, dass Bucerius bei all diesen Transaktionen sein Gleichgewicht behielt. Ganz leicht war das in der Tat nicht. Abgesehen von eher vagem «politischem Druck» war der «Zeit»-Verleger zuweilen einem mürrischen Betriebsrat und Mitbestimmung fordernden Redakteuren ausgesetzt. Der Redaktionsbeirat des «Stern» zeigte sich besonders beunruhigt darüber, dass Bucerius zwar für die «Zeit», nicht aber für den «Stern» Sonderregelungen fand. Eine Zeitlang, im Sommer 1970, spielte Bucerius mit dem Gedanken, sich auf die «Zeit» zurückzuziehen und alle anderen Anteile zu verkaufen. Die bei der Gründung von Gruner+Jahr beschworene Beziehung der «drei Freunde» war ohnehin in die Brüche gegangen; sie endete im Streit und mit der Drohung eines Gerichtsverfahrens. Freunde hatte sich Bucerius mit seinen schwindelerregenden Transaktionen nicht geschaffen. Allenfalls ein Name kommt da in Frage, der des Bertelsmann-Chefs Reinhard Mohn, dem Bucerius eine Zeitlang alles anvertraute, auch die Rolle seines Testamentsvollstreckers. Wohl aber hatte er die «Zeit» gesichert, fürs erste jedenfalls, denn er sann noch immer über neue Konstruktionen nach. Die Fusionen und Umgründungen liessen übrigens die Qualität und den Erfolg des Blattes unbeeinträchtigt. Beim «Stern» stand es schwieriger, doch blieb Henri Nannen am Ende der massgebende Mann, und Bucerius hielt seine manchmal schützende, manchmal drohende Hand über das Magazin. In der Medienlandschaft Deutschlands hatte Bucerius schon durch Gruner+Jahr, später mehr noch durch Bertelsmann eine mächtige Position. Dass er sie missbraucht hätte, ist ihm nur selten und niemals ernsthaft nachgesagt worden. Überdies war der mit 7500 Mark als Lizenzträger der «Zeit» angetretene Altonaer Anwalt bei alledem zum reichen Mann geworden. Seit den Verkaufsflirts von 1963 hatte sich der – schon damals auf 43–53 Millionen Mark geschätzte – Wert von Bucerius' Medienbesitz noch einmal verdreifacht.

Brione und andere Leidenschaften

Auch sein neuer Reichtum schien Bucerius im Zweifel durchaus prekär. Mitten in den Verhandlungen zur Gründung von Gruner+Jahr gestand er seinem Berater Güssefeld, dass er das daraus resultierende Geld brauche. Der «Bau des Hauses» sei «nun doch wesentlich teurer geworden, als ich mir vorgestellt hatte», schrieb er am 2. März 1965. «Glückt die Dreierlösung, habe ich das Haus in einem Jahr verdient.» Wenn aber nicht, bleibe nur die Liquidation, «das heisst, den ‹Stern› wohl zu einem niedrigen Preis an Gruner verkaufen». Die Lösung glückte. Das Haus konnte fertiggebaut werden. Es war eine spektakuläre Villa nach Plänen des Architekten Richard Neutra hoch oben über dem Lago Maggiore in Brione, die am Ende vier Millionen

Schweizer Franken kostete und nur mit beträchtlichem Aufwand unterhalten werden konnte. Zu Neutra war Bucerius durch die «Zeit»-Redakteurin Eka von Merveldt gekommen. Die klaren Bauhaus-Linien der glänzenden Konstruktion sagten ihm zu; der offene Blick auf den See und auf die meist sanften, doch an manchen Wintertagen schneebeladenen Berge ringsherum wurden ihm lieb und vertraut. Besucher fanden viel Lobenswertes an und in dem Haus. Der weltläufige Schweizer Historiker und Zeitkritiker Jean von Salis schrieb nach einem Besuch in seinen «Notizen eines Müssiggängers»:

> «Dieses Haus ist weit oben über Brione erbaut, der Blick von hier über die Landschaft des Lago Maggiore einzigartig. Ein wundervoll gelegenes, modernes und geräumiges Haus, auch ein sehr gastliches, Hausherr und Hausfrau ungemein freundlich zu uns – und zu [unserer Hündin] Gioia, die wir mitnehmen durften.»

Salis fand den Hausherrn «hager, diszipliniert, enorm leistungsfähig, aber entspannt und heiter»; er sei «ein Mann von hoher Intelligenz, grosser Sachkenntnis und Fähigkeit zur Zusammenschau der Dinge». Kein Wunder also, dass das reminiszenzenreiche Gespräch «vor, bei und nach Tisch» lebhaft war.

An Gesellschaft fehlte es auch sonst nicht im Sopraceneri, im oberen Tessin. Richard Gruner hatte sich in Ronco niedergelassen. In Ascona lebte der Autor Robert Neumann. Bucerius selbst verhalf dem aus Ungarn geflüchteten Dramatiker Julius Hay und seiner Frau zu einer Bleibe. Der Verleger Droemer und seine Frau Mausi wurden zu guten Bekannten. Ascona und Ronco, auch Brissago und die Stadt Locarno wurden in den Nachkriegsjahren zum Sitz einer eigentümlichen Prominenz. Das waren nicht mehr die Naturfreunde vom Monte Verità, sondern eher verwöhnte, jedenfalls betuchte, aber auch geistreiche, ja kreative Deutsche (nebst ein paar anderen), die das lässige Leben am Lago Maggiore mochten. Bucerius brachte manchen Tag und lange Abende mit ihnen zu; leicht halbseidene Intellektualität übte einen seltsamen, allerdings immer nur vorübergehenden Reiz auf ihn aus.

Anwesen und Ambiente waren also nicht eigentlich Bucerius' Fall. Einmal kam Detta, die Jugendliebe und erste Frau zu Besuch, und es wird erzählt, dass sie den Pomp der Anlage ungeheuer belustigend fand. Da hatte Ebelin, die zweite Frau, dem Ganzen allerdings schon ihren Stil aufgepfropft. Es war nämlich vor allem ihr Haus, bald auch ihr Eigentum, und es hiess daher Casa Ebelin. Mit Hilfe von Chintz-Vorhängen und Rüschenkissen hatte sie zumindest in ihrem Lebens-bezirk die Bauhaus-Strenge barock verfremdet. Bei den Frauen, bald den Witwen unten in Locarno und Ascona fand sie Gesellschaft. Zwar ging sie von Brione aus oft auf Reisen, nach Zürich zu Verwaltungs-ratssitzungen und zum Einkaufen, zuweilen nach Hamburg, um sich bei bedeutenden Anlässen mit ihrem Mann zu zeigen, und immer häufiger nach Italien, nach Forio auf Ischia; aber die Casa Ebelin wur-de ihr Zuhause. Dort brachte bald ein schöner, vielseitig interessierter junger Mann aus einer Familie von Fischern und Gastwirten auf Ischia viel Zeit mit ihr zu. Wenn Bucerius kam, ging er mit Ebelins Verehrer auf lange Spaziergänge und behandelte ihn wie einen Sohn.

Bucerius kam immer seltener, dennoch regelmässig. In langsamen, kaum spürbaren Schritten hatte das Verhältnis der beiden sich gelok-kert. Eng blieb es bis zu seinem Tod, insofern Gerd Bucerius nahezu täglich mit Ebelin in Verbindung stand, durch rasche Telefonate, ha-stige Briefe oder Notizen und später die verlässlichen Besuche zu Ebelins Geburtstag am 1. Oktober und vor allem zu Weihnachten. Bucerius erzählte anderen, er sei verpflichtet, Ebelin als Geschäftsfüh-rerin und später Generalbevollmächtigte der Verlagsgesellschaft über alles informiert zu halten; doch tat er das über alle rechtlichen Erfor-dernisse – wenn es diese denn gab – hinaus. Ebelin war gleichsam Adressatin seines Tagebuchs, wie die erhaltenen Notizen und Briefe belegen. Intim war die Beziehung in gewisser Weise nie, jedenfalls nicht in den 6oer Jahren. Bucerius empfand tiefe Dankbarkeit für die gemeinsamen Jahre in schwieriger Zeit und fühlte die Verpflichtung, für seine Frau zu sorgen. Dabei tolerierte er klaglos Wünsche, die ihm selbst durchaus fremd waren, vor allem die nach einem teuren und nicht immer geschmackvollen Aufwand, der der oft hinfälligen, stets klagenden Frau ein Gefühl der Sicherheit gab.

Für Bucerius blieb der Mittelpunkt seines Lebens Hamburg. 1959 waren er und Ebelin in das Erik Blumenfeld gehörende Haus in der Warburgstrasse gezogen. Dort sorgte die unentbehrliche Maria Stein-berger für das Paar. Sie kannte die oft überraschend kommenden Be-sucher und improvisierten Gesellschaften schon aus Bonn; sie wusste auch, wie man mit den echten und den – wie soll man es sagen? – diplomatischen Krankheiten der beiden fertig wurde; sie hielt den Kontakt mit einer bunten Mischung von Nachbarn aufrecht und be-hielt bei allem ihre unbekümmerte, lebensfrohe und mitteilsame rheinische Art. Als Müller-Marein zuerst zu Besuch kam und fand, hier in der Warburgstrasse würden die Bucerius noch richtig fein, entgegnete Bucerius ihm: «Solange Maria da ist, werden wir nicht fein.» Maria ihrerseits erzählte, dass das schwierige Paar sie gut behandelte; «das war wie meine Eltern». Nach dem Bau von Brione änderte sich der Lebensrhythmus allerdings, und 1968 wurde die Liegenschaft, zu der das Haus in der Warburgstrasse gehörte, zum Abriss freigegeben. Bucerius mietete 1969 von dem nun wirklich feinen Fräulein Nottebohm die Parterre-Wohnung am Leinpfad 19, in dem er für die verbleibenden 26 Jahre seines Lebens blieb. «Früher wurde hier lang gedeckt», soll Fräulein Nottebohm gesagt haben, also ein Diner am langen Tisch für zwei Dutzend und mehr Gäste. Das kam bei Bucerius nicht vor, wenngleich sich unter den Warhol-Monroes und vor den Fernsehschirmen so manches Mal zwei Dutzend Leute aus der «Zeit» und ihrem Umfeld zu langen Diskussionen bei «Butterbrot und einem Glas Wein» trafen.

In der «Zeit» selbst, vielmehr im Verlag, hatte Bucerius sein mit einem gewissen bürgerlichen Wohnzimmercharme möbliertes Büro meist irgendwo am Rande der Redaktionsräume. Er blieb dennoch immer präsent, denn unruhig wie er war, liebte er es, in den Korridoren auf Wanderschaft zu gehen und denen, die er dort traf, seine Meinung zu sagen. Anfangs hütete den Zugang zu ihm noch die «Goebelin», die ihn indes Ende 1962 verliess, um endlich nur noch für den kultivierten Carlo Schmid da zu sein, mit dem sie seit Jahren liiert war. Die Damen im Vorzimmer teilten seine Meinungen nicht immer und fanden seinen Lebensstil zuweilen erstaunlich, aber bewunderten ihn doch und hielten vor allem seinen Kalender und damit ihn selbst in erträglicher Ordnung. Bucerius beschrieb sie im Vorwort zu seinem Buch «Zwischenrufe und Ordnungsrufe»:

> «Als unverzichtbar haben sich erwiesen Ratschläge von Charlotte Hansen; sie wacht in meinem Vorzimmer, kocht Tee für mich und meine Besucher – und ist belesen wie kaum einer meiner Freunde; sie kennt jedes Zitat, jeden Schriftsteller. Das gibt Sicherheit! – Meinen Tee kocht auch Hildegard Metzsch. Weil wir politisch total verschiedener Meinung sind, ersetzt sie mir hundert Kritiker. Was in einem Artikel undeutlich ist, korrigiert ihr ausgeprägtes Sprachgefühl.»

Wichtig für Bucerius waren sodann die professionellen Helfer, im Verlag Robert Streitberger bis zu seinem Tode 1973, aber auch Ebelin und später dann Hilde von Lang, bei den Transaktionen die vertrauten Anwälte und vor allem Wilhelm Güssefeld.

Ein einfacher Chef war Bucerius nicht, wenngleich er sich häufig bemühte, das, was er predigte, auch zu praktizieren. Bei «predigen» kommt einem der köstliche Artikel in den Sinn, den Bucerius unter dem Stichwort «Eigentümer, Führung durch» für die «Enzyklopädie der Betriebswirtschaftslehre» (1987) schrieb. Lieber die Finger davonlassen! ist seine erste Empfehlung an künftige Eigentümer-Unternehmer. Geht es schief, dann ist der Sozialplan teuer, und die Steuer kommt noch hinzu. Wenn schon, dann jedenfalls «den Stab so klein halten wie möglich». Dann die richtigen Mitarbeiter finden, und zwar möglichst keine Einzelkinder; «sie haben nie Verantwortung gehabt». (War er die Ausnahme, oder zählten die nur halb adoptierten «Schwestern» nicht?) Man braucht Menschen, die ihre Musse geniessen. Sie muss man motivieren und sich zu diesem Zweck von Routinearbeiten befreien. Wer «immer wieder unterbrochen [wird] von Telefonanrufen, von hereinkommenden, Entscheidungen einholenden Mitarbeitern, kann ... sich nur schwer im Gespräch auf einen wichtigen Gedanken konzentrieren». Höflich muss man sein; «die Höflichkeit des Chefs wird nur durch die der Sekretärin übertroffen». Die Tür zwischen Chefzimmer und Vorzimmer sollte offen sein: «wenn der Chef den Besucher sieht, freut er sich, wenn der Chef ihm schon im Vorzimmer ‹Guten Tag› zuruft». Oft muss man das eigene Zimmer verlassen und Mitarbeiter in ihren Büros besuchen. Auch auf dem Gang gibt es Gelegenheiten zu sozialem Kontakt, «eine Frage zu stellen oder auch nur ‹Guten Tag› zu sagen. Bitte nehmen Sie dabei die Hände aus der Tasche, es wird beachtet.»

Wie in vielen Dingen achtete Bucerius auf die Kleinigkeiten und verzichtete gerne auf grosse Theorien und Visionen. Doch was ihn betrifft, täuscht das idyllische Bild, das sein Manager-Modell darbot. Er konnte unwirsch sein, lobte Mitarbeiter selten, machte sich davon, in die Krankheit oder auch die Schweiz (oder beides), wenn es brenzlig wurde, und bestach dann wieder durch seinen Instinkt für Lösungen, sein informiertes Interesse an tausend Dingen, seinen intellektuellen Charme. Die 6oer Jahre, in die 1966 sein 60. Geburtstag fiel, waren nicht nur für sein Werk, vor allem die «Zeit», sondern auch für Bucerius als Person die grosse Zeit. Er feierte die Auflage von 150 000 (1963), 200 000 (1965), 250 000 (1969), und der Weg nach oben war noch längst nicht zu Ende. Er genoss auch Mussestunden, wenngleich Musse nicht das richtige Wort ist, denn entweder spielte er Golf in

Hittfeld, wo er früh schon Mitglied des Clubs geworden war und
sogar ein Häuschen am Rande des Golfplatzes erworben hatte, oder
er las bis tief in die Nacht, oder aber er fuhr in die Schweiz, wo er
ebenfalls Golf spielte und las.

Der Sommer 1968 hielt indes noch zwei ungewöhnlichere Ereignisse bereit, ein bezeichnend ephemeres und eines mit nachhaltigen Folgen. Beide hatten es mit Ebelin zu tun. Die Einsamkeit von Brione,
der muntere (und doch, wie sich herausstellen sollte, schon von töd-
licher Krankheit gezeichnete) junge Freund, die südlichen Reize von
Ischia – was immer es war, Mitte der 60er Jahre entschloss sich Ebelin,
einen Film zu machen. Er trug den Titel «Mattanza», was laut «Hamburger Abendblatt» «eine besonders grausame Form des Thunfisch-
fangens in Sizilien» ist, bei der viel Blut fliesst. «Grausig, im Farbfilm
ungeheuer beeindruckend.» Neben Blut gab es auch blanke Busen zu
sehen, allerdings nur für die Teilnehmer an der ersten und wohl einzigen Aufführung, die Gäste einer Premierenparty auf Sylt im Juli
1968. «Bei heissen Drinks», schrieb die «Hamburger Morgenpost»,
«wurde ausgesucht höflich parliert, nur über ‹Mattanza› nicht. Er soll
– einem Gerücht nach – 1 Million gekostet haben.» Bucerius wird im
«Abendblatt» mit dem Urteil zitiert: «Der Film ist gehobene Unterhaltung. Und sehr spannend.» Ebelin selbst erklärte ihren Ausflug in
einem Interview mit dem «Film-Telegramm» damit, dass «ich etwas
Neues beginnen wollte, etwas Eigenes. Verantwortung übernehmen,
selbständig sein». Und auch: «Ich mache, was meinem Geschmack
entspricht.» Aus ihren weiteren Projekten «in der Welt des Zelluloids»
ist dann allerdings doch nichts geworden.

Bucerius selbst wird das Sylter Ereignis nur bedingt genossen haben; unter anderem litt er an einer verschleppten Bronchitis, und seine
Ratgeber – an denen er keinen Mangel hatte – empfahlen ihm eine Kur
im sonnensicheren Süden. Die Wahl fiel auf Gran Canaria, und um
sicherzugehen, dass dort das richtige Plätzchen gefunden würde, fuhr
die ortskundige Frau eines «Stern»-Redakteurs, Hilde von Lang, als
Vorauskommando auf die Insel. Wenn nötig, so lauteten ihre Instruk-
tionen, sollte sie die Gäste eines Hotels «auskaufen»; es war nicht
nötig. Das Ehepaar Bucerius erschien in einer Privatmaschine, die
Ebelins zahlreiche Koffer kaum halten konnte. Dennoch hatte Frau
Bucerius nach vier Tagen genug von dem damals noch einsamen Flek-
ken und reiste ab. Bucerius blieb; er und Hilde von Lang kamen sich
bald nahe. Sie, die Tochter der angesehenen Hamburger Kaufmannsfamilie Daniels, ist nicht nur eine blendende Erscheinung, sondern

auch das, was man früher «eine patente Frau» nannte. Intelligent, vielseitig interessiert, ist sie zugleich lebenstüchtig und steht mit beiden Füssen fest auf dem Boden. Was Brot kostet, wie man mit der U-Bahn fährt und andere Realien des Lebens, erfuhr Bucerius zum ersten Mal durch Hilde von Lang. Sie wurde seine ganz und gar unentbehrliche Partnerin für das verbleibende Vierteljahrhundert seines Lebens.

Das ist recht zu verstehen. Zunächst und vor allem brauchte Bucerius die Hilfe seiner Partnerin, der er bald einschränkungslos vertraute. Sie hatte eine gewisse Erfahrung als Autorin von Texten für die «Schnulzenfabrik» des Bauer-Verlages; aber nun musste sie an härtere Aufgaben. Beinahe wie Ebelin über zwanzig Jahre früher gab Bucerius ihr Verantwortung für die Anzeigenwerbung, und ihre Ideen erwiesen sich nicht nur als praktikabel, sondern als profitabel. Dann bekam Hilde von Lang den Auftrag, die Ausgabenpraxis der nicht sonderlich sparfreudigen Redakteure zu kontrollieren. Das machte sie nicht unbedingt beliebt, half aber dem Verlag. Allmählich wuchs sie in die Rolle der Geschäftsführerin des Verlages und Universal-Bevollmächtigten des Verlegers. Zugleich wurde sie Bucerius' engste Vertraute. Nach einigem Zögern akzeptierte sogar die Hamburger Gesellschaft die Gefährtin des angesehenen Bürgers, bald sogar Ehrenbürgers Bucerius. An Scheidung dachte Bucerius nicht, und Hilde von Lang behielt ihr eigenes Appartement; doch trifft das Wort von der Lebensgemeinschaft die Beziehung der beiden.

1968

Das Jahr 1968 war also für Bucerius in mehr als einer Hinsicht ereignisreich. Irgendwie indes fand er neben den privaten Erregungen immer auch Platz für die öffentlichen Dinge. Vor allem der Aufstand der Jungen liess lange verborgene Saiten anklingen, die des aufsässigen Schülers zum Beispiel, auch die des selbst von autoritären Mächten unbeindruckten Rebellen. Wer sich an die grossen Podiumsdiskussionen der Zeit erinnert, bei denen vor allem in den Universitäten Tausende ins Auditorium Maximum strömten und überall im Saal, den Gängen, auch auf dem Podium sassen, der hat dort manche Redner immer wieder getroffen, darunter Rudi Dutschke und vor allem Berliner (Nevermann) und Frankfurter (Krahl) Studentenvertreter zur Linken, Rudolf Augstein und Gerd Bucerius zur – aus der Perspektive der Studenten – Rechten, und kaum jemanden in der Mitte.

Am 6. März 1968 fand in Berlin, im Auditorium Maximum der Technischen Universität, eine selbst für jene Tage ungewöhnliche Diskussion unter dem Titel «Appell zur Vernunft» statt. «Die Redner waren sich einig in der Kritik an der politischen Atmosphäre Berlins», berichtete der «Tagesspiegel» kühl am nächsten Tag. Gemeint waren die Ausschreitungen bei einer Kundgebung vor dem Schöneberger Rathaus zwei Wochen zuvor. Bucerius, einer der Teilnehmer der Podiumsdiskussion vom 6. März, schrieb in der «Zeit» mit mehr Herzblut. Schon der Taxichauffeur vom Flughafen habe auf die Studenten geschimpft und die Prügel gepriesen, die der Kommunarde Langhans bezogen hatte; das Blatt der APO, der Ausserparlamentarischen Opposition, habe andererseits davor gewarnt, dass es bei Polizeieinsatz Tote geben würde. Da wusste er: «Hier war etwas los. Wenn sich die einen über Prügel freuen und die anderen mit Toten rechnen ...»

Podiumskollege Günter Grass wurde schon bei der Vorstellung unter «Ho-ho-ho-Tschi-Minh»-Rufen ausgeklatscht; er, der SPD-Mann, galt als Verräter. Grass wehrte sich aber wacker: «Da Klatschen kein Argument ist, brauche ich darauf nicht zu antworten.» Der Gewerkschaftsfunktionär Heinz Brandt erntete mit Attacken auf die Stadtregierung und die Springer-Presse Beifall. Bucerius blieb sich, wie stets, selber treu. Er lobte die Kraft und Leistung Berlins. «Das Publikum hielt das für einen grossartigen Witz; es lachte laut und herzlich.» Immerhin wurde die weitere These still aufgenommen, «die liberale Ordnung sei gefährdet, aber reparabel, und es gebe keinen Ersatz für sie». Bucerius lobte Dutschke als hochbegabten Intellektuellen, warnte aber vor der unkontrollierbaren Bewegung der Massen, die ihn am Ende verschlucken könnte. Das Publikum schwieg weiter, und zwar «nicht feindselig». Bucerius sah den Grund wohl; von ihm dachten die Studenten: «Er ist ein Kapitalist, das ist seine Meinung; mit der muss man streiten. Er ist ja kein Verräter.»

Später hört Bucerius im Republikanischen Club Dutschke, findet ihn freundlich und empfindlich; «man denkt an den Priester bei der Messe». «Jeder Satz klingt bedeutsam, aber schwer zu verstehen; man muss wohl länger mit ihm sprechen.» Mit den «Schmallippigen, durch wenig Schlaf und Essen Anämischen» hat er weniger im Sinn. Auch ihnen bescheinigt er indes, dass sie wissen, wohin sie wollen, nämlich zum Abbau der Herrschaft des Menschen über den Menschen. «Wogegen sie kämpfen, das wissen die Studenten; auch wohin sie einst wollen. Aber wie sie dahin kommen, das wissen sie nicht.» «Sie irren sich oft; sie unterschätzen die Konstanz der menschlichen Eigenschaften durch die Jahrtausende.» Bis zum Schluss bleibt Bucerius gnädig, ja verständnisvoll: «Sie irren – aber ich beneide sie um ihren Glauben und ihre Redlichkeit. Die Gesellschaft wird sich vor ihnen bewähren müssen.»

Für Bucerius waren das nicht nur Worte. Er hatte sich, wie das seine Art war, vor Ort selbst ein Bild gemacht, übrigens schon seit den Anfängen im Frühjahr 1967. Seine eigene Vorstellung von der liberalen Ordnung, einschliesslich der Überzeugung von den löblichen Wirkungen des Kapitalismus, wackelte nicht; aber auch sie musste sich bewähren. Zugleich war er bereit, die Freiheit zum Irrtum durch die Tat zu unterstützen. Als der «Spiegel» Ende 1967 «enthüllte», dass Bucerius (neben Augstein und dem Komponisten Hans Werner Henze) den Berliner Studenten Geld gegeben hatte, lieferte Bucerius in der «Zeit» eine Erklärung. Er habe es unerträglich gefunden, dass die wegen der Teilnahme an den Schah-Demonstrationen angeklagten Studenten sich keinen Verteidiger leisten konnten. Gerade die gespannte Stimmung in Berlin «verlangt einen rechtserfahrenen Verteidiger auf der Seite des Angeklagten». Überdies (so konnte er nicht lassen hinzuzufügen) habe seine Aktion berühmte Vorbilder; denn nach dem Krieg habe Winston Churchill einen Verteidigungsfonds für den wegen Kriegsverbrechen angeklagten Feldmarschall von Manstein eingerichtet und selbst eine beträchtliche Summe gespendet. Man muss die Meinung derer nicht teilen, deren Rechte man unterstützt.

Tatsächlich hat Bucerius laut einer von ihm aufgestellten Liste den 68ern immer wieder Summen von insgesamt über DM 80 000 zur Verfügung gestellt: für den Rechtsanwalt Mahler Rechtshilfefonds, für Dutschkes Verteidigung und später für seine medizinische Behandlung nach dem Attentat, für diverse Organisationen wie die Aktionsgemeinschaft Demokratische Universität, für den ASTA der Freien Universität und andere. In der Aktennotiz vom 13. Oktober 1969, die diese Liste enthält, argumentiert Bucerius, wegen der «Ausdehnungstendenzen des Hauses Springer» – und vermutlich der Anti-Springer-Stossrichtung der 1968er Demonstrationen – hätten diese Ausgaben sogar «im geschäftlichen Interesse der Firma Gruner+Jahr» gelegen. Das ist ein bisschen weit hergeholt, so dass man gerne den letzten Satz der Notiz liesst: «Ich konnte dies umso unbedenklicher tun, weil in diesem Fall die geschäftlichen Interessen des Hauses sich mit meiner persönlichen Auffassung über die Struktur unserer Gesellschaft deckten.»

Es ist mehr als eine Fussnote, wenn man zu dieser Geschichte anmerkt, dass Bucerius – zum Unterschied von den meisten deutschen

1968ern – die anderen Entwicklungen des Jahres nicht entgingen. Zusammen mit Augstein richtete er im September 1968 ein Sonderkonto
für Schriftsteller, Künstler und Journalisten ein, «die in der CSSR für
die Freiheit der Gedanken und des Wortes eingetreten sind» und nach
dem sowjetischen Einmarsch ihr Land verlassen mussten, und zahlte
(ebenso wie Augstein) 100 000 DM auf dieses Konto mit der Nummer
des schlimmen Datums 21–8–68 ein. Früher schon, und immer wieder,
hatte Bucerius Exilierte aus den kommunistischen Ländern unterstützt, so Alfred Kantorowicz aus der DDR, dessen Flüchtlingsstatus
nicht anerkannt wurde, oder Tibor Déry und vor allem Julius und Eva
Hay aus Ungarn. Die Freiheit ist unteilbar, und Gerd Bucerius wusste
es nicht nur, sondern handelte auch danach.

Der klagende Verleger

«1968» war eine merkwürdige Revolution, wenn es denn eine war; sie
hat eher Werte und Einstellungen, Kleiderordnungen und Umgangs-
sitten verändert als Institutionen oder selbst politische Klassen. Ganz
neu waren in Willy Brandts Regierung vom Oktober 1969 nur wenige,
und das Versprechen, mehr Demokratie zu wagen, blieb weitgehend
folgenlos. Eine Zeitlang hatte das Schlagwort der Demokratisierung
Konjunktur, Demokratisierung durch Mitbestimmung aller irgend
Zugehörigen nicht nur im Staat, sondern in sämtlichen Organisationen und Institutionen. Bleibende Spuren indes hinterliess diese Mode
allenfalls in weichen Institutionen (wie man sie nennen könnte), in
denen es nicht so sehr darauf ankam, wer woran beteiligt war. Dazu
gehörten vor allem die Universitäten, die sich vielerorts auf dem europäischen Kontinent (nicht in Grossbritannien!) in Versionen der
«Gruppenuniversität» verwandelten. Auch Kirchen unterlagen der
neuen Tendenz (wenngleich nur begrenzt die katholische Kirche).
Und dann war da die Presse, vor allem durch die rasch um sich grei-
fende Forderung nach einem Redaktionsstatut.
    Gerd Bucerius hat zu diesem Thema das wichtigste und beste seiner
Bücher geschrieben. Es erschien 1974 unter dem Titel »Der angeklagte
Verleger» und ist voller Informationen, Erfahrungen, Weisheiten und
auch Sottisen. Wem gehört die Pressefreiheit? fragt Bucerius. Dem
Verleger als Eigentümer? Den Redakteuren? Allen Angestellten von
Verlag und Redaktion? Seine Antwort, um dies vorwegzunehmen,
war, dass solche schwierigen Fragen bei der «Zeit» ganz praktisch

gelöst wurden. Der Verleger und seine Chefredakteure haben sich zwar manches Mal kräftig gestritten, aber irgendwie ist daraus stets ein Blatt hervorgegangen, das alle Beteiligten, am Ende sogar eine wachsende Zahl von Lesern, gerne mochten. Josef Müller-Marein habe das bei seiner Verabschiedung als Chefredakteur am 31. Mai 1968 als «freundschaftliche Warnung» formuliert:

> «Übrigens war das heute wieder so schwierige, so unbequeme Problem der ‹Pressefreiheit› für mich sehr einfach und bequem gelöst: Wir, die Redaktion, redigierten die ‹Zeit› so, wie wir wollten. Es ist das Prinzip des Verlegers selber. Er hat es nie verleugnet. Wenn alle scheidenden Chefredakteure dies von ihren Verlegern sagen könnten, bewegte die Sorge um das Prinzip der die Demokratie erhaltenden Pressefreiheit die Gemüter nicht. Dies soll in komplizierter Sache nicht ein Urteil sein. Es ist ‹nur› meine Erfahrung.»

«Es ist nicht ganz leicht, dem nachzuleben», fügte Bucerius hinzu. Doch tat nicht nur er es, sondern die Nachfolger Müller-Mareins, also zunächst Marion Gräfin Dönhoff und ab 1972 Theo Sommer, folgten seinem Beispiel.

Indes wusste Bucerius wohl, dass die Sache so einfach und bequem nicht abzutun ist. Es gehörten die richtigen Menschen dazu, Redakteure, Chefredakteure zumal, die Standfestigkeit mit Verständnis für die Marotten des Verlegers verbinden, und ein Verleger, der sich weder durch die Aufgeregtheiten der Redakteure noch durch die Drohungen von Anzeigenkunden von seinem Kurs abbringen lässt. Auch in dieser Hinsicht war die «Zeit» seit den Anfängen, vor allem aber in den 60er und 70er Jahren, ein Glücksfall.

Beim «Stern» war das schon schwieriger. Einen Glücksfall gab es auch dort; er hiess Henri Nannen. Doch hatten die «Stern»-Redakteure nach den Verkaufsgerüchten und –realitäten der 60er Jahre Grund zur Wachsamkeit. Am 19. Mai 1969 trat daher ein Redaktionsstatut in Kraft, das das Recht des Verlegers zur Bestellung des Chefredakteurs beträchtlich begrenzt. «Der Verlag wird einen Chefredakteur nicht berufen oder abberufen, wenn der Redaktionsbeirat mit zwei Dritteln seiner Stimmen widerspricht.» Die Berufung und Abberufung von Redakteuren obliegt allein dem Chefredakteur, der indes ebenfalls nicht gegen zwei Drittel des Redaktionsbeirates entscheiden darf. Dabei ist vor allem eine allerdings vage formulierte politische Haltung des Blattes relevant. «Die Redaktion des ‹Stern› bekennt sich zur freiheitlich-demokratischen Ordnung und zu fortschrittlich-liberalen Grundsätzen.»

Bei der «Zeit» schien die Ausarbeitung eines Redaktionsstatuts nicht so dringlich; sie dauerte daher bis zum Dezember 1973. Zu diesem Zeitpunkt hatte sich der allgemeine Mitbestimmungs-Enthusiasmus etwas gelegt; ohnehin gab es bei der «Zeit» keine offenkundigen Probleme. Hier hiess es daher traditionsbewusst, dass eine absolute Mehrheit jener Redakteure, die mehr als zwei Jahre in der Redaktion sind, der Ernennung oder Abberufung des Chefredakteurs zustimmen müssen. Redakteure selbst werden zwar vom Chefredakteur, aber «im Einvernehmen mit dem Verleger» ernannt. Ein Beirat hat Anspruch auf Informationen und sucht bei Streitigkeiten zu schlichten. Im Fall des Verkaufs der Zeitung «haben Redaktions- und Verlagsangehörige ein Vorkaufsrecht».

Bucerius hatte gegen solche Regelungen keine Einwände. «Ich halte dieses Statut für nachahmenswert.» Es ist allerdings auf die besonderen Verhältnisse der «Zeit» zugeschnitten; «bei einer anderen Redaktion wäre es ein anderes Statut». (Und selbst bei der «Zeit» fand Bucerius neun Jahre später starke Gründe zur Kündigung des Statuts; Karl-Heinz Janßen hat das Drama beschrieben.) «Wenn aber der Verleger kein Statut gewähren will? Dann muss die Redaktion eben kämpfen, notfalls einmal kündigen und sich einen besseren Verlag suchen. Die verordnete Freiheit ist nur ein Schutz für Untüchtige. Echte Freiheit heisst Risiko.»

In solchen Anmerkungen kommen die tieferen Überzeugungen des liberalen Verlegers zum Vorschein. Er lässt über vieles mit sich reden; aber es gibt einen Kern von Überzeugungen, an dem er unbeirrbar festhält. Bei den Dingen, über die er mit sich reden lässt, ist denn auch ein gewisser mitleidiger Zynismus erkennbar. Wenn es zum Beispiel um die Formulierung «publizistischer Grundsätze» geht, rutscht ihm die Bemerkung heraus: «Die Absicht ist löblich; aber die Ausführung ist sinnlos.» Mit einer leicht verblüfften Zurückhaltung beschreibt er Augsteins Antwort auf die Forderung der «Spiegel»-Redakteure nach Mitbestimmung, nämlich die Mitbeteiligung von zunächst 750 Mitarbeitern an 50 Prozent des Blattes, finanziert durch die Gewinne der Jahre 1970 bis 1972. «Das scheint mir eine Umkehrung der Geschichte von Till Eulenspiegel, der der Bauersfrau ihre eigenen Hühner zum Pfand gab: die Mitarbeiter kriegten den halben ‹Spiegel› und dazu gleich die Mittel, ihn zu bezahlen.» Bucerius war das also nicht geheuer. Wenn es um Eigentumsrechte ging, fand seine Radikalität ihre

Grenze. Eigentum und Freiheit waren für ihn untrennbar verbunden. Ausserdem misstraute er der Fähigkeit von Journalisten, mit Geld umzugehen.

Redaktionsstatute nur, wenn die Letztverantwortung des Eigentümers klar bleibt, Mitbestimmung und Mitbeteiligung nicht – das war der harte Kern der Überzeugungen des Kapitalisten Bucerius. Er hielt auch nichts von einem Versorgungssystem für Redakteure, das diese gleichsam zu Redaktionsbeamten macht. Für ihr Alter sollten die Angestellten durch Sparen und Geldanlage selber sorgen. Wohl aber – und hier dachte und handelte der liberale Unternehmer ganz konsequent – glaubte er, dass Gewinne nicht nur dem Eigentümer zufliessen dürfen. Sobald die «Zeit» (1971/72) einen Gewinn auswies, erfand Bucerius ein System der Gewinnbeteiligung für alle Angestellten, die dem Haus über drei Kalenderjahre angehörten. Dieses bestand aus einem Sockelbetrag (von bald 2500,– DM) für alle und einem prozentualen Anteil des Jahreseinkommens der Beschäftigten (in guten Jahren über 15 Prozent).

Alle solchen Systeme sind in gewisser Weise Schönwetterveranstaltungen. Wenn es gut geht, bringen sie Nutzen, wenn nicht, dann nicht. Auch in dieser Hinsicht aber bleibt Gewinnbeteiligung flexibel; Redaktionsstatute hingegen sind es nicht. In der Tat, je demokratischer sie sind, desto weniger helfen sie in Zeiten der Krise. Die spätere Geschichte des «Stern» – nach Nannens Ausscheiden als Chefredakteur 1981 – liefert eine bittere Lektion, unter anderem mit 13 Chefredakteuren in 18 Jahren bei einer auf kaum mehr als die Hälfte des Höchstabsatzes fallenden Auflage. Da Bucerius noch am strahlendsten Sommertag vor allem die dunklen Wölkchen am Horizont ins Auge nahm, bestand die Gefahr nicht, dass er sich durch eine reine Schönwetterlösung verführen lassen würde. Er mag sich zuweilen als Angeklagter empfunden haben, war aber für sein Umfeld vor allem ein klagender Verleger. Wirtschaftlich zumindest blieb die «Zeit» daher stets fest in der Hand einer Person, wenn auch die Suche nach einem Nachfolger für Bucerius gewisse Unklarheiten darüber hervorrief, wer denn diese Person sein sollte.

Das wurde indes erst in den späteren 70er Jahren ein wichtiges Thema. Jetzt, am Ende der 60er Jahre, stand die «Zeit» in ihrem Zenit. Eine vorübergehende Stagnation der Auflage dauerte nicht an. Bucerius selbst führte das erneute rapide Ansteigen nach 1970 auf die Einführung des «Zeit-Magazins» zurück, dessen bunte Bilder den Redakteuren zwar missfielen, von dem der Verleger sich aber neue Impulse nicht nur bei den Anzeigen versprach. Tatsächlich lagen die Gründe für den Erfolg wohl tiefer. Die «Zeit» wurde zunehmend unentbehrlich als Lektüre für alle, denen am Bestand der deutschen Demokratie und den dazu nötigen inneren Reformen lag. Dass die liberale Ordnung gefährdet, aber reparabel sei und es keinen Ersatz für sie gebe (wie Bucerius es im März 1968 auf dem turbulenten Berliner Podium formuliert hatte), war die Grundauffassung, von der das Blatt sich leiten liess. Die Reformlust blieb also eingebunden in ein institutionelles Vertrauen, das seinerzeit nicht immer leicht durchzuhalten war. An dieser Grundhaltung erklärt sich die Unentbehrlichkeit der «Zeit», also die Tatsache, dass Tausende am Donnerstag allerlei Anstrengungen auf sich nahmen, um ihr neuestes Exemplar zu erstehen.

Bucerius selbst schrieb in diesen Jahren selten in der eigenen Zeitung. Gelegentliche Glossen galten vor allem Personen, so Adenauers Abschied, später Karl Schillers 60. und Ludwig Erhards 75. Geburtstag. Verfassungsfragen wie die Entmündigung des Bundestages oder die Rolle des Bundespräsidenten beschäftigten ihn ebensosehr wie jedes Kratzen an den Prinzipien der sozialen Marktwirtschaft. Grössere Artikel galten den Beziehungen zum Osten, zur DDR, zur CSSR, deren Schicksal ihn besonders umtrieb, und zu Russland. Hier wurde Bucerius im Einklang mit der Redaktion der «Zeit» und doch mit wichtigen eigenen Nuancen zu einem Wegbereiter der Ostpolitik, die zunehmend den zentralen Streitpunkt der Bonner Politik abgab. Für Bucerius verkörperte weniger der Sozialdemokrat Willy Brandt als der Christdemokrat Gerhard Schröder die Hoffnung auf eine nach Osten offene, undogmatische, aber immer in den Grundsätzen der Freiheit verankerte und die Wiedervereinigung erstrebende deutsche Politik.

Für die inneren Reformen gab es ohnehin andere Autoren. Vom Wirken der «protestantischen Mafia» war schon die Rede. Zunehmend wurde in den 60er Jahren die Bildungsreform zum Symbolthema der Innenpolitik. Ende 1962 hatte ich zum ersten Mal Gelegenheit, in den Spalten der «Zeit» «Gedanken zur Hochschulreform» vorzulegen. Das waren anfangs Strukturreformen alt gewordener Institutionen. Doch kamen bald Sozialreformen hinzu, vor allem zur Erhöhung der Chancen bisher benachteiligter Gruppen wie Arbeiterkinder, Mädchen, Katholiken. «Bildung ist Bürgerrecht» wurde als Prinzip und Programm in der «Zeit» entwickelt. Dahinter steckte der initiativreiche, stets ermunternde Feuilleton-Redakteur Rudolf Walter Leonhardt, «Leo». Er bot Hildegard Hamm-Brücher die Spalten seines

Ressorts für ihre Bildungsreise durch die deutschen Bundesländer und andere Aufrufe zur Tat. Kampagnen waren sonst nicht die Sache der «Zeit». Es gab immer einen gewissen inneren Ausgleich divergierender Meinungen, nicht zuletzt wegen der handelnden oder vielmehr schreibenden Personen. Bucerius beschreibt das sehr plastisch im «Angeklagten Verleger» als einen «Prozess innerer Annäherung», sei es, um Streit zu vermeiden, sei es auch, weil keiner der Beteiligten seiner Sache ganz sicher ist:

> «So hat – glaube ich – Marion Dönhoff Ludwig Erhard geschont, weil (und solange) ich für ihn eintrat. Ich habe früh auf die keineswegs nur in der Person Brandts, sondern mehr im Zielkonflikt der einzelnen SPD-Gruppierungen liegende Führungsschwäche dieses Kanzlers hingewiesen. Theo Sommer dagegen macht zwar schon kritische Anmerkungen, bekommt aber immer noch (Dezember 1973) sanfte Augen, wenn er von Willy Brandt spricht.»

Nun ja, sanfte Augen waren nicht Bucerius' Fall. Aber auch er konnte in der zweiten Hälfte der 6oer Jahre nicht umhin, dem Sog des bevorstehenden – und von der «Zeit» herbeigesehnten – Machtwechsels in Bonn nachzugeben. 1965 hatte er noch «zähneknirschend», wie er den «Zeit»-Lesern verriet, CDU gewählt. 1969 wählte er zum ersten und wohl auch einzigen Mal SPD. 1972 tat er es vielen anderen gleich und gab seine Stimme der FDP. Verleger und Redakteure waren sich immerhin einig in der Unterstützung für die sozialliberale Koalition.

7. Ein rechter Liberaler

Sternbild Eleutheros

Theodor Eschenburg hat es zuerst so gesagt – oder war es vor ihm schon Josef Müller-Marein? – und Marion Gräfin Dönhoff wiederholte es in einem Geburtstagsartikel vom 21. Mai 1976 in der «Zeit»: «Gerd Bucerius ist ein unruhiger Geist.» Das war auch am 70. Geburtstag noch wahr. «Gerd Bucerius ist ungemein schnellen Geistes, passioniert, einsatzbereit, mutig, überzeugungstreu. Die Kehrseite: Er ist sprunghaft, meint, er habe immer recht, und kann dann sehr dickköpfig sein.» Die Gräfin wusste, wovon sie sprach. «Er ist voller Ideen, hat immer wieder neue Pläne. Wenn ich vom Urlaub oder einer Reise zurückkomme, ist meine erste bange Frage: ‹Hat er was Neues gekauft?›» Sie meinte nicht Geschenke, sondern Verlage und Zeitungen. Woher kommt diese Unruhe? «Seine Unruhe wächst aus Katastrophenstimmungen, die ihn einerseits plagen und die er andererseits liebevoll kultiviert ... Aus Untergangsvisionen bezieht er Kraft, und die Vorstellung, morgen pleite zu sein, hat ihn mit eherner Konsequenz zum Millionär werden lassen.»

Der Stil des Mannes hat andere oft verwirrt. Was will er? Hat er überhaupt einen Plan, eine Absicht, gar eine Vision? Ein Plan, das haben wir gesehen, war, sein wichtigstes Werk, «Die Zeit», nach Kräften vor Katastrophen zu sichern. Doch war die «Zeit» kein Selbstzweck. Er wollte mit ihr etwas erreichen. Was genau? Bucerius war gewiss kein distanzierter Verleger. Millionen zu verdienen und dabei die ihm gehörenden Blätter sich selbst zu überlassen, lag ihm nicht. Im Gegenteil war er möglicherweise der interventionsfreudigste Verleger in Deutschland. Das war er zudem ganz bewusst. Er las seine Zeitungen und seine Magazine meist von A bis Z, ärgerte sich regelmässig über dieses und jenes, schrieb den Redakteuren manchmal nette, oft böse Briefe, beklagte seine Machtlosigkeit angesichts der in seinem Namen verbreiteten «verhängnisvollen» Meinungen. «Nur eines kann ich: Meine eigene Meinung im Blatt sagen, wie oft ich will, wie ausführlich ich will, auf welcher Seite ich will. Das ist ein Privileg.»

Die Redaktion musste das Privileg akzeptieren, auch wenn sie unter
ihm litt. Vor allem Theo Sommer stöhnte so manches Mal über
Bucerius' jüngste Epistel. Er wusste aber auch, dass es einen wichtigen
Unterschied gab zwischen seinem Verleger und zum Beispiel dem der
«Welt». Axel Springer intervenierte selten, aber richtungsentschei-
dend. Er verfügte, dass «DDR» immer nur in Anführungsstrichen
vorkommen dürfe, um deutlich zu machen, dass sie als Staat nicht
anerkannt wird. Bucerius intervenierte ständig, aber stets im Detail,
punktuell. Die Richtung stand nie zur Debatte: Man war sich unaus-
gesprochen einig.

Es bleibt die Frage, worüber man sich da einig war, Bucerius und
die Gräfin, Theo Sommer und ein paar – nicht viele, aber entscheidende – andere in den grossen Jahren der «Zeit». Bucerius' Wirtschaftsberater meinten zuweilen, seine Liebe zum Detail komplizier-
ter Verhandlungen versperre ihm den strategischen Blick. Wer die allerdings verschlungenen Wege des Unternehmers Bucerius
nachzeichnet, kann dem dennoch nur bedingt zustimmen. Redakteure
fanden ganz ähnlich die punktuellen Empörungen ihres Verlegers eher
unzusammenhängend. Seine in dem Band «Zwischenrufe und Ordnungsrufe» gesammelten Artikel haben immer konkrete Themen, und
ein Zusammenhang ist nur schwer zu erkennen. Mal geht es um die
Ferieninsel Rhodos, mal um die Probleme der CDU mit der Opposition, die de facto-Sozialisierung der Medizin, das Recht auf Aussper-
rung, die Jugend von heute und von damals. Bucerius, so schien es
manchen, hatte viele Meinungen, aber eigentlich keine Meinung, keine
zusammenhängende Position in den grossen Fragen von Politik und
Gesellschaft. Sein Leben machte zuweilen nicht nur einen unruhigen,
sondern auch einen unzusammenhängenden Eindruck.

Ich halte das für eine optische Täuschung. Mehr noch, Bucerius'
Grundhaltung prägte sein Leben, prägte aber auch seine Werke und
unter diesen vor allem die «Zeit». Man muss sie allerdings finden wie
ein Sternbild am klaren Nachthimmel. Auch die Tausende von Sternen
sind ja zunächst nur unzusammenhängende Punkte. Dass wir sie in
eine Ordnung bringen – eine anthropozentrische Ordnung gewiss –,
ist dennoch möglich, ja für uns nötig. (Es stört den Popperianer auch
nicht, dass diese Ordnung unsere Erfindung ist und nicht eine «ob-
jektive» Gegebenheit.) So kommen Orion und Kassiopeia und andere
altgriechische Figuren zustande, und wir können am Sternenhimmel
auf Entdeckungsreisen gehen. Das Sternbild, das wir in den vielen
Punkten der Taten und Worte von Bucerius entdecken, könnte Eleu-

theros heissen, der Freie, Phileleutheros sogar, der Freiheitsfreund, der Liberale.

Bucerius war, wie seine Zeitungen, ein Liberaler. Er selbst hat das Wort mit jener ironischen Distanz bedacht, die er allen Ideologien gegenüber behielt. Beim Schreiben des «Angeklagten Verlegers» sei ihm (so enthüllte er im Vorwort) «die Klage der Liberalen verständlich geworden, die alt-neue Klage, sie sässen wieder einmal zwischen allen Stühlen». «So ist es mir gegangen», fügte er hinzu, und er hatte offenbar nichts gegen die doch recht unbequeme Lage. Skeptischer war er allerdings gegenüber dem Ausdruck «fortschrittlich-liberal» im Redaktionsstatut des «Stern». «Ist es fortschrittlich-liberal, die wachsende Macht der Gewerkschaften zu fördern oder: ihr Schranken zu setzen?» Für ihn galt jedenfalls die zweite Alternative. «Was heisst denn ‹fortschrittlich›?» fragte er im Hinblick auf die «Zeit». Für ihn nicht viel, oder vielmehr alles und jedes. «Und heute ist ‹fortschrittlich› schlicht und einfach jede Haltung, zumal in Wahlkampfzeiten, wenn die Parteien ihre grossen Parolen ausgeben.»

«Fortschrittlich» also nicht: konsequenterweise kommt Bucerius sogleich auf bestimmte, sehr praktische Positionen. Er möchte «in erster Linie die intelligente, schöpferische Mittelschicht mit Jahreseinkommen zwischen [1974] 30 000 bis 100 000 Mark, die sozialen Aufsteiger, begünstigen», also die Besserverdienenden. Nach wie vor ist er für die klare Westorientierung Deutschlands. Sympathisch sind ihm Vermögensbildung und Volksaktie, auch die dynamische Rente. Im übrigen sind solche Präferenzen, ja sogar die hinter ihnen stehende Grundhaltung immer neu zu überprüfen; sie lassen sich nicht durch Festschreibung sichern. «Mit Festschreibung der politischen Grundhaltung lässt sich [zum Beispiel, zum für Bucerius wichtigen Beispiel] die Pressefreiheit so wenig verteidigen wie eine Landesgrenze mit Botschaftern.» Eine amüsante Metapher! Ideologen sind blasse Botschafter; zur Verteidigung der liberalen Ordnung braucht man härter konturierte Gestalten.

Sollte es manchem noch immer scheinen, als ob die mehr oder minder sympathischen punktuellen Meinungen bei Bucerius überwiegen, so sei das liberale Sternbild, das ihn leitete, in seinen drei oder vier Fixpunkten beschrieben. Da ist zunächst die Verfassung, die Demokratie, das erste Motiv des Lizenzträgers und Senators nach dem Krieg. Der Abweg in die Diktatur darf nicht noch einmal geschehen. Das verlangt mehr als Sonntagsreden. Der Verleger wie der Politiker hat immer wieder an kritischen Einzelpunkten sein Engagement für die streitbare Demokratie, auch für die von ihr geforderte Bereitschaft zu Versuch und Irrtum, damit zum Wechsel, bis hin zum Machtwechsel unter Beweis gestellt.

Eine besondere Rolle spielt dabei das Recht. Bucerius war sowohl im europäischen als auch im amerikanischen Sinn empfindlich gegenüber jeder Verletzung des Rechts. Die amerikanische Praxis der Benutzung des Rechts als Waffe gegen andere – als eher teure denn tödliche Waffe – hat ihn dabei zuweilen auf Irrwege geführt. Dass das Recht aber auch die Mächtigsten – Bundespräsidenten zum Beispiel oder Grossverleger – bindet, war für ihn selbstverständlich. In der Tat schafft das Recht Räume der Freiheit, die der Macht versperrt bleiben müssen. Die praktizierte Pressefreiheit ist dafür ein vornehmes Beispiel.

Von Anfang an sah Bucerius in der Marktwirtschaft die andere Säule der Freiheit. Sie war für ihn wie für seinen Heros Erhard eine soziale Marktwirtschaft, wobei er indes eine Grenze zog zwischen der dynamischen Rente (die er befürwortete) und der Mitbestimmung (die er ablehnte). Soziale Marktwirtschaft hiess vor allem Marktwirtschaft, also Unternehmerfreiheit, schöpferische Initiative, eine Welt der Wahlchancen. Trotz aller Katastrophenstimmung suchte der unruhige Geist keine täuschende Sicherheit, die er daher auch anderen nur zögernd zugestand. Die Leute sollen ihren eigenen Weg finden, auch Redakteure mit dem Wunsch nach gesicherter Altersversorgung.

Solche Überzeugungen bestimmten auch Bucerius' Bild der Welt. Dieses war zweifellos durch einen ausgeprägten Sinn für Deutschland bestimmt – durch die Hoffnung auf den wiedervereinigten deutschen Nationalstaat, aber auch durch die Erinnerung an die Verbrechen Nazi-Deutschlands. Zu diesen blieb Bucerius' Haltung ganz eindeutig. Als der Historiker Fritz Stern ihm seine Rede über «Einstein und die Deutschen» geschickt hatte, dankte Bucerius ihm auf einer Postkarte (aus Gran Canaria, am 9. April 1985): «Besser als alle Selbstanklage-Reden wird gezeigt, was wir Deutschen damals verloren haben.» Auch das «bittere Ende» von Sterns Darstellung der Haltung von Einstein – «selbst die wenigen Gerechten können das ‹Land der Massenmörder›», wie er Deutschland nannte, «nicht rechtfertigen» – stiess bei Bucerius auf Verständnis. «Auf welches Ziel hin leben wir Deutschen noch?»

Darauf indes gab Bucerius eine klare Antwort. Ein wiedervereinigtes Deutschland sollte es sein, aber zugleich ein Deutschland in der liberalen Gemeinschaft des Westens, mit anderen in Europa verbunden, dabei in einer besonderen Beziehung zu den Vereinigten Staaten. Bucerius war nicht oft in den USA, aber sie blieben in gewisser Weise sein Ideal. Dazu gehörte dann auch die Bereitschaft, die einmal gewonnene Freiheit zu verteidigen, also die entschiedene Unterstützung des atlantischen Bündnisses.

Vieles davon erinnert an Adenauer. Aber musste es das Thema Adenauers und der Nachkriegs-CDU sein?

«Das Programm der Aussöhnung mit dem Westen, voran des Beitritts zum Europarat, war der SPD nach dem Kriege geradezu auf den Leib geschrieben – verwirklicht hat es Adenauer. Die Vermögensbildung und die Volksaktie wären natürlich Themen der Linken. Aber die Gewerkschaften haben gegen beides Front gemacht. Die dynamische Rente, eine durchaus soziale Idee, wurde unter Adenauer eingeführt.»

Nicht mehr Adenauer, sondern ganz und gar Bucerius, war allerdings eine praktizierte Grundhaltung, in der sich «leben und leben lassen» mit aktivem Bürgersinn und puritanischen Moralprinzipien eigentümlich vermischen. Nicht nur die Bikini-Mädchen im «Stern» waren dem Moralisten zuwider; jede Form des aufwendigen Genusses war ihm fremd. Er trank wenig, ass immer weniger, war durch materielle Versuchungen nicht zu verführen. Überhaupt blieb er stets zerebral; auch die Frauen, die ihn mochten, liessen sich vor allem von seinem intellektuellen Charme verzaubern. Doch war er – mit der wichtigen Ausnahme der Gräfin – umgeben von ganz anders orientierten Menschen, denen weltliche Freuden jeder Art zur Inspiration verhalfen. Bucerius tolerierte es, übersah es wohl zuweilen geflissentlich, liess es aber geschehen, empfand manchmal sogar einen angenehmen Kitzel durch die ihm an sich so fremde Welt ausschweifender Vergnügungen von zuweilen eher zweifelhaftem Geschmack. Dominant wurde bei ihm aber immer wieder die Aktivität, der Drang, etwas zu tun, eine Seite der Unruhe, die man vielen Bürgern wünschen möchte, wenn man, wie Bucerius, will, dass die Demokratie nicht zuerst in Apathie und dann in autoritären Anfechtungen endet.

Man sieht, Bucerius war ein rechter Liberaler. Das Adjektiv ist in seinem Doppelsinn beabsichtigt. Er war ein regelrechter, ein richtiger Liberaler, vom inneren Grund her, einer, der keine Ideologie brauchte, um auf Situationen liberal zu reagieren. Zugleich war er ein Liberaler, der rechts stand, rechts von der politischen Mitte, auch wenn er solche Gesäss-Geographie nicht mochte. Die Ironisierung des Fortschritts verrät den eher Konservativen. Es war nicht nur die enttäuschende Begegnung mit Kurt Schumacher, die ihn nach dem Krieg in die CDU führte. Allerdings galt auch fast von Anfang an, dass eine Partei nicht das richtige Gehäuse sein konnte für den Mann, der ganz gerne zwischen den Stühlen sass. Die «Zeit» war das richtige Gehäuse, und dann die sehr individuellen Beziehungen zu anderen, Werkgenossen und Zeitgenossen, in denen der facettenreiche und doch richtungsklare Mann am ehesten seinen Charakter zeigt.

Marion Gräfin Dönhoff

Bucerius hat zu vielen Menschen in brieflicher, telefonischer, persönlicher Beziehung gestanden, aber ausser mit Ebelin mit niemandem über eine so lange Zeit hin wie mit der Gräfin, die unter seiner Ägide von der noch scheuen Amateur-Journalistin zur bestimmenden politischen Redakteurin, zur Chefredakteurin und schliesslich zur Herausgeberin avancierte. Der Briefwechsel der beiden, die «Hausmitteilungen», die sie sich schickten, die Protokolle gemeinsamer Sitzungen, die Artikel, die sie übereinander schrieben, füllen manche Ordner. Was Marion und Buc, Buc und Marion zueinander und zu anderen übereinander sagten, hat seine Spuren vielerorts hinterlassen; auch darum ist von beiden in dieser Geschichte immer wieder die Rede gewesen.

Dabei ist die eigentümliche Mehrdeutigkeit der Beziehung zwischen zwei in nahezu allen Dingen verschiedenen, ja unvereinbaren Menschen deutlich geworden, die doch der wachsende Respekt füreinander und das gemeinsame Werk – «Die Zeit» – verband. Ein persönliches Element war von Anfang an dabei, wenn man auch gleich hinzufügen muss, dass für die Gräfin alles allzu Persönliche von einer Glashaut vornehmer Distanz geschützt blieb und Bucerius auf seine Weise persönliche Empfindungen durch Sachbesessenheit zu erschlagen neigte. In den ersten sieben Jahren der «Zeit» wohnte Marion Dönhoff im Haus des Bucerius-Freundes Blumenfeld. 1961 veranlasste Bucerius den Verlag, das kleine Haus Am Pumpenkamp in Blankenese zu kaufen, «das schönste Haus in ganz Hamburg», wie die Gräfin, der es zu einer von ihrem Gehalt einbehaltenen Miete zur Verfügung gestellt wurde, ihrem Verleger und Wohltäter am 30. April 1962 schrieb. «Und ich komme mir vor wie die Lilie auf dem Felde oder die Vögel unter dem Himmel – alle Wünsche, auch die nicht

formulierten, erfüllen sich, ohne dass ich irgendetwas dazu getan hätte.»
Bucerius hatte die Lebenshilfe mit einer Gehaltserhöhung verbunden. Die Gräfin empfand derlei bis in ihr hohes Alter hinein nicht so sehr als Verdienst wie als eine Art Goldregen. «Das Füllhorn Ihrer Tantiemen-Güte», schrieb sie Bucerius am 23. Juli 1971, «ist wirklich in so reichem Masse über mir ausgeschüttet worden, dass ich das Gefühl habe, in goldenen Nullen zu waten.» Nach ihrem Ausscheiden als Chefredakteurin, 1973, übereignete Bucerius ihr das Haus als Schenkung. Die Gräfin war ganz benommen angesichts dieses «generösesten Geschenks meines Lebens» und schrieb Bucerius am 31. Mai einen Dankesbrief, in dem sie ihr nun verändertes Leben schilderte. Sogar die Rhododendren im Garten sähen nun ganz neu aus, und sie, für die die Kategorie Eigentum nie existiert hätte, finde das Eigene zu ihrer Verblüffung auf einmal erhebend und schön.

Marion Dönhoff brachte zuweilen in den Ferien Zeit mit Gerd und Ebelin Bucerius zu und adressierte viele Briefe an beide. Eine Zeitlang, in den 60er Jahren, nahm die Korrespondenz geradezu hymnische Töne an. Als die Gräfin 1966 den Theodor-Heuss-Preis erhielt, gratulierte Bucerius ihr am 1. Februar mit den Worten: «Wir waren alle sehr bewegt, unsere grosse Frau im Fernsehen bei der Preisverleihung zu sehen – und so hübsch dazu … Meiner Verehrung brauche ich Sie so wenig zu versichern wie meiner Freundschaft.» Ein paar Jahre davor schon, am 23. Dezember 1962, wiederum aus Anlass eines Geschenks, hatte Gräfin Dönhoff dem «lieben Buc» und der «lieben Ebelin» für ihre noble Denkungsart gedankt:

«Buc pflegt mit unwirscher Geste (die den Vorgang bagatellisieren soll) zu sagen: ‹wir haben eben in diesem Jahr viel Geld verdient›, als sei diese technische Voraussetzung eine erschöpfende Erklärung für jenen Entschluss, andere Leute grosszügig zu beschenken.
Dieses Gefühl, einer besonderen – vielleicht einer verschworenen – Gemeinschaft anzugehören, das ist es, was den Produzenten der ‹Zeit› so reine Freude macht und den Konsumenten den Eindruck besonderer Glaubwürdigkeit vermittelt, und dafür, dass dies möglich ist und praktiziert wird, dafür möchte ich Ihnen beiden heute noch einmal sehr von Herzen danken.
Für jemanden, dem von Kindesbeinen an eingeimpft wurde, dass jeder nur ein Glied in einer Kette ist, mit anderen Worten,

dass die eigene individuelle Existenz ganz uninteressant und unwichtig ist und es nur auf den Bezug zum Ganzen ankommt, ist dies eigentlich die Voraussetzung nicht nur zum Arbeiten, sondern zum Leben überhaupt. Konkret gesprochen: Ich möchte nirgends anders sein.»

Und doch war das nur die halbe Wahrheit, die tiefere Hälfte vielleicht, aber nicht die des täglichen Umganges, geschweige denn der grossen Krisen. In wenigstens zweierlei Hinsicht trennten die Gräfin und ihren Verleger Welten, in Fragen der politischen Grundüberzeugung und in Dingen des Geschmacks. In politicis konnte man sich allenfalls arrangieren. Wenn Heinrich Krone Kanzler wird, schrieb sie am 21. Juni 1961 an Bucerius, dann werde sie «aus dem politischen Journalismus – jedenfalls bisheriger Version und Verantwortung – ausscheiden». Sie könne das «Triumvirat braver Mittelmässigkeit» von Lübke, Krone und Brentano schlicht nicht ertragen. Da war Bucerius vielleicht noch nicht einmal ganz anderer Meinung. Indes liess sich Marion Dönhoff weder für Adenauer noch für Erhard – die Helden von Bucerius – nachhaltig begeistern. Sie plädierte früh schon für eine aktive Ostpolitik; und in wirtschaftspolitischen Fragen war ihr das Soziale allemal wichtiger als die Marktwirtschaft. Das sollte sich manches Mal auswirken, wenn Bucerius allzu «neoliberale» (wie man später sagen wird) Vorschläge für den Wirtschaftsteil der «Zeit», seine Redakteure, Themen und Meinungen machte.

Die Geschmacksfragen vor allem erwiesen sich als explosiv. Das in der ganzen Redaktion zunächst unbeliebte «Zeit-Magazin» wurde anfangs wenigstens noch von einem der beiden «Buben» der Gräfin, Hans Gresmann, geleitet. Als das nicht zum gewünschten Erfolg führte, entliess der Verleger im Juni 1970 kurzerhand den Magazin-Chef und wandte sich hilfesuchend an den nun wieder in Paris lebenden Müller-Marein. Marion Dönhoff schrieb am 27. Oktober 1970 im Namen der «Chefredaktion» einen bitterbösen Brief: «Ich kann den Menschen Bucerius nicht verstehen, der ein langjähriges Mitglied der Redaktion (14 Jahre) in so schnöder Weise abserviert ...» Bucerius antwortete am 28. Oktober im gleichen Ton. «Es gibt keine Chefredaktion: es gibt den Chefredakteur, der vom Verleger bestellt und ihm verantwortlich ist.» Es folgt eine zwar parteiische, aber vernichtende Darstellung der Schwächen des Magazins. Und vor allem: «Sie und einige Kollegen neigen zur Unterschätzung der Anzeigenkunden.» 1971 seien 600 Seiten Magazin-Anzeigen nötig; davon koste «Gresmanns Fehlleistung» ein Drittel. «Sie werden diese Zeilen mit der Bitterkeit lesen, die mir Ihr Brief zufügte.» Das war in der Tat der Fall. Der «Zeit» sei diese Korrespondenz jedenfalls nicht dienlich, schrieb die Gräfin am 30. Oktober zurück. «Sie sollten sich nicht so viel Sorgen machen, Buc: Früher, als Sie nichts hatten, waren Sie viel unbesorgter. Wie oft haben Sie uns angefeuert, auf Inserenten keine Rücksicht zu nehmen. Jetzt, wo Ihre Millionen viele Nullen haben, werden Sie mit einem Mal unsicher.»

Zwei Jahre später, im März 1972, stiessen die Geschmäcker der beiden direkt aufeinander. Bucerius hatte bei einer Düsseldorfer Agentur eine Anzeige entwerfen lassen, die aus Anlass der zum ersten Mal die 300 000 übersteigenden Auflage in diversen Nachrichtendiensten für die «Zeit» werben sollte. Marion Dönhoff fand die Anzeige geschmacklos, ja indiskutabel, beziehungsweise – was für sie dasselbe war – «allenfalls ‹Abendblatt›-adäquat». «Die ‹Zeit› (und mich mit) gibt [der Entwurf] dem Spott dieser Dienste preis.» Im Ärger über die Verwendung ihres Namens ohne ihre Zustimmung war die Gräfin noch einen Schritt weitergegangen. «Ich kann mir nicht vorstellen, dass irgend jemand ausserhalb der Apo ein solches Recht beansprucht.» Nach einer schlaflosen Nacht schien ihr diese Formulierung «ganz sinnlos, aber nicht beleidigend». Doch schrieben die beiden Partner einander am 26. März 1972 Briefe von ähnlich dramatischem Inhalt. Marion Dönhoff meinte aus Bucerius' Äusserungen zu ersehen, «dass Sie mit mir nicht länger zusammenarbeiten wollen», und schlug vor, dass «ich am 1. Mai ausscheide». Bucerius seinerseits gab der Vermutung Ausdruck, dass die Redaktion wohl keinen Verleger wolle, «den sie der Apo zurechnet». «Sie werden verstehen, dass ich unter solchen Umständen nicht mehr Verleger der ‹Zeit› sein mag.»

Ein Sturm im Wasserglas? Nicht ganz. Beide Protagonisten hatten ihr Ausscheiden aus ihren Funktionen als Chefredakteur respektive Verleger schon geplant. Indes verliess die Gräfin erst Ende des Jahres, wie verabredet, ihr Amt, und als sie das tat, schrieb Bucerius einen besonders liebevollen Brief, nicht ohne diesem eine eindrucksvolle Graphik über die stetig steigende Auflage der «Zeit» hinzuzufügen. «Bitte, Marion: Ihre Leistung; wobei wir Freund Müller-Marein gewiss nicht vergessen.» 1957, nach der Tüngel-Krise, war Marion zur «Zeit» zurückgekommen. «Wie haben wir uns diese 15 Jahre vertragen? Liberal, das sind wir wohl beide. Aber was heisst das? Vielleicht, dass wir jederzeit bereit waren, das eben Erreichte auf seine Tauglichkeit für morgen zu prüfen.»

Die Gräfin las die Druckfahnen des zur Veröffentlichung in der «Zeit» bestimmten Briefes auf dem Flug nach Amerika, «zwischen Himmel und Erde schwebend»; «eigentlich ist das auch der rechte Ort dafür». «Lieber Buc, ich finde Ihren Brief unbeschreiblich nett und mir wird ganz warm ums Herz und auch ein bisschen wehmütig.» Sie erinnert sich an das gemeinsame Werk und das zusammen erlebte Stück deutscher Geschichte, und auch daran, dass «wir beide mit ganzem Herzen am Gelingen des Unternehmens ‹Zeit› hingen und der gelegentliche Streit nie über einen von uns ging, sondern immer um das, was richtig oder falsch, gut oder nicht gut für das Gemeinsame sei».

Bucerius schied im folgenden Jahr zumindest als Verleger aus. Während die Gräfin in Theo Sommer einen Nachfolger fand, der den Optimismus der Formulierung in ihrem Dankesbrief rechtfertigte, «dass die alte Substanz ausgereicht hat, um auch die jeweils Neuen zu integrieren», war dieser Prozess auf der Seite des Verlages schwieriger. Davon wird noch zu berichten sein. Vor allem aber ist zu bemerken, dass weder Bucerius noch die Gräfin in irgendeinem relevanten Sinn ausschieden aus der ‹Zeit›. Im Gegenteil wurde ihre Korrespondenz über Stärken und Schwächen des Blattes, einzelner Artikel und Nummern, ganzer Ressorts, bestimmter Redakteure eher noch intensiver. Und auch an Streit fehlte es nach wie vor nicht, insbesondere als Bucerius Anfang der 8oer Jahre nach Kündigung des Redaktionsstatuts daran ging, einen neuen Hafen für die «Zeit» zu finden. «Ich finde Ihr Misstrauen gegenüber der Redaktion und die Nichtachtung, die Sie den Herausgebern gegenüber bewiesen haben, einfach schändlich», schrieb die Gräfin an Bucerius am 26. Februar 1982. Schlimmer noch, Bucerius' Bereitschaft, einen Eigentümerwechsel auf eigene Faust vorzunehmen, zwingt zu dem Schluss, «dass Sie ohne jede Diskussion Ihre Entscheidung nach Art der Schlotbarone des 19. Jahrhunderts durchsetzen wollen. Tief betrübt ob dieser Erfahrung, Ihre Marion Dönhoff.»

Bucerius ein Schlotbaron? Da versagten selbst dem unermüdlichen Polemiker die Worte. Seine Antwort vom 1. März hatte einen eher traurigen Klang. Einmal mehr rechnete er vor, wie bedroht die «Zeit» sei. Die Auflage sei gegenüber dem Vorjahr (ganz leicht) gesunken; der Vertriebspreis müsse erhöht werden. «Wenn hier etwas schändlich ist, dann die Art, wie Sie mit jemandem umgehen, der für das Blatt Opfer gebracht hat wie *keiner*. Muss ich gerade Sie an Einzelheiten erinnern? Warum hassen Sie mich?» Sie hasste ihn nicht, und er hatte nichts Schändliches getan. Nur war beider zweites Leben – denn ein früheres, ganz und gar anderes, auf seine Weise ausfüllendes Leben hatte Gerd Bucerius ebenso wie Marion Dönhoff gehabt – untrennbar mit dem gemeinsamen Werk, der ‹Zeit›, verwoben. Sie sahen es aus verschiedener Perspektive, Bucerius meistens als untergangsgeweihtes Unternehmen, die Gräfin als Hort von Vernunft und Moral, aber sie meinten dasselbe liberale Blatt. Es gibt eben nicht nur eine Variante des rechten Liberalen.

Fritz J. Raddatz

Theo Sommer, der Marion Gräfin Dönhoff am 1. Januar 1973 als Chefredakteur der «Zeit» nachfolgte, wurde bald von einem nicht enden wollenden Strom von Briefen, Mitteilungen und Notizen seines Verlegers überflutet. Fast immer gelang es ihm, seinen zunächst aufwallenden Zorn zu zügeln, wenn Bucerius einmal mehr den baldigen Untergang des Blattes vorhersagte, sofern nicht ein ganz neues Konzept, neue Leute, neue Ideen, überhaupt neue Dinge sich durchsetzten. Die 70er und 80er Jahre waren Bucerius’ interventionsfreudigste Zeit, auch die, in der er am häufigsten mit eigenen Beiträgen die vermeintlichen Fehler der Redaktion zu korrigieren versuchte. Dass Sommer ihn in ein eigenes Gehege mit der Titelzeile «Gerd Bucerius zu Fragen der Zeit» verbannte, war dem Verleger nicht ganz recht, doch konnte er es auch nicht verhindern. Ausserdem mochte er aus gutem Grunde den mittlerweile vielseitig erfahrenen Mann, der die grosse Tradition würdig fortsetzte.

Chefredakteur Tüngel war ein schwieriger, zugleich geachteter und gefürchteter Zeitgenosse gewesen, sein Nachfolger Josef «Jupp» Müller-Marein ein vergnügter Kumpel, mit dem man Pferde stehlen und auch sonst seinen Spass haben konnte. Im September 1973 schrieb Bucerius Müller-Marein, mit der Hand natürlich, einen Brief, der von aussen nach innen ein Rechteck bildete, wohl ein Fenster. «Denkst Du wohl noch manchmal an den Herbst 1970», als nämlich das «Zeit-Magazin» in Schwierigkeiten geriet? «Damals wäre ich beinahe aus dem Fenster gesprungen. Na, da hast Du mich ... aber noch gerettet.» Und weiter in immer engeren Rechtecken: «Dies ist kein Brief, sondern ein modernes Kunstwerk. Küsse der Yvonne [Marions Schwester und Müller-Mareins Schwiegermutter] die Hand, ich hatte gehofft, sie in Ischia zu sehen, wo ich am 1. Oktober sein werde. Sei umarmt von

Deinem Buc.» Ein solcher Fensterbrief an Marion Dönhoff wäre un-
denkbar gewesen, und «Ted» Sommer musste mit allerlei Mahnungen
und Aufforderungen vorlieb nehmen.

Darin war er allerdings nicht allein. Manchmal wandte Bucerius
sich in einer Hausmitteilung gleich an alle Ressortchefs. Er wollte,
dass die «Zeit» mehr zitiert würde in Presse und Fernsehen. Dazu
müsse sie mehr Nachrichten bringen. Aber die Redakteure mauerten.
«Ich kam mir vor, als ob ich die Pest ins Blatt hätte einschleppen
wollen.» So am 16. Dezember 1975. «Da mit Änderungen mangels
Zustimmung oder Einsicht der Redaktion nicht zu rechnen ist, haben
Sie es mit einem entmutigten Verleger zu tun.» Doch der fasste stets
rasch neuen Mut. Dem Wissenschaftsredakteur von Randow schickte
er detaillierte Lesefrüchte der Beilage «Natur und Wissenschaft» der
«Frankfurter Allgemeinen Zeitung», die es ihm als Vergleichsobjekt
besonders angetan hatte. Aus Brione schrieb er zugleich an die (am
6. Januar 1972 noch amtierende) Gräfin, der Redakteur halte es wohl
für mit seinem wissenschaftlichen Ruf unvereinbar, Lesbares knapp
zu produzieren. «Nur: er hat keinen Anspruch, dann bei der ‹Zeit› zu
bleiben. Die Form der Zeitung bestimmt der Verlag …»

Dieter E. Zimmer, Mitte der 70er Jahre Feuilletonredakteur, bekam
immer wieder Ratschläge für ein gutes Feuilleton, so gut wie das der
FAZ. Seine Antwort, wohl von Sommer gestützt, war: Wir brauchen
mehr Seiten, mehr Leute, mehr Geld. «Ich wollte Ihnen eigentlich nur
die Zahlen mitteilen, da Zahlen Sie interessieren», schrieb Zimmer
dem Verleger am 18. August 1974. Doch war das nur bedingt richtig.
Der Verleger hatte auch andere Vorlieben. Als Fritz J. Raddatz nach
Zimmer 1977 das «Zeit»-Feuilleton übernahm, war Bucerius zunächst
angetan, ja begeistert. «Wie ein wildes Tier» trat Raddatz nach einer
Beschreibung von Hilde von Lang in den Journalisten-Zoo. «Das
Feuilleton lese ich wieder mit Vergnügen», schrieb Bucerius dem neu-
en Wilden am 2. März 1977, «und ehrlich gestanden: erleichtert. Dankeschön!» Dem folgten zwei Seiten Kritik, indes an anderen Autoren,
nicht an dem Redakteur, der in einem eigenen Beitrag das Allgemeine,
das dem Verleger nicht lag, sinnvollerweise auf zweieinhalb Zeilen
erledigt hatte. «Dann geht's streng zur Sache. Grosses Stück, kommt
keiner mit. Herzlichst Ihr Buc.»

Raddatz' ungewöhnliche Karriere paarte sich mit einem ebenso ex-
plosiven wie kreativen Temperament. In Ost-Berlin hatte er allerlei
moderne Geisteswissenschaften studiert und nach seiner Promotion
bis 1958 beim Staatsverlag «Volk und Welt» gearbeitet. Nach der

Westwanderung arbeitete er als Lektor und Verlagsleiter bei Kindler und bei Rowohlt. 1971 an der Technischen Universität Hannover für Neuere Deutsche Literatur habilitiert, betätigte er sich nicht nur als wissenschaftlicher Autor und Editor, sondern auch als Kritiker und Romancier. Er mag ein anstrengender Kollege gewesen sein, faszinierte aber stets seine Umgebung, darunter nicht nur Bucerius, sondern auch zum Beispiel Karl-Heinz Janßen, der ihm fast zehn Seiten seiner Geschichte der «Zeit» widmet und gleich zu Beginn bemerkt: «Von allen sieben Feuilletonchefs der ‹Zeit› war er der anregendste, neugierigste, temperamentvollste und eloquenteste; so mitreissend wie aufreissend, einer, der sich noch aufregen konnte.»

Nicht nur sich konnte Raddatz aufregen. Bucerius' Beziehung zu ihm blieb zunächst herzlich mit kleinen Störungen. Einmal (am 19. Dezember 1977) belehrte der Verleger seinen Feuilleton-Redakteur, dass ein Artikel eines Mitarbeiters von wirtschaftspolitischer Kenntnis unbeleckt sei. «Bin ich über einen Dichter anderer Meinung als Sie, dann würde ich doch nur äusserst vorsichtig im Blatt darüber schreiben – wenn überhaupt.» Der Feuilletonredakteur revanchierte sich, als Bucerius in einem Geburtstagsgruss für Nannen Anfang 1979 bemerkt hatte, Kurt Tucholsky sei Heutigen knapp noch dem Namen nach bekannt. Raddatz, der Tucholsky-Herausgeber, konnte an Hand der Auflagen das Gegenteil beweisen. «Ich werd's nie wieder tun!» schrieb ihm am 22. Januar 1978 ein zerknirschter Bucerius. Der freundschaftlichen Nähe tat das keinen Abbruch, zumal Bucerius Gefallen an Raddatz' wilden und ausschweifenden Romanen fand. «Lieber Freund Raddatz» schrieb Bucerius und bald, noch ungewöhnlicher, «Lieber Freund».

Die Achillesferse des aufreissend-aufregenden Redakteurs kam 1979 zum Vorschein; sie hatte es mit Genauigkeit zu tun. Unter dem Titel «Ghostwriter gesucht» veröffentlichte Raddatz am 6. Juli 1979 eine Glosse, in der er sich die Antrittsrede des neuen Bundespräsidenten Carstens vornahm. Von «sprachlichem Sperrmüll» war da die Rede und von der Ästhetik des «Nierentisches». «Der sprachliche Gestus ... verrät nämlich ein Herrschaftsdenken der 50er Jahre.» Einige Leser fanden das weder überzeugend noch angemessen, darunter Bucerius. Er schrieb am 27. Juli eine Gegenglosse. «Germanisten und Juristen haben radikal, nämlich vom Bewusstsein her verschiedene Methoden, den von Geschichte und Gegenwart angebotenen Stoff zu analysieren.» Der Jurist Carstens sei sehr präzise gewesen in seinen Aussagen. Raddatz zögerte, die Glosse zu veröffentlichen, und tat es am Ende mit einem Vorspruch («Zahlreiche Leser begrüssten diese Pamphlet-Notierungen ... Gerd Bucerius ist anderer Meinung») und leicht gekürzt. Bucerius war empört und fand Unterstützung bei Gräfin Dönhoff und Theo Sommer. Noch einmal besänftigte Raddatz den Verleger; der Wilde konnte auch ein Milder sein. «Ob wir doch mal ein Glas Wein zusammen trinken? Damit sich nicht Missverständnisse zwischen uns einschleichen, die ich schlimm fände?» Bucerius kehrte zu seiner frühen Begeisterung zurück. Am 22. September 1979 gratulierte er Raddatz zu einem Artikel, der «grosser Journalismus» sei. «Wenn Sie nur das Feuilleton allein vollschreiben würden!» Das tat Raddatz alsbald nicht nur in den Seiten, für die er zuständig war, sondern auch im «Dossier», wo am 12. Oktober 1979 sein langes Stück über die Nazi-Verstrickungen der deutschen Literatur einschliesslich ihrer Nachkriegsgrössen erschien. In der «Frankfurter Allgemeinen Zeitung» liess Marcel Reich-Ranicki am 18. Oktober kaum ein gutes Haar an der Argumentation, vor allem aber an den Ungenauigkeiten des Artikels. Sie reichen von irreführenden Zitaten über fehlende Nachweise «geborgter» Meinungen zu falschen Behauptungen. Reich-Ranickis Anti-Polemik mit dem Titel «Verleumdung statt Aufklärung» endete mit einer folgenschweren Mahnung:

> «Wir, die wir unseres Alters wegen oder aus anderen Gründen nicht einmal der Versuchung ausgesetzt waren, im ‹Dritten Reich› zu publizieren, sollen uns vor moralischer Selbstgerechtigkeit hüten. Sie ist eine Form der Unmoral.»

Raddatz setzte sich zur Wehr so gut er konnte, brachte damit aber nur Walter Jens auf den Plan, der ihn erneut angriff. Da mobilisierte der bedrängte Redakteur Günter Grass, dessen Verteidigung alle Stärken und Schwächen von Fritz J. Raddatz offenbarte. Im Kern argumentierte Grass (am 23. November 1979): «Raddatz hat recht. Auch dort, wo er irrt im Detail oder sich moralisierend verrennt.» Es war ihm nicht entgangen, dass «Raddatz' Beweisführung mit einigen offenbar nur halbgenauen, also ungenauen Hinweisen gespickt war». Er wehrte sich aber gegen «die Austreibung des Kritikers Raddatz», denn er vermutete, «der unbequeme Raddatz [solle] fertiggemacht werden».

Manche meinten, es handele sich hier, auch hier, um eine Links-Rechts-Frage, um den Ärger der Rechten über den linken Redakteur, der die Etablierten angreift und so zweifelhafte oder höchst umstrittene Leute wie Peter Paul Zahl und Peter Brückner verteidigt. Raddatz selbst war auch zwanzig Jahre später (in einem Brief vom 11. Oktober 1999) überzeugt, es sei «im Auf und Ab meiner Beziehung zu/mit Bucerius um anderes, um Gravierenderes» gegangen als Fragen der Genauigkeit. «Es ging um Richtungskämpfe. Es war eine *inhaltliche* Auseinandersetzung.» «Grass mag das glauben – wissen sollte er es besser. Raddatz aber weiss, dass es nicht stimmt.» So Bucerius an die Gräfin am 21. November 1979. Das Problem liegt tiefer. «Alle drei Herausgeber meinen, Raddatz habe moralische Mängel.» Ob das so stimmt, mag man bezweifeln. Die Gräfin selbst schrieb später in einem Brief an Bucerius, das Ärgernis habe «nichts mit Moral zu tun». «Ich habe nie festgestellt, dass der Chef des Feuilletons ein Moraldefizit hat oder gar ein Mann ohne Moral ist.» Indes hatte Bucerius früh schon die Reich-Ranicki-Formulierung aufgenommen: «Ob man Raddatz im Amt lässt, ist eine moralische Frage geworden.»

Eine Woche lang arbeitete Bucerius an immer neuen Entwürfen zu einem Brief an Günter Grass. Das eindringliche Resultat (vom 28. November 1979) beschreibt das Dilemma des Lebens in Nazi-Deutschland, die schwierigen Verstrickungen deutscher Nachkriegspolitiker, vor allem aber die Art und Weise, in der die «Zeit» – «wie es sich gehört» – Raddatz verteidigt hat. Allerdings hatte er angenommen, dass Raddatz seine Tatsachenaussagen geprüft hätte. «Aber Raddatz hatte nicht. Die liberale ‹Zeit› musste sich von ihrer konservativen Kollegin FAZ schwere Fehler nachweisen lassen.»

«Lieber Herr Grass: Wenn es um seine Meinung ging, hatte Raddatz immer den Schutz seiner Kollegen und des Verlegers. Seine Gleichgültigkeit gegenüber der Wahrheit kann man ihm nicht verzeihen.»

Raddatz versuchte es weiter mit Charme. Er finde es «leicht lächerlich, die ca. 25 m weite Distanz zwischen zwei Büros per Hauspost zu bewältigen», und hätte ein «humorvoll kritisches Gespräch zwischen zwei Erwachsenen» bevorzugt. Doch Bucerius entgegnete ihm am 30. November direkt. «Wahrheitsliebe ist die wichtigste moralische Qualität des Journalisten. Sie lassen es daran fehlen.»

Dennoch wurde Fritz J. Raddatz 1979 nicht entlassen. Eine gewisse Nähe, die einer enttäuschten Sohnesliebe vielleicht, kam sogar gelegentlich wieder auf zwischen Bucerius und Raddatz. Aber kräftiger waren andere Empfindungen. «Ich kann den bis zur Gewissenlosigkeit leichtfertigen Mann nicht mehr ertragen.» So am 30. November 1982, und ein paar Wochen später am 12. Januar 1983, nach einem

Raddatz-Artikel über Ernst Jünger, in einem Brief an Theo Sommer: «Nein, Ted, ich kann den Mann nicht mehr ertragen.» War es Zufall, dass Bucerius' Zweifel an seinem Feuilletonredakteur vor allem immer dann virulent wurden, wenn es um die deutsche Vergangenheit ging? Den Anlass lieferten immer Fragen der Genauigkeit. Was Bucerius «moralische Fragen», ja «moralische Mängel» nannte, waren Verletzungen einer Sekundärtugend. Doch war sie für ihn entscheidend, und das nicht nur im Wirken von Journalisten. Was manchem bei Bucerius als Federfuchserei, als Detailbesessenheit erscheinen könnte, war die tiefsitzende Überzeugung, dass Meinungen Kenntnisse nicht ersetzen können. Die Fakten müssen stimmen, dann können die Meinungen gerne wild sein.

Die diversen Akte des Dramas endeten, wie sich das gehört, mit einem Satyrspiel. Am 11. Oktober 1985 wurden einige «Zeit»-Leser stutzig bei der Lektüre eines Artikels des Feuilleton-Redakteurs zur Eröffnung der Frankfurter Buchmesse. Dort wurde Goethe zitiert mit einer Beschreibung des frühen Messegeländes. «Man begann damals, das Gebiet hinter dem Bahnhof zu verändern ...» Bahnhof? Goethe? Er starb 1832, und es vergingen noch drei Jahre, bevor die erste Eisenbahn von Nürnberg nach Fürth fuhr. Raddatz war einer satirischen Glosse in der «Neuen Zürcher Zeitung» aufgesessen. Noch einmal verteidigte ihn Günter Grass am 6. November 1985 in einem Brief an Theo Sommer: «Fehler und Schludrigkeiten, wie die von Raddatz verursachten, können, sobald man sich engagiert schreibend den Zeitläuften stellt, jedermann unterlaufen; ich schliesse Sie und mich nicht aus.» Sommer reagierte in einem Brief an mich am 12. November 1999 mit erkennbarer Sympathie nicht nur für Grass, sondern auch für Raddatz; er wolle gewiss nicht «Raddatzens Stimme zum Verstummen bringen», aber als Redakteur sei er nun nicht mehr tragbar. Ulrich Greiner folgte Fritz J. Raddatz als Feuilletonredakteur. Raddatz selbst konzentrierte sich auf die akademische Lehre, blieb der «Zeit» zudem als Kulturkorrespondent mit einer beträchtlichen Fan-Gemeinde erhalten.

Heinrich Böll

Der Unterschied zwischen Fakten und Meinungen ist wichtig. Bucerius hat sich nie, auch wenn es ihm manchmal widerstrebte, der Diskussion über Meinungen entzogen, die klar formuliert waren, Gründe

angaben und relevante Tatsachen respektierten. Da war er dann sogar
bereit, seine Spontanreaktionen zu korrigieren und jedenfalls anderen
einzuräumen, dass sie recht haben könnten. Das galt auch für die
Einstellung der Feuilletonredakteure und ihrer Freunde zu den unbe-
quemeren Zeitgenossen der 60er und 70er Jahre.

Anfang der siebziger Jahre hatte die Ausserparlamentarische Opposition ihren Glanz verloren. Vor allem war ihr Objekt nun nicht
mehr deutlich. Seit 1969 regierte die sozialliberale Koalition. Deren
Kanzler, Willy Brandt, brachte zwar viel Zeit mit der Ostpolitik zu,
blieb aber nach innen für alle erkennbar ein gesprächsbereiter, selbst-
kritischer sozialer Demokrat. Gegen die Arroganz der Macht zu
kämpfen war nicht immer ganz leicht. So spaltete sich die APO.
Die einen wurden zum linken (in manchen Fällen auch zum rechten)
Flügel des Establishments, die anderen verabschiedeten sich – vor allem nachdem 1974 Helmut Schmidt Kanzler geworden war – vollends
von der verhassten Gesellschaft und wanderten ins Zwielicht, später
ins Dunkel der Kriminalität. Manche hatten, am Anfang zumindest,
Verständnis für beide Entscheidungen, darunter der grösste lebende
Nachkriegsautor, der Nobelpreisträger Heinrich Böll. Gewalt war
ihm fremd, aber das Establishment nicht minder. Er verband seine
rheinisch-volksnahe, ja volkstümliche Art mit einem anarchischen
Hang zur Unabhängigkeit, und mit einem Mundwerk, das nicht immer die Disziplin seiner Schriftstellersprache verriet.

Bucerius mochte ihn, ja mehr, er empfand lange eine klammheim-
liche, dann auch offene Sympathie für Bölls Schriften und für seine
öffentlichen Äusserungen. Das galt noch, als er sich über Berichte
ärgerte, wonach Böll in einer Rede vor der SPD-Bundestagsfraktion
Unternehmer als «Raubtiere» – «frei herumlaufende» auch noch –
bezeichnet hatte. Bucerius griff zur Feder, schickte Böll ein Exemplar
des «Angeklagten Verlegers» und sprach im Begleitbrief von den
«scharfen Peitschen», «mit denen wir Raubtiere dressiert werden»,
womit er wohl Steuern und Mitbestimmung und andere Lästigkeiten
meinte. Drei Tage nach diesem persönlichen Brief, am 22. März 1974,
veröffentlichte die «Zeit» einen offenen Brief des Verlegers an Böll
unter dem Titel «Ein Raubtier beschwert sich».

Damit begann eine Korrespondenz, die sich mit Unterbrechungen
über vier Jahre hinzog. «Lieber Herr Böll», schrieb Bucerius, «mein
Alter verbietet es mir, Ihnen meine Verehrung auszudrücken; lassen
Sie mich dieses Wort durch ‹Respekt› ersetzen.» Böll war elf Jahre
jünger als Bucerius. 1917 geboren, hatte er zuerst eine «klassisch-ka-

tholische», dann von den Umständen der Zeit, der Wirtschaftskrise, dem Nazi-Regime, schliesslich dem herannahenden Krieg geprägte Jugend erlebt. Sie gab ihm eine «Mischung aus Bohème, Kleinbürgertum und Proletariat» auf den Weg, auch wohl einen gewissen «Anarchismus als eine immanente Verachtung bürgerlicher Formen» (wie er einem jungen Gesprächspartner 1975 gestand), aber wenn er auch unbequem war, blieb er doch immer nahe am Puls der (rheinischen) Menschen. Ein Ideologe war er nie, schon gar kein Fanatiker. Man kann Bucerius daher verstehen, wenn er schreibt:

«Keinem lebenden Schriftsteller verdanke ich also so viel wie Ihnen. Zu bewundern war, wie differenziert und präzise, wie human und gesetzestreu zugleich Sie sich etwa über die Dissidenten in der Sowjetunion, den Prager Frühling oder die Baader-Meinhof-Leute ausdrückten. Sie brauchen Ihre Fähigkeiten in *politicis* nicht unter den Scheffel zu stellen.»

Auf solche Formulierungen indes folgt in der Regel ein Aber. Das Aber galt Bölls These, im Nachkriegsdeutschland seien die Armen arm geblieben, die Reichen dagegen immer reicher geworden. Seit der Währungsreform seien die 100 Mark des Arbeiters auf 7 Mark geschrumpft (hatte Böll behauptet), Aktien im Wert von 100 Mark jedoch enorm gestiegen. Bucerius rechnete dem Schriftsteller mit Hilfe von Graphiken und Tabellen vor, dass Arbeitnehmereinkommen seit 1948 real um das Vierfache gestiegen seien, von den an sie gekoppelten Sozialleistungen ganz zu schweigen, Aktien dagegen bei mancherlei Schwankungen ihren Wert nicht wesentlich verändert hätten:

«Wenige nur kennen wie Sie Wesen und Seele des Menschen. Aber von ‹Wirtschaft› habe ich nie etwas in Ihren Büchern gelesen. Sind Sie sicher, dass Sie die – ich versichere Ihnen: äusserst komplizierten – wirtschaftspolitischen Fakten beherrschen? So beherrschen, dass Sie uns Raubtiere nennen können?
Mit den besten Grüssen bin ich stets Ihr dankbarer Gerd Bucerius.»

Böll tippte seine Antwort vier Tage später mit eigener Hand, notierte allerdings an ihrem Rand, einen Briefwechsel könne er sich nicht leisten, «weil ich mitten in einer grösseren Arbeit stecke». So musste Bucerius mit seinem Wunsch nach einzelnen Korrekturen (ob Böll nicht «Verkaufspreis» meint, wenn er «Reingewinn» sagt, zum Beispiel) zwei Wochen lang warten. Am 19. April 1974 erscheint in der

«Zeit» Bölls Antwort und Bucerius' «Schlusswort». Böll lässt sich auf die Analyse der Tabellen ein, gibt zu, dass er vergröbere, nicht aber, dass er ganz falsch liege. Er ist, charakteristischerweise, ein Verteidiger von Sparguthaben, wo Bucerius Arbeitseinkommen betont. Auch glaubt er die Story vom geringen Wertzuwachs der Aktien nicht. Indes habe er Bucerius nie als «Raubtier» bezeichnet. «Ich hätte es nie und nimmer riskiert, diesen zoologischen Terminus irgend jemand persönlich aufzuerlegen. Mit freundlichen Grüssen und Dank Ihr Heinrich Böll.»

Bucerius' Antwort spricht von den vielen Briefen, die er bekommen habe. «Manche stimmen mir so heftig zu, dass *ich* mich schäme. Manche sind so böse, das *Sie* sich vor den Bundesgenossen erschrecken würden. Fast meint man, an dem Hass zu ersticken.» Aber Bucerius will eine Einigung. Ausführlich stellt er dem Schriftsteller noch einmal den Weg – und Ertrag – deutscher Aktien dar. Er vergleicht mit England. Dort gebe es mehr Gleichheit und mehr Armut, in Deutschland hingegen weniger Gleichheit und weniger Armut. «Wenn jetzt Gleichheit mehr gefragt sein sollte: Ich bleibe vergnügt bei dem Gedanken, mitgeholfen zu haben, dass die Nation reich wurde. Und dass der deutsche Arbeiter der reichste der ganzen Welt wurde.» Und um jede Spur der Feindseligkeit zu verwischen, schliesst der Brief mit einem Versprechen. «In den Ferien lese ich noch einmal alle Ihre Werke. Schon jetzt fallen mir Sünden ein. Verzeihung! Immer Ihr dankbarer Gerd Bucerius!»

Damit ist der öffentliche Teil des Briefwechsels zu Ende, nicht jedoch der Briefwechsel selbst. Am 26. Juni 1974 produziert Böll auf einer klapperigen Schreibmaschine einen seiner hübschen tippfehlerreichen Briefe. Jemand habe ihm vorgerechnet, wieviel mehr der Verkauf einer 1949 erworbenen Aktie der Deutschen Bank 1969 an Wertzuwachs gebracht hätte als ein zur gleichen Zeit eingerichtetes Sparkonto. «Wäre ich ein Diktator,» schreibt Böll, dann «würde ich Sie zu einer Geldstrafe von 20 000 DM verurteilen, weil Sie solche Details dem wohllöblichen Publikum vorenthalten.» Daher bitte er Bucerius, die Summe auf den PEN-Notfonds für *Writers in Need* zu überweisen. Das sei «eine sehr direkte, vernünftige Sache». «Man kann zum Beispiel in Griechenland oder auch in der CSSR mit 150 DM im Monat einen Verbannten oder Verfemten und seine Familie am Leben erhalten.» Er selbst habe («unter uns gesagt») einen Teil seines Nobelpreises diesem Fonds gegeben; Solschenizyn dagegen («auch dies entre nous!») habe ihm einen Korb gegeben, «obwohl wir doch gute Freunde sind und er soviel Geld hat, aber er will alles für ‹russische› Zwecke verwenden».

Also:

«Klopfen Sie auf Ihr Puritaner-Herz, zeigen Sie Reue, Wohltätigkeit, vielleicht auch Einsicht, und bedenken Sie, dass man in manchen Ländern, wo Bestechlichkeit die letzte Dimension der Menschlichkeit geblieben ist, jemand für 150–750 Mark freikaufen kann. Hören Sie auf mein korruptes Katholiken-Geflüster. – Sehr herzlich, aber auch sehr dringend. Ihr Heinrich Böll.»

Bucerius liess sich nicht lumpen, weder im Stil noch in der Bereitschaft zu helfen. Nur beim Aktienthema blieb er hart: «Die Kurse sind heute niedriger als 1960.» Ansonsten ist er natürlich zu einer Spende bereit; «wenn Sie um Geld bitten, schaue ich einfach gar nicht mehr hin, für welchen Zweck es ist». Aber er habe gehört, dass es Böll nicht gut gehe. «Mögen Sie uns wohl ein paar vertrauliche Zeilen hierüber schreiben?»

«Übrigens: Geldsammeln verursacht oft gesundheitliche Störungen. Sollte es vielleicht daran liegen? Sie wissen freilich, dass Ihnen viele Leute für diese Mühe sehr dankbar sind – nicht nur die, um deretwillen Sie es tun, sondern auch die, die von Ihnen um das nötige Kleingeld angegangen werden. Wie immer Ihr Gerd Bucerius.»

In einem handgeschriebenen Brief teilt Böll am 9. Juli mit, so schlecht ginge es ihm nicht. Zwei bis drei Wochen brauche er noch, um Nötiges zu erledigen; «dann schreibe ich einen Roman». Lenz habe gespendet, Grass und Graham Greene werde er noch schreiben, nur Solschenizyn habe nichts gegeben. Bucerius sucht Böll darüber in seiner handschriftlichen Antwort zu trösten: «Schade um S.; aber verstehen Sie die Seele russischer Dichter?»

In den Jahren 1975 und 1976 kommt dann ein ernsterer Ton in die Korrespondenz von Bucerius und Böll. Aus der Baader-Meinhof-Gruppe ist die Rote Armee Fraktion (RAF) geworden. Gewaltakte scheinen den Staat zu bedrohen. Nach dem Mord am Berliner Richter von Drenkmann fallen böse Worte. Der Berliner CDU-Fraktionsvorsitzende Heinrich Lummer spricht von einer «geistigen Mittäterschaft» Bölls und äussert, der Dichter gehöre zu jenen, «die in unserem Lande die Saat der Gewalt gepflegt und kultiviert haben, die jetzt erschreckende Blüten treibt». Bölls Unterlassungsklage gegen Lummer wird in zwei Instanzen mit der Begründung der parlamentarischen Immunität Lummers abgewiesen.

Dann äussert der Publizist Matthias Walden im Fernsehen sich ganz ähnlich über den «Boden der Gewalt», der «durch den Ungeist der Sympathie mit den Gewalttätern gedüngt» worden sei, und erwähnt dabei Böll als einen Mann, der den Rechtsstaat als «Misthaufen» bezeichnet und von «Resten verfaulender Macht» gesprochen habe, «die mit rattenhafter Wut verteidigt» werden. Diese Zitate indes waren erstens verfälscht (Böll hatte nie vom Rechtsstaat als «Misthaufen» gesprochen) und bezogen sich zweitens auf einen damals sieben Jahre zurückliegenden Artikel. Böll klagte, und zwar auf ein Schmerzensgeld von 100 000 DM. In der Sache bekam er Recht; in einer Instanz wurde ihm sogar ein Schmerzensgeld von 40 000 DM zugesprochen, doch der Bundesgerichtshof verwarf dieses wieder.

Bucerius erkundigte sich bei Böll nach den Fakten, bevor er zur Feder griff und (am 25. Februar 1975) einen eher vorsichtigen Verteidigungsartikel für den Autor schrieb. «Gegen Schimpfereien wie die von Lummer braucht man kein Verbot; sie sind *self-defeating*.» Lummer, fügte er noch hinzu, könne einen wie ihn mit seinen «Flegeleien» sogar davon abhalten, CDU zu wählen. Den Prozess gegen Walden brauche Böll ebenfalls nicht zu gewinnen. «Den mit Ungeist gedüngten Boden sollte Böll seinem Deutschlehrer und nicht der 28. Zivilkammer des Landgerichts in Köln zur Aburteilung überlassen.» Böll, der ihm nach der Rückkehr von einer Russland-Reise am 4. März 1975 einen freundschaftlichen Brief schrieb, meinte dazu: «Deutschlehrer, lieber Herr Bucerius, klagen leider nie vor deutschen Gerichten, um die ‹Ehre› von Schriftstellern zu retten.» Und was das CDU-Wählen angeht:

«Ich fürchte um die Grenzen Ihrer Liberalität oder Ihres Liberalismus – wie kann man nur so naiv sein! Ich beneide Sie um diese Naivität. Was ich diesen Schurken – allen, wie sie da sind! – nie vergessen und verzeihen werde, ist nicht einmal die Auseinandersetzung um meinen berüchtigten BM [Baader-Meinhof] Artikel, sondern die Vermischung dieser Thematik mit meiner angeblichen Tatenlosigkeit, meine sowjetischen Kollegen betreffend. Diese Schweine!»

Zu solcher Wut hatte Böll guten Grund, denn wenige haben so viel wie er für sowjetische Dissidenten getan. Übrigens sollte die Hälfte des Walden-Schmerzensgeldes (zu dem es dann nicht kam) an den PEN-Fonds gehen, die andere an die Kölner Bibliothek Germania

Judaica. Bucerius schrieb denn auch am 7. März zurück, die Anwürfe seien «nicht dumm, sondern gemein». Im übrigen: «Eben weil die CDU mit den Intellektuellen nicht zurecht kam, habe ich sie verlassen.» Aber noch einmal Brandt wählen? Der hat für die Ostverträge «Träume eingehandelt», statt Berlin zu sichern. «Das wäre Schmidt nicht passiert.» Über dies und anderes müsste man einmal gründlich reden. «Wir würden unsere Meinungen sicher nähern. Einstweilen müssen Sie sich zufrieden geben mit der Zuneigung immer Ihres G. B.» Es folgte eine Spende, für die Böll sich artig am 16. April bedankte. «Und: gut, wählen Sie also CDU! Warum nicht? Gott, ich will Ihnen gar nicht mit [der Strauß-Rede von] Sonthofen kommen – nein, auch nicht mit Kohl und Biedenkopf, denn: wir leben in einem freien Land! Ja. Wirklich.»

Noch einmal, 1977, wurde die Korrespondenz der beiden Männer intensiver. Wieder ging es um Spenden, wobei Böll in einem P. S. mit neuem Material auf die Frage des Wertes von Aktien zurückkam. Bucerius half natürlich, selbst und durch seinen neuen Freund Reinhard Mohn von Bertelsmann. Böll schrieb aus der Schweiz am 12. Juli 1977: «So schlecht geht's mir nicht: ich bin nur auf eine Weise – und auf allen Ebenen! erschöpft, dass ich eine Ruhepause brauche, auch Besinnung natürlich.» Und in einem anderen Brief vom 29. Juni: «Drei Monate muss ich noch im ‹Verborgenen› bleiben, Publicity wird von meinen Ärzten als das schlimmste aller Gifte bezeichnet.»

Bucerius zeigt sich in einem Brief am 6. Juli erschrocken über Bölls Zustand, fügt jedoch hinzu: «Mich (übrigens) würde Publizität heilen. Aber das unterscheidet die Macher wohl von den Denkern.» Mit oder ohne Publizität, Böll erholte sich noch einmal und lebte bis 1985. «In alter Herzlichkeit» endeten seine Briefe an Bucerius, bis die Korrespondenz, jedoch nicht die wechselseitige Zuneigung, einschlief. Ob «Macher» und «Denker» so ganz die richtige Beschreibung der Korrespondenten ist, kann man tunlich bezweifeln, denn Böll lebte immer auch aus dem Bauch, während es eher Bucerius' Nerven waren, die ihn in unruhiger Bewegung hielten.

Henri Nannen

Gräfin Dönhoff, Fritz J. Raddatz, Heinrich Böll haben je eigene Facetten des Liberalen Bucerius zum Vorschein gebracht. Henri Nannen, Bucerius' langjähriger Partner, Kontrahent und intimer Freundfeind war zwar in irgendeinem Sinn auch liberal, doch bei ihm hat das Wort eine andere Bedeutung. «Eine Richtung war in alledem nicht zu erkennen, eher der Spass an der Provokation», schreibt Hermann Schreiber über die politischen Meinungen, die der Chefredakteur des «Stern» in sein Blatt hob. So konnte der «cholerische Bauchmensch» Nannen sich für allerlei Personen und Sachen begeistern, denen gegenüber der Intellektuelle Bucerius («nur Kopf und kein Bauch») eine gehörige Distanz behielt. Das galt von den Passionen der 30er Jahre ebenso wie von denen der 60er Jahre, also von Hitlers brutalem und militantem Aufstieg wie von Willy Brandts demonstrativen Gesten der Versöhnung. Liberal war Nannen vor allem im Sinne des *anything goes*, des «es ist alles erlaubt» (wenn es Spass macht, aufregend ist, Interesse weckt), während Bucerius seine Massstäbe nie verlor.

Von der verspannten Intimität der Beziehung der beiden – und den guten Gründen dafür – war schon die Rede; eine Freundschaft war es dennoch. Ohne Not wären die beiden wohl nicht zusammengekommen, ohne die Notzeit, die sie zu Gründern der deutschen Nachkriegspresse machte, ohne Nannens Not mit seinem verlegerisch heimatlosen «Stern» und Bucerius' Finanznöte, die ihn zum rettenden «Stern» greifen liessen. Dass sie grundverschieden waren, ist oft gesagt und belegt worden. Sie hatten aber dies gemeinsam, dass sie beide von einer tiefen Scheu geprägt waren. Nur kaschierten sie diese auf unterschiedliche Weise. Beide verliessen sich am liebsten auf Frauen, doch waren diese für Bucerius Partnerinnen, ja Zuarbeiterinnen, für Nannen Freundinnen. Beide sahen sich häufig an irgendwelchen Gebrechen leiden. Bucerius versuchte vergebens, für seine Person Jürgen Thorwald zu widersprechen, der gesagt hatte, «er kenne drei extreme Hypochonder: sich selbst, Henri Nannen und Bucerius». «Hypochonder haben es schwer, mit Menschen umzugehen» und wollen doch Anerkennung. Bucerius suchte sie bei grossen Männern, Nannen beim Bad in der Menge, vor allem der abstrakten Menge von Millionen Lesern. Beide wurden eher verlegen, wenn sie in förmliche Öffentlichkeiten gerieten, doch kompensierte Nannen das, indem er sich in den Vordergrund drängte, während Bucerius sich bis zur Unsichtbarkeit zurückhielt. Der eine machte sich gross, der andere machte sich klein. Das Moskauer Staatsphoto, auf dem Nannen sich neben Bulganin, Adenauer und Chruschtschow in die erste Reihe gemogelt hatte, illustriert das eine, die Tatsache, dass Bucerius auf fast allen Gruppenaufnahmen eine Nebenrolle zu spielen scheint, das andere.

Die beiden Männer beneideten einander. Nannen beneidete Bucerius für seine «Brillanz», seinen «intellektuellen Habitus», aber auch sein kaufmännisches Geschick, Bucerius Nannen für seine Vitalität und Lebenslust, sein journalistisches Talent, seinen Spürsinn für interessante Themen.

Die Streitereien der beiden sind legendär, die grossen um den «Betrug» des Manövers von 1951, das zum Nannen-Verlag in Bucerius' Hand führte, die mittleren um die Auflage des «Stern», die Kosten der Redaktion, das Verprellen von Anzeigenkunden, und die ungezählten kleinen um diesen oder jenen Artikel oder Mitarbeiter. Bucerius dürfte «seinen» Chefredakteur mit seinen Eingriffen zuweilen zur Weissglut gebracht haben. Manchmal schrieb er drei, vier Briefe am gleichen Tag: Ebelin möchte mehr über das Leben des Posträubers White hören. In der «Weltwoche» stand ein interessanter Bericht über die Schweiz im Krieg, den der «Stern» verfolgen sollte. Oriana Fallaci hat ein offenbar interessantes Buch geschrieben. Wäre es nicht eine gute Idee, mit Preisausschreiben neue Leser zu gewinnen? Die Graphik des «Stern» muss verbessert werden. Und so weiter.

«Lieber Peter», schrieb Bucerius meist an den Mann, der seinen Vornamen früh schon für Freunde und vor allem Freundinnen neu erfunden hatte, eine Zeitlang auch «Lieber Freund». (Nannen antwortete stets «Lieber Buc».) Und am Ende war es eine Freundschaft. Darum ist hier noch einmal von Nannen die Rede. Es wurde sogar von Bucerius' Seite eine wenn nicht väterliche, so doch fürsorgliche Freundschaft zu dem sieben Jahre Jüngeren. Nach aussen verteidigte Bucerius den «Stern» auch gegenüber seinem Mentor, dem damaligen Bundeskanzler Erhard. Nein, schrieb er diesem am 27. November 1964, der «Stern» betreibe keine «sozialdemokratische Propaganda». Eher schon könne die SPD sich beschweren. «Aber wir machen Zeitungen weder der Regierung noch der SPD zuliebe, sondern um exakt zu berichten.» Im übrigen mache er, Erhard, es mit seinem Schweigen Bucerius nicht gerade leicht, «für Sie in meinen Redaktionen zu plädieren». «Wir erwarten vom Bundeskanzler, dass er uns seine Politik deutlich macht.»

Nach innen schrieb Bucerius eine andere Sprache, wenn auch eine, die die Anrede «Lieber Freund» (am 30. Dezember 1964) durchaus rechtfertigte. Nannen war mit seinem kurzlebigen Stellvertreter Gerd von Paczensky aneinandergeraten. Bucerius rügte den Stil von Nannens Reaktion. «Ihre sachliche Grösse wird Ihnen nichts nützen, wenn nicht menschliche Grösse hinzukommt.» Nannen müsse das Selbstbewusstsein seiner Leute stärken, sie bei Pannen aufrichten. «Wenn

Sie einen Mann dauernd schelten, verächtlich behandeln, muss er schwach werden.» Ausserdem: «Sie müssen auch die Einzelentscheidungen abgeben, sonst ersticken Sie.» Das allerdings fiel Nannen schwer. Doch blieb Bucerius bei seiner Ermutigung:

«Ich würde Ihnen dies alles nicht schreiben, wüsste ich nicht, dass es der Mühe wert wäre. Neulich hat ein Journalist in Bonn gesagt: «‹Stern› und ‹Zeit› sind Inseln der Freiheit in der Bundesrepublik geworden.» Sie sind einer derjenigen, die diese Freiheit garantieren. Es wäre ein Jammer, wenn dieses herrliche Instrument an seinen Fehlern eingehen sollte.»

Nannen erlebte in diesen Jahren manches Auf und Ab. Mit den Wandlungen der 60er Jahre einschliesslich von 1968 wurde er merkwürdigerweise weniger leicht fertig als Bucerius. «Nannen war ein Systemkritiker, aber kein Systemveränderer im Sinne der Achtundsechziger», urteilt Schreiber; vielleicht war er noch nicht einmal ein Kritiker des Systems. «Im ‹Stern› hat, zu Nannens Zeiten, allenfalls ‹radikal chic› eine Chance gehabt, nicht die radikale Linke.» Von daher wurde es Bucerius nicht schwer gemacht, Nannen wenn nötig zu verteidigen, auch ihn, wenn gefragt, zu unterstützen. Dass Nannen es sich leisten konnte, auf grossem Fuss zu leben, verdankte er nicht zuletzt dem Verleger, der ihm nicht nur sein Gehalt und hohe Spesen, sondern auch gelegentliche Bonus-Zahlungen und sogar seinen eigenen Steuerberater verschaffte.

Bei dieser Haltung blieb Bucerius bis zum Schluss. Es gibt einen schönen Brief von ihm, in dem er (am 12. September 1983) Reinhard Mohn den alten Freund ans Herz – und wohl auch auf das Portemonnaie – legt. «Nannen hat eines der bedeutendsten Magazine der Welt geschaffen.» Er hat damit auch Politisches bewirkt. «Zur Bildung eines liberalen Bewusstseins hat der ‹Stern› mehr beigetragen als der ‹Spiegel›.» Einen Zusatz kann Bucerius nicht lassen. «Sicherlich habe ich dabei etwas mitgewirkt; allein hätte es Nannen wohl nicht geschafft. Nur: ich war auswechselbar, Nannen nicht.» Das spielt wirtschaftlich für Gruner+Jahr und damit für Bertelsmann eine bedeutende Rolle. Gewiss hat Nannen auch Fehler gemacht, in der Auswahl von Personen, in seinem eigenen Rückzug von der Führung, dann im Zusammenhang der Hitler-Tagebücher. Indes, «jetzt sollte man an N.'s schlechthin überragende Verdienste denken … Also finde ich, dass man sich ernsthaft Gedanken machen muss, wie unserer Dankbarkeit gegenüber dem grossen Mann der beste Ausdruck zu geben sei.» Die Antwort war nicht schwer zu finden. Im gleichen Jahr 1983 hatte Nannen sein «drittes Leben» in Emden mit der grossen Kunstsammlung und bald der Kunsthalle begonnen. Da blieb immer das, was Bucerius in seiner Rede aus Anlass der Veröffentlichung des «Liebe Sternleser»-Bandes ein «Nannen-Gap» zu nennen vorschlug, also «eine arge Finanzlücke». Die regelmässige Beziehung der beiden überdauerte ihre verbindenden Tätigkeiten nur sehr sporadisch. Nannen meinte die «Bertelsmänner», als er am 29. September 1988 an Bucerius schrieb; «wie unverständlich es mir ist, wenn Menschen lange zusammengearbeitet und sich dann gestritten haben, dann aber nichts Gemeinsames mehr übrig bleibt». Mit ihm habe er sich auch oft gestritten; am Ende sei Bucerius «ein reicher Verleger und ich ein armer Stifter» der Kunsthalle Emden; dennoch habe er sich über Bucerius' Besuch in Emden «sehr gefreut»; so «sind wir beide doch besser dran als Mohn und Fischer». Bucerius seinerseits sprach nun sogar von den «lustigen Seiten» der «Fehler», die er Nannen einst vorgeworfen hatte. Und Nannen erinnerte nach Bucerius' Tod an den «in der Sache wie im Persönlichen so heftigen Streit» zwischen den beiden, ja, an «gnadenlose Kämpfe», bekannte aber auch, er «habe dabei verloren und gewonnen», und erklärte seine «Dankbarkeit, dass ich mit diesem grossen Verleger einige Jahrzehnte in Lust und Schmerz gemeinsam verbracht habe». Die «Zeit» überschrieb Nannens Beitrag zu einer Reihe von Nachrufen am 6. Oktober («Der Tolerante», «Der Partner», «Der Stratege», usw.) immerhin mit «Der Freund».

Reinhard Mohn

In seinen späten Jahren traten zwei Männer in Bucerius' Leben, die dem Bild des liberalen Mannes noch kräftigere Konturen geben, Reinhard Mohn und Helmut Schmidt. Von Männerfreundschaften zu sprechen wäre wohl auch bei diesen beiden nur bedingt richtig. Beide waren beträchtlich jünger als Bucerius: Mohn 15 und Schmidt 13 Jahre. Trotz dieses Altersunterschiedes hatte der Ältere beträchtlichen Respekt für die beiden. Er fand es nötig, sich und seine Auffassungen an ihnen zu bewähren. So argumentierte er mit ihnen, intensiver, auch ein bisschen vorsichtiger als mit denen, die er als seine Angestellten betrachtete. Bei beiden übrigens kam ein Motiv in die Beziehung, das nicht nur für Bucerius einen Unterstrom von Spannung und Emotion schuf, nämlich die Frage der Nachfolge und damit der Zukunft des eigenen Lebenswerks, also die «Kontinuitätsfrage», wie sie in einem eigenen, am Ende einmal mehr misslichen Kapitel der Beziehung zu Mohn heissen sollte.

Am 29. Juni 1981 wurde Reinhard Mohn 60 Jahre alt. Der 75jährige Bucerius würdigte das Lebenswerk des Bertelsmann-Chefs und Neugründers auf mehrerlei Weise. Er, noch der Aufsichtsratsvorsitzende, hielt eine etwas linkische Rede, in der er sich als «Junior-Partner» bezeichnete und dann mit allerlei historischen Anspielungen über das Alter dozierte. «Den alten Bürger nannten die Römer ohne Umstände: senex, Greis also. Wem aber vertrauten sie das höchste Regierungsamt an? Dem Senat, den Senatoren – der Versammlung der Greise.» Bucerius wusste wohl schon, dass Mohn sein Versprechen, mit 60 «aufzuhören», durch den Rücktritt vom Vorstandsvorsitz wahrmachen, indes weiterhin als Aufsichtsratsvorsitzender (insoweit Nachfolger von Bucerius) und später Leiter der Bertelsmann-Stiftung eine wichtige Rolle spielen würde. Bucerius pries das in der Tat erstaunliche Lebenswerk von Mohn, der als junger Offizier aus der amerikanischen Gefangenschaft zurückgekehrt war und den Familienbetrieb in jeder Hinsicht darniederliegend vorgefunden hatte. Von der Gründung des Bertelsmann-Leserings zum späteren Medienimperium war es ein weiter Weg, den Mohn mit einer einzigartigen Mischung von Pflichtbewusstsein, Unternehmerinstinkt und sozialer Verantwortung beschritten hatte.

In seinem Brief zu Mohns 60. Geburtstag fragte Bucerius sich selbst: «Wie ich zu Bertelsmann gekommen bin? Ganz einfach: ich habe mein Vermögen einem Mann anvertraut – Reinhard Mohn.» Es war nicht das ganze Vermögen; die «Zeit» gehörte nicht dazu, wenngleich Mohn sich gerne mit ihr geschmückt hätte. Darüber sollte es später fast zum Zerwürfnis kommen. Aber jetzt war von anderem, vor allem vom Gruner+Jahr-Vermögen die Rede. «Wenn ich also meinen Besitz bei G+J mit irgendjemandem tauschen wollte, dann war Reinhard Mohn der Mann. Inzwischen 75 Jahre alt, habe ich als Rechtsanwalt, in der Politik und schliesslich als Kaufmann viele ‹Grosse› gesehen. Es gibt, scheint mir, keinen Kreis, in dem Mohn nicht standhalten würde.»

An diesem 60. Geburtstag boten die beiden Männer einander das «Du» an, ein für Bucerius ungewöhnlicher Vorgang. Die handschriftliche Notiz, die dem nächsten Bucerius-Brief beilag, belegt es: «Dies ist nun der erste Brief mit ‹Du› und ‹Reinhard›. Und es macht mir viel Spass. Dankeschön!»

Korrespondiert hatten die beiden indes schon seit acht Jahren. Dabei verbanden die Briefe stets auf merkwürdige Weise grosse Herzlichkeit mit tiefen Meinungsverschiedenheiten. Wenn sie politisierten, hatte Mohn eher Probleme mit der CDU und Bucerius eher solche mit der SPD. Wenn sie den «Stern» kritisch unter die Lupe nahmen, blieb doch die Differenz. «Liberalität heisst nicht Gleichgültigkeit, wenn das Blatt – nach der Überzeugung des Verlegers – das Gemeinwohl verletzt», schrieb Bucerius im zur Veröffentlichung bestimmten Geburtstagsbrief und fügte hinzu: «Mag sein, dass Reinhard Mohn da gelassener ist, als ich es bin.» Mohns Reaktionen waren durch und durch rational, beinahe cartesianisch in ihrer Systematik; Bucerius neigte zu Gefühlsausbrüchen, wenn er diese auch gerade gegenüber Mohn zu kontrollieren suchte. Niemand hat Mohn je einen unruhigen Geist genannt; er war ein Mann der Ordnung, nicht des impulsiven Chaos.

Ein durchgängiges Thema des Dialogs der Verleger war die Mitbestimmung als Teil des umfassenden, nicht nur politisch-institutionellen Verständnisses von Demokratie. Für den «aufgeklärten Kapitalisten» Mohn war dies früh schon ein Lieblingsprojekt; für Bucerius blieb es von Zweifeln umlagert. Im August 1980 hatte Mohn Bucerius Notizen für ein Referat zugeschickt, das er zu Fragen der Führung halten wollte. Bucerius fand sie «spannend und gut formuliert». «Freilich bin ich ganz anderer Meinung als Sie.» Zum Beispiel meint Mohn, dass die politische Demokratie die Führungskräfte «nach anderen Kriterien als ihrer Eignung» auswählt. Bucerius wurde trotzig:

«Halten Sie Helmut Schmidt für minderbegabt, ungeeignet und für seine Aufgabe falsch ausgewählt? Ist Franz Josef Strauß minderwertig? Wir haben Bedenken gegen ihn; aber er ist der bestformulierendste Politiker, scharf denkend, vielleicht zu Übertreibungen neigend ... [Der niedersächsische Ministerpräsident] Albrecht hatte eine bedeutende Position in der Wirtschaft. Da war er gut genug; in der Politik reicht er vielleicht nicht ganz. Glauben Sie nicht, dass [der schleswig-holsteinische Ministerpräsident] Stoltenberg einen Konzern leiten könnte?»

Das war nur der Anfang einer Tirade des Politikers Bucerius. «Ich habe 16 Jahre politisch gearbeitet ... Mein Urteil (das falsch sein kann): Die Leistung der deutschen Politiker kann sich mit der der deutschen Wirtschaft durchaus messen.» Mehr noch, Politiker haben es schwerer als Unternehmer; sie müssen «tausend Interessen» berücksichtigen, Medienkritik ertragen, mit geringeren Einkommen vorlieb nehmen. Dafür haben sie allerdings andere Entschädigungen, die «Teilnahme an wichtigen Entscheidungsprozessen», die «grossen Debatten» – «da habe ich Erlebnisse, an die nichts herankommt, was mir die Wirtschaft gegeben hat».

Nicht genug damit, dass Bucerius die Kernthese von Mohn zerzaust, geht er dann mit der paritätischen Mitbestimmung (die Mohn verteidigt) scharf ins Gericht, bevor er nach sieben Seiten zu dem Schluss kommt: «Auch wenn ich sie nicht teile: Ihre Gedanken haben mich gefesselt. Es ist beachtlich, was Sie neben Ihrer geschäftlichen Arbeit noch alles leisten.» Mohn dankt postwendend am 2. September 1980 für die Stellungnahme; damit «haben Sie mir sehr geholfen». Er bleibt dabei, «dass die Leistungsfähigkeit der westlichen Demokratie in vielen Ländern begründete Zweifel an der Qualität der Führung aufkommen lässt». Dann folgt aber die charakteristische Wendung, es gehe ja nur darum, «dass in der Diskussion die Thematik bewusst gemacht und abgeklärt wird». Er, Mohn, habe daher einen Untersuchungsauftrag der Bertelsmann-Stiftung auf den Weg gebracht und eine Gesprächsrunde arrangiert.

Ein Jahr später schickt Mohn seinem Partner einmal mehr ein Papier über die Demokratisierung der Wirtschaft durch Mitbestimmung. Bucerius antwortet erneut mit Fragen und Zweifeln. Die Gewerkschaften vor allem haben es ihm angetan; sie wollen die Marktwirtschaft unterhöhlen. In einem Nachtrag vom 4. Mai 1981 zitiert Bucerius die «Gruppenuniversität» als Beleg für irregeleitete Versuche, Demokratie am unpassenden Objekt zu exerzieren. «Die Folge: Wissenschaftlicher Rückstand, international.»

Mitte 1981 korrespondierten die beiden zum ersten Mal über die «Zeit» und ihre Position in der sich ändernden politischen Landschaft. Dabei scheinen die Fronten sich nahezu verkehrt zu haben. Die Koalition von SPD und FDP geht in ihre Agonie. Helmut Schmidt hat Probleme mit seiner Partei, und die FDP hat solche mit sich selbst. Dennoch hat Bucerius die unveränderte Unterstützung der Koalition durch die «Zeit» verteidigt. «Wir können unsere politische Linie nicht ändern und brauchen es nicht.» Hier, wie so oft, stand die Loyalität des Verlegers gegenüber seinem Werk an der Spitze. Mohn teilt dem «lieben Herrn Dr. Bucerius» am 25. Juni mit, dass eben diese «politische Linie» in Frage gestellt werden müsse. «Gerade wenn man für eine liberale Politik eintritt, muss man die Fehler bei der Durchsetzung einer solchen Politik um so mehr kritisieren.» «Die sozial-liberale Koalition hat Gutes gewollt und in vieler Hinsicht Böses angerichtet.» Zum Beispiel im Hinblick auf das Masshalten bei öffentlichen Ausgaben. Die «Zeit» müsse das klar sagen. «Es würde mich nicht überraschen, wenn eine allfällige Standortbestimmung der ‹Zeit› auch personelle Konsequenzen haben würde.» Eine Woche später, nun schon per Du, antwortet Bucerius: «Dein Brief vom 24. Juni zum Thema ‹Zeit› war deutlich; herzlichen Dank.» Nur, mit den personellen Konsequenzen ist wenig erreicht. Es gibt tiefere Wandlungen. «Die ‹Zeit›-Leser sind ‹entschiedene Mitte›. Die zerbröckelt in der Nation.» Nach links gehen wenige, rechts aber ist schon die «Frankfurter Allgemeine». Überdies kann man auf «Ted und Marion» nicht verzichten. «Ausserdem: ganz so falsch liegt die ‹Zeit› heute nicht ... Und: möchtest Du so gern Schmidt durch Kohl und seine linke Garde (oft linker als die Konservativen unter den Sozialdemokraten) ersetzen?» Das Problem ist also ein anderes: «Wir müssen vorsichtig Akzente versetzen und eine glänzende, nicht stinklangweilige Zeitung machen.»

Noch einmal, 1989, nachdem «Kohl und seine linke Garde» schon sieben Jahre an der Macht sind, tauschen Bucerius und Mohn ihre so verschiedenen Besorgnisse ob der politischen Dinge aus. Bucerius hat schlaflose Nächte, «buchstäblich», weil es in Berlin nach einer Koalition zwischen «SPD und Alternativen» aussieht und das der Anfang ähnlicher Bonner Veränderungen sein könne. «Das wäre dann die erste linke Bundesregierung, die die Bundesrepublik je gehabt hat. Das gibt eine andere Welt ...» (15. Februar). Mohn, wie immer rational, hält die Entwicklung für «absolut folgerichtig»; sie sei zwar vielleicht «wenig befriedigend, aber gestatte einem Jüngeren die Anmerkung: Hoffnungslos ist sie auch nicht!». Dabei stützt Mohn sich auf eine im Grunde radikalere Analyse. Er sieht einmal mehr «das ganz erschreckende Versagen unserer Demokratie» und glaubt, «dass es unserem Staat noch sehr viel schlechter gehen muss, bis er wieder reformfähig wird». Bucerius fasst am 15. März nach, erwähnt das im SPD-Grundsatzprogramm und in der Berliner Koalitionsvereinbarung vorgesehene Presserecht. «Das ist ja nun nicht gerade das Prinzip, nach dem Du Dein erfolgreiches und sozial vorbildliches Unternehmen aufgebaut hast.» Aber sein Freund und Partner bleibt er selbst. Rot-grüne oder grosse Koalition sind möglich. Das ist «nicht gerade beeindruckend», zeigt «das Versagen der Parteien der Mitte»; «trotzdem muss man sagen, dass die Demokratie funktioniert».

Die beiden älteren Herren irrten; neun Jahre lang noch sollte die Koalition von CDU und FDP unter Kohl an der Macht bleiben. Indes,

Bucerius' immer neue Untergänge und Mohns immer neue rationale Erwägungen störten den wechselseitigen Respekt der beiden nicht. Sogar ein persönliches Element hatte die Beziehung zu Zeiten, wenn Bucerius und Hilde von Lang mit Reinhard und Liz Mohn in die Ferien nach Rhodos oder nach Mallorca fuhren. Auch der Respekt der beiden so unterschiedlichen Temperamente füreinander liess nicht nach. Schwierig wurde es erst, als die «Kontinuitätsfrage» sich hinzog und Bucerius daranging, im ersten Überschwang zugesagte Versprechungen an den «Testamentsvollstrecker» Mohn zu relativieren und am Ende weithin rückgängig zu machen. Davon wird noch zu sprechen sein.

Helmut Schmidt

Auch der andere späte Partner von Bucerius, Helmut Schmidt, hatte etwas mit der Nachfolge zu tun, und auch hier schwang ein starkes persönliches Element mit. Das «Du» kam für die beiden Hanseaten nicht in Frage; bis zum Schluss blieb es bei «Lieber Herr Schmidt» und «Lieber Herr Bucerius», lange sogar «Dr. Bucerius». Was an Gefühlen dahintersteckte, ist nicht leicht zu beschreiben. «Mit aller Distanz», schrieb Bucerius in einem späten Brief (am 23. Juni 1990) «hatte ich gedacht, einen väterlichen Freund gewonnen zu haben. Der ist zwar jünger aber eben so viel intelligenter. Da greife ich hoch, ich weiss.» Schmidt reagierte entsprechend, wenn er dem Älteren Zuspruch gab. «Die Zeitung ist *Ihre* Lebensleistung. Sie haben Grund genug, darüber stolz *und* fröhlich zu sein.»

Die beiden Männer hatten manche Station ihres Lebens gemeinsam, wenngleich sie dabei nur selten am gleichen Strang zogen. Sie waren Hamburger Politiker. Der zwölf Jahre jüngere Schmidt studierte zwar noch, als Bucerius Senator war, und er fand erst später seinen Weg über die Hamburger Wirtschaftsbehörde in die Bundespolitik; dort indes sassen fast ein Jahrzehnt lang, von 1953–1962, beide im Bundestag, der eine oppositionell in der Regierungsfraktion, der andere gouvernemental in der Opposition. So war es nicht überraschend, dass Anfang der 70er Jahre der Wirtschafts- und Finanzminister Schmidt zu den bevorzugten Adressaten von Bucerius' «Ministerbriefen» gehörte, mit denen er nach seinem Ausscheiden aus dem Bundestag alle wichtigen Mitglieder sukzessiver Kabinette traktierte.

1972 ging es um die sogenannte Preisbindung der zweiten Hand, also um Festpreise im Detailhandel, die Bucerius eher überraschenderweise verteidigte. Er wollte den Mittelstand vor den Handelsketten schützen. Schmidt hingegen versicherte ihm am 8. Dezember 1972, «der Gefahr einer Vermachtung im Bereich des Handels werden wir ohnehin mit anderen wettbewerbspolitischen Mitteln begegnen müssen». 1973/74 liess Bucerius bei Schmidt sein Klagelied über die geringe Wertsteigerung von Aktien aus; doch Schmidt war kein Böll, sondern rechnete Bucerius vor, wie wenig Aktienkurse über Wertsteigerungen aussagen. Allerdings gingen Bucerius' Klagen noch weiter. «Die neue Zeit will keine Unternehmer mehr – und es geht weiss Gott auch ohne sie» (28. November 1973). Schmidt teilte die Meinung nicht. «Ganz im Gegensatz zu Ihnen glaube ich, dass auch die neue Zeit Unternehmer braucht; denn vieles geht mit ihnen besser als ohne sie.» Schmidt spürte die Stimmung seines Briefpartners und wollte ihn aufmuntern. «Wenn Sie Ihre ‹Verzweiflung über die Ereignisse in Bonn› bei mir etwas direkter loswerden wollen», dann, so schrieb Schmidt, solle er doch zu einem Gespräch kommen. Bucerius seinerseits lud Schmidt nach Brione ein, doch kam ein Besuch nicht zustande.

So kam der Gedanke nicht ganz aus blauem Himmel, Helmut Schmidt nach seiner Abwahl als Kanzler 1982 an die «Zeit» zu binden. Zunächst wussten nur vier Menschen von dem Plan, ausser Bucerius Gräfin Dönhoff, Hilde von Lang und der «Mittelsmann» Karl Klasen, bis 1977 Bundesbankpräsident und nach wie vor ein enger Vertrauter des nun Altbundeskanzlers. (Mit Recht schrieb Marion Dönhoff am Ende des Unternehmens «Schmidt zur ‹Zeit›» an Bucerius: «Ein Wunder hat sich begeben, was wir geheim halten wollten, ist tatsächlich geheim geblieben.») Die Schwierigkeit lag in Schmidts politischem Engagement, vor allem im Wahlkampf 1983. Bucerius schrieb ihm Silvester 1982: «Aber einer im (dank Ihrer Hilfe: furiosen) Bundestagswahlkampf triumphierenden SPD kann man nicht ausserdem noch als Trophäe ‹Die Zeit› mitgeben. ‹‹Die Zeit» geht mit dem Sieger›, würde es dann heissen. Das wäre gegen die Tradition des Blattes.» Karl Klasen kam zu Hilfe, vor allem aber taten es die Wähler, die die Regierung Kohl-Genscher bestätigten. Schmidt wurde (zusammen mit der Gräfin) Herausgeber der «Zeit» auf einer zunächst vorläufigen Basis. Meinungsverschiedenheiten werde es gewiss geben, schrieb Bucerius; aber das sei nicht ungewöhnlich. «Wir sind alle Überzeugungstäter.» Persönliche Differenzen aber werde es nicht geben. «Und doch sagten Sie: ‹Wir müssen uns jederzeit trennen können›: im Respekt von meiner Seite, vielleicht in Freundschaft von Ihrer Seite, möchte ich hinzufügen.»

Schmidt kam; für Bucerius war das ein Coup. Bald dachte er darüber nach, wie er Schmidt zu seinem Nachfolger machen könnte. Als Verleger vielleicht? «H. S. verantwortlich für die Publizistik, H. v. Lang für das Geschäftliche»? So sollte es für ein paar Jahre kommen, auch wenn Theo Sommer Bucerius bescheinigte: «Sie sind noch immer wach, energiegeladen, voller Ideen und Antriebe wie kein anderer in unserem Hause ... Ihre Instinkte funktionieren, Ihr Temperament ist ungebrochen, Ihr Urteil ist scharf wie eh und je.» Schmidt gab sein Zögern auf, nicht zuletzt wegen seines Vertrauens in Sommer, den er im Verteidigungsministerium 1969 zum Leiter der Planung berufen hatte. An Bucerius schrieb Schmidt am 23. März 1984: «Ich finde die ‹Zeit› wirklich gut ... Es macht mir Spass, für die ‹Zeit› tätig zu sein. Sofern Sie bei Ihrem damaligen Gedanken geblieben sind, bin ich bereit, in einer zunehmenden Weise mich zu engagieren.»

Engagement war für Helmut Schmidt nie nur ein schönes Wort. Er stürzte sich in die Details seiner neuen Aufgabe, auch wenn nicht alles daran ihn nur begeisterte. In den folgenden Jahren gab es immer wieder programmatische Analysen und Vorschläge von Schmidt sowie ungezählte Hausmitteilungen, Briefe an Redakteure, Antworten auf Leserbriefe, und dann die Korrespondenz mit Bucerius. In ihr ging es um dreierlei, um mehr oder minder praktische Fragen der «Zeit», um einige grosse und kontroverse politische Themen, und um die ganze Richtung, also um rechts oder links. Stets blieb der freundschaftlich-respektvolle Stil. Manchmal kam ein persönliches Element hinein, so wenn Loki Schmidt sich für eine Gabe von Süssigkeiten nicht nur mit einem fünfblättrigen Kleeblatt, sondern mit einer ausführlichen Schilderung des Lebenszyklus von Orchideen revanchierte. Einmal liess sich Schmidt leichtsinnigerweise auf eine Wette in Steuerfragen ein, obwohl er hätte wissen müssen, dass Bucerius in diesen unschlagbar war: Sind fünfjährige Abschreibungen für Kapitalgüter steuerlich günstiger als längerfristige? Bucerius: nein, Schmidt: ja – der Wirtschaftsprüfer Dr. von Diest entschied, und Schmidt musste am 6. März 1987 klein beigeben: «Sie haben recht. Was war der Preis für die Wette? Jedenfalls bin ich bereit, zu bezahlen.»

Die praktischen Fragen der «Zeit» und die politischen Themen liessen sich oft schwer trennen. Im Wirtschaftsteil «wächst die Neigung, Unternehmer als Trottel oder als Gauner zu schildern», meinte Bucerius (am 23. Februar 1987), und Schmidt stimmte ihm zu. «Ich fürchte, er kennt die Gesellschaft und ihre Probleme nicht», hiess es über den Feuilletonredakteur (es konnte nahezu jeder sein, der das

Ressort verwaltete). In den Fragen der Deutschlandpolitik einigten sich die beiden gegen Gräfin Dönhoff und Theo Sommer, dass man die Wiedervereinigung nicht einfach abschreiben und die DDR auf Dauer dem Ostblock zurechnen dürfe. Auch als der Ausstieg aus der Atomwirtschaft 1987 zuerst zur Debatte stand («Hanauer Plutoniumküche»), einigten sich die beiden rasch, dass die Atomkritik, in Helmut Schmidts Worten, «Wahlpropaganda» für die aufsteigenden Grünen sei. In Fragen der inneren Ordnung waren sie sich ohnehin einig, vor allem als der Feuilletonredakteur Greiner Ende 1987 Zweifel an der offiziellen Darstellung der RAF-Selbstmorde in Stammheim anmeldete.

Manchmal gab es Missverständnisse. Im Hinblick auf den Börsenteil hatte Schmidt bemerkt, die «Zeit» sei schliesslich keine Volkshochschule. Gemeint hatte er, sie müsse höchsten Ansprüchen genügen. Bucerius gab sich am 17. Februar 1987 entsetzt, «das hat mir einen Stich gegeben». Genau das hatte er immer gewollt, eine Volkshochschule, die Schwieriges für alle verständlich macht. «Sie können das alles für Humbug halten und an einem anderen Ende neu anfangen – aber dann werfen Sie weg, worum ich mich 20 Jahre bemüht habe.» Mit der Hand fügte Bucerius hinzu: «Aber warum nicht! Wenn's besser ist.» Schmidt nahm zum Unterschied von manchen früheren Partnern des Verlegers solche Fehdehandschuhe nicht auf. Auch Bucerius' sanfte Kritik, er schreibe zu wenig für die «Zeit», liess er abprallen. «Erwartet man von Ihnen nicht bei wichtigen Fragen häufiger eine Meinung? Sie klagen manchmal über die Tendenz des Blattes. *Ein* Artikel von Ihnen macht die ganze Tendenz gegenstandslos» (6. Juli 1987).

Da war wohl die Hoffnung auf das Wirken bedeutender Männer einmal mehr grösser als der Realitätssinn. Aber die «Tendenz» beschäftigte beide vor allem in den Jahren 1987/88. Schon am 4. August 1986 hatte Bucerius Schmidt gegenüber die Frage eines Interviewers erwähnt, «ob die Linksbewegung der ‹Zeit› der Einfluss von H. S. sei». Gleich fügte er hinzu: «Nun kann links gut und sogar nötig sein.» Wann und warum? In einem wichtigen langen Sommerbrief an Hilde von Lang und Helmut Schmidt schrieb Bucerius am 14. Juli 1987:

«Jahrelang hat die ‹Zeit› eine Position eher der Linken vertreten, während ich einer Partei der Rechten angehörte und für sie stritt. Natürlich war ich oft anderer Meinung als die ‹Zeit› und habe das auch gesagt und gelegentlich geschrieben. Oft habe ich übri-

gens Artikel beanstandet, weil sie einen Politiker der Linken
ungerecht beurteilten.

Nie in dieser Zeit habe ich das Gefühl verloren, die ‹Zeit› sei
objektiv. Damit meine ich nicht nur das Bemühen um Richtig-
keit, sondern das Ergebnis. Die ‹Zeit› war für mich eine Autorität. Sie hat oft meine ursprünglich abweichende Meinung geändert.»

Helmut Schmidt antwortete in Etappen, zum ersten Mal ausführlich
am 30. Oktober 1987. Er verwies auf die Wechselfälle der Politik.
«Zur Zeit der sozial-liberalen Koalition fühlten wir in Bonn uns sehr
oft von der ‹Zeit› von rechts aus kritisiert, in manchen Fällen fühlten
wir uns zu Unrecht kritisiert. Es ist nur natürlich, dass bei einer Mit-
te-Rechts-Regierung die Kritik der ‹Zeit› von einem eher linken
Standpunkt aus erfolgt.» Monate später wendet sich die Diskussion
noch einmal ins Grundsätzliche. Bucerius spricht am 18. Mai 1988
erneut von dem «immer wieder hart erarbeiteten Standpunkt ‹eher
links von der Mitte›» und fügt jetzt hinzu: «Eine Zeitlang habe ich
geglaubt, durch mein Beispiel zu zeigen, man könne zum Beispiel ein
bisschen rechts von der Mitte und doch ein ehrlicher Mensch sein.»
Am 30. Mai 1988 bestätigt Schmidt in einem Brief an die «Zeit»-Spit-
zen den Kernpunkt. «‹Eher links von der Mitte›; diese Übereinstimmung war einer der Gründe für fast 30 Jahre der Freundschaft mit
Marion, mit Theo und mit Kurt Becker (und für ihrer beider zeitwei-
lige Berufung in Regierungsämter) und ebenso für meine schnelle Annahme von Dr. Bucerius' Angebot an mich heute vor 5 Jahren.»

In diesen Äußerungen spürte man sogleich das «Aber» vor allem
von Bucerius und Schmidt. Es war ein doppeltes Aber. Einmal glaubten sie beide, einen Kurswechsel bei der «Zeit» zu spüren, hin zu
Positionen, die «au fond links» und manchmal auch «grün» genannt
wurden. Zum anderen aber sahen sie eine Änderung des Stils, weg von
dem, was Bucerius Objektivität als Ergebnis nannte, und hin zu einer
eher dogmatischen Position. Wie rechts oder links die Brief- und Gesprächspartner waren, ist fast schon Geschmackssache, jedenfalls eine
der Definition; aber die Verbindung des Respekts für Tatsachen mit
der Insistenz auf Meinungspluralität galt für beide, und beide vermiss-
ten sie bei manchen jüngeren Redakteuren.

Theo Sommer verteidigte seine Redakteure eloquent und auch mit
Entschiedenheit. Wer da recht und wer unrecht hatte, ist hier nicht
das Thema. Die Rede ist ja von der besonderen Liberalität von Gerd

Bucerius. Helmut Schmidt ist ein Anhänger der Theorien von Karl
Popper, also von Selbstkritik, der Notwendigkeit von Versuch und
Irrtum, dem schrittweisen Fortschritt oft durch Korrektur vergangener Annahmen. Bucerius lagen Theorien nicht, aber für seine Praxis
war die Objektivität durch Vielfalt und Diskussion entscheidend.
Wenn er von der «Entschleierung unserer Unfehlbarkeit» spricht,
dann meint er gewiss nicht, dass keine Fehler gemacht werden; man
kann immer einmal falsch liegen. Aber alles steht unter dem Grundsatz einer «gnadenlosen Unparteilichkeit». Man findet die eigene wie
die andere Meinung sauber dargestellt und kann sich dann für die eine
oder andere entscheiden. So ergibt sich – das klingt, wohl unbeabsich-
tigterweise, beinahe nach F. A. von Hayek – «fast immer ein natürli-
ches Gleichgewicht».
Diese experimentelle, im besten Sinne offene Haltung ist es, die das
Sternbild Eleutheros von anderen unterscheidet. Sie hat – wer wollte
es leugnen – etwas Bewegtes, Unruhiges, oft sogar Aufgeregtes. Die
Sicherheit des Fundamentalismus geht ihr ebenso ab wie das Phlegma
der Gleichgültigkeit. Auch Karl Popper war ja ein unruhiger Geist,
ständig auf dem Sprung, oft rücksichtslos polemisch, manchmal übermässig begeistert, nicht immer ein evidenter Vertreter seiner eigenen
Theorien. Gerd Bucerius war für die Theorie zu ungeduldig, aber in
der Praxis hat er seinen Sinn für das Neue und andere stets mit dem
Bestehen auf Genauigkeit und auf Fairness verbunden.

8. Kontinuitätsfragen: 1970–1995

Sechzig verweht

Als Bucerius im Jahre 1971 65 Jahre alt wurde, sprach er zwar häufig vom Rückzug aus der aktiven Tagesarbeit und vor allem von seiner Nachfolge, traf auch mehrfach neue Entscheidungen zu diesem Ziel, aber sein tägliches Leben änderte sich kaum. Wie stets nahm er lebhaften Anteil an den Ereignissen der Zeit. Sie waren erregend genug. In Deutschland bestätigte die Wahl von 1972 die Zustimmung der Bürger zu einer Ostpolitik des Ausgleichs und auch die Abneigung vieler gegen die allzu absolute Opposition der CDU/CSU. Zum zweiten Mal gab Bucerius seine Stimme nicht «seiner» Partei, sondern wenigstens dem sozialliberalen Koalitionspartner FDP. Indes war der fulminant wiedergewählte Brandt bald des Regierens müde. Als im Frühjahr 1974 ein Mitarbeiter in seiner unmittelbaren Umgebung als Spion der DDR enttarnt wurde, fiel ihm der Rücktritt nicht schwer. Helmut Schmidt wurde Bundeskanzler. Bucerius gehörte zu denen, die den Wechsel begrüssten.

An Problemen für Schmidts Regierung der neuen Sachlichkeit fehlte es allerdings nicht. Ganz oben stand 1974 die zweite Welle des Terrorismus. Zwar war die «Gründergeneration» der RAF – Andreas Baader, Ulrike Meinhof, Gudrun Ensslin – bereits in Haft, aber die nächste Gruppe erwies sich als nicht weniger zum Töten bereit. Die Ermordung des Berliner Kammergerichtspräsidenten von Drenkmann 1974, dann die Entführung des Berliner CDU-Politikers Lorenz und die Besetzung der Stockholmer Botschaft 1975 beunruhigten das Land. Bucerius hatte schon früh (am 30. Mai 1972) eine förmliche Erklärung abgegeben, dass im Falle seiner Entführung keinerlei Lösegeld gezahlt werden solle. «Bezahlt man Erpresser, setzt man sich selbst, aber auch viele andere weiteren Erpressungen dieser Art aus. Da muss der Einzelne schon etwas riskieren.» Das war auch die Maxime des Bundeskanzlers in den schlimmen Wochen des «deutschen Herbstes» 1977 nach dem Mord an Generalbundesanwalt Siegfried Buback, Bankchef Jürgen Ponto und der Entführung von Arbeitgeberpräsident Hanns Martin Schleyer. Auf dem Flughafen von Mogadischu bei der gewaltsamen Befreiung der Lufthansa-Maschine «Landshut» kam der Wendepunkt, der zur Ermordung Schleyers, aber auch zum Selbstmord der in Stammheim inhaftierten «Gründer» führte.

Bucerius unterstützte den Kanzler und bestand auf dem Zusammenhang von Freiheit, Staatsräson und Disziplin: «Die Bürger der Bundesrepublik haben die grösste Freiheit, die Menschen je in einer Gesellschaft hatten ... Die Summe aller Freiheiten ist aber nur gesichert, wenn die wenigen vorhandenen Regeln eingehalten werden und ihre Einhaltung von der Staatsgewalt geschützt wird.»

Das andere grosse Problem der 70er Jahre war wirtschaftlicher Natur und erregte Bucerius immer neu. Es hatte für ihn zwei Aspekte. In einem härter werdenden weltwirtschaftlichen Klima beherrschte dennoch der Wunsch nach Umverteilung die innenpolitische Tagesordnung. Das konnte nicht gutgehen. Dem Dollarschock von 1971 folgte der Ölschock von 1973, aber der Gesetzgeber griff immer neu in die Chancen von Unternehmern ein, mit Aussicht auf Gewinn zu investieren. Erweiterte Mitbestimmung, Lohnfortzahlung in den ersten Tagen der Krankheit, neue Steuern und Abgaben – in den 70er Jahren sollte der Sozialstaat die Schwelle der nachhaltig einlösbaren Versprechungen überschreiten, was dann in den 90er Jahren zu nachhaltigen Reformproblemen führte.

Bucerius ahnte das. Seine zahlreichen Artikel zur Wirtschafts- und Sozialpolitik hatten vor allem zwei Themen. Das eine war Deutschlands Konkurrenzfähigkeit in der Welt. Mit vielen anderen der Zeit pries er die Wettbewerbsstärke von Japan (und Korea) und rechnete penibel aus, wie gross der Schaden und wie gering der Nutzen der Umverteilung von Gewinnen ist. Zugleich aber liess Bucerius keinen Zweifel daran, dass er Japan eigentlich nicht mochte. Die gleiche Ambivalenz brachte er Margaret Thatcher entgegen, die 1979 britische Premierministerin geworden war und nun die darniederliegende britische Wirtschaft zu neuer Blüte führte. «Als ich jung war, hätte ich eine Margaret Thatcher nicht ertragen: Enge Welt; ihre Überlegenheit ausspielend, wie das damals Eltern und Lehrer gegen ihre Kinder taten; auf ihrem Vorrang bis zur Entmündigung der Umwelt bestehend.» Nicht viel anders gehe es auch in ihrer Politik zu. «Pardon wird da nicht gegeben. Am Ende könnte das heruntergekommene England dabei gesund werden. *Compassion* ist da freilich nicht gefragt.»

Am liebsten wollte Bucerius die beiden Dinge verbinden, *compassion* (ein übrigens von Willy Brandt in die deutsche Diskussion eingeführtes Wort) und *competitiveness*, also soziales Empfinden und Wettbewerbsfähigkeit. Darum suchte er nicht ideologische, sondern praktische Lösungen, die Kosten sparen, ohne allzuviel Schaden anzurichten. Im April 1978 führte er in der «Zeit» mit zwei anderen unorthodoxen Christdemokraten, Norbert Blüm und Kurt Biedenkopf, ein aufschlussreiches Gespräch zur Sozialpolitik, das allerlei Nuancen deutlich werden liess:

«G. B.: ... Halten Sie eine höhere Selbstbeteiligung der Arbeitslosen und der Kranken für denkbar, um das Eigeninteresse des Versicherten zu stärken?

Blüm: Eine Selbstbeteiligung derjenigen, die das Pech haben, in Arbeitslosigkeit zu geraten, halte ich für unannehmbar.

G. B.: Indem man etwa die erste Woche nicht bezahlt?

Blüm: Das halte ich nicht für machbar.

Biedenkopf: Eine Karenzzeit von acht Tagen würde bedeuten, dass der Arbeitslose die ersten acht oder vierzehn Tage das Risiko der Arbeitslosigkeit selbst tragen muss; danach bekommt er Arbeitslosengeld.

Blüm: Das fände ich eine zusätzliche Strafe zu dem Verlust des Arbeitsplatzes.

Biedenkopf: Strafe? Allenfalls ein Risiko, aber keine Strafe. Wir müssen zunächst einmal fragen: was bedeutet eine solche Regelung für die Arbeitslosenversicherung?

G. B.: ... und für die Beitragszahler ...»

Blüm, der Mann der Sozialausschüsse, verteidigte die hart erkämpften Rechte der Arbeitnehmer. Biedenkopf, der programmatische Kopf mit unternehmerischer Erfahrung, suchte eine neue Verbindung von Risiko und Sicherung. Und Bucerius ging es einerseits um die Vielen, andererseits um die gesamtwirtschaftlichen Konsequenzen. Keiner der drei wollte nach dem Vorbild Thatcher (oder Reagan) ganze Blöcke aus dem Wohlfahrtsstaat herausbrechen. Selbst die Gewerkschaften wollte Bucerius leben lassen, wenngleich er angesichts der wachsenden Macht der Funktionäre eine zunehmend resignierte Empfindlichkeit zeigte: «Der Weg in den Gewerkschaftsstaat ist wohl nicht aufzuhalten.»

Zu den Verwirrungen der 70er Jahre – und der sich eher dahinschleppenden sozialliberalen Koalition in Bonn – zählten auch die internationalen Entwicklungen, die das Eis des Kalten Krieges noch ein letztes Mal verstärkten. Die Nachrüstung, das atlantische Bündnis, das Offenhalten der deutschen Frage, die Unterstützung osteuropäischer Dissidenten – immer stand Bucerius auf der Seite der militanten Verteidigung der Freiheit, oft auch auf der von Helmut Schmidt, obgleich meistens nicht auf der der Redakteure von «Zeit» und «Stern». Immer wenn es um liberale Kernwerte ging, konnte man auf Bucerius zählen. Darf das Goethe-Institut Staeck-Karikaturen von Franz Josef Strauß «als Schlachter, mit Schürze und gezücktem Messer» im Ausland zeigen? Ja, nicht wegen der «Freiheit der Kunst», sondern wegen der «Freiheit des Wortes». Hatte Genscher recht, als er dem Trotzkisten Ernest Mandel die Einreise verbot? Nein, sicher nicht. Es gibt gewiss eine falsche Liberalität, die das Gegenteil erreicht. «Nachsicht, Duldung aus vermeintlich liberaler Gesinnung haben die Linksradikalen ermutigt. Daraus entstand Rechtsradikalismus.» Aber davor liegt eine lange Wegstrecke der praktizierten Freiheit.

Man kann verstehen, dass der Autor solcher Kommentare im Zentrum vieler Gespräche stand und seine Partner – und Partnerinnen – oft faszinierte. Er hatte nun nicht nur seinen 60. Geburtstag, sondern auch die 6oer Jahre hinter sich gelassen. Jetzt wie zu allen Zeiten wäre es falsch, von einer festen Form zu sprechen, die sein Leben angenommen hatte, aber eine gewisse Regelmässigkeit wurde doch erkennbar. Weihnachten 1970 kam seine erste Frau Detta, Gretel Fürst, bei einem Autounfall ums Leben. Voller Wut auf den Ehemann, der bei Eis und Schnee in betrunkenem Zustand den Wagen gefahren hatte, in dem sie starb, fuhr er zur Beerdigung nach London. Er kam aus Brione, denn dort verbrachte er wie jedes Jahr bei der zweiten Frau Ebelin Weihnachten. Manchmal kam Ebelin nach Hamburg, doch in der Regel lebte er dort mit seiner Partnerin Hilde von Lang, die indes immer ihr eigenes Domizil im elterlichen Haus und später in der Nähe des Leinpfad an der «Schönen Aussicht» behielt.

Wer Bucerius in diesen Jahren erlebt hat, wird den lebhaften, nervösen und doch humorvollen, im besten Sinne intellektuellen Gesprächspartner nicht vergessen. Bei der «Käsekonferenz» der Ressortchefs am Freitagmittag in der Redaktion der «Zeit», bei ganztägigen Gesprächen zu zehnt oder zwölft, die dann in lange «Zeit»-Dossiers mündeten, in seiner Wohnung am Leinpfad, bei Besuchen in London oder andernorts war er nicht der dominierende Teilnehmer und doch der motivierende, ja motorische Anreger, der die Diskussionspartner auf stets neue, oft überraschende Denkpfade brachte. Während andere sich mit einem Glas Wein zurücklehnten oder das reichhaltige Buffet genossen, blieb er, asketisch und hellwach, bei der Sache, was immer sie gerade war.

Als er 70 wurde, im Jahre 1976, versuchten manche, seine Art in Worte zu fassen. Das war der Anlass für Marion Dönhoffs Eloge für den «unruhigen Geist»; doch stand sie nicht allein. «Er liebt den Wirbel», schrieb *gk* in der «Welt». «Aber er liebt ihn liberal und – als guter Kaufmann – mit Gewinn.» Auch sein junger Schweizer Freund Rolf Bigler beschrieb die Unruhe («Wenn er zu Fuss geht, rennt er») und fügte hinzu: «Die genaue Stärke seines IQ kennt er nicht, aber er hat einen Verstand mit höchster Drehzahl.» In der «Stuttgarter Zeitung» schrieb der frühere «Zeit»-Redakteur Sepp Binder:

«All dies summiert sich zu dem Bild eines unbequemen Liberalen. Im Zweifel ist Gerd Bucerius fürs Komplizierte. Was er an Adenauer bewundert hat, fehlt ihm gänzlich: Geduld. Dafür mangelt es ihm nicht an anderen Eigenschaften: Sensibilität, freundschaftliche Wärme und unbegrenzte Verlässlichkeit, die sich dennoch abrupt mit Verletzbarkeit und offensiver Härte paaren können. Wo andere noch zögern, hat er die Tür zu neuen Räumen längst aufgestossen. Er will verändern, um zu bewahren. Konflikte scheut er dabei nicht.»

Ein Jahr nach seinem 70. Geburtstag gewann das ZDF ihn für die Sendung «Das ist Ihr Leben», in dem das Opfer mit seiner Vergangenheit, darunter mit überraschenden Zeugen oft weit zurückliegender Zeiten konfrontiert wurde. Bei manchen, wie zum Beispiel Henri Nannen, musste Bucerius schlucken; überhaupt mochte er die Begegnung mit der eigenen Lebensgeschichte nicht sonderlich gern. Nur so erklärt sich die seltsame «Fernsehkritik», die er selbst unter dem Pseudonym M[artin] H[amm] (seinem zweiten Vornamen und seinem Geburtsort) am 11. März 1977 in der «Zeit» veröffentlichte:

«Er hatte sich für schlank gehalten und für gerade … Da aber schob sich über die Bühne ein untersetzter Mann mit schlecht sitzendem Anzug, mit hängenden Schultern, stark nach vorn gebeugt. War er wirklich so klein? Rückte er wirklich, mit jedem Schritt, zuerst die rechte, dann die linke Schulter vor? Er tat das schnell, aber es wirkte nicht possierlich, sondern grob … Den Kopf nach vorn geknickt und mühsam gehalten, das Gesicht weich, keine scharfe nachdenkliche Falte, einige Haut herunterhängend, alles wie mit Mehl überstreut … Manchmal hielt er den

Mund offen, der Unterkiefer hing dann herunter. Nachdenklich?
Müde, verzichtend … Nun sah er auch, warum die Menschen
nicht mehr überzeugen konnte.»

Drohte die kommende Apokalypse jetzt auch ihm? Kein Wunder,
dass Bucerius nun viel über Fragen nachdachte, die sein Partner Mohn
treffend Kontinuitätsfragen genannt hatte. In dem Wörterbuchartikel
über «Eigentümer, Führung durch» aus dem Jahr 1987 galt der letzte
Abschnitt der Nachfolge. «Viele Unternehmer müssen von aussen
dazu gedrängt werden, sich mit dem Thema Nachfolge überhaupt zu
beschäftigen.» Das galt für ihn nicht. Doch half ihm die Kenntnis der
Probleme der Kontinuität wenig. Auch das hatte er geahnt, als er die
Liste der Gefahren, die es zu vermeiden gilt, achselzuckend mit der
Hoffnung abschloss: «Der Rest ist Glückssache.»

Vorletzte Konstruktionen

Nach den Turbulenzen der 60er Jahre schien Anfang der 70er Jahre
das verlegerische Imperium von Gerd Bucerius vergleichsweise wohl-
geordnet und auf Dauer gestellt. Gruner+Jahr war 1970 ein ansehnli-
ches Verlagsunternehmen mit einem Umsatz von 650 Millionen Mark
geworden, übertroffen nur von Bertelsmann mit 750 Millionen und
natürlich von Axel Springers Milliarde. Bucerius besass 37,5 Prozent
der Anteile von Gruner+Jahr. Genaugenommen waren diese Eigentum der Zeit-Verlag GmbH, die indes ihrerseits Bucerius zu 100 Prozent gehörte und neben den Gruner+Jahr-Anteilen vor allem Eigentümer der «Zeit» und der «Wirtschaftswoche» war. Gruner+Jahr
machte Gewinne, die «Zeit» machte Gewinne – warum also an der
bestehenden Konstruktion rütteln?

Die einfache Antwort ist, dass Bucerius immer an bestehenden
Konstruktionen rüttelte. Da fehlte es nie an vermeintlichen oder wirklichen Schwachstellen, und sei es nur das Misstrauen gegenüber alten
Partnern, also Richard Gruner und John Jahr, jetzt verbunden mit
dem noch taufrischen Vertrauen in einen neuen Partner, Reinhard
Mohn. In diesem Fall, also 1970, rüttelten indes noch andere, vor
allem der später als Heilpraktiker zu zweifelhaftem Ruhm avancierte
– wenngleich von Bucerius zur Abhilfe seines Tinnitus, des Ohren-
sausens, mehrfach und vergeblich konsultierte – Bertelsmann-Reprä-
sentant Manfred Köhnlechner. Dieser bastelte gemeinsam mit dem

Springer-Bevollmächtigten Christian Kracht an der sogenannten «Elefantenhochzeit», die die beiden Grossen so ineinander verschachteln sollte, dass ein einziger Mediengigant entstünde. Gruner+Jahr, schon jetzt zu 25 Prozent Eigentum von Bertelsmann, sollte zu dem Monstrum gehören.

Bucerius war anfangs von dem Plan durchaus angetan, nicht zuletzt, weil er zum Ausscheiden von Springer aus der aktiven Verlegertätigkeit führen sollte. Wollte Springer das wirklich? «Der ‹meistangegriffene Mann der Bundesrepublik› wollte dem Undank des Vaterlandes trotzen, indem er seinen Laden verkaufte – und wollte es auch wieder nicht.» So schildert Hermann Schreiber die Lage. Springers Zögern war indes nicht das einzige Problem. Die «Stern»-Redaktion war empört über die Möglichkeit einer Allianz mit dem verhassten Springer-Verlag; sie mochte schon Bertelsmann nicht als Anteilseigner an «ihrem» Verlag. Die Springer-Unterhändler arbeiteten mit gezielten Indiskretionen. Der süddeutsche Zeitungsverleger Georg von Holtzbrinck machte ein Konkurrenz-Angebot (das Bucerius allerdings auch nicht zusagte). Und dann war da die latente Drohung des Kartellamtes, wenn nicht sogar neuer Gesetzgebung zur Sicherung der Pressevielfalt.

Die «Elefantenhochzeit» scheiterte, aber der Wunsch, Gruner+Jahr zu verkaufen, legte sich zumindest bei Bucerius nicht mehr. Das galt andererseits auch für das Interesse von Bertelsmann. «Um die Zukunft des Unternehmens zu sichern, verfolgte ich seit einem Jahr den Plan, die Stellung des Hauses Bertelsmann im Unternehmen zu festigen», notierte Bucerius schon am 17. August 1970. Das stiess allerdings bei seinen Partnern auf Einwände, vor allem bei John Jahr, der aus Bucerius' Sicht «an dem überholten Gedanken der Familien-Gesellschaft festhaltend» seine Söhne im Unternehmen verankern wollte, «obwohl sie meines Erachtens nicht die nötigen Führungsqualitäten hatten».

Über volle zwei Jahre hin zog sich eine Privates und Geschäftliches auf eher unerfreuliche Weise vermischende Korrespondenz zwischen den Partnern. «Deine Vorstellungen von meiner Familie sind leider völlig falsch», schrieb John Jahr am 25. Februar 1972 und fügte nicht ganz zu Unrecht hinzu: «Du unterliegst in dieser Beziehung einem Trauma.» Doch konnte der störrische alte Herr, der mit am Ende 37,5 Prozent eine allerdings beträchtliche Minorität an Gruner+Jahr besass, nicht verhindern, dass nach umständlichen Verhandlungen am 7. Dezember 1972 jene «Grundsatz-Vereinbarung» zwischen Bertelsmann und dem Zeit-Verlag zustande kam, die mit Recht als Tauschvertrag beschrieben worden ist. Bucerius gab zum 1. Januar 1973 Mohn die Gruner+Jahr-Anteile des Zeit-Verlages und erhielt dafür 11,5 Prozent des zu diesem Zweck in eine Aktiengesellschaft umgewandelten Bertelsmann-Unternehmens. Gleichzeitig wurde Bucerius Vorsitzender des Aufsichtsrats der Bertelsmann AG.

Die Transaktion hatte keine gute Presse. Das war zum Teil John Jahr zuzuschreiben, der bis zum Schluss gehofft hatte, für seine Familie Gruner+Jahr an Land zu ziehen und sich nun als schlechter Verlierer erwies. «Der Haussegen hängt schief», schrieb mehr als eine Zeitung, als Jahr in einem offenen Brief vor allem Bucerius für den «Verrat» attackierte. Andere rätselten ob der verbleibenden «Unklarheiten», die sich vor allem daraus ergaben, dass Bertelsmann zugleich eine Kommanditgesellschaft als Vermögensgesellschaft und eine Aktiengesellschaft als Führungsgesellschaft war. Bucerius hatte seine Kommanditanteile Mohn übergeben, im Hinblick auf die Aktienanteile aber verabredet, dass diese mit seinem Tode an Bertelsmann übergehen. So behielt er eine gewisse Verantwortung für Gruner+Jahr, wenn auch die Vermutung sicher richtig ist, dass er mit Mohn einen «Stimmenpool» gebildet hatte; gegen Mohn würde er also in keinem Fall stimmen. Kein Wunder, dass die Zeitungen von ihm im günstigen Fall als «gewieftem hanseatischen Geschäftsmann», im weniger günstigen als «quirligem Mann von schwer berechenbarer Spontaneität» sprachen.

Viele Zeitungen waren besorgt ob der zunehmenden Pressekonzentration und auch der zukünftigen Richtung der Gruner+Jahr-Blätter. «Wird nun hier eine neue Linie sichtbar? Kann durch Bertelsmann der Verlag Gruner+Jahr stabilisiert werden? Und wie werden sich die eher calvinistischen geistigen Grundauffassungen Reinhard Mohns mit der ‹Weltlichkeit› eines solchen Zeitschriftenkonzerns vertragen?» Was die wirtschaftliche Stabilisierung betrifft, suchten Bucerius, Jahr, Mohn und der fünf Prozent-Aktionär Ernst Naumann alle Welt in einer «Verlautbarung» vom 31. Januar 1973 zu trösten. Die verbleibenden Gesellschafter (also nicht Bucerius) hätten «beschlossen, dem Unternehmen in möglichst kurzer Zeit beträchtliche Mittel zuzuführen». Im übrigen gab Mohn dem «Spiegel» in einem Gespräch allerlei Auskünfte, die er normalerweise lieber für sich behalten hätte. «Es entspricht nicht meiner Führungsauffassung, mich in Einzelfragen einzumischen. Wenn sich aber Meinungsverschiedenheiten darüber ergeben sollten, was objektiver und richtiger Journalismus, was unter fortschrittlich, liberal und sozial zu verstehen sei, werde ich mich darüber mit der Redaktion unterhalten.» Am Ende allerdings – darin war er sich mit Bucerius einig – müsse sich der Standpunkt des Verlegers durchsetzen. Da Gruner+Jahr, und somit nunmehr Bertelsmann, unter anderem 25 Prozent der «Spiegel»-Anteile besass, sah der «Spiegel» sich nach solchen Bemerkungen veranlasst, seine Leser am 5. Februar daran zu erinnern, dass die Redaktion «völlig selbständig» und von Weisungen der Gesellschaftsorgane unabhängig sei.

Bucerius war an solchen Fragen entschieden interessiert, blieb aber in diesem Fall schon wegen seiner neuen Freundschaft mit Mohn still. Sein Tauschvertrag war übrigens von jener Kompliziertheit, die der Jurist Bucerius liebte, aus steuerlichen Gründen und weil er immer ein paar Nebenabreden einzuflechten verstand. So wurde im Zuge der Transaktion durch die Zahlung einer Einmalprämie für Ebelin der Anspruch auf eine Leibrente begründet. Im Kern jedoch verfolgte der Tausch eine simple Absicht. Bucerius wollte alle Sorgen um sein mittlerweile beträchtliches Vermögen einem Grösseren aufbürden und zugleich die «Zeit» fest in seiner Kontrolle behalten. Immer wieder ist in den Vertragstexten von Garantien für die «unabhängige und liberale» Position der «Zeit» die Rede. In der Praxis erwies sich dieser Teil der neuen Konstruktion allerdings dann doch wieder als schwierig.

Schon vor dem Vertrag hatte Bucerius es nützlich gefunden, eine Stiftung zu gründen, die «Zeit-Stiftung». Ein eigener Zusatz zum Tauschvertrag nahm den letzten Willen des Eigentümers vorweg und versprach im Todesfall der Stiftung die Titelrechte der «Zeit» als Schenkung. Dabei sind diese Rechte weit gefasst und schliessen die Mitwirkung bei der Bestellung und Abberufung der Chefredakteure und ihrer Stellvertreter sowie das Wächteramt über die Unabhängigkeit und liberale Linie der Blätter «Die Zeit» und «Wirtschaftswoche» ein.

Als heikler noch erwies sich die Frage, wem eigentlich nach dem Inkrafttreten des Tauschvertrages am 1. Januar 1973 die «Zeit» gehörte. Da Bucerius diesen Teil des Zeit-Verlages bei der Transaktion weder kaufen konnte noch wollte, fiel die «Zeit» mit Gruner+Jahr zunächst an Bertelsmann. Doch sollte sich hier für einmal die Vertrauensbeziehung zwischen Bucerius und seinem Geschäftspartner bewähren. Obgleich Mohn nur zu gerne die Verantwortung für das edle Produkt übernommen hätte, gab er Bucerius' Wünschen nach. Zunächst machte er Bucerius «treuhänderisch» zum Verleger der «Zeit». Dann, als Bucerius den Zeit-Verlag (auf dem Umweg über die Bertelsmann Pressebetriebs- und Beteiligungs-GmbH) neu gegründet hatte, überliess Mohn ihm 1975 sein Blatt mitsamt einem «Verlustzu-schuss» für die inzwischen durchaus rentable «Zeit».

Sollte irgend jemand Bucerius' Konstruktionsphantasie einmal mehr verwirrend finden, so liegt das nicht an der Darstellung, die im Gegenteil viele Schnörkel und Nebenlinien auslässt. Ursprünglich ging es Bucerius um die Sicherung seines Lieblingskindes «Die Zeit». Zu diesem Zweck hatte er den «Stern» erworben. Hier lag auch der Sinn des labyrinthischen Weges über den Nannen-Verlag zu Gruner +Jahr. Jetzt aber, Mitte der 70er Jahre, war es ihm zwar gelungen, sein Vermögen mit Hilfe des Bertelsmann-Tausches zu sichern, er sass aber einmal mehr mit der «Zeit» allein da. Sogar die «Wirtschaftswoche» war inzwischen (an Holtzbrincks «Handelsblatt»-Verlag) verkauft. Am Ende stand Bucerius also wieder an dem Punkt, an dem er be-gonnen hatte – mit dem kleinen Unterschied von 11,5 Prozent der Bertelsmann-Aktien und einer «Zeit», die dem Verleger trotz gewisser Schwankungen mehrere Millionen im Jahr einbrachte.

So überrascht es denn nicht, dass dieses Ende noch nicht das Ende war. Kleinere Korrekturen ergaben sich daraus, dass der Minderheits-aktionär von Gruner+Jahr, Ernst Naumann, der vorübergehend auch als Verlagsleiter tätig geworden war und im Streit um den Tauschver-trag eine für Bucerius hilfreiche Rolle gespielt hatte, seine Anteile an Bertelsmann verkaufte. An einer Kapitalaufstockung bei Bertelsmann im Jahre 1977 beteiligte Bucerius sich nicht, so dass sein Anteil auf 10,74 Prozent sank. Gruner+Jahr blieb überdies aus allerlei Gründen ein Sorgenkind. «Der eine Namensträger verschwindet mit seinem Geld ins Ausland, der andere macht schlimme Geschäfte», schrieb Bucerius am 1. November 1976 an Mohn. Mit den «schlimmen Ge-schäften» meinte er nichts Verwerflicheres an seinem Ex-Partner Jahr als den Betrieb einer Spielbank in Hamburg.

Peinlicher sollte die Sache mit dem anderen «Namensträger», dem «mit seinem Geld ins Ausland verschwundenen» Richard Gruner, enden. Mehr als zehn Jahre nach dem Verkauf seiner Anteile an Gruner + Jahr kam ihm nämlich («durch Zufall», wie sein Anwalt am 13. Oktober 1980 schrieb, wenn auch «mit Hilfe der Finanzverwal-tung») die Idee, dass Bucerius ihm noch Geld schulde. Auf Grund revidierter Steuerlasten korrigierte spätere Bilanzen zeigten, dass ein ihm zustehender Anteil am Gruner+Jahr-Gewinn von 1969 ihm vor-enthalten worden sei. Bucerius nahm das zunächst nicht ernst, auch nicht, als die Kunde zu ihm drang, Gruner wolle auf dem Wege eines Strafantrages Bucerius dazu zwingen, mehrere Millionen Mark nachzuzahlen. Am 15. Oktober schrieb Bucerius an Gruners Anwalt: «Da mein Freund Richard Gruner einer solchen üblen Handlung unfähig ist, muss ich annehmen, dass Sie ohne sein Wissen handeln.» Der Anwalt schickte Bucerius seine Vollmacht, ja mehr, Gruner selbst bestätigte seine Absicht. Bucerius zeigte sich am 11. Dezember 1980 empört, auf seine Weise: «Das beendet für Ebelin und mich eine dreissigjährige Beziehung. Wir werden Ihnen im Tessin aus dem Wege gehen. Sie tun das hoffentlich auch.» Richard Gruner schrieb am 19. Dezember postwendend zurück: «Lieber Buc, ich habe Ihren Brief vom 11. Dezember 1980 erhalten. Flora und ich werden Ihnen aus dem Weg gehen. Nach rechts allerdings. Stets Ihr Richard Gruner.» Ebelin, deren Namen Bucerius nachträglich in den Briefentwurf eingefügt hatte, hielt sich nicht lange an die Drohung, und später vergass auch Bucerius sie wieder.

Zunächst aber füllten Klage und Widerklage viele Seiten. Sie führten indes zu nichts. Am 23. Dezember 1981 wies das Landgericht in Hamburg alle finanziellen Ansprüche von Gruner ab. Berufung wurde nicht eingelegt; vielmehr gab der Anwalt von Gruner auch die Verfolgung der Strafanzeige auf Grund der Verjährung des behaupteten Vergehens (Betrug) auf. Bucerius beschäftigte vor allem die Frage, wer denn nach dem grossen Tauschgeschäft als Beklagter einzustehen gehabt hätte. «Materiell geht es mich ja auch nichts an», schrieb er während des Anwaltsgefechts (am 23. Juni 1981) an den Vorstandsvorsitzenden von Gruner+Jahr Manfred Fischer; «sondern Gruner +Jahr und Bertelsmann». Und nachdem alles vorbei war, fragte er am 22. Februar 1982 noch einmal bei Fischer nach: «Nun würde ich aber doch gern wissen, wen genau materiell die Last getroffen hätte, hätte Gruner gewonnen.» Fischers Antwort vom 15. März konnte ihn nur halbwegs befriedigen. «Bis 1972 hätte dieser Aufwand Sie getroffen und dann natürlich Bertelsmann als Übernehmer Ihrer Anteile.»

Seitdem also waren Gruner+Jahr-Probleme nicht mehr unmittelbar Bucerius' Sache. Das galt zumindest rechtlich; die Affäre der gefälschten Hitler-Tagebücher im «Stern» im April 1983 trieb ihn fast so sehr um wie den mittlerweile vom Chefredakteur zum Herausgeber erhobenen Henri Nannen. Während des damals entbrennenden «Sechs-Tage-Krieges im Hause Gruner+Jahr» (Schreiber) haben nur wenige sich Ruhm erworben, auch Nannen und Bucerius nicht, die noch ein letztes Mal die Rolle des empörten Verlegers und aufsässigen Chefredakteurs spielten. Dabei ging es jedoch um Gefühle und nicht um Recht. Die rechtliche Lage war nun klar. Gruner+Jahr (und da-

mit der «Stern») gehörte zu 74,9 Prozent Bertelsmann und zu
25,1 Prozent Jahr. Bucerius hatte seine 10,74 Prozent Bertelsmann-
Anteile und den Zeit-Verlag. Und er sann darüber nach, wie er dessen
Kontinuität wohl sichern könnte.

Die Zeit-Stiftung

Schon 1969, also drei Jahre vor dem Bertelsmann-Tausch, spielte Bucerius mit dem Gedanken, eine Stiftung zu errichten. Dabei waren
seine Motive weder philanthropisch noch karitativ, sondern durchaus
praktisch. Er suchte einen Mantel für sein Unternehmen, der es vor
Wetterstürzen schützen würde, und er wollte die Unabhängigkeit der
«Zeit» in einer möglichst unanfechtbaren Weise sichern. Ausserdem
waren Stiftungen zu jener Zeit im Gespräch. Kurt A. Körber, der andere bedeutende – und kaum weniger unruhige – Hamburger Grün-
der-Unternehmer der Nachkriegszeit mit einem ausgeprägten Sinn für
das Gemeinwohl, hatte schon 1959 die Körber-Stiftung zur Förderung
der Bildung errichtet und ihr nun 1969 die Hauni-Stiftung (nach dem
Unternehmensnamen Hauni für «Hamburger Universelle») hinzugefügt. Beide wurden später verschmolzen, und die gemeinnützige neue
Körber-Stiftung wurde Träger des Unternehmens, das vor allem im
Maschinenbau tätig war. Bucerius interessierte sich für diese Verbindung von Gemeinnützigkeit und Geschäft und bat seinen inzwischen
83jährigen, aber immer noch rüstigen Berater Dr. Güssefeld, Körbers
Erfahrungen zu erkunden. Güssefeld berichtete ihm am 27. Januar
1970:

> «Körber bringt sein Unternehmen in eine GmbH ein, deren An-
> teile dann in eine Stiftung wandern, die Gemeinnützigkeit besitzt
> und Erbschaftssteuer nicht zu zahlen hat. Mit seiner Familie hat
> sich Körber durch Erbvertrag geeinigt.»

Stiftungsrecht ist Landesrecht. In Hamburg leitete ein fähiger Beam-
ter, Heinz Rumpf, die Stiftungsbehörde. Er wusste auch von anderen
Beispielen wie der gerade entstehenden Krupp-Stiftung. Reinhard
Mohn hatte ebenfalls begonnen, erste Erwägungen anzustellen, die
später in die Bertelsmann-Stiftung mündeten. Dennoch führten die
Analogien nicht zum erwünschten Ziel. Nach ausgiebigen Erkundun-
gen musste Dr. Güssefeld Bucerius Anfang 1971 mitteilen, dass eine
Stiftung zwar die Anteile der Zeit-Verlag GmbH besitzen, nicht aber

die «Zeit» herausgeben könnte. Das wäre eine wirtschaftliche Tätigkeit, die mit Gemeinnützigkeit unverträglich sei. Bucerius müsste also
zwei Stiftungen errichten, eine gemeinnützige und eine steuerpflich-
tige.

Das sagte nun wieder Bucerius nicht zu. Mit Hilfe des unermüdlichen Güssefeld entwickelte er daher eine rechtlich und steuerlich eindeutig gemeinnützige, in der Sache und Absicht aber hybride Lösung.
Er errichtete am 2. November 1971 eine kleine, zunächst mit einem
Kapital von 100 000 Mark ausgestattete gemeinnützige Stiftung unter
dem Namen «Zeit-Stiftung». Die Satzung wurde am 15. Dezember
1971 vom Hamburger Senat gutgeheissen. Sie definierte als Zwecke
die «Förderung der Wissenschaften», die «Förderung der Kunst» und
dann die «Förderung der Erziehung, der Volks- und Berufsbildung,
insbesondere auf dem Gebiet der Presse (Zeitungen und Zeitschriften
jeder demokratischen Richtung)». Güssefeld gelang es, noch einen
«Nebenzweck» in die Satzung einzubringen, nämlich die Förderung
des ihm besonders am Herzen liegenden Vereins «Pro Honore», der
«für Treu und Glauben im Geschäftsleben» wirkte.

Die Stiftung begann im Laufe des Jahres 1972 ihre Arbeit. Der
Vorstand bestand aus Bucerius und Güssefeld. Mindestens so wichtig
wurde das hochkarätige Kuratorium, dem Ebelin Bucerius, Gräfin
Dönhoff, der Bundesbankpräsident Karl Klasen, Reinhard Mohn, der
Bankier Hans Hermann Münchmeyer, der Reeder Rolf Stödter und
die Vertreter der «Zeit» (Diether Stolze) und der «Wirtschaftswoche»
(Peter Sweerts-Sporck) angehörten. Bucerius führte den Vorsitz und
liess das Kuratorium wissen, dass er die Absicht habe, der Stiftung zu
Lebzeiten einen Teil, nach seinem Tode sein ganzes Vermögen zu
übertragen. Überdies war dem Kuratorium von Anfang an klar, dass
es eine besondere Rolle im Hinblick auf die «Zeit» (und zunächst auch
die «Wirtschaftswoche») haben würde.

Im Zusammenhang der Tauschvertragsverhandlungen des Jahres
1972 wurde diese Rolle präzisiert. Zunächst war an eine Satzungsän-
derung gedacht, an deren Stelle dann jedoch (am 29. November 1972)
ein notarielles Protokoll und mehrere rechtskräftige Erklärungen von
Bucerius traten. «Um die Unabhängigkeit und liberale Richtung der
Blätter auch nach seinem Tode sicherzustellen, verspricht Dr. Gerd
Bucerius der Zeit-Stiftung, Hamburg, die Schenkung der Titelrechte.»
Die Stiftung nimmt das Versprechen an und «erklärt, dass sie über die
Unabhängigkeit und liberale Linie der Blätter ‹Die Zeit› und ‹Wirt-
schaftswoche› wachen wird». Das soll durch Mitwirkung bei der Be-

stellung und Abberufung von Chefredakteuren und deren Stellvertretern, durch Aufrechterhaltung der «Verkehrsgeltung», also des Erscheinens der Blätter, und durch einen Veräusserungsvorbehalt erreicht werden, der die Zustimmung der Stiftung zur Bedingung macht. Überdies wird dem Zeit-Verlag, also praktisch der «Zeit», der Niessbrauch der Titelrechte zugesagt. Schliesslich gab Bucerius der Stiftung «unwiderruflich» die Option, im Fall seines Todes die Zeit-Verlag GmbH zu erwerben.

Schon die erste Tagesordnung des Kuratoriums machte klar, dass Bucerius dieses Gremium vornehmlich zur Erörterung von Problemen der «Zeit» dienen sollte. Die Mitglieder erhielten detaillierte «Entwicklungsübersichten» nicht nur der sogenannten Objektdaten (Auflage, Umfang), sondern auch der Anzeigenpreise, des Vertriebsgeschäfts, des Betriebsergebnisses. Bucerius benutzte das Gremium gerne als Gesprächspartner für alle nicht-redaktionellen Fragen, ja auch als Klagemauer, wie in der Einladung zur Kuratoriumssitzung vom 29. März 1972 deutlich wird:

> «Vor allem das Magazin kostet viel … Sie wissen: Stagnation heisst Untergang. Grosse Opfer waren – und sind noch – nötig, um die Auflage der ‹Zeit› wieder in Bewegung zu bringen … Auch hat die Entwicklung mir schmerzhaft deutlich gemacht, dass wir es mit den beiden Blättern auch in Zukunft nicht leicht haben werden.»

Nicht alle Kuratoren waren übermässig beeindruckt. Karl Klasen bemerkte einmal scherzhaft, in der Regel würden Unternehmensleiter entlassen, wenn sie auf Grund von Fehleinschätzungen Verluste machten; Bucerius müsste eigentlich aus dem entgegengesetzten Grund seiner Stellung enthoben werden, denn er unterschätze regelmässig die Gewinne, die sein Unternehmen mache.

Nur einmal, bei der Bestellung von Robert Leicht zum Chefredakteur der «Zeit» im Jahre 1993, machte das Kuratorium von seinem förmlichen Mitwirkungsrecht in einer wichtigen Frage Gebrauch. (Stellvertretende Chefredakteure wurden nach Abstimmung im Kuratorium mehrfach bestellt und abberufen.) Entscheidend für das Blatt und seine Zukunft wurde die Rolle des Kuratoriums erst, als Bucerius 1995 starb. Davon wird noch zu sprechen sein. In der Zwischenzeit erwies sich noch eine andere Prognose von Bucerius als übermässig düster. Nachdem er den Kuratoren von den drohenden Verlusten der «Zeit» und ihren Folgen für die Einnahmen der Stiftung erzählt hatte, fügte er hinzu: «Die Stiftung müsste mindestens einen Teil ihres Vermögens und ihrer Einnahmen auch den anderen Satzungszwecken zuweisen. Dafür langt es aber nicht.» Es langte dann doch. Die Stiftung wurde mit zusätzlichen Mitteln gespeist, die teils Spenden waren, teils aus den Niessbrauchrechten der Titel kamen, vor allem aber aus einem von Bucerius ausgehandelten (steuerabzugsfähigen) Anteil an den Bertelsmann-Gewinnen stammten. So konnte die Zeit-Stiftung neben zahlreichen kleineren Projekten das Literaturhaus Hamburg kaufen und herrichten, bei der Restauration der Arp Schnitger Orgel in der Hamburger Kirche St. Jacobi helfen und die Privatuniversität Witten-Herdecke mit namhaften Beträgen unterstützen.

Nach Bucerius' Tod sollte die Zeit-Stiftung – inzwischen umbenannt in «Zeit-Stiftung Ebelin und Gerd Bucerius» – zu einem bedeutenden Bestandteil der sich allmählich entwickelnden deutschen Stiftungslandschaft werden. Ihr beträchtliches Vermögen – Bucerius' Vermögen – versetzt sie in die Lage, ehrgeizige Grossprojekte wie die Gründung einer international ausgerichteten *Law School* anzupacken. Ende der 90er Jahre waren ihre jährlichen Ausgaben auf über 20 Millionen Mark, Anfang des neuen Jahrhunderts auf mehr als das Doppelte angewachsen. Von der «Zeit» ist sie trotz ihres Namens nun vollständig getrennt. Das alles war indes bei der Gründung der Stiftung schwerlich absehbar. Die ursprüngliche Stiftung war in gewisser Weise ein Produkt der Enttäuschung ihres Gründers darüber, dass er (mit einem englischen Bild formuliert) seinen Kuchen nicht gleichzeitig behalten und aufessen konnte. Ein gemeinnütziges Unterfangen war die «Zeit» nun einmal nicht. Die Stiftung gab ihr eine gewisse Garantie der Unabhängigkeit und Bucerius ein Kuratorium von wohlplazierten Ratgebern. Mit der Kontinuitätsfrage aber liess sie ihn auch weiterhin allein.

Nachfolger (1): Eine glatte Lösung?

Die Kontinuitätsfrage trieb Bucerius um und blieb das mal offen zutage liegende, mal untergründige, häufig variierende, aber durchgängige Thema seiner letzten Lebensjahrzehnte. Dass er kinderlos war, betonte er oft; es ersparte ihm die Zweifel an den Fähigkeiten des eigenen Nachwuchses, die er bei anderen beobachtete, zwang ihn indes auch, gleichsam Adoptivkinder für sein Werk zu finden, Erben und Nachfolger zugleich. Was die «Zeit» betraf, die nun vor allem sein Werk verkörperte, so hatte die Kontinuitätsfrage zwei Aspekte, den der Redaktion des Blattes und den des Verlages mit den immer neuen Namen. (Am Beginn der 70er Jahre hiess er gerade «tempus Zeitungs- und Zeitschriften-Verlagsgesellschaft mbH (II)», bald verwandelt in die «Zeit-Verlag Gerd Bucerius KG» mit «tempus II» als Kommanditisten, später dann mit noch mehreren steuergünstigen Varianten.) Von den beiden Aspekten war die Nachfolgefrage in der Redaktion bei weitem der einfachere. Das lag an einer zentralen Person, von der mehrfach schon die Rede war, nämlich Theo («Ted») Sommer. Am 1. Januar 1973 folgte Sommer Gräfin Dönhoff als Chefredakteur der «Zeit»; er blieb dies trotz der Turbulenzen, von denen noch zu reden sein wird und die ihm vorübergehend andere Titel zubliesen, zwanzig Jahre lang.

Der 1930 in Konstanz als Sohn eines Zollbeamten geborene Theo Sommer kam intellektuell aus der Tübinger Schule des Historikers Hans Rothfels und auch des Staatswissenschaftlers Theodor Eschenburg. Seine journalistischen Sporen hatte er sich bei der «Rems-Zeitung» verdient, einem Regionalblatt in der liberalen Landschaft des Volksmannes und Ministerpräsidenten Reinhold Maier. Sommer kam 1958 zur «Zeit» auf Empfehlung seines Lehrers Eschenburg, und er galt (mit Hans Gresmann) als einer der «Buben», der jungen Männer der Gräfin. Bald schon erwies er sich als ein begnadeter Journalist, der nicht nur selbst bedeutende Artikel schrieb, sondern auch andere anzuregen und, fast wichtiger noch, deren Produkte in lesenswerte Fasson zu bringen verstand. Sogar Bucerius nahm Sommers redaktionelle Überarbeitungen seiner Artikel beinahe klaglos hin. Unter Sommers eigenen Themen hat die Aussen- und Sicherheitspolitik stets einen besonderen Rang. Sommer gehört zu der kleinen Schar deutscher Internationalisten, deren Stimme Gehör findet bei internationalen Konferenzen, den intimeren Tagungen des globalen Establishments und im Gespräch mit den Grossen der Welt. Aus gutem Grund hatte Helmut Schmidt ihn 1969 für ein knappes Jahr ins Verteidigungsministerium geholt, um dort den Planungsstab aufzubauen und zu leiten.

Bucerius und Sommer verband eine zunehmend enge, jedoch immer etwas klamme Beziehung. Der eine Generation jüngere Sommer war so ganz anders mit seiner körperlichen Vitalität und zugleich fast ein wenig akademischen Art der Argumentation. Eine Zeitlang wurde er der Hauptadressat von Bucerius' zahlreichen Interventionen. Das Muster war immer das gleiche: Bucerius attackierte Artikel und ihre Autoren; Sommer nahm sie in Schutz, nicht ohne den Betroffenen die

Kritik weiterzureichen. Bei Sommer lud Bucerius auch seine Zukunftssorgen ab. «Jetzt lesen sogar die Intellektuellen lieber die FAZ», schrieb er am 6. Januar 1976. Sommer hatte schon Erfahrung im Beruhigen des Verlegers: Die Entwicklung sei aufmerksam zu beobachten, aber sie sollten «die Pferde auch nicht allzu früh scheu machen». «Das blosse Spekulieren schafft nur Unruhe.» 1977 bereitete Bucerius der politische Kurs der «Zeit» Sorgen. Früher hätten auch Rechte die «Zeit» gern gelesen, weil der Standpunkt des Blattes sorgsam begründet wurde; jetzt dagegen treibe sie die «Zeit» «durch die Überbetonung der Argumente in das andere Lager». Sommer widersprach; Kritik, schrieb er am 13. Juli Bucerius, komme «fast gleichmässig von links wie von rechts». Dann wieder geriet Bucerius in seine apokalyptische Stimmung. «Ich habe Angst, wie seit über zwanzig Jahren nicht mehr; ich halte die ‹Zeit› für gefährdet» (22. Juni 1977). Ein paar Monate vorher indes hatte er (am 9. November 1976) seinem Chefredakteur geschrieben:

«1) Alle Krisen lassen sich meistern.

2) Die ‹Zeit› ist eine grossartige Zeitung; sie hat die beste Startposition für die Zukunft.

3) Sie sind der einzig denkbare Chefredakteur.»

Sommer versicherte Bucerius, der ihm stets «Leitstern, Befruchter, Reibungsfläche und zuweilen auch Widerpart gewesen ist», seiner Loyalität und versprach (am 23. Juni 1977), «im Laufe der nächsten zwei oder drei oder fünf Jahre zu beweisen, dass Sie mit Ihrem Pessimismus unrecht hatten».

So schien die Kontinuitätsfrage an der Spitze der Redaktion befriedigend geregelt, zumal Gräfin Dönhoff mit unverminderter Aktivität an der Gestaltung des Blattes teilnahm. Als viel schwieriger erwies sich indes der andere Aspekt der Frage, die Nachfolge des Verlegers. Bucerius, der Eigentümer, hatte beinahe bürokratische Vorstellungen von den Erfordernissen der Nachfolge. «Wie lange darf ein Mann in ‹leitender Stellung› arbeiten?» fragte er öffentlich und antwortete, es habe schon seinen guten Sinn, dass 65 das normale Pensionsalter für Bundesbürger sei. «Phantasie, Entscheidungskraft und Reaktionsschnelligkeit sind nun einmal Eigenschaften, die mit dem Alter vergehen», meinte der 71jährige, der in all diesen Dingen manchem halb so alten noch weit voraus war. (Leserbriefschreiber beklagten vor allem, dass Bucerius den Älteren die «Phantasie» abgesprochen hatte.) Eine andere Frage stellte Bucerius nicht, nämlich was es eigentlich bedeutet,

Nachfolger eines Verlegers zu sein. Er sprach vom Verleger als einem «Amt» wie dem des Chefredakteurs und übersah dabei, dass er als Gründer eine unübertragbare und unwiederholbare Stellung hatte. Kein Nachfolger konnte es wagen, so spontan und direkt Redakteuren seine Meinung zu sagen. Vielleicht konnte es gar keinen Nachfolger geben, sondern nur so etwas wie einen Verlagsdirektor.

Hätte Bucerius dies bedacht, dann wäre er möglicherweise nicht auf die Idee gekommen, den Wirtschaftsredakteur der «Zeit», Diether Stolze, zu seinem Nachfolger als Verleger zu machen. Schon Stolzes Bestellung zum Leiter des Wirtschaftsressorts 1963 war kontrovers gewesen. Bucerius hatte den 1929 in Starnberg geborenen «Illustrierten-Schreiber» (der in der «Deutschen Illustrierten» Wirtschaftskolumnist gewesen war) als Geistesverwandten aufgetan, denn Stolze, der Autodidakt in Wirtschaftsdingen, sah sich als Verfechter einer Marktwirtschaft ohne Adjektiv – ohne das Adjektiv «sozial» vor allem – und beschrieb sich selber gerne als Kapitalist. Er verkörperte nicht nur den breiten Fächer des manchmal liberal genannten Pluralismus der Meinungen in der «Zeit», sondern auch die alte Erfolgsformel, dass in einer guten Zeitung die Politik in der Mitte (und bei der Regierung), das Feuilleton links und die Wirtschaft rechts zu stehen hat. Stolze war ein vorzüglicher Journalist. Zusammen mit seinem späteren Nachfolger Michael Jungblut begründete er die grosse Zeit der Wirtschaftsredaktion des Blattes.

Stolze war indes nie nur Journalist. Er nahm selten den Blick von möglichen Wegen weiter nach oben, ohne doch erkennbar ehrgeizig zu wirken. Seine lässige Art täuschte viele über seine Lust an Macht und Geld hinweg. «Ein guter Kapitalist», sagte er gerne im Gespräch, «trifft eine Entscheidung im Jahr und hat damit sein Geld verdient.» Für Bucerius, der dazu neigte, eine Entscheidung pro Stunde zu treffen, war dies eine eher fremde Haltung, die er dennoch nicht ohne heimliche Bewunderung sah, zumal sie sich bei Stolze mit Meinungen verband, die Bucerius als seiner eigenen Position verwandt empfand und mit denen er so oft in der «Zeit»-Redaktion allein geblieben war. So avancierte Stolze nicht nur zum Stellvertretenden Chefredakteur, sondern schon 1971 zum Mitglied der Geschäftsführung des Verlages. Die Redaktion, von einem abstrakten Prinzip der Gewaltenteilung geleitet, sah das ungern. Geld und Geist sollten nicht vermischt werden. Am 1. Juli 1977 war es dann soweit. Bucerius trat als Verleger zurück, und Stolze übernahm das «Amt».

In einem Artikel mit dem Titel «Warum ich mein Amt abgebe» versuchte Bucerius (am 8. Juli 1977), den Lesern der «Zeit» den Wech-

sel zu erklären. Er sprach von den Erfolgen der «Zeit», den Problemen
des Alters und den Qualitäten von Diether Stolze, der «auf einfache
Begriffe und klare Ausdrucksweise Gewicht» legt. «Auch dies macht
ihn besonders geeignet, Verleger der ‹Zeit› zu sein. Er wird nun der
wichtigste Partner eines grossen, aber deshalb auch schwierigen Chefredakteurs, und der Chef der mit Hingabe und daher Erfolg arbeiten-
den Verlagsabteilungen.» Ein paar Nachgedanken kann Bucerius wie
immer nicht lassen. Der Abschied bringt Erleichterung, aber auch
Schmerz. «Total ist der Abschied freilich nicht.» Da ist die Rechtskonstruktion des Unternehmens und vor allem die Zeit-Stiftung, die
beide dem Gründer und Eigentümer eine besondere Stellung geben.
Und dann folgen noch die ominösen Worte: «Meinungsverschiedenheiten sind möglich, aber nicht wahrscheinlich.»

Nachfolger (2): Vier Jahre Turbulenzen

«Krisen, Konflikte, Kompromisse» überschreibt Karl-Heinz Janßen
das Kapitel in seiner Geschichte der «Zeit», in dem er aus der Perspektive der Redaktion die Geschehnisse der Jahre 1978–82 schildert.
Es waren vor allem Konflikte. Ihr Urheber war für einmal nicht Bucerius. Robert Leicht, noch bei der «Süddeutschen Zeitung», beobachtete während der kurzen und trügerischen Stille Anfang 1981
scharfsinnig (am 14. Februar): «Bemerkenswert bleibt freilich, dass
Gerd Bucerius – dessen Stellung mit dem Begriff ‹Inhaber des Zeit-
Verlags› nur unzureichend umschrieben ist – anscheinend nicht direkt
eingegriffen hat. War die Krise also nicht so ernst?» Für die Beteiligten
war sie (wie Leicht wohl wusste) durchaus ernst. Es ging nämlich um
den Konflikt zweier im Stil eher sanfter Charaktere, der doch so nahe
an den verletzlichen Kern ihres Wesens rührte, dass ihre Differenzen
zu keinem guten Ende führen konnten.
    Theo Sommer, der «grosse, aber auch schwierige Chefredakteur»,
ging fünf Jahre nach seinem Amtsantritt durch eine Phase des Zweifels an sich und seiner Umwelt, auch wohl eine Zeit der Versuchungen und Ablenkungen. Der nun 48jährige meinte jedenfalls, dass die
Aufgabe der Leitung der in jeder Hinsicht komplexen «Zeit» für
einen allein zu schwierig sei. «Dr. Sommer hat uns sehr deutlich
gemacht», schrieb Bucerius am 25. August 1978 an das Kuratorium
der Zeit-Stiftung, «dass seine Kräfte nicht ausreichen, um diese Aufgabe zu bewältigen.» Diether Stolze andererseits fand ohnehin, dass

seine Position als Verleger ihm zu wenig Spielraum liess. Ihm waren Anfälle der Schwäche und des Selbstzweifels fremd. Am liebsten wäre er Verleger und Chefredakteur zugleich gewesen. Jedenfalls aber wollte er als Verleger das Redaktionsgeschehen beeinflussen, wenn nicht bestimmen. Dabei ging es ihm – und darum wurden am Ende so viele in den Konflikt gezogen – immer auch um die ganze Richtung der «Zeit». An einem Höhepunkt der Turbulenzen, im Wahlkampf zur Bundestagswahl vom Oktober 1980, trieb die «Zeit» ihren Pluralismus auf die Spitze, indem zwar Sommer einen Beitrag zum Lobe des amtierenden Kanzlers Helmut Schmidt schrieb, aber Stolze entschieden für den Kanzlerkandidaten der Opposition, Franz Josef Strauß, plädierte.

Dem Meinungsstreit waren indes schon bittere Ereignisse vorangegangen. Vom Anfang seiner Verlegertätigkeit an wollte Stolze die «Zeit» so umkonstruieren, dass Sommers Rolle reduziert und seine eigene gestärkt wurde. Zu diesem Zweck erfand er 1978 die sogenannte «Herausgeber-Lösung», wie es hiess nach dem Muster der «Frankfurter Allgemeinen Zeitung». Von diesem Muster blieb indes allenfalls eine Zahl übrig, denn Stolze wollte, wie die damalige FAZ, fünf Herausgeber. Fünf übrigens, abgesehen von Gräfin Dönhoff, die natürlich unangetastet bleiben musste: Sie wurde bei der Planung eher schattenhaft bedacht und war ohnehin gegen die ganze Absicht. Stolze selbst würde Verleger und Herausgeber mit redaktioneller Verantwortung sein. Hinzukommen sollten drei neue Gesichter, der brillante damalige «Capital»-Chefredakteur Johannes Gross, der vielseitig gelehrte Kulturautor (und bald Verleger) Wolf Jobst Siedler und ich, seinerzeit Direktor der London School of Economics als Quasi-Linksaussen, der im übrigen ziemlich rechtslastigen Riege. Und Sommer? Er unterstützte den Plan; aber wenn er, was vorkam, bei den intensiven Gesprächen nicht anwesend war, hiess es auch schon einmal, er solle zunächst für ein Jahr nach Amerika gehen und dann eine Art «diplomatischer Korrespondent» mit Herausgeberstatus werden.

Zwei gelegentlich (zum Beispiel von Janßen) als konspirativ beschriebene Treffen im Mai 1978 versammelten die mutmasslichen Herausgeber. Das eine fand im Hotel Stadt Hamburg in Westerland auf Sylt statt. Während vier von uns über allerlei grosse und kleine Fragen berieten, vergnügte Sommer sich anderwärts. Ein paar Tage später schickte Stolze ein Privatflugzeug nach London, um mich zu einem weiteren Treffen im Hamburger Hotel Atlantic zu holen, das dieses Mal ohne Sommer stattfand. Das war nun nicht nur verschwörerisch, sondern verdächtig; es führte zu meiner endgültigen Absage. Auch Siedler war nicht bereit dabeizubleiben. So wurden andere Namen erwogen. Am 25. Juli 1978 teilte Stolze Bucerius mit, dass Siedler und ich nicht zur Verfügung stünden und auch andere nicht. «Aus unseren Überlegungen ausgeschieden sind mittlerweile aus unterschiedlichen Gründen Klaus Bölling, Joachim Fest, Günter Grass.» Er schlage jedoch vor, neben Sommer und ihm selbst Conrad Ahlers und Johannes Gross zu Herausgebern zu berufen. Da war das Ende der Idee schon abzusehen. Stolze hatte seine Rechnung ohne den Wirt gemacht. Bucerius hatte er zwar aus allerlei unzusammenhängenden Gründen überzeugen können. «Diethers und meine schweren Sorgen», die Bucerius (am 6. Juli) Gräfin Dönhoff mitteilte, galten der Auflage der «Zeit», der fehlenden Frische ihres Inhalts und den Begrenzungen des Chefredakteurs Sommer, der sich «wirksam und elegant auf dem Gebiet der grossen Aussenpolitik» bewegt, aber aus Abneigung oder Unverständnis die zahlreichen Ressorts nicht koordiniert und integriert. Die Gräfin war nicht beeindruckt. Sie blieb bei ihrer Meinung, dass ein Chefredakteur «das Schiff auf dem richtigen Kurs und die Besatzung bei guter Laune halten» muss. Allenfalls könne sie eine Doppelspitze «Sommer plus Stolze» sehen, «aber das werden beide aus jeweils verschiedenen Gründen nicht wollen», schrieb sie am 28. Juli. Vollends verstört war die Redaktion, für die der regelkundige Hans Schueler, der auch als Journalist häufig über Verfassungsfragen schrieb, unter Berufung auf das Redaktionsstatut deutliche Missbilligung ausdrückte. Die lange Redaktionssitzung vom 18. August 1978 liess an dieser Haltung keinen Zweifel.

Am Ende gab Stolze – und mit ihm Bucerius – den Plan einer Herausgeber-Lösung auf. Bucerius schrieb an das Kuratorium der Zeit-Stiftung (am 3. November 1978): «Aus Gründen, die sich wegen ihrer persönlichen Natur schwer schreiben lassen, ist diese Lösung bisher nicht zustande gekommen.» Am Tag zuvor hatten die Protagonisten die Redaktion von ihrem neuen Vorhaben unterrichtet:

«Sommer und Stolze führen die Redaktion gemeinsam, wobei die Zuständigkeit für politische Richtungsfragen bei Sommer liegt. Neben seinen redaktionellen Aufgaben behält Diether Stolze seine verlegerische General-Kompetenz.»

Das Arrangement trat am 1. Januar 1979 in Kraft. Dass es nicht dauern konnte, lag auf der Hand. Sommers Position war nun halbiert, wenn nicht noch stärker reduziert, denn die politische Redaktion musste er an den erfahrenen bisherigen Chefredakteur des «Kölner Stadtanzeigers» Kurt Becker abtreten. «Der Stärkere im Bunde war jedoch Stolze», wie Janßen mit Recht schreibt. Bucerius unterstützte die Lösung nicht ohne Zögern; noch stärker zögerte die Redaktion, als sie am Ende mit Zweidrittelmehrheit beschloss, das neue Regime zwar nicht zu «billigen», aber doch zu «akzeptieren». «Der nächste Krach war programmiert.»

Er ereignete sich im Spätherbst 1980 aus zwei miteinander verknüpften Gründen. Der eine war der Bundestagswahlkampf und die allzu krasse Divergenz zwischen Sommer und Stolze. Der andere Grund lag darin, dass der wiedergewählte Bundeskanzler Schmidt Kurt Becker als seinen Pressesprecher berufen hatte und Sommer daraufhin, mit Unterstützung der Gräfin Dönhoff, Anspruch auf die zumindest interimistische Leitung des Politik-Ressorts anmeldete. Stolze reagierte unwirsch und machte bald einen Gegenzug. Am 6. November 1980 hatte Bucerius einmal mehr über die nötige «geschäftliche Konsolidierung» der «Zeit» geklagt. «Ich hatte mich der Täuschung hingegeben, auch nach meinem Ausscheiden werde die Wirkung vergangener Arbeit anhalten.» Nun aber sei Diether Stolze als Mitherausgeber stark engagiert. Zugleich verliere die «Zeit» an inhaltlichem Reiz. «Dass die ‹Zeit› immer noch von allen Lesern und von mir hochgeschätzt wird, brauche ich Ihnen nicht zu versichern. Aber nur Höchstleistungen sichern uns das Überleben.»

«Dies ist die Stunde des Verlegers», hatte Bucerius in einer Botschaft aus den südafrikanischen Ferien geäussert. Stolze liess sich das nicht zweimal sagen und schlüpfte alsbald in diesen Teil seines Bündels von Rollen. Im Verlag selbst habe er herbe Sparmassnahmen ergriffen. Nun seien Veränderungen in der «journalistischen Führung» nötig, auch wenn die Redaktion sie nicht möge. Stolze schlug eine «Redaktionsleitung» vor, die aus ihm, Sommer und Haug von Kuenheim, dem bisherigen Chef vom Dienst, bestehen solle. Diese müsse klare Entscheidungskompetenzen für alle Ressorts haben. Ausserdem sei die «Zeit» politisch zu offen. «Liberal kann nicht heissen, dass wir auf Dauer blind hinter der [sozialliberalen] Regierung herlaufen.» Daher müssten neue Kolumnisten her wie Johannes Gross, Ludolf Herrmann, auch Wolfram Engels, Peter Scholl-Latour. Solche Veränderungen müssten auch gegen Widerstand durchgesetzt werden. «In letzter Konsequenz müsste ich Ted [Sommer] abberufen.»

So am 4. Dezember 1980. Sommer ging auf Reisen, Stolze hatte eine Grippe; Marion Dönhoff, selbst von einer Reise zurückgekehrt, ver-

suchte am 14. Dezember, Sommer den Rücken zu stärken. Die Ko-
lumnisten-Idee sei ganz abwegig, zumal «die dann alle politisch auch
noch ausgesprochen Rechte sind»; journalistisch brächten die vorge-
schlagenen Veränderungen ohnehin nichts; ihr sei schleierhaft, warum
Sommer glaube, «Konzessionen machen zu müssen, wenn Sie das tun,
was selbstverständlich und im übrigen Ihre Pflicht ist: Interimistisch
die Politische Redaktion zu führen». Sommer selbst formulierte die
Alternativen; entweder Status quo, oder Stolze entliesse ihn, oder
Stolze ginge selbst. Am 13. Januar 1981 suchte Bucerius den «Streit
der Giganten» (wie das seltsame Gefecht in der Redaktion beschrieben
wurde) zu schlichten. Dabei zeigte er in der Tat jene Distanz, die
Robert Leicht in der «Süddeutschen Zeitung» betont hatte. In diesen
Wochen sei «alles ohne mich» geschehen. «Mit Recht: Denn es ging
um das Verhältnis Redaktion und Verleger. Da bin ich nicht beteiligt.»
Immerhin stellte er eine Frage: «Warum in aller Welt sollte ein Team
auseinanderbrechen, das mit solcher Bedeutung und zu so grossem
allgemeinem Nutzen zusammengearbeitet hat?»
    Die Antwort war einfach. Sommer und Stolze waren kein Team.
Sommers Selbstachtung und Stolzes Ambitionen liessen sich nicht
vereinen. Im Januar 1981 schrieben sie einander – und der Redaktion
– im Ton mildere Briefe. «Ich bin ein verträglicher Mensch», schrieb
Sommer, «und auch kein nachtragender.» Stolze drückte gegenüber
Sommer den Wunsch aus, «die ‹Zeit› gemeinsam mit Ihnen zu noch
grösserem Erfolg zu führen. Dies sollte auch möglich sein: persönliche
Differenzen gibt es nicht, sachliche scheinen mir überwindbar.» Im
Krieg ist die Wahrheit bekanntlich das erste Opfer. Die Redaktion
suchte ihrerseits, dem «Kampf der Giganten» ein Ende zu setzen.
Zehn Redakteure schlugen eine neue Redaktionsleitung bestehend aus
Haug von Kuenheim, Rudolf W. Leonhardt und Rainer Frenkel vor,
mit den Herausgebern Sommer und Stolze als Oberaufsehern. Bucerius wurde böse. «Meine Befürchtungen wachsen ... Wozu brauchen
wir die Herausgeber dann noch? Entmündigung. Autoritätsverlust.
Da will Ted das Ganze haben, und die Redakteure nehmen ihm alles.»
    Das Gegenteil geschah. Ein Jahr lang hielten die Kompromisse zu-
mindest pro forma. Sommer leitete («interimistisch») wieder die Politik. Stolze bastelte zusammen mit dem Eigentümer an neuen Ver-
lagskonstruktionen, von denen er bald sah, dass sie ihn als Verleger
überflüssig machen würden. Dann verschwand er mehrere Monate
lang von der Bildfläche, zuerst krank, später auf Reisen. Zum ersten
Mal war sein Mentor Bucerius, der so grosse Stücke auf ihn hielt,

enttäuscht. Er zitierte einen «jüngeren, begabten Redakteur», der Stolze und Bucerius gewogen sei und nun bemerkt habe: «Stolze verlässt kampflos das Schlachtfeld.» Ganz kampflos ging er dann nicht. Wechselseitige Sympathieerklärungen von Stolze und Bucerius halfen nicht mehr. In dem langen Brief von Bucerius vom 12. Mai 1982 klang schon Resignation mit:

«Wir waren in politischen Fragen oft der gleichen Meinung. Immer haben Sie Ihre Meinung so brillant begründet, dass ich davon profitiert und gelernt habe. Es mag Ihnen schmerzlich sein, dass Sie Ihre Meinung gegenüber der Redaktion oft nicht haben durchsetzen können. Hat es Ihnen nicht doch Spass gemacht, wie mir? Wirkungslos sind Sie nicht geblieben. Da Ihre Kollegen zwar schwierig, aber intelligent und gutwillig sind, haben Ihre Argumente viel bewirkt. Sie haben zur inneren Balance des Blattes beigetragen.»

Bucerius fügte noch hinzu, dass Stolze allen im Hause fehlen werde. «Für mich geht eine Zeit zu Ende, von der ich viel erwartet hatte.» Alle diese Erklärungen indes dämpften weder Bucerius' Verdacht, dass Stolze zu Springer gehen wollte, noch verhinderten sie die Einschaltung des Arbeitsgerichts. Zum 30. September 1982 zog Stolze mit einer beträchtlichen Abfindung und einer Art Ehrenerklärung seiner Wege: «Stolze will sich nach zwanzig Jahren Tätigkeit für die ‹Zeit› anderen Aufgaben widmen. Dr. Bucerius hat seinem Wunsch mit Bedauern, aber in fortdauernder freundschaftlicher Verbundenheit entsprochen.»

Diether Stolze ging dann nicht zu Springer, sondern als Pressesprecher (und Nachfolger von Kurt Becker) für ein nicht sonderlich glückliches Jahr zum neuen Bundeskanzler Kohl. Danach betätigte er sich in diversen Medienunternehmen. 1990 kam er bei einem Autounfall im Tessin ums Leben. Die «Zeit» war nach all den Turbulenzen Ende 1982 ungefähr wieder da angekommen, wo sie fünf Jahre zuvor gewesen war. Theo Sommer wurde erneut Chefredakteur. (Als politischer Redakteur kam Christoph Bertram hinzu.) Gerd Bucerius fand sich einmal mehr als Verleger. (Hilde von Lang hatte indes durch Kompetenz und Kontinuität eine zunehmend zentrale Stellung im Verlag gewonnen.) Helmut Schmidt allerdings war nun nicht mehr Bundeskanzler, was es einerseits dem Blatt erlaubte, nach 13 Jahren oft zähneknirschender Unterstützung sozialliberaler Regierungspolitik zu der so viel einfacheren Haltung oppositioneller Politik zurück-

zukehren, und andererseits Bucerius die Idee gab, den Altbundeskanzler als Mitherausgeber zu gewinnen.

Nachfolger (3): Ein prekäres Gleichgewicht

Am 1. Mai 1983 kam Helmut Schmidt zur «Zeit». Er wurde zum
Herausgeber, mit dem gleichen Titel wie Marion Gräfin Dönhoff. Besonders klar war der Titel nicht. «Herausgeber ist nirgends definiert
und wird willkürlich angewandt», schrieb im August 1985 sogar der
Erfinder, Bucerius. Bei Gräfin Dönhoff sei er «damals eine Art Ver-
legenheitsbezeichnung» gewesen. Das galt noch mehr für die vorübergehenden Herausgeber Sommer und Stolze. Die förmliche Erklärung
in der «Zeit» vom 1. April 1983, die Herausgeber «beraten Verlag und
Redaktion», half auch nicht sehr. Die frühere Chefredakteurin blieb
begehrte und häufige Autorin, ständig involvierte Teilnehmerin an allen internen Sitzungen, zudem moralisches Rückgrat und Garantie der
Kontinuität des Blattes. Helmut Schmidt setzte bald Massstäbe der
Information und des Urteils, vor allem nachdem «sich der Staatsmann
und die Redaktion aneinander gewöhnt hatten». Karl-Heinz Janßen
hat den Prozess einprägsam so beschrieben.

Indes war Bucerius mit der undefinierten Position von Helmut
Schmidt durchaus nicht zufrieden. Er wollte mehr, er wollte vor allem
seine Nachfolge regeln. Also sollte nun Helmut Schmidt Verleger
werden. Auch dabei stellten sich Definitionsprobleme. Aus gutem
Grund war im Redaktionsstatut der «Zeit» nicht von einem Verleger,
sondern nur vom Verlag die Rede. «Der Verleger ist der Eigentümer
des Unternehmens, das die Zeitung betreibt», schrieb Bucerius in einem internen Papier, um dann auf umständliche Weise zu begründen,
dass es manchmal eine Art «Gesamtverleger» aus mehreren Funktionen und Personen geben kann. «So lässt sich wohl sagen, dass die
Verleger-Eigenschaften und -Aufgaben in drei Teile geteilt sind: den
publizistischen, den geschäftlichen und den kontrollierenden. Das ist
das Schicksal grösser gewordener Verlage.»

Schicksal oder nicht, am 4. Oktober 1985 wandte sich Bucerius einmal mehr an die «Zeit»-Leser mit der Eröffnung, er sei nun, mit 78,
wohl zu alt, um zu «behaupten, er habe die körperliche und geistige
Kraft, das komplizierteste Blatt durch die stets neu aufstehenden
Fährnisse zu bringen». Es gebe die geschäftlichen Aufgaben eines Unternehmens mit 100 Millionen Mark Umsatz, und es gebe die publi-

zistischen Aufgaben der Auswahl der richtigen Redakteure und vor allem der «ständigen Diskussion über den Inhalt des Blattes». Diese lägen zwar meist in einer Hand, könnten aber auch getrennt werden, «und das ist bei der ‹Zeit› am 1. Oktober 1985 geschehen». Hilde von Lang, seit 1972 im Verlag, soll jetzt «vor allem die ganze kaufmännische Verantwortung übernehmen». «Noch ein Stück gewichtiger ist der publizistische Teil der Verleger-Verantwortung.» Diesen zu übernehmen hat Helmut Schmidt sich bereit erklärt. Das macht Bucerius stolz. «Der Ex-Kanzler hat Weltruf, bis heute. Das bekommt man nicht durch Zufall, sondern durch die Paarung von Geistesgaben, hartem Fleiss und Pflichtgefühl.»

Ein Rest bleibt für Bucerius selbst, nämlich die «kontrollierende Funktion», ja auch «die letzte Entscheidung». Das entging dem neuen Drittel-Verleger Schmidt nicht. Schmidt nahm seine Aufgabe ernst, vielleicht sogar ein wenig zu ernst, wenn es um die Leitung des Betriebes der «Zeit» ging. Dort aber, wo Bucerius sich zumindest in der Theorie die Nachfolge erhofft hatte, blieb Schmidt zurückhaltend. Er verfasste Memoranden und führte Gespräche mit dem Chefredakteur, nahm auch aktiv an Redaktionssitzungen teil, hielt sich aber von der «ständigen Diskussion über den Inhalt des Blattes» eher fern. Das lag zum Teil daran, dass er viele andere Verpflichtungen hatte und oft auf Reisen ging, hatte zum anderen Teil aber tiefere Ursachen. Was hätten die Redakteure wohl gesagt, wenn der Staatsmann ihnen ständig im Ohr gelegen hätte? Nur der Gründer und Eigentümer, nur Gerd Bucerius konnte es sich leisten, ungestraft – wenn auch häufig Ärgernis erregend – jeden Redakteur und jede Redakteurin mit seiner spitzen Feder zu kitzeln und manchmal zu pieksen.

Helmut Schmidt, der das instinktiv erkannte, fand nach einiger Zeit, dass die Position des Verlegers für ihn eine Fiktion war. Bucerius sah das nicht anders, wenngleich er es bedauerte. So zog sich der Altkanzler Ende 1989 wieder auf die Position des Herausgebers zurück. Vorher schon hatte Bucerius einen weiteren, letzten Versuch gemacht, einen Verleger zu finden. Dieses Mal sollte es ein junger Mann sein, und wiederum ein Wirtschaftsjournalist, der Schweizer Roger de Weck. Bucerius verschrieb ihm zunächst eine Art Kompaktkurs, der ihn vom Juni 1988 bis zum September 1989 durch alle Sparten des Geschäfts führte. Er versprach ihm dann die Verleger-Position – neben Hilde von Lang – zum 1. Januar 1992. In den dazwischenliegenden zwei Jahren sollte de Weck zunächst Generalbevollmächtigter der KG, dann stellvertretender Geschäftsführer des Verlages werden.

Das dauerte dem mit 36 Jahren nicht mehr gar so jungen de Weck indes zu lange, war ihm vielleicht auch zu ungewiss. Nach einer kurzen Zeit als Wirtschaftsredakteur der «Zeit» ging er als Chefredakteur des «Tagesanzeiger» zurück nach Zürich. Von dort kam er dann am 1. September 1997 unter dem neuen Eigentümer Holtzbrinck als Chefredakteur und Nachfolger von Robert Leicht wieder zur «Zeit». Einmal mehr war ein Nachfolgeplan von Bucerius gescheitert. Indes ging es bei all dem Hin und Her der «Zeit» selbst nicht schlecht. Nur ein einziges Jahr, das Jahr 1982 nach den Sommer-Stolze-Turbulenzen, sah ein leichtes Sinken der Auflage. Im übrigen stieg die Druckauflage in den zwanzig Jahren des Chefredakteurs Sommer von 400 000 auf 600 000 und die verkaufte Auflage von 330 000 auf 513 000. Auch wirtschaftlich blieb das Blatt trotz der beträchtlichen Expansion seines Mitarbeiterstabes in der Gewinnzone, Schwierigkeiten mit beidem, der Auflage und den Gewinnen, begannen erst später, als Sommer nicht mehr Chefredakteur war, ja nach Bucerius' Tod im Jahre 1995.

Zudem hatte sich in den Turbulenzen eine halbwegs stabile Struktur des Unternehmens herausgebildet. Die beiden Herausgeber Dönhoff und Schmidt hatten ihre je eigene Rolle selbst definiert; als Sommer 1993 zum dritten Herausgeber wurde, galt das auch für ihn. Sie waren Mitglieder des Kuratoriums der «Zeit»-Stiftung und hatten als solche auch eine förmliche Funktion zum Beispiel bei der Bestellung von Sommers Nachfolger als Chefredakteur, Robert Leicht, zum 1. Januar 1993. In der Redaktion regierte einmal mehr mit vollen Kräften Theo Sommer, wobei ihm eine Folge von erstklassigen Redakteuren zur Seite stand. Für den Frieden im Hause, ja für die Aufgaben der Koordination und Integration sorgte lange Zeit (unterbrochen durch seine kurze Tätigkeit als Chefredakteur des «Kölner Stadtanzeigers» 1987) Haug von Kuenheim. Der kluge, mit grosser Welt- und Menschenweisheit ausgestattete Journalist verkörperte für die Redaktion das Prinzip Vertrauen, auch wenn Bucerius nie so recht wusste, was er von ihm halten sollte. Kuenheim versah diese Aufgabe auch noch in der Ära Leicht. Auf der Seite des Verlages andererseits wuchs Hilde von Lang in die zentrale Stellung hinein, die sie am Ende auch der Form nach innehaben sollte. Sie war die Verlagsleiterin. Sie war allerdings nicht die Verlegerin für die Diskussion der redaktionellen Inhalte. Diese Tätigkeit blieb dem Eigentümer vorbehalten, solange er zu ihr noch in der Lage war, und danach verging sie mit ihm. Die Lücke konnte niemand schliessen.

Wege zum Letzten Willen

Allmählich wurde Bucerius klar, dass es ihm wohl nicht gelingen würde, sein Haus durch die Entdeckung oder Heranbildung eines Nachfolgers zu Lebzeiten zu bestellen. Darin war er nicht allein. Von den grossen und auch den nicht ganz so grossen Gründern der Nachkriegszeit haben nur wenige das Kunststück fertiggebracht, eine Nachfolge-Person aufzutun. Der «Spiegel» ist nach wie vor Rudolf Augsteins Blatt, wie immer sein Eigentümer sich und seine angestellten Leitungsfiguren beschreibt. Das Springer-Imperium findet noch ein Jahrzehnt nach dem Tod des Gründers den Weg zu neuer Zielgewissheit schwierig. Auch Henri Nannen war ein Gründer, wenngleich er nicht Eigentümer blieb, und seine Nachfolge hat sich als fast unlösbare Aufgabe erwiesen. Wo die Familie einem Gründervater folgte, brachen nicht selten zerstörerische Auseinandersetzungen aus. Es gibt Gegenbeispiele, und es gibt die «Frankfurter Allgemeine Zeitung», die nie einen eigentlichen (Neu-)Gründer hatte. Im Kern aber war die Lizenzträger-Generation eine Schar von eigenwilligen, vielfach exzentrischen Individualisten, bürokratischen Regeln abgeneigt, ja ungeduldig mit Verwaltern und Organisatoren. Man kann die Versuchung verstehen, das eigene Werk mit dem Tode abzuschliessen – und ebenso den Wunsch, dem Werk Ewigkeit zu verleihen. Verborgene Untergangssehnsucht und offene Kontinuitätssorge sind beide unverkennbar in dem, was die Gründer taten.

Ein persönlicher Nachfolger war also für Bucerius nicht zu entdecken. So blieb ihm nur der Versuch einer Nachfolge-Konstruktion, also eines unternehmensrechtlichen Arrangements, das nach seinem Tode Bestand haben würde. Dabei tat er grosse Schritte in eine Richtung, der er ein Jahrzehnt lang zustrebte, bis er dann kurz vor dem Ende einmal mehr zurückschreckte und das Tor in eine ganz andere Richtung öffnete. Die Richtung, die er zunächst nahm, hatte einen Namen, sie hatte sogar einen Firmennamen und einen Eigennamen, nämlich Bertelsmann und Reinhard Mohn.

Das Drama (denn ein solches sollte es bald werden) begann im Jahre 1980, und es hatte im rechtlichen Sinne vier Hauptakteure: die Bertelsmann AG (1), die Gruner+Jahr AG (2), den Zeit-Verlag G. Bucerius KG (3) und Dr. Gerd Bucerius persönlich (4). Sieben Jahre später, als der Bundesgerichtshof in letzter Instanz über allerlei Entscheidungen und Beschwerden gegen Entscheidungen zu befinden hatte, beschrieb der Beschluss das Handlungsschema mit schöner juristischer Klarheit:

«Um die Existenz der ‹Zeit› auf Dauer zu sichern, beabsichtigt der Rechtsbeschwerdeführer zu 4), die Rechtsbeschwerdeführerin zu 2) an der Rechtsbeschwerdeführerin zu 3) zu beteiligen. An der Rechtsbeschwerdeführerin zu 2) ist die Rechtsbeschwerdeführerin zu 1) mit 74,9 % beteiligt. Die Rechtsbeschwerdeführerin zu 1) ist die Obergesellschaft des mit Abstand grössten deutschen Medienkonzerns.»

Mit anderen Worten, Bucerius wollte Gruner+Jahr mit einer Mehrheit am Zeit-Verlag beteiligen. Gruner+Jahr indes gehörte, wie wir gesehen haben, bereits zu drei Vierteln Bertelsmann. Das Bundeskartellamt hatte schon in seiner ersten Entscheidung vom 9. Januar 1981 wegen der sich ergebenden «marktbeherrschenden Stellung» den Antrag auf Genehmigung der Fusion zurückgewiesen. Der Beschwerdeprozess schien sich zunächst zugunsten von Bucerius (und Gruner+Jahr) zu wenden. Am Ende aber, am 22. September 1987, gab der Bundesgerichtshof der Gegenbeschwerde des Kartellamtes statt; es konnte «keine Rechtsfehler» entdecken und bestätigte daher den ursprünglichen Beschluss.

Für einmal indes spiegelt der rechtliche Vorgang das tatsächliche Drama kaum. Die späte letzte Entscheidung hatte allenfalls noch grundsätzliche Bedeutung. Bucerius und Mohn waren schon nach dem Kartellamtsentscheid davon ausgegangen, dass nur von einer Minderheitsbeteiligung von Gruner+Jahr – 24,9 Prozent – die Rede sein konnte und alles übrige durch personelle und institutionelle Verabredungen und vor allem durch Erbschaftsregelungen geordnet werden müsse. Warum aber überhaupt der Anschluss an Gruner+Jahr und damit Bertelsmann? Vor allem Karl Klasen riet Bucerius immer wieder zu, einen Grösseren zu beteiligen. Diether Stolze betätigte sich bis zu seinem Abgang kräftig als Fusionsförderer, auch wenn die Konsequenzen des Prozesses für seine Position unklar waren. Bei Bucerius selbst klang ständig ein Unterton des Zögerns mit.

Insoweit war er durchaus einig mit der Redaktion, die um jeden Preis ihre Autonomie bewahren wollte. Nicht einig war er hingegen mit der Art, in der die Redaktion ihren Willen durchzusetzen versuchte, nämlich unter Anrufung des Redaktionsstatuts. Karl-Heinz Janßen hat geschildert, wie die Redaktion durch eigene Vorschläge das Heft in die Hand zu bekommen versuchte, wie dann Bucerius das Redaktionsstatut kündigte und mühsam (zum 31. März 1983) ein neues Statut ausgehandelt wurde. Widerstand gab es indes auch im Kuratorium der Zeit-Stiftung, das ja durch die Titelrechte und deren Begleitabreden der eigentliche Garant der Autonomie der «Zeit» war. Vor allem Gräfin Dönhoff und Helmut Schmidt sahen keine Rollen für sich unter einem Bertelsmann-Geschäftsführer. Verhandlungen über Detailfragen zogen sich hin. Besonders böse wurde Bucerius, als die «FAZ» nach der (vorübergehenden) Aufhebung des Kartellamtsbeschlusses durch das Kammergericht am 25. November schrieb: «‹Stern› und ‹Zeit› dürfen fusionieren.» Nein, schrieb der Leser Bucerius, die «Zeit» bleibe jedenfalls unabhängig; aber viele sahen tatsächlich so etwas wie eine Umkehr der Geschichte, also den Kauf der «Zeit» durch den «Stern», am Horizont.

Da geschah dem «Stern» das Missgeschick der gefälschten Hitler-Tagebücher, das im Mai 1983 dem Gruner+Jahr-Plan ein rasches Ende setzte. «Mir wird ganz übel bei der Vorstellung, die ‹Zeit› geriete in die Hände von Managern wie jenen, die das Tagebuch-Debakel zu verantworten haben», schrieb Theo Sommer (am 9. Mai 1983) an Bucerius. Sogar der vorsichtige Karl Klasen beschwor Bucerius (am 16. Mai), angesichts der «schlimmen Ereignisse mit dem ‹Stern›» zurückzustecken und «um Gottes willen keine neue Debatte im Kuratorium» über Gruner+Jahr heraufzubeschwören. Bucerius und Mohn einigten sich, jede weitere Diskussion um ein Jahr zu verschieben.

Das Jahr wurde, was den speziellen Vorschlag von 1980 betraf, eine Ewigkeit; aber die Redaktion irrte, wenn sie meinte, damit die zugrundeliegende Frage erledigt zu haben. Im Gegenteil sahen die kommenden fünf Jahre eine fast quälende lange, immer erneut intensive, auch emotionale, manchmal in Briefen, manchmal in Gesprächen geführte Diskussion zwischen Bucerius und Mohn über die «Kontinuitätsregelung». Quälend lang waren vor allem die Pausen, die Bucerius zuweilen zwischen einen detaillierten Vorschlag von Mohn und seine eigene Reaktion legte. «Ich schreibe Dir aus Ragaz – trotzdem kann ich mit Deinem Tempo nicht mithalten», liess der sonst so unruhige Bucerius den stets überlegt-sachlichen Mohn einmal wissen. In Wahrheit war Mohn der Partner, der durchdachte, in bestimmte Form gefasste Abmachungen vorlegte, während Bucerius stets zugleich prinzipiell zustimmte und aufschiebende Gegengründe suchte. Dabei kam es dann auch zu den für Bucerius charakteristischen Missverständnissen. Mohn schrieb (am 10. Februar 1986) in erkennbar freundschaftlicher Absicht: «Mein Interesse bezüglich der Kontinuitätssicherung der ‹Zeit› ist nicht vom Standpunkt des Hauses Bertelsmann bestimmt. Ich hoffe und glaube, dass vielmehr unsere Zielsetzungen weitgehend übereinstimmen.» Bucerius antwortete postwendend: «Das bringt mich in Verlegenheit. Wenn Bertelsmann nicht aus guten geschäftlichen Gründen an der ‹Zeit› interessiert ist, dann solltet Ihr Euch aus ebenso guten Gründen nicht damit befassen.» Ein Echo der Augstein-Kontroversen 25 Jahre zuvor?

Indes muss man sehen, dass das Engagement der beiden Männer von unterschiedlicher Intensität war. Für Bucerius ging es nun nicht mehr um die nächste steuerlich günstige Unternehmenskonstruktion. Gewiss liess er die Chance, Steuern zu sparen, nie ganz ausser acht, aber es ging für ihn nun um alles – um die «Zeit» natürlich, um die Zeit-Stiftung, aber auch um «meine liebe Frau Gertrud, genannt Ebelin» (wie es in seinem letzten Testament von 1991 heisst) und um die «tiefe Dankbarkeit» gegenüber Hilde von Lang. Zu dieser war zunehmend Anlass. Je weniger Erfolg Bucerius mit seinen bewussten Antworten auf die Kontinuitätsfrage hatte, desto klarer wurde die Frage tatsächlich beantwortet, nämlich durch die Kontinuität der Tätigkeit von Hilde von Lang als Geschäftsführerin des Verlages und Vertraute von Bucerius in allen Dingen.

Bei den jahrelangen Diskussionen zwischen Bucerius und Mohn ging es im Kern um die Frage, wie man einen sanften Übergang der «Zeit» in die Hände von Bertelsmann effektiv vorbereiten könnte, ohne zu Bucerius' Lebzeiten allzu viel zu ändern, und vor allem, ohne die durch die Zeit-Stiftung garantierte Autonomie des Blattes anzutasten. Etwas von der Quadratur des Zirkels enthielt ein solcher Plan immer. Aber Mohn verzagte nicht an der Aufgabe. In einem langen Brief machte er Bucerius am 17. Dezember 1984 nicht weniger als dreizehn zusammenhängende Vorschläge. Bei den ersten fünf ging es um Struktur und Arbeitsweise des Kuratoriums der Zeit-Stiftung im Hinblick auf die «Zeit». Die übrigen acht Vorschläge galten der Beteiligung eines Verlages («Dem Grunde nach befürworte ich diese Idee»), insbesondere der Bertelsmann AG, am Zeit-Verlag. Mohn ging jetzt davon aus, dass 24,9 Prozent einstweilen zureichten, und schlug ein Verfahren vor, wie ein allmählicher Einstieg in den zur GmbH umzugründenden Zeit-Verlag bewerkstelligt werden könne. Dazu würde dann auch eine Kaufoption «zu einem späteren Zeitpunkt» für den 24,9 Prozent-Verlag, also Bertelsmann, gehören. «Die Bewertung der Anteile an der Zeit GmbH sollte nach einer Ertragswertformel erfolgen.»

Mohn wollte dies lediglich als Skizze verstanden wissen. Vielleicht habe er «die Position Hilde von Langs nicht genügend beachtet». Aber dies und anderes könne man besprechen. Er wolle vor allem helfen, so wie Bucerius ihm «mit Rat und Tat geholfen» habe. «Ich freue mich, mit Dir als Partner und Freund zusammenarbeiten zu dürfen.» Bucerius antwortete am 20. Dezember mit fast unterkühlter Sachlichkeit und Kommentaren vornehmlich zu Einzelpunkten. In einem früheren Brief schon hatte er zu dem künftigen Dauerstreitpunkt der «Bewertungsfrage» Stellung genommen. «Bertelsmann erwirbt nicht den Anteil an einer Maschinenfabrik, sondern an einer der schönsten deutschen Zeitungen.» Den «Stern» habe Bertelsmann von ihm «zum Renditepreis (und da noch niedrig) bekommen. Das lässt sich nun wirklich nicht wiederholen.» Ein erheblicher «Ansehen-Zuschlag» sei das mindeste, was er verlangen könne.

Mohns geduldige Präzision und Bucerius' zögerliche und stets ein wenig ängstliche Zustimmung beherrschen die Korrespondenz der beiden, wobei das ängstliche Element den «Zeit»-Eigentümer zugleich zum Freund und Partner treibt und von ihm fernhält. Am 21. April 1986 teilt Bucerius Mohn mit, er habe kürzlich mit Helmut Schmidt «über die Grundsatzfrage gesprochen. Er fragt mich beharrlich nach den Gründen für eine Hereinnahme eines anderen Hauses. Er sieht meine Bedenken nicht, dass selbst ein erfolgreiches Blatt wie die ‹Zeit› nicht immer alleinstehen kann.» Am Ende stellt sogar die sonst sehr zurückhaltende Hilde von Lang Bucerius nicht nur im direkten Gespräch, sondern auch in schriftlicher Form schwierige Fragen.

Ist die Regelung der Rechte des zukünftigen Verlegers zum Verkauf der «Zeit» wirklich schon befriedigend? Sind die Rechtsfragen «im Zusammenhang mit meiner Testamentsvollstreckung» hinlänglich geklärt? Das war schon Teil des strittigen Protokolls über ein Gespräch zwischen Bucerius, Mohn, Karl Klasen und Hilde von Lang zur «Kontinuitätsregelung» am 13. Oktober 1988. Davon existieren zwei Versionen. Es ging um die Effektivität des Kuratoriums der Zeit-Stiftung als Leitungsgremium der «Zeit». Mohn hatte dazu allerlei Vorschläge gemacht, so eine Altersgrenze, Namen möglicher neuer Mitglieder vor allem aus der Wirtschaft sowie eine «alternative Kontinuitätsregelung» für den Fall, dass die «Kontinuitätsregelung vom Kuratorium der Zeit-Stiftung nicht gewährleistet werden kann», «um im Falle einer solchen Notwendigkeit schon jetzt die Testamentsvollstreckerin und auch später das Kuratorium – gegenüber den Mitarbeitern der Zeit GmbH und der Aussenwelt zu entlasten». So liest es sich

in Mohns Version des Protokolls, an deren Rand jedoch Hilde von
Lang unzweideutig angemerkt hat: «nein!» Bucerius schrieb Mohn,
Hilde von Lang sei nach seinem Testament lebenslang Testamentsvoll-
streckerin, und zwar ohne jede Beschränkung.

Von nun an konzentrierte Bucerius sich auf sein Testament, dessen
(was die «Zeit» betrifft) endgültige Version – abgesehen von kleinen
späteren Korrekturen, die unter anderem das Vermächtnis von Hilde
von Lang ergänzten – am 18. November 1991 notariell beglaubigt und
besiegelt wurde. Seine Regelungen sind klar. Ebelin wird zu 20 Prozent Gesellschafterin der Zeit-Verlag KG. (Dieses Recht wurde später
durch eine Barzahlung abgegolten.) «Alleinige Erbin ist die Zeit-Stiftung.» Hilde von Lang wird Testamentsvollstreckerin «für alles, was
mit der ‹Zeit› zusammenhängt». Sie verwaltet selbstverantwortlich das
Unternehmen. «Dabei darf ihr niemand hineinreden.» Zu ihrer «völlig
freien Hand» gehört, dass sie «die ‹Zeit› notfalls auch verkaufen»
kann. «Vor einer Veräusserung der ‹Zeit› ist Reinhard Mohn (Güters-
loh) zu konsultieren.»

Die ausgiebigen und detaillierten Verhandlungen mit Mohn führten
also zu keinem Ergebnis. Noch ein letztes Mal blieb eine Kontinuitätsregelung unvollendet. «Meine Vorschläge hat offensichtlich Gerd
Bucerius als mögliche persönliche Einengung empfunden», schrieb
mir Reinhard Mohn mit charakteristischer Fairness (am 20. September
1999). Man könnte auch vermuten, dass Bucerius hin- und hergerissen
blieb zwischen dem Wunsch, sein Werk durch Anbindung an einen
Grösseren zu sichern, und seinem Zögern, dieses Werk aus der Hand
zu geben. Nur an einem Grundsatz hielt er unbeirrbar fest: Die Redaktion durfte ihre Hände nicht an das Geld kriegen. Sie würde –
davon war er zeit seines Verlegerlebens überzeugt – das Vermögen
bald verschleudern, ohne mit dem Geld die Zeitung zu verbessern. Es
musste also eine Lösung gefunden werden, die das Eigentum des Unternehmens von der Leitung der Zeitung trennte.

Selbst die Zeit-Stiftung war da nicht ganz das richtige Vehikel: In
einer letzten Umkonstruktion hatte Bucerius 1987 dafür Sorge getragen, dass die Stiftung als Alleinerbin volle Handlungsfreiheit hat, ohne
dass Bucerius zu Lebzeiten oder die Stiftung nach seinem Tode persönlich haftbar wird. Das leistete die Schaffung der «Kommanditgesellschaft Zeit-Verlag Gerd Bucerius GmbH & Co», deren Sinn und
Struktur Bucerius den Mitarbeitern und Geschäftsfreunden im Jahre
1987 nicht ganz ohne Mühe zu erklären suchte. (Mancher mochte
einmal mehr versucht sein, dem vom erfahrenen Pressemann Hans

Detlev Becker schon zehn Jahre früher ausgesprochenen Urteil zuzustimmen: «Das Gebälk der wirtschaftlichen Absicherung ist so rätsel-
haft wie sein Baumeister Bucerius.») Wie immer die Struktur gestaltet
war, die Zeit-Stiftung blieb indes der Redaktion nahe; ihr Kuratorium
schloss zumindest die Herausgeber ein. Auch darum blieb für Bucerius der Gedanke der Anbindung und zunehmend auch der des späteren Verkaufs der «Zeit» akut.

In den Jahren vor seinem Tod am 29. September 1995 hatte er dabei
vor allem die Verlagsgruppe Holtzbrinck im Auge. Kontakte mit dem
Nachkriegsgründer Georg von Holtzbrinck hatte es schon lange gegeben, auch geschäftliche Beziehungen im Zusammenhang mit der
«Wirtschaftswoche» und dem «Handelsblatt». Der Sohn Dieter von
Holtzbrinck, der nach Georgs Tod 1983 das väterliche Erbe angetre-
ten hatte, zeigte sich besonders an der angesehenen «Zeit» interessiert.
Hilde von Lang handelte zweifellos in Bucerius' Sinn, als sie den Plan
in ihrer Eigenschaft als Testamentsvollstreckerin verfolgte. Nach der
wohl eher kursorischen «Konsultation» von Reinhard Mohn – der
danach das Kuratorium der Zeit-Stiftung verliess – wurde am
26. April 1996 die Zeit-Verlag Gerd Bucerius GmbH für 140 Millionen Mark an die Verlagsgruppe Georg von Holtzbrinck verkauft. Vorher hatte die Zeit-Stiftung die nötigen Schritte unternommen, um die
Titelrechte und die dazugehörigen Nebenrechte in das zum Verkauf
stehende Unternehmen zu integrieren. Seither sind die «Zeit-Stiftung
Ebelin und Gerd Bucerius» und die Holtzbrinck-Zeitung «Die Zeit»
vollständig voneinander getrennt. Frau von Lang blieb bis zu ihrer
Pensionierung 1999 als Geschäftsführerin des Holtzbrinck-Verlages
Verlegerin der «Zeit».

9. «Vom Willen zur Freiheit besessen»

«Herr über Eitelkeit und Opportunismus»

Am 19. Mai 1986 feierte Bucerius seinen 80. Geburtstag – ein Anlass, bei dem «an prätentiösem Gerede kein Mangel ist». Der liberale Richter und unermüdliche Verteidiger des Rechtsstaates Rudolf Wassermann, der Bucerius dies in seinem Geburtstagsbrief schrieb, fügte zum Beweis des Gegenteils hinzu, der Jubilar geniesse «bei vielen Bürgern unseres Landes Hochachtung und Zuneigung», und zwar wegen der Selbständigkeit seines Urteils, vor allem aber auf Grund der «ungekünstelten Art, in der Sie handeln und sich äussern». Manche Briefschreiber trafen Bucerius' Art in bezeichnenden Anekdoten, so die Münchner Verlegerin Anneliese Friedmann, die sich an Bucerius als Tänzer bei einem Anlass in Baden-Baden erinnerte. «Sie tanzten so begeistert, dass die Langweiler von Kapelle in Brenners Park [Hotel] kaum mit dem Spielen nachkam.» Nun also der 80., der «hochzuverehrende Jubilar»: «Und doch, für mich bleiben Sie unruhig und neugierig und begeisterungsfähig im Gedächtnis, ein Hexenmeister von Faszination und Feuer.»

Der Kalender des Achtzigjährigen verrät kaum Spuren von Müdigkeit, auch wenn einmal zwischen Reisen und Termine eine Woche «Eppendorf op» zur Behebung von Altersbeschwerden im Städtischen Krankenhaus in Hamburg-Eppendorf eingeschoben werden musste. Vorher war er in diesem Frühjahr 1986 schon in London und in München gewesen, danach auch in Zürich und Brione. Nach der Rückkehr gab es in Hamburg allerlei zu tun, eine Rede beim Börsenverein, Gespräche mit Kurt Biedenkopf und Karl Klasen, Manfred Wörner und Karl Schiller, Lew Kopelew und Bruno Kreisky und mit allerlei Besuchern von der «Zeit», Rundfunkinterviews, Theaterabende, ein «Zeit»-Gespräch am Leinpfad. Im Mai folgten dann die grossen Ehrungen, die Hamburger Ehrenbürgerwürde und in Bonn das Schulterband zum Grossen Verdienstkreuz mit Stern (letzteres war ihm schon 1956 für sein politisches Wirken zugunsten Berlins verliehen worden). Danach ging es wie so oft ab in den Süden, dieses Mal für drei Wochen nach Malaga.

Die Bonner Ordenszeremonie am 23. Mai fand Bucerius mit vierzig anderen Bürgern vereint. Auf dem Photo der Verleihung durch Bundespräsident von Weizsäcker sieht man hinter beiden Theodor Eschenburg sitzen, mit der Urkunde des ihm gerade verliehenen Grosskreuzes in der Hand. Zwei Hanseaten mit in der stolzen Bürgerstadt doch verpönten staatlichen Orden? Helmut Schmidt hatte wahrscheinlich Mühe, das gutzuheissen. Indes war Bucerius zugereister (und Eschenburg «ausgewanderter») Hanseat und jedenfalls nicht Staatsdiener, also nicht gehalten, Auszeichnungen «fremder» Herren abzuweisen. Zudem liess er sich vor der Verleihung mit dem Kommentar hören: «Hoffentlich ist das ein Orden, den man am Pullover tragen kann», denn er lief seit langem vornehmlich (nach Theo Sommers Beschreibung) «in Cordhose und legerem Wollhemd» durch die Welt und vor allem durch die «Zeit».

Doch machte ihm vor allem die Hamburger Ehrenbürgerschaft Freude, die er zusammen mit Herbert Wehner empfing. Bei der hanseatisch schlichten Zeremonie im Rathaus am 15. Mai hätte er gerne eine Rede gehalten; aber da Wehner zum Reden nicht mehr in der Lage war, wurde auch Bucerius davon abgeraten. Was er gesagt hätte, wissen wir, denn er hatte ein Manuskript in der Tasche. «Ohne Bürger gibt es keine Ehrenbürger.» Er komme ja eigentlich aus Altona, der preussischen Vorstadt; da sei er allerdings in guter Gesellschaft, nicht nur mit Friedrich Klopstock, dem gelehrten Poeten des 18. Jahrhunderts, sondern auch mit Max Brauer, dem ersten frei gewählten Hamburger Bürgermeister der Nachkriegszeit. Dann aber wäre er fortgefahren:

> «Das Alter beugt den Rücken – aber das trägt sich leichter, wenn darauf Ehren fallen. Glauben Sie mir: Altsein ist keine Gunst. Die körperlichen und die geistigen Kräfte lassen nach. Der Griff, den man braucht, die Umwelt zu meistern, wird schwächer. Man sieht – zuerst verwundert, dann erschrocken – dass die Welt weitergeht, obwohl man selbst gar nicht mehr mitspielt.»

Das war ihm dann selbst einen Ton zu düster, denn die Ehrung verschaffte ihm doch auch ein «unerhörtes Glücksgefühl» und Anlass, tief Luft zu holen: «Man hat Dich *doch* beachtet.» Ein paar Tage später, beim festlichen Treffen mit den Mitarbeitern der «Zeit», führte er auch diese durch das Wechselbad seiner Empfindungen. Wenn man vieles nicht mehr so kann wie früher, dann kommt «ein komisches Gefühl: Wozu machst Du das eigentlich alles.» Die Antwort nimmt eine für Bucerius seltene Wendung, die seine innere Bewegung verrät: «Man macht's um der Menschen wegen, die jahrelang daran mit der gleichen, wenn nicht grösseren Hingabe als Du gearbeitet haben. Und die einfach Anspruch darauf haben, dass man sie nicht im Stich lässt.» Die Zeit um den 80. Geburtstag war für Bucerius eine Zeit der Erfüllung. Er mochte es, dass man ihn mochte. Sein Werk war in gutem Zustand. Da blieben zwar die ungeklärten Kontinuitätsfragen, aber die Lebensleistung stand doch für jedermann sichtbar da. Theo Sommer würdigte den Jubilar in einem magistralen Artikel in der «Zeit» (vom 16. Mai 1986). «Gerd Bucerius ist einer der grossen Verleger unseres Landes, einer der letzten aus der Generation der Gründerväter.» Werner Höfer beendete seinen legendären Fernseh-Frühschoppen mit Journalisten aus aller Welt am 19. Mai mit einem Toast auf den Mann, «der im Sauseschritt, im gleichen Schritt mit der Zeit, manchmal hinter ihr her, manchmal ihr voraus, durch die Korridore seines Hauses und durch die Spalten seiner Zeitungen und durch den Themenkatalog der Geschichte eilt». Die Runde erhob ihre Gläser: «Auf dass er noch lange so kühn und so quer nach vorn denken, planen und handeln kann.»

Bucerius nahm das alles mit jener Haltung, die Helmut Schmidt in der Trauerrede zu Bucerius' Tod 1995 eindringlich kennzeichnen sollte; er ist stets «Herr gewesen über die beiden Todsünden der Politiker und der Journalisten, nämlich über Eitelkeit und über Opportunismus». (Auch die übrigen Zwischentitel dieses letzten Kapitels stammen aus Schmidts Rede in St. Michaelis am 10. Oktober 1995.) Bucerius erfuhr noch mancherlei Anerkennung und Ehrungen in den verbleibenden Jahren seines Lebens. Besonders wichtig war ihm die Verleihung der Ludwig-Erhard-Medaille für Verdienste um die soziale Marktwirtschaft am 27. November 1990 in Bonn. Staatssekretär Otto Schlecht würdigte in seiner Laudatio den Mann. «Er hat als Politiker und Verleger oft impulsiv gehandelt und oft ohne Rücksicht auf die Folgen – aber die Summe solcher Verhaltensweisen war Vernunft.»

Bucerius nutzte seine Dankesrede aus diesem Anlass für «einige Worte über unblutige Revolutionen». Erhards vielen seinerzeit geradezu «verrückt» erscheinende Option für die Marktwirtschaft im Jahre 1948 war eine solche friedliche Umwälzung. Er selbst habe sich damals zuerst zögernd, dann aber einschränkungslos überzeugen lassen. «Diesem Meinungswechsel verdanke ich die Tatsache, dass ich hier stehen und zu Ihnen sprechen kann.»

Inzwischen habe es aber eine zweite unblutige Revolution gegeben, nämlich die von 1989 im früher kommunistischen Osten Europas. Auch sie wieder beweise die Überlegenheit der Marktwirtschaft. «Im Wettbewerb zwischen den Techniken der Marktwirtschaft und denen der Verwaltungswirtschaft ist die Zentralverwaltungswirtschaft geschlagen.» Er werde sich nicht zu Triumphgeschrei hinreissen lassen. Immerhin: «Ich bin im Leben nicht immer auf der gewinnenden Seite gewesen. Dieses Mal scheint es mir gelungen. Das weiss ich definitiv seit der Wende 1989. Und ich möchte Ihnen versichern: Seitdem fühle ich mich doch ein Stück wohler. Nur schade, dass das Leben so kurz ist.»

«Ein Patriot von hohen Graden»

Wenn das Leben auch kurz ist, war Bucerius' Leben doch lang genug, um es ihm zu erlauben, die Revolution von 1989 und die deutsche Vereinigung 1990 wachen Sinnes zu begleiten. Für den «vom Willen zur Freiheit besessenen» Mann wie für jeden seiner Art war das eine erregende, herrliche Zeit. Vor allem in Deutschland teilten indes nicht alle das Hochgefühl. Insbesondere die deutsche Vereinigung löste im Umkreis der «Zeit» wie überhaupt in der politisch-intellektuellen Landschaft durchaus zwiespältige Empfindungen aus. Bucerius mag sich «auf der gewinnenden Seite» der Geschichte gefunden haben, aber im engeren Umkreis musste er einmal mehr für seine Position kämpfen. «In meiner Umgebung galt die Wiedervereinigung seit Jahren als gewiss nicht dringlich», schrieb Bucerius ein Jahr nach dem Ereignis. Der Artikel vom 11. Oktober 1991 hiess «Abweichende Meinung». Schon mehr als zwei Jahre vorher, am 30. Juni 1989, hatte er sich im eigenen Blatt höchst kritisch zu seinen Kollegen geäussert: «Die andere Hälfte verstossen? Gegen die Preisgabe des Wiedervereinigungsanspruchs.»

Wer wollte den Anspruch denn preisgeben? Die Antwort mag Spätere überraschen: Gräfin Dönhoff und Theo Sommer. Am 20. Januar 1989 schrieb die Gräfin einen Leitartikel mit der Überschrift: «Von der Geschichte überholt». Gemeint war die Wiedervereinigung, die sie doch selbst in früheren Jahren immer wieder gefordert hatte. Gräfin Dönhoff begann ihren Artikel mit dem Lob der Reformansätze des ungarischen Politbüromitglieds Poszgay und des polnischen Ministerpräsidenten Rakowski und pries dann andererseits die neuen Schritte zur Schaffung einer Europäischen Union im Westen. Damit werde der Wiedervereinigungsvorbehalt in der deutschen Europapolitik hinfällig. Ohnehin werde die grosse Gelegenheit der Stalin-Note von 1952 sich nicht wiederholen. «Das gab's nur einmal, das kommt nicht wieder.» Daher sollte man sich auch jeden Gedanken an einen «Anschluss der DDR zu westlichen Bedingungen an eine in Europa integrierte Bundesrepublik» aus dem Kopf schlagen. «Das kann doch wohl im Ernst kein Mensch glauben.»

«Das einzige Szenario, das realistisch ist, wäre folgendes. In Osteuropa beginnt eine ähnliche Entwicklung wie im Westen. Das heisst: unter Beibehaltung aller Bindungen an den grossen Bruder rücken die Osteuropäer einschliesslich der DDR näher zusammen – nicht zu einer integrierten Gemeinschaft wie die Europäer im Westen, sondern mehr zu einem Klub, ähnlich der Efta. Die Union und der Klub bleiben jeder in seinem grösseren Verband: die Bundesrepublik in Nato und EG, die DDR im Warschauer Pakt und im RGW ... Ein solches Modell geht von zwei deutschen Staaten und nicht von einem wiedervereinigten Deutschen Reich aus, das in Ost und West doch nur Schrecken erregt und auf härtesten Widerstand stiesse.»

So Ende Januar des Revolutionsjahres 1989. Ins gleiche Horn stiess mit kräftigeren Tönen Theo Sommer noch am 23. Juni 1989: «Es lässt sich die deutsche Einheit auch in der Form der Zweistaatlichkeit denken.» Wie? Was sollte wohl «unter dem Dach einer paneuropäischen Gemeinschaft deutsche Einheit in einer erträglichen Doppelung» bedeuten? Sommer meinte doch wohl vor allem: «Wer heute das Gerippe der deutschen Einheit aus dem Schrank holt, kann alle anderen nur in Angst und Schrecken versetzen.» Am 4. Mai 1990 fügte die Gräfin noch einen Hauptstadt-Artikel hinzu: «Lasst uns Bonn als effiziente administrative Hauptstadt behalten und auch als Unterpfand für die westliche Integration und Berlin zum geistig-künstlerischen Kulturzentrum machen.»

Karl-Heinz Janßen spricht zu Recht vom «Wahrnehmungsdefizit westdeutscher Medien in der deutschen Frage». «Hatten sie sich in ihrem Verliebtsein in die eigenen Theorien von einer harmonischen Entspannungs- und Verantwortungsgemeinschaft in Europa das Denken verboten?» Erinnern wir uns: In Polen hatte der Runde Tisch bereits sein Werk getan; die ersten Wahlen wurden vorbereitet, bei denen Lech Walesas *Solidarność* im Juli 1989 einen grossen Sieg er-

rang. In Ungarn wurde zugleich das symbolische Begräbnis des er-
mordeten Helden der 1956er Revolution Imre Nagy zum Brennpunkt
der Dissidenz. Ostdeutsche Touristen sammelten sich in den westdeutschen Botschaften in Prag und Budapest mit der anschwellenden
(und am Ende erfolgreichen) Forderung nach freier Ausreise. Auch
blieb derlei schon im Vorfeld keineswegs unbemerkt. Als Timothy
Garton Ash im Herbst 1988 seinen Essay «Reform oder Revolution»
schrieb, zitierte er den Ungarn Poszgay mit dramatischeren Thesen
als die «Zeit» (nämlich, dass er «keine grundsätzlichen Argumente
zugunsten des Einparteiensystems» kenne) und fand wenig Gefallen
an dem «angeblich liberalen» polnischen Ministerpräsidenten Rakowski, «einem jener verblassenden Lieblinge des Westens». Vor allem
aber beschrieb Garton Ash, wie unter dem Stichwort «Mitteleuropa»
nicht etwa ein Szenario der erträglichen Doppelung, sondern eines der
Einigung des ganzen Europa unter westlichem Vorzeichen gesucht
wurde.

Wie rapide nicht nur die osteuropäischen, sondern die deutschen
Dinge vorangingen, ist heute wohlbekannt. Reisefreiheit wurde zum
Symbol für Freiheit überhaupt. Die Züge mit Botschaftsflüchtlingen,
die die DDR-Führung durch das Land lassen mussten, lieferten den
Demonstrationen in Leipzig und Dresden weitere Argumente. Am
9. November führte bürokratische Verwirrung zur halb-beabsichtig-
ten Öffnung der Berliner Mauer und der DDR-Grenze. Helmut
Kohls «zehn Punkte» vom 28. November zur Schaffung einer deutschen Konföderation wurden bald durch weitergehende Forderungen
überholt. «Wir sind ein Volk», riefen die Leipziger nun, und bei den
Volkskammerwahlen vom 18. März 1990 erlitt die SED eine schwere
Niederlage. Das Tempo nahm weiter zu. Die umstrittene 1:1-Wäh-
rungsreform fand am 1. Juli statt. Vierzehn Tage später folgte dann das
historische Treffen Gorbatschow-Kohl im Kaukasus. In letzter Minute noch versuchte der sowjetische Deutschland-Experte Valentin Falin
eine Version der erträglichen Doppelung zu retten und den Anschluss
der DDR an die Bundesrepublik nach Artikel 23 des Grundgesetzes,
also EG und NATO eingeschlossen, zu verhindern. Gorbatschow
entgegnete ihm mit einer seiner sprichwörtlich gewordenen Wendungen: «Ich fürchte, der Zug ist abgefahren.» Am 3. Oktober 1990 wurde Deutschland vereinigt.

Bucerius verfolgte das alles mit der wohltemperierten Begeisterung
des Mannes, der die Vision des vereinigten Deutschland mit der
Hauptstadt Berlin nie aufgegeben hatte, die Schwierigkeiten auf dem

Weg aber sehr wohl erkannte und vor allem gegenüber seinen Freunden bei der «Zeit» die eigene Position verteidigen musste. In seinem ersten grösseren Beitrag zum Thema, am 30. Juni 1989, zeigte er sich «erschrocken darüber, dass die uns nachfolgenden Generationen so beliebig mit den Gefühlen derer umgehen, um deretwillen die Wiedervereinigung eigentlich angestrebt wird: nämlich der Bürger der DDR». Vielleicht würde mancher im befreundeten Ausland gerne einen Verzicht auf die deutsche Einheit sehen; «aber Achtung erwirbt man durch Beharrlichkeit». Jetzt aufzugeben würde Freunde wie Gegner dazu führen, Deutschland zu verachten. «Was ist eine Nation schon wert, wenn die eine Hälfte die andre verstösst? In die Müllkiste der Geschichte befördert?»

Einfach, gar billig werde der Prozess nicht. Früh schon hat Bucerius gesehen, dass für die Vereinigung Opfer zu bringen sind, symbolische Opfer, wie die endgültige Anerkennung der polnischen Westgrenze, und materielle Opfer, eine Vermögensabgabe zum Beispiel. «Ich meine: Es wäre nicht gut, wenn wir die Wiedervereinigung umsonst bekämen.» So schon am 13. Oktober 1989. Sechs Monate später dann, als das Thema akut geworden ist, fragt Bucerius noch einmal: «Was kostet die Wiedervereinigung?» Er empört sich gleichermassen über die Versprechungen der Bundesregierung wie über die Schwarzmalerei der Medien, zum Beispiel des «Stern». «Die einen versprechen uns also das Paradies der Wiedervereinigung ohne Kosten, die anderen die Katastrophe.» Gegenüber beiden erinnert Bucerius an die Frühzeit der Bundesrepublik. Niemand habe die Folgen der Währungsreform genau gekannt; das gelte jetzt auch für die Vereinigung. Eine Art Lastenausgleich sei allerdings einmal mehr am Platze. Wenige haben es in jenem Frühjahr 1990 so klar und überzeugend formuliert wie Bucerius (am 4. Mai): «Wir sind reich geworden, reicher, als es irgendein Lebender je gedacht hätte. Wir sind froh darüber, dass wir jetzt unseren Reichtum nutzen können, um unsere Mitbürger drüben aus einem Schlamassel zu befreien, an dem sie keine Schuld tragen. Dafür lohnt es sich schon, gelebt zu haben.»

Die Diskussion um die deutsche Einheit ging weiter, auch in der «Zeit». Kurz nach der Vereinigung (am 19. Oktober 1990) setzte Bucerius sich mit einem Beitrag von Günter Grass auseinander. Grass machte vor allem die Macht der vereinigten deutschen Nation Sorgen, doch äusserte er sich auch zu wirtschaftlichen Aspekten der Einheit. Bucerius kommentierte im vertrauten Stil: «Wer müsste Grass nicht um die Kraft seiner Sprache beneiden? Hier aber sind seine Übergriffe auf die Ökonomie zu untersuchen: Da gibt's schon Fehlleistungen.» Ein «Schnäppchen» war die alte DDR für den Westen nicht; die ostdeutsche Industrie war vielmehr abbruchreif. Gewiss wäre eine langsamere Währungsreform besser gewesen; aber die Fluchtbewegung habe sie verboten. Offenkundig würden die Arbeitslosen teuer, aber das sei nun einmal der Preis. Grass' «Freude» sei deplaciert, wenn er sage: «Gezänk zieht ein im Doppelhaus. Nur noch von zusätzlichen Milliarden ist die Rede. Schon fehlt es an Platz für weitere Leichen im gesamtdeutschen Keller.» «Fürwahr», antwortet Bucerius, «die Wiedervereinigung wird teurer, als wir gerechnet haben. Wir verziehen deshalb keine Miene – die Bürger ‹drüben› haben eben moralische Ansprüche. Aber Grass' Hohn sollten sie sich nicht zu eigen machen.»

Ein Jahr später (am 11. Oktober 1991) setzte sich Bucerius sogar mit Helmut Schmidt sanft und höflich auseinander. An sich waren die beiden sich im wesentlichen einig. «Das innere Feuer des Inhabers Gerd Bucerius und die ungebrochene Zuversicht Helmut Schmidts standen gegen die warnende Skepsis» (Karl-Heinz Janßen). Nun zerbrach sich Schmidt jedoch Kohls Kopf und sorgte sich um die Staatsfinanzen und um die französische Reaktion. Bucerius erinnerte an seine eigenen Vorschläge für einen Lastenausgleich. Was Frankreich betrifft, «so können *wir* auf all die Wirrnisse verweisen, die vor allem die Franzosen unaufhörlich verursacht haben». Dann kommt er noch einmal auf die berechtigten Ansprüche der «ehemaligen DDR-Bürger» zurück und auf die Notwendigkeit, Geduld mit ihnen zu haben. «Zu moralischen Urteilen ist überhaupt niemand berufen.» Eher ist Achtung am Platze. «Da hat Helmut Schmidt recht: ‹Wir brauchen ein höheres Mass an Solidarität›.»

Der mittlerweile 85jährige Bucerius schrieb auch sonst noch diesen oder jenen Artikel. Zum Tode von John Jahr verfasste er (am 15. November 1991) eine leicht bemühte Würdigung. Zum Protektionismus der amerikanischen Automobilindustrie äusserte er sich (am 17. Januar 1992) mahnend. Er dankte Gorbatschow für seine historische Leistung (am 20. März 1992), lobte Bundeskanzler Kohl gegen seine Kritiker (am 9. Oktober 1992), mischte sich (am 23. März 1992) einmal mehr in die Diskussion um die Stalin-Note von 1952 ein. Bucerius' letzter «Zeit»-Artikel am 12. Februar 1993 wurde ein eher melancholischer Versuch, das Wort «Patriot» zugleich zu retten und von der Geschichte verschlucken zu lassen. «Der Begriff wird heute als antiquiert empfunden, sein Wert gilt nicht mehr.» Helmut Schmidt erntete dennoch – und zu Recht – weder Erstaunen noch Widerspruch, als er

in seiner Trauerrede nach Bucerius' Tod sagte: «Dieser Mann war ein
Patriot von hohen Graden.»

«Ein sehr enger Freund und Gefährte»

Hauptpastor Helge Adolphsen fand vielleicht nicht ganz die perfekten
Worte, als er in seiner Ansprache anlässlich der Trauerfeier für Gerd
Bucerius von dessen «Verantwortung vor jedermann» sprach und
dann im Blick auf Ebelin Bucerius und Hilde von Lang präzisierte:
«Vor Ihnen als denen, die seine Lebensgefährtinnen waren. Seine Verantwortung hatte hier die Gestalt herzlicher Fürsorge.» Zwar waren
beide Frauen für einmal beim selben Anlass präsent, aber sie sassen
nicht nur sorgsam voneinander getrennt, sondern trugen auch durchaus unterschiedliche Empfindungen und Erinnerungen mit sich.

Bucerius und seine Frau Ebelin hielten bis zum Schluss einen Kontakt von grosser Vertrautheit und vor allem Verlässlichkeit aufrecht.
Nahezu täglich schrieben sie einander Notizen, die mit der Post, zuletzt per Fax den anderen erreichten. «Lieber Schatz» war Bucerius'
Anrede, «Mein lieber Schatz» die seiner Frau. Immer enthielten die
von Bucerius mit der Hand geschriebenen, von Ebelin auf der Reise-
schreibmaschine getippten Briefe eine kunterbunte Mischung von Informationen. Bucerius bedauerte zum Beispiel (am 7. April 1985 aus
Gran Canaria) Ebelins Gürtelrose. «Rosen hat man besser in der
Vase.» Es wehe ein milder Zephyr in Gran Canaria; das Meer messe
22–23 Grad. Jetzt könne man sich auch wieder manches leisten, denn
der Dollar stehe bei 3,15 Mark und werde noch weiter fallen. Helmut
Kohl reise demnächst zu einer Gipfelkonferenz in Rom. «Wenn er es
gut macht, kann das sogar bei den Wahlen in Nordrhein-Westfalen am
12. Mai helfen.» Zeitung lesen mache keinen Spass, allenfalls die «He-
rald Tribune»; Amerika «hat eben viele gute Journalisten». So schlecht
allerdings sei «Die Zeit» auch nicht; «die Auflage bestätigt es». «Ja,
mach's gut. Sei herzlich umarmt von immer Deinem Buc.»

Die Mischung von privaten und geschäftlichen, persönlichen und
öffentlichen Themen mag nur die ursprüngliche Leserin nicht verwirrt
haben: Reagan muss gewählt werden. Sollte man in den USA leben?
Springer ist sehr betroffen von Matthias Waldens Tod. Das Wetter för-
dert Krankheiten; man muss achtgeben. Essen bei Helmut Schmidt mit
Hans Apel. Ted Sommer kommt zu einem ernsten Gespräch über Auflage und Kosten. «Ja, der Dollar macht Dich zur vermögenden Frau.»

Oft kündigen die Briefe Geldsendungen an. Dann zurück zur «Zeit»: «Die ‹Zeit›-Redakteure machen (und wollen machen) eine linke Zeitung mit konservativen Gehältern.» (18. Mai 1986) Auch Hilde von Lang kommt vor. Sie hat (am 15. Mai 1986) mit dem Verlagsleiter Röpert «lange eine schwierige Sache besprochen: neues System an Stelle der Setzerei, komplizierte Elektronik». Und am Ende: «Umarmungen».

In Ebelins Antworten folgt diesen noch mehr: «Mein lieber Schatz, Dir eine innige Umarmung, liebste Grüsse und einen lieben Kuss von immer Deiner Ebelin.» (27. August 1990) Antworten? Das ist vielleicht nicht das richtige Wort. Beide geben einander Informationen. Ebelin beginnt meist mit den Medikamenten, die ihr verschrieben werden und mehr oder weniger gut bekommen. Ihren Zustand beschreibt sie drastisch. «Wie ich Dir schon am Telephon erzählte, im Moment wandere ich von einem Bett zum anderen. Heute nacht in Deinem Bett geschlafen, zwar besser als in meinem – aber doch auch noch mit Schmerzen und nun schlafe ich heute nacht oben in dem Doppelzimmer bei Lina auf der Etage.» Unvermittelt geht es in dem Brief aus Brione weiter: «Und in der Freitagskonferenz haben alle Stellvertretenden Chefredakteure gefehlt! Aber wie Du schreibst, war es eindrucksvoll! Ja, man weiss wirklich nicht, das hinundher Gezerre in der Volkskammer oder im Bonner Bundestag. Und dann – wie geht es weiter – in der Golfkrise.» Bald ist die Schreiberin wieder bei ihren Medikamenten, dann beim Abtreibungsparagraphen 218, dann beim Wetter («nur ein ganz kurzes Gewitter») und der Gewissheit, «heute Abend telephonieren wir ja zusammen».

Denn ausser den Briefen und Notizen gab es Telephonate. Und selbst bei Besuchen von Bucerius in Brione werden Zettel hinterlassen. «Dank für schöne Tage. Unsere ‹Leiden› haben sie noch schöner gemacht. Gegenseitige Hilfe – das hilft eine Menge. Umarmungen, Umarmungen. Herzlichst immer Dein Buc.» (11. Oktober 1986) Die täglichen Kontakte mit Ebelin waren für die Frau eine Art Nabelschnur, eine – vielleicht die einzige – Bindung an das für sie stets prekäre Leben, das für sie nur erträglich blieb, weil es Buc gab. Sein Geld war gewiss wichtig, aber es war doch nur fassbares Zeugnis dafür, dass es einen Menschen gab, der sich um sie kümmerte. Für Bucerius hingegen bildeten die Briefe und Telephonate eine Art Tagebuch. Hier liess er sein Visier weiter herunter als sonst. Dass das Ergebnis nicht in einem Safe im eigenen Studierzimmer ungesehen verblich, sondern einem lebendigen Menschen anvertraut wurde, gab dem Tagebuch eine eigene Realität. Dabei wusste er, dass seine ganz ungeschützten Äusserungen bei Ebelin so sicher waren wie in einem Safe. Die tiefe Bindung, die in den Jahren 1944/45 und bis zum Anfang der 50er Jahre zwischen beiden geknüpft worden war, erwies sich als ungebrochen und unzerbrechlich, was immer sonst im Leben der beiden geschah.

Dabei wurde der zitierte Brief aus Gran Canaria von einem Ferienaufenthalt geschrieben, den Bucerius mit Hilde von Lang verbrachte. Es ist nicht leicht zu verstehen oder zu vermitteln, dass darin kein Verrat und auch keine Unehrlichkeit lag. Ebelin war Bucerius' Frau und Ansprechpartnerin, der er seine Schwächen anvertraute, ohne doch mit ihr leben zu können; Hilde von Lang war seine Lebensgefährtin, die ihn kaum weniger eindringlich kannte, mit der er vor allem sein tägliches Leben teilte. Dass er auch ihr alles anvertrauen konnte, ohne je befürchten zu müssen, sein Vertrauen enttäuscht zu sehen, war das grosse Glück, das er mit seinen Frauen hatte. Es war wohl auch der Spiegel seines eigenen Wesens, seiner Anhänglichkeit, ja seiner Treue.

Hilde von Lang hatte es lange Zeit nicht leicht, sich in einer Welt von Klatsch und Männerchauvinismus durchzusetzen. In einem «Report» über «Sex und Karriere» in dem illustrierten Magazin «Tempo» bemühte sich die Autorin vergebens, Hilde von Lang die «Sex-und-Karriere-Nummer» anzudichten, berichtete jedoch korrekt, dass Bucerius ihr den Anzeigenteil der «Zeit» zugedacht hatte. «Sie arbeitet überaus fleissig. Er schätzt ihre Nähe. Bald gilt sie als seine ‹Begleiterin›. Heute macht man keinen Fehler mehr, wenn man sie als seine ‹Lebensgefährtin› anspricht.» (Oktober 1988) Plausibler klingt ein Bericht über «Hamburgs starke Frauen» in der «Morgenpost» (7. Dezember 1987). Er schildert die begabte «Hamburger Deern», die Heirat, die Erziehung des Sohnes, dann die Scheidung und die Anfänge bei Bucerius. Bei der Anzeigenwerbung hatte sie als Frau einen schweren Stand. Sie reiste herum, übernachtete in billigen, kleinen Hotels. «Ich habe mir damals meist eine Tafel Schokolade gekauft und mich ins Bett gelegt, weil ich nicht allein essen gehen wollte.» Heute, sagt sie, kann sie sich das nicht mehr vorstellen; aber die Härte der Chefin stammt auch aus dieser Zeit. Bucerius hat sie gefördert, aber nicht verhätschelt. Dann aber wusste er, dass sie unentbehrlich für ihn geworden war, und das nicht nur als Verlagsleiterin, sondern als Gesprächsfreundin, ja als verlässliche Partnerin in allen Dingen.

Beide fuhren nicht nur gemeinsam in die Ferien, sondern lebten auch am Leinpfad zusammen. Sie sprachen über vieles, wobei die Tätigkeiten des Tages sich immer wieder vordrängten. Noch die Briefe und Notizen, die sie wechselten, verraten das gemeinsame Interesse. 1991 stellte die «Frankfurter Allgemeine» eine medizinische Zeitschrift ein, und Hilde von Lang schrieb (am 19. März) an Bucerius: «Als die FAZ die ‹Neue Ärztliche› auf den Markt brachte, hast Du Dich geärgert ‹Warum wir nicht?› Nun freust Du Dich vielleicht. Oder? Gruss Hilde.» 1986 sollen Mitarbeiter der «Zeit» eine Sondervergütung aus den Gewinnen des Vorjahres bekommen; dazu hat Hilde von Lang einen Brief entworfen. Buc merkt (am 25. Juni 1986) an: «Du hast den Satz gestrichen ‹auch 1986 scheint gut zu laufen›. Warum. Gibt es Kostenpositionen, die bedrohlich werden können. Dann müssten wir das den Mitarbeitern früh sagen (Papierpreise, Blattstruktur usw.). Ich halte den Brief also noch fest. Dankeschön Buc.» Die Beispiele zeigen nicht etwa, dass es sich um eine sozusagen geschäftliche Beziehung handelte. Ganz im Gegenteil war das Geschäftliche erkennbar in das Persönliche eingebettet. Wenn Hilde von Lang auf Reisen war, bekam sie Postkarten und auch Briefe von Bucerius, die nicht viel anders klangen als die an Ebelin. Indes war die charakteristische Form des Kontakts die des Gesprächs. Es ging nicht um die Leiden des Körpers und der Seele, sondern um gemeinsame Absichten, Erfahrungen und Hoffnungen. Die Lebensgefährtin hat Bucerius in den späteren Jahrzehnten seines Lebens Kraft und eine Helligkeit gegeben, die seiner Umwelt zugute kamen.

Helmut Schmidt begann seine Trauerrede mit dem Satz: «Einige von uns haben einen sehr lieben, einen sehr engen Freund und Gefährten verloren.» Damit meinte er nicht nur, aber doch vor allem die beiden Frauen. Manchmal träumte Bucerius von einem «freundlichen Dreierbund». Er hätte gerne die so sichtbar auseinanderstrebenden Seiten seines Lebens zusammengebracht. Doch war das nicht nur aus praktischen Gründen schwierig. Die ständig leidende Ebelin auf dem fernen Berg im Tessin hätte die Harmonie der Unvereinbaren vielleicht ganz gerne gesehen, aber die lebenslustige, immer tätige Hilde von Lang konnte dem Gedanken weniger abgewinnen. Das war wohl auch gut so. Bei aller Vielfalt seiner unruhigen Existenz war Bucerius dank seiner Gefährtinnen ein glücklicher Mann.

«Nun hat seine Qual ein Ende»

Anfang der 90er Jahre liessen die Kräfte des jetzt 85jährigen Bucerius erkennbar nach. Die vielen kleinen Leiden, die ihn nun schon jahr-

zehntelang geplagt hatten, summierten sich zu einer Mischung von
Hinfälligkeit und angriffslustigem Ärger. Eine Notoperation nach einem Darmdurchbruch hinterliess wohl vor allem wegen der langen
Vollnarkose Spuren. Bucerius hatte keine der üblichen grossen Krankheiten, keinen Herzinfarkt, keinen Schlaganfall und auch nicht Krebs,
aber sein von nervöser Energie getriebener Körper versagte ihm zunehmend den Dienst, zumal der stets so wache Geist begann, immer
häufiger die Orientierung zu verlieren. Bucerius wurde ein alter
Mann.

Die letzte Reise nach Brione im September 1994 (wie üblich zu
Ebelins Geburtstag am 1. Oktober) erwies sich für sein Sekretariat als
Planungsalptraum. Das Privatflugzeug musste gross genug sein für
Bucerius' Bedürfnisse und doch klein genug, um auf dem Grasplatz
von Locarno landen zu können. Der Fahrer Peter Ohlenbostel, der
auch sonst für ihn sorgte, begleitete ihn zusammen mit seiner Frau.
Ein Medikamentenkoffer mit acht verschiedenen Tabletten für jeden
Tag (plus zwei für den Notfall) reiste mit. Eine Pflegerin wurde in
Brione engagiert. Ebelin erhielt detaillierte Anweisungen über die
Nachtwache, die morgendlichen Verrichtungen, das frugale Früh-
stück, den Mittagssalat, kurze Spaziergänge und lange Schlafpausen.
«Es wird immer darauf geachtet, dass er so weit wie möglich selbstän-
dig bleibt, ihm also nicht jeder Handgriff abgenommen wird.»

Das Lesen wurde weniger. «Als Lektüre nur noch die ‹Frankfurter
Allgemeine Zeitung› bestellen – mehr liest Herr Dr. Bucerius nicht
mehr.» Das Schreiben wurde schwierig. «Ich bin ein Krüppel geworden», krakelte er im Herbst 1994. Die Unruhe blieb, doch hatten die
Eruptionen immer weniger Sinn. Hilde von Lang tat viel, um ihn nicht
nur zu pflegen, sondern im Wortsinn am Leben zu halten. Sie ging
oder fuhr mit ihm aus, auch als er kaum noch recht wahrnahm, was
um ihn herum geschah, und doch nicht abliess von Äusserungen des
Unwillens.

Zu seinem 89. Geburtstag am 19. Mai lud die Gefährtin seines letzten Vierteljahrhunderts die Freunde aus der Redaktion zu einem kleinen Frühstück an den Leinpfad. Ausserdem dankte sie den noch immer zahlreichen Gratulanten. Mancher Antwort gab Hilde von Lang
in ihrer vornehmen Art einen persönlichen Akzent – «ihm geht's nicht
besonders fabelhaft» –, den meisten beschied sie: «Das Alter zwingt
ihn zu mancherlei Einschränkung und Rückzug aus dem öffentlichen
Leben. Da freut es Buc natürlich besonders, wenn seiner dennoch
gedacht wird.»

Ende September 1995 ging es erkennbar zu Ende. Am 28. September kam Ebelin aus Brione nach Hamburg. Am 29. September nachmittags starb Gerd Bucerius. Es war kein Ende, das man sich oder seinen Freunden wünschen würde. Mit Recht sagte Helmut Schmidt in seiner Trauerrede: «Jeder von uns, der Gerd Bucerius an seinem Geburtstag im Mai zum letzten Mal gesehen hat, wird auch getröstet sein zu wissen: Nun hat seine Qual ein Ende.»

Unabhängig und frei

Die Trauerfeier für Gerd Bucerius fand am 10. Oktober 1995 in der Hauptkirche St. Michaelis statt. Der Ehrenbürger hätte Anspruch auf eine Feier im Rathaus gehabt, aber zu viele wollten dabeisein, so dass dem «Michel», dem Hamburger Wahrzeichen, der Vorzug gegeben wurde. Sechshundert Menschen waren gekommen, darunter viel Prominenz. Und dann die Allernächsten. Hamburg hatte das unordentliche Leben seines grossen Bürgers längst akzeptiert; das galt sogar für das eher betuliche «Hamburger Abendblatt». «Ebelin Bucerius hatte schon vor Beginn der Trauerfeier in stillem Gedenken am Sarg verharrt. Die Witwe nahm an der Seite von Helmut Schmidt Platz. Hilde von Lang, die langjährige Lebensgefährtin und Verleger-Partnerin von Gerd Bucerius, hatte an der Seite von Bürgermeister Henning Voscherau das Kirchenschiff betreten. Gemeinsam mit den engen Freunden hatte sie vorher in der Sakristei des Toten gedacht.» Die Trauergäste trafen sich anschliessend im Rathaus zu einem «Butterbrot und einem Glas Wein». Zum letzten Mal stand auf Einladungskärtchen diese frugale Formulierung, die über die Jahre so viele in den Leinpfad gelockt hatte.

Beide Frauen waren Adressaten zahlreicher Beileidsbekundungen und Erinnerungsbriefe. Die offiziellen Schreiben gingen an die eine oder andere, je nach der Vertrautheit und Liberalität des Autors. An Ebelin schrieben manche, die zu Bucerius' anderer, ganz unhamburgischer Welt gehörten. Briefe kamen aus Ragaz und Ascona, aus München und Köln, von diversen Schlössern und Burgen, aus teuren Altersresidenzen. Sie zu lesen ruft die süsse Leere einer Halbwelt wach, der es nicht recht gelungen war, frühen wirtschaftlichen Erfolg in ein sinnerfülltes Leben zu übersetzen. Bucerius hatte sich in dieser Welt immer einmal für kurze Zeit amüsiert, um sie dann jedoch schleunigst für tätigere Gründe zu verlassen.

Manche der Briefe an Ebelin erinnern an vergangene Untiefen. Sogar die Familie ihres verstorbenen italienischen Lieblings Giuseppe telegraphierte einen Gruss aus Ischia in ungelenkem Deutsch: «Liebe Ebelin, wir verbleiben in Deiner Schmerzen mit Dir. Fam. Barbieri.» Erinnerungen an nun ein halbes Jahrhundert zurückliegende Zeiten wurden wachgerufen, wenn auch meist nur in vagen Andeutungen. Der Neffe von Bucerius' erster Frau Detta, Robert Arnheim, schrieb aus England: «Ich habe viele Erinnerungen an Gerd, die ich von [Dettas Schwester] Ilse und meiner Grossmutter Lina hörte – immer nur Gutes, und ich habe auch einen guten ‹Onkel› verloren und trauere mit Dir.» Erik Blumenfeld, der einzige Freund aus alten Zeiten, war selbst schon nicht mehr bei Kräften und diktierte daher seinen kurzen Brief: «Ich weiss sehr wohl über Deine Beziehung zu Bucerius und welches schwere Jahr 1945 Du hinter Dich hast bringen müssen.» Blumenfelds erste Frau Sibylle erinnerte aus Marbella an den Winter 1945 und an die grosse Lebensleistung des Verstorbenen. «Ob er ein glücklicher Mensch war? Das kann ich nicht beantworten. Vielleicht quälte ihn immer seine grosse Verantwortung.» Helga, die Frau des Reeders und Diplomaten Rolf Stödter, eines anderen alten Freundes aus der Kriegs- und Nachkriegszeit, sprach von ihrer Bewunderung für Bucerius und mehr: «Ich habe ihn herzlich gerne gehabt. Sein sprühender Geist, seine nie ermüdende Aufgeschlossenheit gegenüber jedem Menschen, gleichgültig wo er stand oder wer er war, sein Humor und seine warmherzige Menschlichkeit – das alles bleibt für mich unvergessen und unvergesslich.»

Die offizielle Welt, das Hamburger Umfeld, die «Zeit», die Zunft der Verleger und Journalisten – das alles ist unter Ebelins Korrespondenten nicht zu finden, beherrscht dagegen die Briefe an Hilde von Lang. Da meldeten sich die Redakteure, vergangene und gegenwärtige. Roger de Weck beschwor das «leitende Bild» des Verlegers, ein Bild «der Präsenz und Neugierde, also der steten Jugendlichkeit. Unvergesslich seine Ausstrahlung, in der beides lag, die hitzige Direktheit und das grosse Wohlwollen.» Ivan Nagel, der von der Springer-Presse einst geplagte Theatermann, hatte Bucerius' «unsentimentale, selbstverständliche Festigkeit, Freundschaft (in Sachlichkeit verkleidete Güte)» nicht vergessen; aus freien Stücken hatte Bucerius ihm geholfen, als er es brauchte. Heinrich Senfft, der streitbare Jurist, erinnert an die oft harten, manchmal aber auch «netten» Auseinandersetzungen in den 38 Jahren der sporadischen, doch zuweilen intensiven Gemeinsamkeit. Dieter von Holtzbrinck, der zukünftige Verleger, fand bemerkenswerte Worte:

«Niemand wird Gerd Bucerius ersetzen können, den hochintel-
ligenten, analytischen Denker, den grossen, talentierten Publizi-
sten, den mutigen, kraftvoll-streitbaren Liberalen, der doch so
sensibel und verletzbar war, den scharfsinnigen, harten Debattie-
rer, der zugleich liebenswürdig und warmherzig war, den Visio-
när und Zweifler, diese brillante Persönlichkeit voller scheinbarer
Widersprüche.»

Die Kollegen verschwiegen ihre Schwierigkeiten mit dem grossen
Toten nicht. «Hanseat, Feind, Freund» hiess der Titel von Rudolf
Augsteins Würdigung im «Spiegel», in der man aber auch liest: «Wer
mit Gerd Bucerius auf Dauer nicht zurechtkam, musste ein Trümpel
sein.» (Ein Trümpel? Im Wörterbuch steht er nicht; aber er ist wohl
so etwas ähnliches wie der «spätmittelhochdeutsche» Trolle, ein Töl-
pel nämlich.) In der «Welt am Sonntag» verwendete Claus Jacobi ein
mehrdeutiges Bild: «Gerd Bucerius war einer der Dinosaurier in der
Presselandschaft der Bundesrepublik. Entsprechend ist die Fährte,
die er hinterlässt: von Bewunderung einflössenden Dimensionen.»
Jacobi fügt hinzu, die Republik sei durch Bucerius' Tod ärmer geworden. Die «Bild»-Zeitung machte ihrem Namen Ehre: «Er hatte
ein gutes Gesicht. Auf ihm ging man gern mit den Augen spazieren.
Alle Linien in diesem Gesicht standen konträr zueinander. Wider-
sprüchlich. Kantig. Nicht angepasst. Und genau das war Gerd Bucerius.»

In St. Michaelis sprach zunächst Pfarrer Adolphsen, der es nicht
leicht hatte mit dem Mann, dem sowohl die pietistischen Züge des
Vaters als auch die katholischen der Mutter ganz und gar abgingen.
Wohlwollende Skepsis war wohl das Äusserste, das Bucerius gegen-
über der Kirche aufzubringen imstande war. Er blieb, um Max Webers
Bild zu verwenden, in religiösen Dingen unmusikalisch.

Dem Pfarrer folgten vier bedeutende Zeitgenossen. Gräfin Dönhoff
betonte die Ecken und Kanten des Mannes, mit dem zusammen sie
die «Zeit» aufgebaut hatte. Bürgermeister Voscherau hob seinen Mut
und sein Engagement für die Allgemeinheit hervor. Altbundespräsident Richard von Weizsäcker zeichnete das Bild des unkonventionel-
len, streitbaren, zugleich heftigen und grosszügigen, polemischen und
liebenswürdigen Mannes nach. «Doch es war die Rede von Helmut
Schmidt, die am meisten beeindruckte», vermerkte die «Hamburger
Morgenpost» zensierend am nächsten Tag. Hier ist diese Trauerrede
schon häufig zitiert worden, angefangen vom Titel des Kapitels. «Bu-

cerius war vom Willen zur Freiheit und zur persönlichen Unabhängigkeit besessen.»

Unabhängig und frei – die beiden Worte kehren in vielen Würdigungen wieder. «Gerd Bucerius war ein unerbittlicher Hüter seiner geistigen, politischen und wirtschaftlichen Unabhängigkeit.» (Theodor Eschenburg) «Zeit seines Lebens war Bucerius ein unabhängiger und ein mutiger Mann.» (Ministerpräsident Kurt Biedenkopf.) «‹Die Zeit› steht weiter für jene Werte, für die er sich zeitlebens eingesetzt hat: Liberalität, Unabhängigkeit und Toleranz.» (Botschafter Sir Nigel Broomfield) «Herr Bucerius war ein unabhängiger Geist, wie es zu wenige in unserem Lande gibt.» (Bundesbankpräsident Hans Tietmeyer) Bucerius war niemandem untertan und wollte eine Welt, die solche Freiheit allen eröffnet.

Am Morgen nach der Trauerfeier in St. Michaelis wurde Gerd Bucerius im Familiengrab auf dem Friedhof in Reinbek beigesetzt.

Dank

Die Arbeit an diesem Buch war ein Vergnügen. Dazu hat die erfreuliche Umsphäre beigetragen, die die «Zeit-Stiftung Ebelin und Gerd Bucerius» von Anfang an geschaffen hat. Dr. Michael Göring, geschäftsführendes Vorstandsmitglied der Stiftung, hat alles getan, um die Arbeit des Autors zu erleichtern, stand stets für hilfreiche Gespräche zur Verfügung und hat doch exemplarische Enthaltsamkeit geübt, wo immer auch nur der Anschein entstehen konnte, dass die Stiftung auf den Inhalt des von ihr unterstützten Buches Einfluss nehmen würde. Frau Herdis Horn, die Sekretärin des geschäftsführenden Vorstandes, hat viele Verabredungen erleichtert und war immer zur Hilfe bereit. Ihre kompetente Partnerin war dabei häufig meine Londoner Sekretärin, Frau Edith Emmenegger, der ich vielfachen Dank schulde. Frau Angela Holz hat in bemerkenswerter Promptheit mehrere Versionen des Textes geschrieben.

Besonderes Glück hatte ich mit drei Mitarbeitern. In der Anfangsphase hat Herr Jörn Rohwer einen annotierten Lebenslauf von Bucerius hergestellt, der sich bis zum Schluss als nützliches Gerüst erwies. Er hat überdies ein auf das Buch bezogenes Archiv angelegt. Immer wieder verwickelte er mich in tiefgehende Gespräche über Motive und Absichten der handelnden Personen, vor allem in der Nazi-Zeit. In der letzten Phase hat Herr Ingmar Ahl die Arbeit an seiner Dissertation unterbrochen und mit der ihm eigenen nachdenklichen Genauigkeit den gesamten Text durchgesehen und korrigiert. Er hat zudem die Aufgabe der Nachweise von Zitaten und der Kontrolle von Tatsachenaussagen mit freundlicher Sachlichkeit wahrgenommen. Dabei hat er Funde gemacht, die ich gerne aufgenommen und für Ergänzungen verwendet habe. Herr Ahl verbindet Gelehrtentugenden und praktischen Sinn in bemerkenswerter Weise.

Das Buch wäre jedoch nicht entstanden, hätte ich nicht in der entscheidenden Phase die Hilfe von Hildegard Metzsch gehabt. Als langjährige Sekretärin von Gerd Bucerius hat sie einzigartige Kenntnisse nicht nur der Personen und Ereignisse seines Lebens, sondern auch des Materials, das zum Beleg herangezogen werden kann. Ihr Sinn für Stil reicht weit über Formalien hinaus; er informiert ihr

Urteil, mit dem sie mich an Dutzenden von Stellen vor Irrwegen bewahrt hat. Wäre Frau Metzsch nicht so unwirsch ob jeder Hervorhebung ihrer Person, dann hätte sie in der in diesem Buch erzählten Geschichte eine weit sichtbarere Rolle gespielt. Ich habe Hildegard Metzsch von Herzen schätzen gelernt und verstehe, was Bucerius an ihr hatte. In manchen Partien habe ich das Buch geradezu für sie geschrieben, auch wenn sie in anderen mehr Diskretion des Autors lieber gesehen hätte.

Der Text des Buches hat sicherlich davon profitiert, dass eine Reihe von Personen Teile oder das Ganze gelesen und mit hilfreichen Hinweisen kommentiert haben. Dabei bin ich denen zu besonderem Dank verpflichtet, die überdies in Gesprächen oder Briefen Materialien beigesteuert haben. Das gilt insbesondere für Hilde von Lang sowie für Marion Gräfin Dönhoff, Helmut Schmidt und Theo Sommer. Brigitte Lichtenauer-Blumenfeld hat mir wichtige Kommentare und Texte zur Beziehung zwischen Bucerius und Erik Blumenfeld gegeben.

Robert Arnheim, dem britischen Neffen von Bucerius – dem Sohn der Schwester seiner ersten Frau Gretel –, verdanke ich wichtiges Photomaterial sowie faktische und atmosphärische Informationen über die schwierige Zeit vor und nach 1945. Ich schulde ihm auch eine Bitte um Nachsicht. Er, der mit dem letzten Kindertransport 1939 aus Berlin entkam, meint, dass in meiner Darstellung der NS-Zeit die Deutschen im allgemeinen und der Vater Walter Bucerius im besonderen (wenngleich nicht der Sohn) zu milde beurteilt werden.

Andere haben mir in Gesprächen Tatsachen und Atmosphäre vermittelt. Ellinor Voigt, geb. Bucerius, die Tochter des im Ersten Weltkrieg gefallenen Bruders von Walter Bucerius, hat mir liebevoll und geduldig die Familiengeschichte erzählt (die ihr Sohn Wolfgang Voigt, stellvertretender Direktor des Deutschen Architekturmuseums in Frankfurt/Main hilfreich in Übersichten gebracht hat) und mit mancherlei Hinweisen geholfen. Bucerius' langjährige Sekretärin Hanne Goebel konnte ich vor ihrem Tod ausführlich sprechen. Maria Steinbergers sprudelnde Erinnerungen brachten Bonn, Hamburg und Brione für mich zum Leben. Auch kurze Gespräche, wie die mit dem Wirtschaftsprüfer Walther von Diest und dem Rechtsanwalt Heinrich Senfft gaben sonst dürren Akten reale Bedeutung. Mitarbeiter der «Zeit», die ich zum Teil seit langem kenne, waren immer zu Gesprächen bereit und haben auf informelle Weise vieles beigetragen. Das gilt in sehr konkreter Weise für die «Dokumentaristen» der «Zeit», insbesondere Frau Uta Wagner, deren Bereitschaft und Fähigkeit, auch entlegene Materialien rasch herbeizuzaubern, meine Bewunderung haben.

Hilfreich waren für mich häufige Gespräche mit Lord Williams of Elvel, der parallel mit meinen Forschungen an einer Adenauer-Biographie arbeitete («Adenauer. Father of the New Germany») und das Kapitel über Bucerius' politische Karriere kritisch kommentierte.

Eine erfreuliche Beziehung ergab sich zu Hermann Schreiber, der gleichzeitig mit meinen Vorarbeiten begann, die vorzügliche Biographie von Henri Nannen zu schreiben, die 1999 erschienen ist («Henri Nannen. Drei Leben»). Wir haben nach Kräften versucht, uns über alle Tatsachenfragen zu einigen, und sind auch in unseren Urteilen vielfach nicht weit voneinander entfernt.

Einige vielzitierte Personen haben mich gewähren lassen. Das gilt vor allem für Rudolf Augstein, Marion Gräfin Dönhoff, Helmut Schmidt sowie für Fritz J. Raddatz, der seine eigene Rolle anders sieht, als sie in Kapitel 7 geschildert wird, aber aus Prinzip den Autor nicht an seiner Darstellung hindern wollte.

Ausser Hildegard Metzsch und Michael Göring haben zwei Freunde das ganze Manuskript gelesen und mir Ermutigung und Anregung gegeben. Einer ist Haug von Kuenheim, der in kritischen Jahren das schwierige Völkchen der «Zeit» zusammengehalten hat. Mit dem ihm eigenen leisen Bestimmtheit hat er mir seinen Rat gegeben. Der andere ist Fritz Stern. Er, der professionelle Historiker, hat seinen Freund bei dessen amateurhaftem Übergriff auf seine Disziplin nicht nur nicht entmutigt, sondern angeregt und angestossen – und ihn natürlich hier und da auf sanfte, aber deutliche Weise auf den Pfad der historischen Tugend gebracht.

Einen letzten Glücksfall gilt es zu vermerken, der Verlag und Verleger betrifft. Der Verlag C. H. Beck zeigte nicht nur zum richtigen Zeitpunkt Interesse an diesem Buch, sondern gestattete auch dem langjährigen Cheflektor Dr. Ernst-Peter Wieckenberg, es zum Druck zu bringen. So kommt das Werk in den Genuss der Erfahrung und Genauigkeit eines bedeutenden Verlagslektors. Dass Verlag und Autor über den Titel lebhafte Diskussionen hatten, kann nichts schaden. Bucerius war ohne Zweifel ein unruhiger Geist. Vielleicht war die Unruhe auch Quelle der Unabhängigkeit des Mannes, der sich weder von Parteien noch von grossen Männern – so sehr er sie bewunderte – vereinnahmen liess. Dabei behielt er seinen untrüglichen Richtungssinn. Er war ein rechter Liberaler – ein regelrechter, aber auch einer, dessen Eintreten für entschiedene Marktwirtschaft, wehrhafte Demokratie, immer neu zu bewährenden Rechtsstaat und weltoffene Nation ihn rechts der politischen Mitte stellt. Vielleicht ist jemand, der sich selbst ein paar Grade links von dieser Position sieht, besonders befugt zu sagen, dass rechte Liberale dieser Art das Salz der Freiheit sind. «Liberal und unabhängig» schien so dem Autor wie dem Verleger der angemessene Titel für dieses Buch.

Ralf Dahrendorf
London, im Februar 2000

Anmerkungen

Die Ziffern vor den Anmerkungen beziehen sich auf die jeweiligen Textseiten. Die Anmerkungen weisen die verwendete Literatur, gedruckte sowie nicht ausdrücklich im Text angegebene Quellen nach. Wenn nicht anderweitig ausgewiesen, befinden sich die vom Autor verwendeten Materialien – einschließlich der Mitschnitte der zitierten Rundfunk- und Fernsehsendungen – im Archiv der «Zeit-Stiftung Ebelin und Gerd Bucerius» in Hamburg.

14 «Zeugen des Jahrhunderts». Gerd Bucerius im Gespräch mit Arnulf Baring (ARD, 23. Juni 1987).

15 Hans-Ulrich Wehler: Deutsche Gesellschaftsgeschichte, Bd. 3: Von der Deutschen Doppelrevolution bis zum Beginn des Ersten Weltkrieges. 1849–1914, München 1995, 1270.

16 Gerd Bucerius: Der Adenauer. Subjektive Beobachtungen eines unbequemen Weggenossen, Hamburg 1979, 13.

19 Helmut Stubbe-da Luz: Walter Bucerius – Ein Stadtkämmerer mit Prinzipien, in: Das Rathaus – 25 Jahre Kommunalpolitik, 5 (1988), 277–284; Gerd Bucerius: «Es bleibt nur die Erinnerung», in: «Die Zeit», 12. Februar 1993.

20 Hans Luther: Zusammenbruch und Jahre nach dem Ersten Krieg in Essen, Essen 1958, 69 f.; «Hannoversches Tageblatt», 27. April 1922.

21 Helmut Stubbe-da Luz, Walter Bucerius, 284.

25 Karsten Schmidt: Gerd Bucerius, in: Recht und Juristen in Hamburg, Bd. II, Köln 1999, 398; Birgit Lahann: Abitur. Von Duckmäusern und Rebellen – 150 Jahre Zeitgeschichte in Aufsätzen prominenter Deutscher, Hamburg 1982, 127.

28 Gerd Bucerius, Adenauer, 99.

29 Hagen Schulze: Weimar. Deutschland 1917–1933, Berlin 1982, 293; Anthony Nicholls: Weimar and the Rise of Hitler, 3. Auflage, London 1991, 105.

32 Robert Arnheim im Gespräch mit dem Autor.

36 Karsten Schmidt, Gerd Bucerius, 401.

39 Monika Richarz (Hrsg.): Jüdisches Leben in Deutschland, Bd. III, Selbstzeugnisse zur Sozialgeschichte 1918–1945, Stuttgart 1982, 172–182; Frank Bajohr: «Arisierung» in Hamburg. Die Verdrängung der jüdischen Unternehmer 1933–1945 (= Hamburger Beiträge zur Sozial- und Zeitgeschichte 35), Hamburg 1997, 204–208.

40 «Der Stürmer», 25. Juni 1937.

43 «Zeugen des Jahrhunderts».

44/45 Gerd Bucerius: «Hinrichtung vor Kriegsende» in: «Die Zeit», 9. Juli 1978 (auch in: Gerd Bucerius: Zwischenrufe und Ordnungsrufe. Texte zwischen Machtwechseln, Berlin 1984, 158–162, 160); ders.: Reden über das eigene Land. Deutschland, München 1983, 92–115, 97.

48   Ulrich Bauche u. a. (Hrsg.): Arbeit und Vernichtung. Das Konzentra-
      tionslager Neuengamme 1938–1945, Hamburg 1986, 228.
50   «Zeugen des Jahrhunderts».
51   Das ungedruckte Manuskript der Erinnerungen Erik Blumenfelds befin-
      det sich im Besitz von Brigitte Lichtenauer-Blumenfeld, Hamburg.
52/53 Gerd Bucerius: «‹Dem Freunde›. Erik Blumenfeld wird 75», in: «Die
      Zeit», 14. März 1985; Erik Blumenfeld: «Er ist ein eigenwilliger und mu-
      tiger Freund. Gerd Bucerius zum 80. Geburtstag», in: «Hamburger
      Abendblatt», 17. Mai 1986; ders.: «Auf vielfache Weise den NS-Mördern
      entkommen», in: «Die Welt», 15. März 1985.
55   Uwe Bahnsen/Jochen von Lang: Hamburg 1945 (Katalog zur Ausstel-
      lung in der Handelskammer Hamburg), Hamburg 1995, 65 u. 69.
62   «Zeugen des Jahrhunderts».
66   Kurt Ziesel: Der rote Rufmord. Eine Dokumentation zum Kalten Krieg,
      Tübingen 1961, 186.
67   Marion Gräfin Dönhoff: «Zum Tod von Ebelin Bucerius», in: «Die Zeit»,
      18. Juli 1997; Jochen Steinmayr: Trauerrede zum Begräbnis von Ebelin
      Bucerius am 18. Juli 1997.
68   Regine Urban: Gründung und Organisation der Wochenzeitung «Die
      Zeit» unter britischem Lizenzrecht. Ein Beitrag zur Geschichte des Ham-
      burger Pressewesens (Magisterarbeit, Philosophische Fakultät Universi-
      tät Münster 1986).
70   Josef Müller-Marein: «Es begann vor dreissig Jahren» in: «Die Zeit»,
      20. Februar 1976; Noel Annan: Changing Enemies: The Defeat and Re-
      generation of Germany, London, 1995.
72/73 Josef Müller-Marein, in: «Die Zeit», 20. Februar 1976; Richard Tün-
      gel/Hans Rudolf Berndorff: Auf dem Bauche sollst Du kriechen ...
      Deutschland unter den Besatzungsmächten, Hamburg 1958, 30; «Zeugen
      des Jahrhunderts».
76   Reneé Wagner: «Der Fluch», in: «Frankfurter Allgemeine Zeitung»,
      11. September 1997.
79   Gerd Bucerius, Adenauer, 38 f.; «Zeugen des Jahrhunderts».
80   Helmut Stubbe-da Luz: Von der «Arbeitsgemeinschaft» zur Grossstadt-
      partei – 40 Jahre Christliche Demokratische Union in Hamburg (1945–
      1985), Hamburg o. J., 62.
85   Rainer Salzmann (Hrsg.): Die CDU-CSU im Frankfurter Wirtschaftsrat.
      Protokolle der Unionsfraktion 1947–1949, Düsseldorf 1988, 140 u. 421.
86   Wirtschaftsrat des Vereinigten Wirtschaftsgebietes (Amerikanische und
      Britische Besatzungszone in Deutschland). Wörtlicher Bericht über die
      18. Vollversammlung am 17. und 18. Juni 1948, Wiesbaden 1948, 660 f.;
      Gerd Bucerius: «Rechnung für Hitlers Krieg. Lastenausgleich – die grösste
      Vermögensabgabe der Geschichte», in: «Die Zeit», 13. April 1979 (Zwi-
      schenrufe, 189–198); Geschichte der Bundesrepublik, hrsg. v. Karl Diet-
      rich Bracher u. a., Bd. 1: Theodor Eschenburg: Jahre der Besatzung 1945–
      1949, Stuttgart 1983, 434 f.; Daniel Koerfer: Kampf ums Kanzleramt. Er-
      hard und Adenauer, Stuttgart 1987, 49.
87   Gerd Bucerius: «Siebzehn Monate in Frankfurt», in: «Das Parlament»,
      8. August 1987.

88/89 Helmut Stubbe-da Luz, 40 Jahre CDU, 107.

93 Gerd Bucerius: «Zeit» – Geschichte – wie sie uns in Atem hielt, in: «Die Zeit», 21. Februar 1966; Karl-Heinz Janßen: Die Zeit in der «Zeit». 50 Jahre Wochenzeitung «Die Zeit», Berlin 1995, 42.

94 Gerd Bucerius, in: «Die Zeit», 21. Februar 1966.

95 Michael Thomas: Deutschland, England über alles. Rückkehr als Besatzungsoffizier, Berlin 1984, 249–252.

98/99 Hermann Schreiber: Henri Nannen. Drei Leben, München 1999, 207; Gerd Bucerius, «Die Zeit», 21. Februar 1966.

101 Karl-Heinz Janßen, «Zeit», 101–112.

111 Hermann Schreiber, Henri Nannen, 210.

113 Karl-Heinz Janßen, «Zeit», 109.

121 Gerd Bucerius, in: «Die Zeit», 21. Februar 1966.

122 Theodor Eschenburg: Letzten Endes meine ich doch … Erinnerungen 1933–1999, Berlin 2000, 209, 212 f.; Gerd Bucerius: Der angeklagte Verleger. Notizen zur Freiheit der Presse, München 1974.

123 Karl-Heinz Harenberg: «Die Welt» 1946–1953. Eine deutsche oder britische Zeitung? (phil. Diss. FU Berlin 1976).

126 Verhandlungen des Deutschen Bundestages. 1. Wahlperiode 1949, 379, 877.

129 Die CDU/CSU-Fraktion im Deutschen Bundestag. Sitzungsprotokolle 1949–1953, bearb. v. Helge Heidemeyer (= Quellen zur Geschichte des Parlamentarismus und der politischen Parteien 4, Bd. 11), Düsseldorf 1998; Hans Peter Schwarz: Adenauer, Bd. 1: Der Aufstieg 1876–1952, Stuttgart 1986, 651; Congressional Record. Proceedings and Debates of the 81st Congress, second Session, 25. April 1950, Bd. 96, Nr. 81, 5782.

130 «News Chronicle», 22. Juli 1950.

132 Verhandlungen des Deutschen Bundestages. 1. Wahlperiode 1950, 1381, 6271.

133/134 Hans Peter Schwarz: Adenauer, Bd. 2: Der Staatsmann 1952–1967, Stuttgart 1991, 468; Gerd Bucerius, Adenauer, 43 f.; Heinrich Vockel an Konrad Adenauer, am 29. Oktober und 2. November 1959.

135 Verhandlungen des Deutschen Bundestages. 2. Wahlperiode 1957, 10827 f.; Johann Baptist Gradl: Adenauer und Berlin, in: Dieter Blumenwitz u. a. (Hrsg.): Konrad Adenauer und seine Zeit. Politik und Persönlichkeit des ersten Bundeskanzlers. Beiträge von Weg- und Zeitgenossen, Stuttgart 1976, 357; Gerd Bucerius, Adenauer, 43 f.

136 Gerd Bucerius, Adenauer, 63; «Es mußte alles neu gemacht werden». Die Protokolle des CDU-Bundesvorstandes 1950–1953, hrsg. von Günter Buchstab (= Forschungen und Quellen zur Zeitgeschichte, Bd. 8), Stuttgart 1976, 572.

137 Daniel Koerfer: Kampf ums Kanzleramt. Erhard und Adenauer, Stuttgart 1987, 147, 150.

138 Gerd Bucerius, Adenauer, 86; Konrad Adenauer: Erinnerungen 1955–1959, Stuttgart 1967, 526.

139 Gerd Bucerius, Adenauer, 89; Daniel Koerfer, Erhard und Adenauer, 354.

140 Daniel Koerfer, Erhard und Adenauer, 355.

141 Gerd Bucerius, Adenauer, 90, 99.

142 Gerd Bucerius: «Lockruf aus Moskau», in: «Die Zeit», 27. März 1992;
Gerd Bucerius, Adenauer, 68, 70.

143 Gerd Bucerius, Adenauer, 93–95, 99; Gerd Bucerius: «Ein Kabinett der
Besten. Warum Ludwig Erhard Kanzler Adenauer ablösen muß», in:
«Die Zeit», 6. Oktober 1961; Konrad Adenauer: Teegespräche 1959–61,
bearb. von Rudolf Morsey u. Hans Peter Schwarz, Berlin 1988, 750,
Anm. 27.

144 Gerd Bucerius: «Der Abschied», in: «Die Zeit», 18. Oktober 1963; Claus
Jacobi: «Der verkehrte Verkehrsminister», in: «Die Zeit», 26. November
1950.

145 Verhandlungen des Deutschen Bundestages, 1. Wahlperiode, 1953, 12361;
Gerd Bucerius: «Was ist mit den Nazis in Bonn? Das Gerede über Schröder und Globke – Oberländer muß gehen», in: «Die Zeit», 29. Januar
1960; Konrad Adenauer: Teegespräche 1959–1961, bearb. von Hanns Jürgen Küsters, Berlin 1988, Nr. 16, 12. Februar 1960, 200. «Adenauer: ‹...
um den Frieden zu gewinnen›». Die Protokolle des CDU-Bundesvorstandes 1957–1961, hrsg. v. Günter Buchstab (= Forschungen und Quellen zur Zeitgeschichte, Bd. 24), Düsseldorf 1994, 636–646, 658–665.

149 «Stetigkeit in der Politik». Die Protokolle des CDU-Bundesvorstandes
1961–1965, hrsg. v. Günter Buchstab (= Forschungen und Quellen zur
Zeitgeschichte, Bd. 32), Düsseldorf 1998, 156–162; «Der Fall Bucerius»
(Gespräch zwischen Gerd Bucerius, Erik Blumenfeld, Eugen Kogon und
Henri Nannen, ZDF-Magazin «Panorama»), in: «Die Zeit» vom 23. Fe-
bruar 1962.

150 «Neue Bildpost», 21. Januar 1961; Gert Brüggemeier: Deliktsrecht. Ein
Hand- und Lehrbuch, Baden-Baden 1986, 258.

151 Claus Heinrich Meyer: «Der Sündenfall des Abgeordneten Bucerius, in:
«Stuttgarter Zeitung», 7. Februar 1962; Fred Luchsinger: «Bucerius Kon-
flikt mit der CDU», in: «Neue Zürcher Zeitung», 10. Februar 1962; Gerd
Bucerius, Adenauer, 103.

152 Gerd Bucerius im Gespräch mit Hermann Rudolph (Deutschlandfunk,
Mai 1950).

153 Konrad Adenauer: Teegespräche 1961–1963, bearb. von Hans Peter Men-
sing, Berlin 1992, Nr. 11, 2. März 1962, 133.

154/155 Paul Sethe: «Unabhängigkeit ist unbeliebt. Bemerkungen zum Fall Bucerius», in: «Die Welt», 17. Februar 1962; Gerd Bucerius, Adenauer, 92;
«Ein Dialog zwischen Deutschen, 1961. Von der östlichen Kunst, westliche Argumente zu verschweigen – Eine Dokumentation», in: «Die
Zeit», 3. Februar 1961; «Schriftsteller: Ja-Sager oder Nein-Sager? Das
Streitgespräch der ‹Zeit», in: «Die Zeit», 14. April 1961; «Das Streitgespräch in Ost-Berlin. Wenn Kommunisten diskutieren, müssen sie Farbe
bekennen», in: «Die Zeit», 28. April 1961.

156 Marion Gräfin Dönhoff: «Bilanz nach der Debatte», in: «Die Zeit»,
28. April 1961; Kurt Ziesel, Rufmord, 187.

160/161 Theo Sommer im Gespräch mit dem Autor.

163 Ludwig Raiser: «Der Wahrheitsanspruch in der Politik», in: «Die Zeit»,
20. April 1962.

165 Theo Sommer im Gespräch mit dem Autor.

166 Der Briefwechsel zwischen Augstein und Bucerius wurde teilweise in der Jubiläumsnummer des «Spiegel» («50 Jahre ohne Furcht und Rücksicht auf Verluste») vom 4. Januar 1997 abgedruckt.

177 Gerd Bucerius: «Unbeirrbare Redlichkeit», in: «Die Zeit», 2. August 1974.

181 Jean Rudolf von Salis: Notizen eines Müssiggängers, Zürich 1983, 451.

183 Maria Steinberger im Gespräch mit dem Autor; Gerd Bucerius, Zwischenrufe, 10.

184 Gerd Bucerius: Art. «Eigentümer, Führung durch», in: Alfred Kieser (Hrsg.): Handwörterbuch der Führung (= Enzyklopädie der Betriebswirtschaftslehre, Bd. 10), Stuttgart 1987, 175–183.

185 «Hamburger Abendblatt», 3. August 1968; «Hamburger Morgenpost», 30. Juli 1968; «Film-Telegramm», 23. Juli 1968.

187 Gerd Bucerius: «Wogegen Sie kämpfen, das wissen sie. Impulse und Irrtümer bei jungen Revolutionären in Berlin», in: «Die Zeit», 15. März 1968.

188 «Der Spiegel», 11. Dezember 1967; Gerd Bucerius: «Geld für Dutschke», in: «Die Zeit», 15. Dezember 1967.

190/191 Gerd Bucerius, Verleger, 75 ff., 81 ff., 97, 143; Karl-Heinz Janßen, «Zeit», 277–280; Gerd Bucerius, Verleger, 82.

194 Gerd Bucerius, Verleger, 88.

195 Gerd Bucerius, Zwischenrufe, 8.

197 Gerd Bucerius, Verleger, 10, 77 ff., 84.

198 Fritz Stern: «Einstein und die Deutschen», in: Ders.: Der Traum vom Frieden und die Versuchung der Macht, Berlin 1988, 59.

199 Gerd Bucerius, Adenauer, 74 f.

207 Karl-Heinz Janßen, «Zeit», 289.

211/212 Heinrich Böll/Christian Linder: Drei Tage im März. Ein Gespräch, Köln 1975, 52 u. 57.

215 Matthias Walden: ARD-Tagesschau 21. November 1974, Kommentar.

217 Hermann Schreiber, Henri Nannen, 252 f.; Gerd Bucerius: Rede zur Grundsteinlegung der Kunsthalle in Emden, 6. September 1984.

219 Hermann Schreiber, Henri Nannen, 304 f.

227 Theo Sommer: «Ein Mann schwimmt gegen den Strom» (Gerd Bucerius zum 80. Geburtstag), in: «Die Zeit», 16. Mai 1986.

232 Gerd Bucerius: «Eine Reise ins Verderben? Unsere Politik war zu lange von Nachsicht bestimmt – Mehr Staatsraison ist vonnöten», in: «Die Zeit», 16. September 1977 (Zwischenrufe, 110–114, 113); ders.: «Margaret Thatcher: Verantwortlich für eine Scheinblüte – oder doch für ein Wunder», in: «Die Zeit», 1. Juli 1983 (Zwischenrufe, 346–350, 346 u. 350).

233 «Wenn Wohltat zur Plage wird». Arbeitslosigkeit, Mieten, Sozialversicherung: Ein Gespräch zwischen Kurt Biedenkopf, Norbert Blüm und Gerd Bucerius», in: «Die Zeit», 14. April 1978 (Zwischenrufe, 135–149, 145).

234 Gerd Bucerius: «Darf man das?» in: «Die Zeit», 24. Januar 1975 (Zwischenrufe, 41); ders.: «Wie man Nazis macht», in: «Die Zeit», 22. Dezember 1978 (Zwischenrufe, 182–188, 182).

235 Marion Gräfin Dönhoff: «Ein unruhiger Geist, ein großer Verleger», in:

«Die Zeit», 21. Mai 1976; «Die Welt», 18. Mai 1976; Rolf Bigler im Gespräch mit Gerd Bucerius, in: «Essen&Trinken», Juli 1977; Sepp Binder: «Echte Freiheit heißt Risiko», in: «Stuttgarter Zeitung», 19. Mai 1976.

236 Gerd Bucerius, Eigentümer, 183.

237 Hermann Schreiber, Henri Nannen, 320 f.

238 «Frankfurter Rundschau», 18. Dezember 1972; «Süddeutsche Zeitung», 19. Dezember 1972; «Der Spiegel», 5. Februar 1973.

241 Hermann Schreiber, Henri Nannen, 405.

247 Theo Sommer an Gerd Bucerius, 20. November 1973; Gerd Bucerius: «Warum ich mein Amt abgebe», in: «Die Zeit», 8. Juli 1977.

249 Karl-Heinz Janßen, «Zeit», 258.

250 Karl-Heinz Janßen, «Zeit», 268.

252 Karl-Heinz Janßen, «Zeit», 270.

255 Karl-Heinz Janßen, «Zeit», 282.

259 Karl-Heinz Janßen, «Zeit», 277 ff.

264 Hans Detlev Becker, in: «Deutsches Allgemeines Sonntagsblatt», 17. Juli 1977.

269 Karl-Heinz Janßen, «Zeit», 318.

270 Timothy Garton Ash: Reform oder Revolution, in: ders.: Ein Jahrhundert wird abgewählt. Aus den Zentren Mitteleuropas, München 1988, 364.

272 Karl-Heinz Janßen, «Zeit», 318.

Bildnachweise

Robert Arnheim, Okehampton (GB) 5–12
Deutsche Presse-Agentur, Hamburg 29, 31, 32, 46
Thomas Hirschbiegel, Hamburg 40
Klaus Kallabis, Hamburg 14, 34, 41–43, 47
Bob Klebig, Berlin 35
Hilde von Lang, Hamburg 37
Norddeutscher Rundfunk, Hamburg 21
Picture Press, Hamburg 33, 38
Presse Bilderdienst Hans Koch, Hamburg 26
Michael Ruetz / Agentur Focus, Hamburg 39
Staatsarchiv der Freien und Hansestadt Hamburg 27
Ullstein Bilderdienst, Berlin 30
Matthias du Vinage, Hamburg 45
Wolfgang Wiese, Hamburg 44
Zeit-Stiftung Ebelin und Gerd Bucerius, Hamburg 1–4, 13, 15–20, 22–25, 28, 36

Zeittafel

1906, 19. Mai	Gerd Bucerius wird als Sohn des Rechtsanwalts Walter Bucerius in Hamm/Westfalen geboren
1915–1924	Besuch der Realgymnasien in Essen, Hannover, Hamburg
1924–1928	Studium der Rechtswissenschaften in Freiburg, Hamburg und Berlin
1928–1932	Referendarausbildung in Kiel, Altona und Berlin
1932	Hilfsrichter u. a. in Kiel und Flensburg
1932, 11. Okt.	Heirat mit Detta (Gretel) Goldschmidt
1933–1946	Anwalt in der väterlichen Kanzlei in Altona
1934, 18. Juli	Promotion zum Dr. iur. an der Universität Hamburg
1938, Dez.	Emigration der jüdischen Ehefrau Detta nach England
1941–1945	Geschäftsführer und Syndikus der Diago-Werke Moeller und Co. in Hamburg
1945, 14. Juni	Treuhänder des «Hamburger Tageblattes»; «Entnazifizierung» der Hamburger NS-Presse
1945, 19. Dez.	Scheidung von Detta Goldschmidt
1946, 14. Feb.	Lizenz (gemeinsam mit Lovis H. Lorenz, Richard Tüngel und Ewald Schmidt di Simoni) zur Herausgabe der «Zeit»
1946, Feb.-Nov.	Bausenator in Hamburg
1946, Juni	Eintritt in die CDU
1947, 12. April	Heirat mit Ebelin (Gertrud) Ebel, geb. Müller
1948–1949	Mitglied des Frankfurter Wirtschaftsrates
1949–1951	Erwerb der Anteilsmehrheit (87,5 %) des Nannen-Verlages; B. wird Verleger des «Stern»
1949–1962	Mitglied des Deutschen Bundestages
1950–1957	Auseinandersetzung um die «Zeit»-Gesellschaftsanteile; B. wird schließlich alleiniger Gesellschafter der «Zeit»
1952–1957	Bundesbeauftragter für die Förderung der Berliner Wirtschaft
1959–1961	«Brigade Erhard»: B. mobilisiert gegen Konrad Adenauer; Eintreten für eine Kanzlerschaft Ludwig Erhards
1960–1961	Verhandlungen mit Rudolf Augstein zur Verbindung von «Spiegel» und «Zeit»
1961, Jan.-März	«Höllenfeuer»-Kampagne gegen Bucerius; Niederlegung des Abgeordnetenmandates, Austritt aus der CDU
1963–1966	Bau des Hauses in Brione nach Plänen des deutsch-amerikanischen Architekten Richard Neutra
1965, 1. Juli	Gründung (zusammen mit Richard Gruner und John Jahr) der Gruner + Jahr GmbH; B. hält am zweitgrößten deutschen Pressekonzern 28,25 %
1968	Mit Hilde von Lang auf Gran Canaria

1969	Verkauf der Anteile R. Gruners; B. hält nun 37,5 % an Gruner +Jahr
1971, 2. Nov.	Gründung der «Zeit-Stiftung»
1973, 1. Jan.	Übertragung der Gruner+Jahr-Anteile an die neugegründete Bertelsmann AG; B. erhält 11,5 % und wird ihr Aufsichtsratsvorsitzender
1974	«Der angeklagte Verleger»
1975	Herauslösung der «Zeit» aus dem Bertelsmann-Konzern; Gründung des neuen «Zeit»-Verlages
1976	«Der Adenauer»
1977	B. zieht sich als «Verleger» der Zeit zurück; seine Lebensgefährtin Hilde von Lang übernimmt die geschäftliche Verantwortung in der «Zeit»
1983, 1. Mai	Helmut Schmidt wird neben Gräfin Dönhoff zum Mitherausgeber der «Zeit» berufen
1984	«Zwischenrufe und Ordnungsrufe»
1986, 15. Mai	Ehrenbürger der Stadt Hamburg
1990, Nov.	Ludwig Erhard Medaille für Verdienste um die Soziale Marktwirtschaft
1991	Die «Zeit»-Stiftung wird Alleinerbe des B.-Vermögens
1995, 29. Sept.	Gerd Bucerius stirbt in Hamburg im Alter von 89 Jahren

Personenregister

Geschichte des 20. Jahrhunderts

Manfred Görtemaker
Geschichte der Bundesrepublik Deutschland
Von der Gründung bis zur Gegenwart
1999. 915 Seiten. Leinen

Gerhard A. Ritter
Über Deutschland
Die Bundesrepublik in der deutschen Geschichte
1998. 303 Seiten. Leinen

Hans Sarkowicz (Hrsg.)
Sie prägten Deutschland
Eine Geschichte der Bundesrepublik in politischen Portraits
1999. 318 Seiten mit 22 Abbildungen. Gebunden

Fritz Stern
Verspielte Größe
Essays zur deutschen Geschichte
2. Auflage. 1999. 317 Seiten. Paperback
Beck'sche Reihe Band 1246

Fritz Stern
Das feine Schweigen
Historische Essays
Zweiter, unveränderter Nachdruck der 1999 erschienen
1. Auflage 2000. 187 Seiten. Gebunden

Heinrich August Winkler
Weimar 1918–1933
Die Geschichte der ersten deutschen Demokratie
20. Tausend. 3., durchgesehene Auflage. 1998. 709 Seiten. Leinen

Verlag C. H. Beck München

Biographien

Gordon A. Craig
Über Fontane
Aus dem Amerikanischen von Jürgen Baron von Koskull
18. Tausend. 2., durchgesehene Auflage.
1998. 295 Seiten mit 5 Abbildungen. Leinen

Gerald D. Feldman
Hugo Stinnes
Biographie eines Industriellen 1870–1924
Aus dem Englischen von Karl Heinz Siber
1998. XI, 1062 Seiten mit 52 Abbildungen. Leinen

Elisabeth Kraus
Die Familie Mosse
Deutsch-jüdisches Bürgertum im 19. und 20. Jahrhundert
1999. 793 Seiten mit 23 Abbildungen und 1 Stammtafel. Leinen

Hermann Kurzke
Thomas Mann
Das Leben als Kunstwerk. Eine Biographie
12. Tausend. 1999. 672 Seiten mit 40 Abbildungen. Leinen

Volker Ullrich
Der ruhelose Rebell. Karl Plättner 1893–1945
Eine Biographie
2000. 266 Seiten mit 17 Abbildungen. Gebunden

Petra Weber
Carlo Schmid 1896–1979
Eine Biographie
1996. 968 Seiten mit 21 Abbildungen. Leinen

Verlag C. H. Beck München